中国近现代建筑奠基人

吕彦直传

卢洁峰 著

南京出版传媒集团
南京出版社

广州新华出版发行集团
广州出版社
GUANGZHOU PRESS

图书在版编目（CIP）数据

中国近现代建筑奠基人. 吕彦直传 / 卢洁峰著. -- 南京：南京出版社；广州：广州出版社, 2024.6
ISBN 978-7-5533-4753-0

Ⅰ.①中… Ⅱ.①卢… Ⅲ.①吕彦直 – 传记 Ⅳ.①K826.16

中国国家版本馆CIP数据核字（2024）第082983号

书　　名	中国近现代建筑奠基人：吕彦直传
作　　者	卢洁峰
出版发行	南京出版传媒集团 南 京 出 版 社 社址：南京市太平门街53号　　邮编：210016 网址：http://www.njcbs.cn　　电子信箱：njcbs1988@163.com 联系电话：025-83283893、83283864（营销）　025-83112257（编务） 广 州 出 版 社 社址：广州市天河区天润路87号9、10楼　　邮编：510635 网址：www.gzcbs.com.cn
责任编辑	程　瑶　田宇星
封面设计	赵海玥
版式设计	张　淼
责任印制	杨福彬
排　　版	南京新华丰制版有限公司
印　　刷	南京工大印务有限公司
开　　本	787毫米×1092毫米　1/16
印　　张	25
字　　数	350千
版　　次	2024年6月第1版
印　　次	2024年6月第1次印刷
书　　号	ISBN 978-7-5533-4753-0
定　　价	130.00元

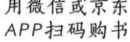

用微信或京东
APP扫码购书

用淘宝APP
扫码购书

前言：寻找吕彦直

一、缘起

1998年11月，广州中山纪念堂第九次大维修竣工前，笔者奉命采写一篇专题报道。为获取第一手资料，在广州中山纪念堂大维修工地蹲点半个月，从迷宫似的堂底地下室到桥梁般的八角大屋顶桁架，从楼梯走廊到八角抱厦的外侧平台，从舞台上下到后台化妆室，走了个遍，也看了个遍。笔者为这座宏伟建筑的超前设计所震撼，为建筑师吕彦直中西结合的超凡技艺所折服。采写过程中发现：广州中山纪念堂建筑史一片空白，建筑师吕彦直的研究一片空白，遂决心填补之，由此而开启了"寻找吕彦直"之旅。

笔者长途跋涉，前往山东东平县彭集镇的吕姓聚居地吕家庙村，拜访吕氏族长吕传寅先生，查阅吕氏族谱；前往天津和平区寻找吕彦直的出生地；前往北京，到清华大学寻找吕彦直的学籍档案；前往上海四川中路寻找彦记建筑事务所；前往南京中山陵实地考察，寻找吕彦直的足迹，寻找那块失落的吕彦直纪念碑。

2003年《广州中山纪念堂钩沉》的出版，填补了广州中山纪念堂建筑史的研究空白，其中第五章"建筑师吕彦直"，以实地调查研究的结果，推翻了吕彦直籍贯"山东东平"的旧说；对吕彦直的家庭出身及成长路径做出合理的研判。2007年出版的《吕彦直与黄檀甫——广州中山纪念堂秘闻》（简称《吕》书），则以其首次披露的吕彦直童年照、工作照、吕彦直手稿，以及广州中山纪念堂及纪念碑的建筑现场照片刷新了人们对吕彦直的认知。遗憾的是，受限于特殊的成书要求与条件，笔者无法核实相关口碑，以致仓促中给《吕》书造下硬伤，比如，错写吕彦直父亲的名字及其生平履历等。尽管在《吕》书出版仅两个月之后，笔者即发文更正，但毕竟覆水难收。为此，笔者在自责之余决心"返工"，重启"寻找吕彦直"之旅。

二、史料的发掘与铺陈

2012年，笔者来到台北"故宫博物院"图书馆，查阅晚清军机档案。此外，在持续多年的研究中，笔者还查阅了游美学务处档案、康奈尔大学档案、中山陵档案、广州中山纪念堂及纪念碑档案等一批中英文档案史料；认真研读了卷帙浩繁的《严复集》，研读了《郑孝胥日记》《梁漱溟自述：我是怎样一个人》《赵元任早年自传》《杨杏佛年谱》等吕彦直的父辈及同辈人的著述、传记与年谱；认真阅读了《科学》《工程》《建筑月刊》《中国建筑》《工程周刊》《大学院公报》《密勒氏评论报》《字林西报》《字林星期周刊》《字林报行名簿》等一大批与吕彦直有关的连续性出版物，让自己进入吕彦直所在的历史时代与历史现场，与吕彦直一道在五城中学堂、清华留美预备部、康奈尔大学上课；一道前往纽约的晨边高地，参观哥伦比亚大学图书馆；一道搭乘沪宁快车，登上中茅山工地，出席筹委会会议……要之，与吕彦直同进退，共悲欢。终于成就了《中国近现代建筑奠基人：吕彦直传》（简称《吕彦直传》）一书。

在《吕彦直传》中，笔者以"历史顺序与逻辑顺序相统一"为原则，按时序铺展史实，最大限度地还原了吕彦直既短暂又漫长的人生历程；如实地再现了吕彦直早年及大学时代的求学经历、生活场景与工作细节；连带发掘并展现了一批吕彦直的同学、校友、同事、助手等鲜为人知的生平履历、求学及工作事迹，进而填补了中国科学史、中国近现代建筑史，尤其是吕彦直研究的空白。

《中国近现代建筑奠基人：吕彦直传》是吕彦直研究的奠基之作、工具之作，是笔者为寻找吕彦直而艰苦发掘、独立考证的结果与记录，同时也是同行或后来者进一步深入研究的路标。书中还呈现了一批笔者在研究过程中拍摄的影像资料（未标注图源），有部分照片十分珍贵，如在广州市人大常委会大楼高层拍摄的广州中山纪念堂全景图、在中山纪念堂舞台后拍摄的城堡式门钉图、在中山纪念碑顶层拍摄的钢板螺旋楼梯图等，得来不易。希望有良知的研究者，尊重《吕彦直传》的研究成果，引用时敬请注明出处，以求营造一个健康的学术环境。

笔者非"学院派"出身，独立研究，没有得到任何资助，查阅资料与研究过程也非常不易。因此，疏漏之处在所难免，诚望各位方家不吝赐教。

目　录

前言：寻找吕彦直 ··· 1
　一、缘起 ··· 1
　二、史料的发掘与铺陈 ·· 2

第一篇　家　世

第一章　渤生 ··· 3
　第一节　降生紫竹林（1894年7月28日） ························ 4
　第二节　籍贯之辨 ··· 6
　　一、"山东东平"说之最早来源 ······································ 6
　　二、相关记载与辨析 ··· 8
　　三、实地调查研究 ·· 9
　　四、吕彦直的确认 ·· 10
　　五、吕彦深的履历页记载 ··· 13
　　六、侯疑始的补充 ·· 14
　第三节　吕彦直的兄弟姐妹 ·· 14
　　一、四兄弟各有各精彩 ·· 15
　　二、三个姐姐均嫁入名门 ··· 16

第二章　家学与家变 ·· 18
　第一节　家学 ··· 18
　　一、随官而居 ·· 18
　　二、在家开蒙学中文 ··· 19
　第二节　家变 ··· 20
　　一、1901年8月：严复的安排 ····································· 20
　　二、1901年8月—1918年12月：章氏好姐的角色 ········ 21

三、1919年9月9日：郑孝胥的记录 ……………………………………… 23
　第三节　从侯疑始学文字 ……………………………………………………… 25

第二篇　求　学

第一章　远赴巴黎 …………………………………………………………… 29
　第一节　在巴黎上小学（1902年9月—1905年3月） ………………………… 29
　　一、从迈达先生学习法文 ……………………………………………………… 29
　　二、擦拭汽车，挣学杂费 ……………………………………………………… 31
　　三、1905年3月21日：书赠纪念卡 …………………………………………… 32
　第二节　住读五城中学堂（1905年5月—1910年12月） …………………… 34
　　一、五城中学堂 ………………………………………………………………… 34
　　二、1905年5月：入读五城中学堂 …………………………………………… 35
　第三节　考上清华高等科（1911年2月）…………………………………… 38
　　一、"收还庚子赔款遗派学生赴美办法大纲"要点 ……………………… 38
　　二、庚款生的待遇 ……………………………………………………………… 39
　　三、考上清华高等科 …………………………………………………………… 40
　第四节　在"定期甄别"中脱颖而出（1913年4月）……………………… 42
　　一、定期甄别 …………………………………………………………………… 42
　　二、"清华十六子"之一 ……………………………………………………… 43
　　三、1913年8月：起程赴美 …………………………………………………… 44

第二章　在康奈尔大学的日子 ……………………………………………… 46
　第一节　入读康奈尔大学西布利学院（1913年9月—1915年6月）……… 46
　　一、康奈尔大学的学制 ………………………………………………………… 47
　　二、入住卡斯卡迪拉男生宿舍楼 …………………………………………… 48
　　三、注册信息 …………………………………………………………………… 50
　　四、改换学科须依规办理 …………………………………………………… 51
　第二节　科学社第33号社员（1914—1918年）…………………………… 52
　　一、"中国所缺乏的莫过于科学" ………………………………………… 52
　　二、1914年8月：加入科学社 ………………………………………………… 53
　　三、1914年11月8日，缴纳第一笔股金 …………………………………… 54
　　四、1915—1917年：节衣缩食交股金、特别捐 ………………………… 55
　　五、1915年：积极翻译外国科学著作 ……………………………………… 56

六、1915—1917年：担任《科学》编辑部职员 ⋯⋯⋯⋯⋯⋯⋯⋯ 59
　　七、1916年9月：为中国科学社设计社徽 ⋯⋯⋯⋯⋯⋯⋯⋯⋯ 60
　　八、1917年夏：在中国学人中率先画出"汉张衡候风地动仪"的
　　　　复原图 ⋯⋯⋯⋯⋯⋯⋯⋯⋯⋯⋯⋯⋯⋯⋯⋯⋯⋯⋯⋯⋯ 63
　第三节　改学建筑学（1915年9月） ⋯⋯⋯⋯⋯⋯⋯⋯⋯⋯⋯⋯ 65
　　一、康校建筑学院大学本科的入学要求 ⋯⋯⋯⋯⋯⋯⋯⋯⋯⋯ 65
　　二、四年制班的入学要求 ⋯⋯⋯⋯⋯⋯⋯⋯⋯⋯⋯⋯⋯⋯⋯ 65
　　三、四年半或五年制班的入学要求 ⋯⋯⋯⋯⋯⋯⋯⋯⋯⋯⋯⋯ 65
　　四、改学建筑学的代价 ⋯⋯⋯⋯⋯⋯⋯⋯⋯⋯⋯⋯⋯⋯⋯⋯ 66
　　五、吕彦直学生注册信息的变更 ⋯⋯⋯⋯⋯⋯⋯⋯⋯⋯⋯⋯ 68
　第四节　提前完成建筑学四年制班的学业
　　　　（1915年9月—1918年12月） ⋯⋯⋯⋯⋯⋯⋯⋯⋯⋯⋯ 69
　　一、1915—1916学年：大一 ⋯⋯⋯⋯⋯⋯⋯⋯⋯⋯⋯⋯⋯⋯ 70
　　二、1916—1917学年：大二 ⋯⋯⋯⋯⋯⋯⋯⋯⋯⋯⋯⋯⋯⋯ 73
　　三、1917—1918学年：大三 ⋯⋯⋯⋯⋯⋯⋯⋯⋯⋯⋯⋯⋯⋯ 77
　　四、1918—1919学年：大四 ⋯⋯⋯⋯⋯⋯⋯⋯⋯⋯⋯⋯⋯⋯ 77
　　五、1918年3月31日：增加注册了"1918年第三学期" ⋯⋯⋯ 78
　　六、1918年12月20日：毕业典礼 ⋯⋯⋯⋯⋯⋯⋯⋯⋯⋯⋯⋯ 79

第三篇　执　业

第一章　入职茂飞&旦纳建筑师事务所 ⋯⋯⋯⋯⋯⋯⋯⋯⋯⋯⋯ 83
　第一节　选择（1918年5月—1919年1月） ⋯⋯⋯⋯⋯⋯⋯⋯⋯ 83
　　一、1918年5月：茂旦事务所到康奈尔大学建筑学院
　　　　物色中国毕业生 ⋯⋯⋯⋯⋯⋯⋯⋯⋯⋯⋯⋯⋯⋯⋯⋯⋯ 83
　　二、1919年1月：前往纽约茂旦事务所报到 ⋯⋯⋯⋯⋯⋯⋯⋯ 86
　第二节　承担金陵女子大学建筑群的主要建筑设计任务
　　　　（1919年3月—1920年12月） ⋯⋯⋯⋯⋯⋯⋯⋯⋯⋯⋯ 87
　　一、从绘图员做起 ⋯⋯⋯⋯⋯⋯⋯⋯⋯⋯⋯⋯⋯⋯⋯⋯⋯ 87
　　二、金陵女子大学建筑设计图纸的记载 ⋯⋯⋯⋯⋯⋯⋯⋯⋯ 88
　　三、茂飞是吕彦直的导师吗 ⋯⋯⋯⋯⋯⋯⋯⋯⋯⋯⋯⋯⋯⋯ 95
　第三节　调往茂旦事务所上海分部（1921年1月） ⋯⋯⋯⋯⋯⋯ 102
　　一、茂飞为吕彦直提供了职业舞台 ⋯⋯⋯⋯⋯⋯⋯⋯⋯⋯⋯ 102
　　二、1920年12月：起程回国 ⋯⋯⋯⋯⋯⋯⋯⋯⋯⋯⋯⋯⋯ 103

三、1921年1—12月：负责指导"两三个中国籍绘图员" …………… 104

第二章 走自己的路 …………………………………………………… 105
第一节 拒绝包办婚姻（1921年1—6月） ………………………… 105
第二节 辞去上海分部的工作（1922年3月3日） ………………… 108
第三节 加盟东南建筑公司（1922年3月） ……………………… 110
　　一、东南建筑公司 ………………………………………………… 110
　　二、公司里唯一一位建筑学出身的成员 ………………………… 112
　　三、1922年秋：集议组织建筑师学会 …………………………… 112
第四节 参加中国工程学会国内第一次年会，脱离东南建筑公司 …… 116
　　一、1923年7月7日：参加中国工程学会国内第一次年会 ……… 116
　　二、1924年7月15日：脱离东南建筑公司 ……………………… 116

第三章 一举成名 ………………………………………………………… 120
第一节 应征参赛（1925年5—9月） ……………………………… 120
　　一、1925年5月15日：报名应征 ………………………………… 120
　　二、1925年5—6月：实地踏勘、写生 …………………………… 122
　　三、1925年6月：巧置石墓 ………………………………………… 123
　　四、1925年6—8月：反复推敲 …………………………………… 124
　　五、1925年9月：终成正果 ………………………………………… 124
　　六、1925年9月20日：一举夺冠 …………………………………… 127
第二节 出任中山陵建筑师 ………………………………………… 130
　　一、1925年9月22日：成立彦记建筑事务所 …………………… 131
　　二、1925年10—11月：闭门谢客，赶制图文 …………………… 132
　　三、1925年11月3日：受聘中山陵建筑师 ……………………… 134
　　四、1925年12月5日：提交《总理陵墓第一部工程说明书》及
　　　　第一批工作图样 ………………………………………………… 134
　　五、1925年12月中旬：说服姚锡舟 ……………………………… 135
　　六、1925年12月20—28日：三次出席孙中山葬事筹备委员会会议 … 137
　　七、1925年12月31日：签订《总理陵墓第一部工程合同》 …… 138

第四章 1926年：迎难而上 …………………………………………… 139
第一节 独当一面 …………………………………………………… 139
　　一、1926年1月8日：上中茅山开会，现场确定祭堂及墓室地点 …… 140

  二、1926 年 1—2 月：继续为中山陵设计施工图 ………………… 140
  三、1926 年 3 月 12 日：缺席孙中山陵墓奠基礼 ………………… 141
 第二节 吕彦直的助手 ……………………………………………… 141
  一、建筑师 C.W.ZEE ……………………………………………… 142
  二、建筑师刘福泰（Law Fock Tal） …………………………… 143
  三、中山陵建筑工程监造徐镇藩 ………………………………… 144
  四、工程师裘燮钧 ………………………………………………… 146
  五、助理建筑师（绘图员）葛宏夫 ……………………………… 149
  六、在仁记路 25 号彦记图房工作的
    S.C.CHUE、LAO、Y.J.Loo、S.Kew、J.C.Liv ……………… 149
  七、助理建筑师（绘图员）卓文扬 ……………………………… 150
  八、助理建筑师（绘图员）庄允昌 ……………………………… 151
  九、广州中山纪念堂及纪念碑监造崔蔚芬 ……………………… 153
 第三节 同时出任中山陵与广州中山纪念堂及纪念碑建筑师 …… 154
  一、1926 年 3—7 月：参加广州中山纪念堂及纪念碑的设计竞赛 … 154
  二、1926 年 7 月 19 日：葬事筹备处函促吕彦直加速陵墓工程 … 154
  三、1926 年 6—9 月：吕彦直再三函请允许其制造出售铜质祭堂模型 … 155
  四、1926 年 9 月 1 日：第三次夺冠 ……………………………… 157
  五、1926 年 9 月：三位同事互相拍照 …………………………… 160
  六、1926 年 9 月：刘福泰建筑师承接设计廖仲恺墓 …………… 161
  七、1926 年 10 月 23 日：致函筹备处，
    告知"十六日起已改用滁州砂" ……………………………… 162
  八、1926 年 10 月 25—26 日：杨杏佛笔下的吕彦直及
    中山陵第一部工程状况 ……………………………………… 162
  九、1926 年 11 月 3 日：与甲方签订广州中山纪念堂及
    纪念碑建筑师合同 …………………………………………… 167
  十、1926 年 12 月 31 日：提交中山陵工程简要报告 …………… 167

第五章 1927 年：筚路蓝缕 ………………………………………… 171
 第一节 彦记业务蒸蒸日上 ………………………………………… 171
  一、1927 年 1 月 29 日：在上海四川路 29 号增设图房 ………… 171
  二、1927 年 3 月 23 日：葬事筹备处致函吕彦直，
    催促加快中山陵工程 ………………………………………… 173

   　三、1927年4月30日：完成广州中山纪念堂及
   　　　纪念碑第一批23张总图的设计 ·· 174
   　四、1927年6月：为持志大学设计新校园及校舍 ······················· 174
   第二节　往返奔波，积劳成疾 ·· 177
   　一、1927年6月27日：午后抵达中茅山视察中山陵工地，
   　　　19：00在铁汤池丁宅出席筹委会第48次会议 ···················· 177
   　二、1927年7月16日：寄出第一批23张堂碑工作图样并连夜赴宁 ··· 178
   　三、1927年8月19日：第一批堂碑图纸通过审查 ······················ 179
   　四、1927年9月：增加设计堂碑工作图样 ································ 181
   　五、1927年10月上旬：授权黄檀甫到粤与筹委会接洽 ·············· 182
   第三节　业界旗帜 ·· 183
   　一、1927年10月：出任中国建筑师学会副会长 ······················· 183
   　二、1927年10月27日：赴宁出席筹委会第52次会议并
   　　　上山视察工地 ·· 184
   　三、1927年11月11日：赴宁出席筹委会第53次会议并
   　　　上山视察工地 ·· 185
   　四、1927年11月27日：出席大学院艺术教育委员会第一次会议 ······ 186

第六章　1928年：置生死于度外 ·· **189**
　第一节　一再坚持 ·· 189
　　一、1928年1月16日：在上海武定路林宅出席筹委会第56次会议 ··· 189
　　二、1928年2月6—8日：为广州中山纪念堂及纪念碑签订三份合同 ··· 190
　　三、1928年3月2日：上午往中山陵工地视察，
　　　　16：00出席筹委会第57次会议 ·· 191
　　四、1928年3月3日：面试驻粤监工 ······································ 192
　　五、1928年4月20日—5月2日：设计多种华表图案 ··············· 193
　第二节　吕彦直的寓所 ·· 194
　　一、与胞姐合租古拨路55号 ·· 194
　　二、吕彦直与胞姐一家合租古拨路55号的依据 ······················· 197
　第三节　坦然面对 ·· 200
　　一、1928年5月初：入住上海肺病疗养院 ······························ 200
　　二、1928年6月5日：复函筹委会主任干事夏光宇 ················· 201
　　三、1928年6月10日：授权黄檀甫南下广州向筹委会报告重要事项 ··· 206

第四节 拼将生命化蓝图 ……208
一、1928年7月：拟就《建设首都市区计画大纲草案》 ……208
二、1928年7月27日前：提议加开夜工，加快工程进度 ……213
三、1928年8月初：再次住院治疗并坚持工作 ……214
四、1928年8月15日：签订广州中山纪念堂的电器、
卫生器具及救火设备工程合同 ……216
五、1928年9月1日：上了《密勒氏评论报》的"中国名人录" ……216
六、1928年9月26日：电催泉州石匠蒋源成来沪磋商合同条件 ……218
七、1928年9月27日：授权裘燮钧南下解释松木桩问题 ……219
八、1928年11—12月：生命不息，工作不已 ……221

第四篇 陨 落

第一章 1929年：英年早逝 ……225
第一节 最后的日子 ……225
一、1929年1月15日：缺席广州中山纪念堂奠基及纪念碑立石典礼 ……225
二、1929年2月28日：重任达成 ……225
三、1929年3月1日：返回古拨路55号寓所 ……226
四、1929年3月15日：审核最后一批图纸 ……228
五、1929年3月17日上午：溘然长逝 ……229
第二节 虽死犹生 ……229
一、1929年3月21日：沪上中西各报同时发出讣告 ……230
二、吕彦直去世于哪一天 ……232
三、同业团体纪念吕彦直 ……234
四、荣典与褒扬 ……235
第三节 彦记建筑事务所易主 ……237
一、李锦沛加盟 ……237
二、"继承吕建筑师工作案" ……239
三、"彦沛记" ……239
四、"不能予以顾问名义" ……240
五、1929年11月27日：陵管会决定"停止彦沛记特约设计图案" ……241
六、彦记老员工的坚持 ……242
七、李锦沛建筑师事务所 ……242
八、《字林西报》的专题报道 ……244

九、李铿、冯宝龄发表长文 ·········· 250
　　十、真裕地产公司 ·········· 250
第二章　吕彦直的遗产 ·········· **253**
　第一节　吕彦直的有形遗产 ·········· 253
　　一、彦记建筑事务所 ·········· 253
　　二、彦记建筑事务所的办公、作业设备 ·········· 253
　　三、吕彦直建筑师的图文资料 ·········· 253
　　四、建筑设计费、建筑师酬金 ·········· 254
　第二节　吕彦直有形遗产的去向 ·········· 254
　　一、彦记建筑事务所的去向 ·········· 254
　　二、彦记建筑事务所办公、作业设备的去向 ·········· 254
　　三、建筑设计费、建筑师酬金的去向 ·········· 254
　　四、吕彦直建筑师图文资料的去向 ·········· 255
　第三节　读图笔记 ·········· 259
　　一、47张绢本图为吕彦直亲手绘制 ·········· 259
　　二、蓝图上的签章 ·········· 260
　　三、部分图纸列表 ·········· 261

第五篇　杰　作

第一章　第一个夺冠作品：上海银行公会大楼 ·········· **269**
　第一节　上海银行公会在原址翻造新厦 ·········· 269
　　一、上海银行公会招投建屋图样通告 ·········· 269
　　二、踊跃应征 ·········· 270
　　三、"东南"爆冷，吕彦直是上海银行公会大楼的负责建筑师 ·········· 270
　第二节　上海银行公会大楼的吕氏烙印 ·········· 272
　　一、风格独特的复合柱式 ·········· 275
　　二、模数化的装饰设计 ·········· 275
　　三、留出天井自然采光、通风 ·········· 277
　　四、化笨重为轻巧，予"凝固"以灵动 ·········· 278

第二章　第二个夺冠作品：南京中山陵 ·········· **280**
　　一、牌坊与匾额的呼应 ·········· 281
　　二、中山堡垒 ·········· 282

  三、中西结合，去帝王化 ·· 284

第三章 第三个夺冠作品：广州中山纪念堂及纪念碑 ············ 286
 第一节 广州中山纪念堂的设计范本 ······································ 286
  一、甲方的要求 ··· 286
  二、哥伦比亚大学图书馆对吕彦直的影响 ······················· 287
  三、广州中山纪念堂与哥伦比亚大学图书馆的关联 ·········· 288
 第二节 广州中山纪念堂的工程设计 ······································ 291
  一、李铿与冯宝龄的实录 ··· 291
  二、会堂设计 ··· 298
  三、堂址向西平行移动二十余丈 ···································· 301
 第三节 广州中山纪念堂的中式外衣 ······································ 303
  一、古塔 ··· 303
  二、古殿 ··· 305
  三、古城楼 ·· 307
  四、外门亭 ·· 308
  五、广州中山纪念堂施工实况 ······································ 311
 第四节 中山纪念碑 ·· 318
  一、百步梯 ·· 318
  二、地台 ··· 320
  三、碑体 ··· 322

第四章 为中国近现代建筑奠基 ·· 330
  一、生逢其时，天降大任，时代符号 ····························· 330
  二、冀成立一中国之建筑派 ·· 331
  三、燃烧自己，照亮夜空 ··· 332

第六篇 附 录

附录一 ··· 337
 吕彦直的父亲吕增祥 ·· 337
  一、效力北洋水师营务处 ··· 337
  二、使日参赞官 ··· 340
  三、回国后的际遇 ·· 344

四、辛丑年亡于任上 ·· 350

附录二 ·· 355
吕彦直年谱 ·· 355
　　1894年（光绪二十年） ·· 355
　　1901年（光绪二十七年）　7岁 ·· 355
　　1902年（光绪二十八年）　8岁 ·· 355
　　1905年（光绪三十一年）　11岁 ·· 355
　　1909年（宣统元年）　15岁 ·· 356
　　1910年（宣统二年）　16岁 ·· 356
　　1911年（宣统三年）　17岁 ·· 356
　　1912年　18岁 ·· 356
　　1913年　19岁 ·· 356
　　1914年　20岁 ·· 357
　　1915年　21岁 ·· 357
　　1916年　22岁 ·· 357
　　1917年　23岁 ·· 358
　　1918年　24岁 ·· 358
　　1919年　25岁 ·· 358
　　1920年　26岁 ·· 359
　　1921年　27岁 ·· 359
　　1922年　28岁 ·· 359
　　1923年　29岁 ·· 359
　　1924年　30岁 ·· 360
　　1925年　31岁 ·· 360
　　1926年　32岁 ·· 360
　　1927年　33岁 ·· 361
　　1928年　34岁 ·· 362
　　1929年　35岁 ·· 364

附录三 ·· 365
孙中山先生祭堂坟墓工程说明书译文 ·· 365
　　（甲）总则 ·· 365
　　（乙）挖泥及底脚工程 ·· 368

（丙）钢骨水泥工程 ………………………………… 369
　　（丁）凿石工程 ……………………………………… 371
　　（戊）泥匠工程 ……………………………………… 373
　　（己）云石镶花磁工暨水泥人造石工程 ……………… 373
　　（庚）铜工 …………………………………………… 375
　　（辛）引水工程 ……………………………………… 376

主要参考文献 ………………………………………………… **377**
　专著 …………………………………………………… 377
　期刊 …………………………………………………… 378
　报纸 …………………………………………………… 380
　档案 …………………………………………………… 380
　族谱 …………………………………………………… 381
　史志 …………………………………………………… 381
　文史资料 ……………………………………………… 381
　图纸 …………………………………………………… 381

后　记 ………………………………………………………… **383**

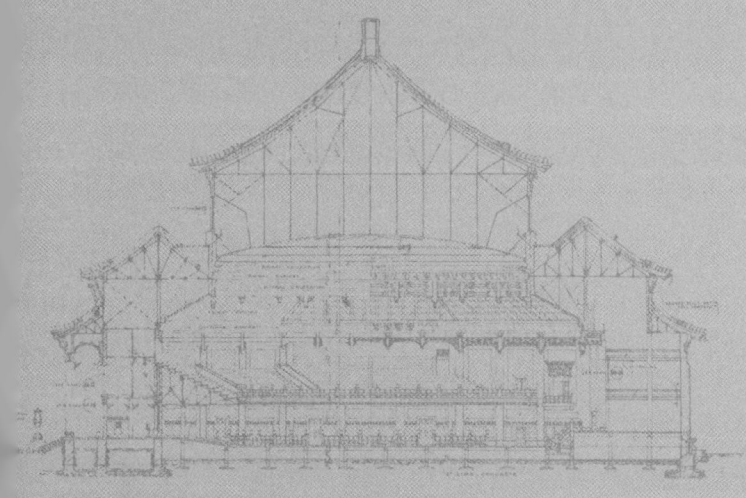

第一篇 家世

第一章　渤生

吕彦直的父亲吕增祥，字秋樵，是晚清举人，先后效力于北洋水师营务处、天津县等诸县衙署，1891—1893年出任大清国驻日本东京使署参赞官，1894—1901年在临城、南宫、献县、开州诸地任知县、知州之余，协助严复翻译《天演论》。吕增祥秉性温厚正直，为人慷慨大度。1918年3月31日，严复在给友人的信中写道："复平生师友之中，其学问行谊、性情识度，令人低首下心，无闲言者，此人而已。"[①]

吕彦直既继承了其父的优秀品质，又超越了其父的学识与作为，一生的所有节点，全部踩在中国从农业社会到工业社会的转折点上——出生，适逢中日甲午战争爆发；小学，远赴法国巴黎，打下西学基础；中学，正赶上废除科举，得以接受现代教育；大学，有幸考取庚款留美；步入职场，则受聘于欣赏中国样式的美国建筑师茂飞的茂旦事务所，并在南京金陵女子大学建筑群中，承担了90%的建筑设计任务；独立执业期间，应征南京中山陵与广州中山纪念堂及纪念碑图案的设计竞赛并连连夺冠，同时出任两大中山纪念建筑的建筑师，创下了中国建筑史上的一个奇迹，为中华大地留下了两座历史丰碑。惜劬劳成疾，不幸早逝。吕彦直终身未婚，身后萧条，故其家世、生前事迹被湮灭大半个世纪。1998年，笔者因研究广州中山纪念堂建筑史而开始"寻找吕彦直"。历经26年的持续发掘与独立考证，最终以确凿的史料与证据，解开了"吕彦直悬案"，还原了吕彦直35年的人生旅程与历史贡献，为中国近现代建筑史的研究，填补了一项空白。

---

① 汪征鲁，方宝川，马勇. 严复全集[M]. 福州：福建教育出版社，2014.

第一节　降生紫竹林（1894年7月28日）

紫竹林又称紫竹庵，始建于康熙二十八年，也就是1689年，是天津海河（旧称白河）西岸的一座村庙，位于今天津市和平区吉林路与承德道交叉口西侧。1861年6月，紫竹林以及所在村子被划入法国租界。由于紫竹林位于法租界的中心，紫竹林庙内的"会讯公所"一度成为天津九国租界的一个协调中心，因此，"紫竹林"便成为天津法租界的一个代称。

光绪五年，即1879年秋，吕增祥经江南省乡试中举[①]，遂以举人身份入李鸿章幕，在北洋水师营务处办事。

由于北洋水师的官制及管理制度均参照自英、德海军，因此，北洋水师营务处的官员，凡单身者均住在营务处大楼（衙署）内；带家眷者则须住在办公楼以外的紫竹林租界区内。吕增祥带家眷，故不能入住营务处临大河、"极轩豁"[②]的办公洋楼，只能租住在紫竹林村内。又从严复、伍光建在紫竹林的住宅均于1900年义和团运动中"失陷"[③]的记载推断，北洋水师营务处在紫竹林内有一个住宅区，或紫竹林内有一批住房是专供营务处带家眷的官员租住的。

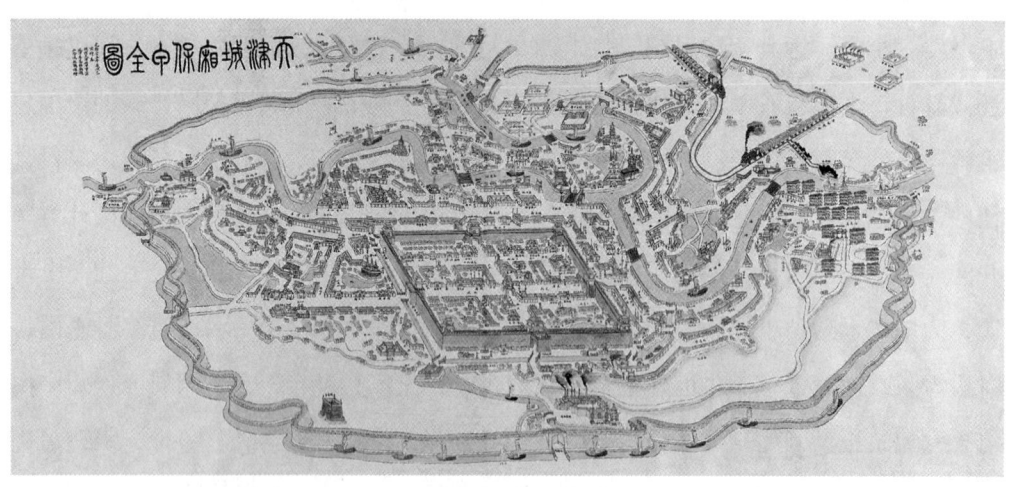

山阴冯启鹮：《天津城厢保甲全图》（图源：美国国会图书馆藏）

---

① 己卯正科江南省乡试题名全录[N]. 申报，1879-10-31（2）.
　光绪.滁州志：第6卷[M]. 合肥：黄山书社，2007：285.
　乡试于八月举行，亦曰秋闱，分三场进行，以初九、十二、十五日为正场，考生于每场正场前一日入场，后一日出场，一个月后放榜。
② 劳祖德.郑孝胥日记[M]. 北京：中华书局，1993.
③ 吕增祥.致严复函[M]//贾长华，李钢成.严复与天津.天津：百花文艺出版社，2008：173.

1882年7月，藩属国朝鲜发生了"壬午兵变"。北洋水师营务处统摄北洋海军，一举平息了朝鲜内乱，使日人干涉朝鲜的计划落空。事后，李鸿章奉上谕，查明援护朝鲜出力员弁，并遵旨拟奖开单呈览。吕增祥获赏加五品衔，出直隶知县之缺（详见本书附录一《吕彦直的父亲吕增祥》）。

　　清代，在缺官员及其家属、家丁、主要幕客等都住在衙署，因此形成了在哪里任职，就把家安置在哪里的居住模式，吕增祥也不例外。

　　1885年5月，吕增祥结束了两年半"天津知县"的工作后，以"五品衔直隶候补知县"的官秩，重返北洋水师营务处效力①。吕家亦随之搬回紫竹林。

　　1890年10月，出使日本大臣李经方（字伯行，李鸿章长子），奏调出使日本随员。根据传统用人规矩和李鸿章所授机宜，李经方首选在北洋水师营务处供职八年，曾在援护朝鲜中获"劳绩保奖"，有天津知县工作经验，风雅好文，且系安徽乡党的吕增祥为其使日参赞官。

　　据晚清军机处档案记载，吕增祥随李经方出使日本的时间是1891年1月11日至1893年12月26日②。另据《申报》记载，李经方一行，是在1891年1月20日出发前往日本的③。使日期间，吕增祥与继室（吕氏原配亡于1890年）章氏好姐生育长子吕彦深与三女吕东宝。1893年9月，章氏好姐怀上了第三个孩子。

　　1894年1月11日，吕增祥一行在神户登船返回中国④。17日，吕增祥携家眷返回出国前的驻地紫竹林，租房居住等待朝廷分配工作。

　　1894年7月25日，中日甲午战争爆发，紫竹林北洋水师营务处忙翻了，章氏好姐也快临盆了。

　　1894年7月28日，甲午战争爆发后的第三天，章氏好姐在天津法租界内的紫竹林驻地诞下一名男婴——吕彦直。吕增祥为之取小名"渤生"，以志其"生于渤海之滨"。

---

① 劳祖德.郑孝胥日记[M].北京：中华书局，1993.
② 卢洁峰.隐藏在一份奏折中的历史真相——吕彦直父亲使日时间的确定[J]//文史纵横，2016，1：107-110.
③ 星传指东[N]//申报，1891-01-21（2）.
　 富姿雪色[N]//申报，1891-02-06（2）.
④ 劳祖德.郑孝胥日记[M].北京：中华书局，1993.

随后，吕增祥被外放到太行山东麓一个山区小县——临城①去当知州。襁褓中的吕彦直即随之迁往380千米以外的临城县，入住县衙。

1896—1900年，幼年的吕彦直，随父亲的任职辗转居住于天津县、南宫县、献县。1900年义和团运动期间，还曾借住在临城县"北门外王韦庵旧宅"②。

1901年年初，吕增祥出任开州知州。吕家随之迁居开州衙署。要之，截至1901年7月初父亡前，吕彦直一直是在父亲任职的各个县衙里居住、生活的。县衙的环境和严格的家教，养成了吕彦直庄重而静穆的品格。

第二节 籍贯之辨

籍贯是指祖父及以上父系祖先的长久居住地。关于吕彦直的籍贯，一直存在"山东东平"与"安徽滁州（滁县）"两种说法。

一、"山东东平"说之最早来源

1.《建筑师吕彦直君逝世》

1929年3月18日吕彦直病逝后，中国工程学会在其当月的会务特刊《中国工程学会会员通讯录》上，率先发表了《建筑师吕彦直君逝世》一文，该文成为以后诸文之蓝本，如下：

本会会员吕君彦直，字仲宜，又字古愚，山东东平人，先世居处无定，逊清末叶曾与安徽滁州吕氏通谱，故亦称滁人。君生于天津，八岁丧父，九岁从次姊往法国，居巴黎数载。时孙慕韩亦在法，君戏窃画其像，俨然生人。观马戏，还家绘狮虎之属，莫不逼肖，盖艺术天才至高也。回国后入北京五城学堂，时林琴南任国文教授，君之文字为侪辈之冠。后入清华学校，民国二年毕业，遣送出洋。入美国康南耳大学，初习电学，以性不相近，改习建筑。卒业后，助美国茂斐建筑师，尝作南京金陵女子大学之设计，为中西建筑参合之初步。十一年回国，与过养默、黄锡霖二君合组东南建筑公司于上海，成绩则有上海银行公会等。嗣脱离东南，与黄檀甫君设立真裕公司，后又改办彦记建筑事务所，获孙总理陵墓及广州纪念堂、纪念

---

① 以往几乎所有涉及严复、吕增祥、吕彦直的记载，都把河北省（直隶）的临城县，讹传为"山东临城县"。事实上，河北省临城县位于石家庄与邢台之间的太行山东麓。而山东的"临城"则只是一条村庄，而非一个县城。临城村位于临沂市平邑县境内。河北临城县在西北，山东临城村在东南，二者直线距离相隔约400千米，风马牛不相及。关键是清朝不会跨省任命地方官员。

② 吕增祥.致严复函[M]//贾长华，李钢成.严复与天津.天津：百花文艺出版社，2008：173.

碑设计首奖，以西洋物质文明，发扬中国文艺之真精神，成为伟大之新创作。君平居寡好，尚未受室，劬学成疾，因于医药者四年，卒于十八年三月十八日，以肝肠生癌逝世，年止三十六岁。闻者莫不为中国艺术界、工程界惜此才也。

2.《生平简介》

1929年4月，中国工程学会会刊《工程》1929年第四卷第三期上刊登了"本会会员吕彦直先生遗像"及《生平简介》。该《简介》与1929年3月《中国工程学会会员通讯录》率先发表的《建筑师吕彦直君逝世》一文基本相同（此略）。两文均出自中国工程学会同仁之手。

3.《吕古愚略传》

《科学》1929年11月1日出版的第十四卷第三期附录《吕古愚略传》，文字与1929年3月《中国工程学会会员通讯录》上率先发表的《建筑师吕彦直君逝世》一文基本相同，但对吕彦直的留美时间、毕业及回国年份等做出了重要修正。如下：

吕彦直，字仲宜，又字古愚，山东东平人，先世居处无定，逊清末叶曾与安徽滁州吕氏通谱，故亦称滁人。君生于天津，八岁丧父，九岁从次姊往法国，居巴黎数载。时孙慕韩亦在法，君戏窃画其像，俨然生人。观马戏，还家绘狮虎之属，莫不生动，盖艺术天才至高也。回国后，入北京五城学堂，时林琴南任国文教授，君之文字为侪辈之冠，后入清华学校。民国二年毕业，三年遣送出洋，入美国康乃耳大学，初习电学，以性不相近，改习建筑。民国七年卒业，助美国茂斐建筑师，尝作南京金陵女子大学之设计，为中西建筑参合之初步。民国十年回国，与过养默、黄锡霖二君合组东南建筑公司于上海，成绩则有上海银行公会等。嗣脱离东南，与黄檀甫君设立真裕公司，后又改办彦记建筑事务所，获孙总理陵墓及广州纪念堂、纪念碑设计首奖，以西洋物质文明，发扬中国文艺之真精神，成为伟大之新创作。君平居寡好，劬学成疾，因于医药者四年，卒于十八年三月十八日，以肝肠生癌逝世，年止三十六岁。闻者莫不为中国艺术界惜此才也。

4.《故吕彦直建筑师小传》

1930年12月5日上海《时事新报》刊登了《故吕彦直建筑师小传》。此文同样以1929年3月《中国工程学会会员通讯录》率先发表的《建筑师吕彦直君逝世》一文为蓝本，所改动者，一是文言修辞，二是跟随《科学》1929年11月1日发表的《吕古愚略传》，把吕彦直"十一年回国"，更正为"民十归来"。

5.《故吕彦直建筑师传》

《中国建筑》1933年7月第一卷第一期首页刊登了《故吕彦直建筑师传》。此文还是以1929年3月《中国工程学会会员通讯录》率先发表的《建筑师吕彦直君逝世》一文为蓝本，所改动者，一是跟随《科学》1929年11月1日发表的《吕古愚略传》，把吕彦直"十一年回国"，更正为"十年回国"。二是将"卒业后，助美国茂斐建筑师，尝作南京金陵女子大学之设计"，增改为"卒业后，助美国茂斐建筑师，尝作南京金陵女子大学及北平燕京大学之设计"，从而充实了前述。

二、相关记载与辨析

1.相关记载

以上五文中关于吕彦直祖籍地等前半部的记述如出一辙，核心话语为："吕彦直字仲宜，又字古愚，山东东平人。"由于"先世居处无定，逊清末叶曾与安徽滁州吕氏通谱，故亦称滁人"。这段文字包含如下几层意思：

（1）吕彦直是"山东东平人"。

（2）吕彦直的"先世居处无定"。

（3）吕彦直的先世"逊清末叶曾与安徽滁州吕氏通谱，故亦称滁人"。

2.相关辨析

（1）吕彦直是"山东东平人"，应是1929年3月中国工程学会会务特刊《中国工程学会会员通讯录》的编撰者，获悉吕彦直病逝噩耗后的应急采写。吕彦直沉静寡言，与中国工程学会的同志们所交谈者，皆工作，极少谈及个人私事。是故，吕彦直是"山东东平人"，可能只是应急采写者之风闻，并非吕彦直本人所言。吕彦直的学籍档案，以及其长兄吕彦深的供职档案均显示：兄弟俩所填报籍贯为"滁县"，或"安徽省滁县人"，详见下文。

（2）先世即前代，"吕彦直的先世"，指吕彦直的父亲。吕彦直的父亲四处为官，确实"居处无定"。这一细节，可能是吕彦直生前在某个场合所言及，也可能是中国工程学会的撰稿者所采写。

（3）吕彦直的先世"逊清末叶曾与安徽滁州吕氏通谱，故亦称滁人"。这句话是经不起推敲的。理由如下：

①1909年为宣统元年，1912年2月12日宣统皇帝逊位，清王朝因而告终，故称"逊清"。"末叶"一般指70—00年。显然，"逊清"的时段不可以覆盖"末叶"

的时段;"逊清末叶"是一个含混且不能成立的时段指称。更为重要的是,吕增祥亡于1901年,不入"逊清"。

②如果忽略"逊清",只当是"清朝末叶",即吕彦直先世(父辈)到了1870年以后才"曾与安徽滁州吕氏通谱",则吕增祥根本不可能取得"滁州廪生"的资格,进而参加1879年的己卯正科江南省乡试并中举。只有从吕彦直的祖父辈,甚至曾祖父辈开始,吕氏便落籍(落户)滁州,吕彦直的父亲吕增祥才能循序参加滁州的岁考、科试,直至江南省乡试。因此,吕彦直的"先世""逊清末叶曾与安徽滁州吕氏通谱,故亦称滁人"一说,不能成立。

三、实地调查研究

2001年,笔者前往山东东平县实地调查研究,走访了当地吕姓聚居地彭集镇吕家庙村的吕氏族长吕传寅先生。吕传寅当年68岁,在彭集镇中心小学当了40年的校长,已退休,是吕家庙里辈分最高者。恰巧,给笔者开出租车前往采访的司机,正是吕校长的学生。

族长给笔者翻出了线装本一套六本的《东平吕氏家谱》,认真地查找,但完全没有"吕彦直""吕仲宜""吕古愚"的任何线索。

族长说:"我们从来没有听说过东平吕氏家族出过什么建筑师,更没有听说过有吕彦直这个名字……祖辈也从来没有人外出天津谋生。"

笔者问:"解放前,东平吕氏家族谁最有钱?"

族长曰:"是旁边马代村的吕树滋。他们家远在乾隆皇帝时就很有钱,也很有名气。当年,乾隆皇拨18万两银子给地方在清河上修大坝。太监"和珅"变着法子贪污克扣修坝款项,故意给地方发大钱,企图使地方无法把大钱兑小分发给民工。吕树滋的祖上见状挺身而出,承担了把大钱兑小的任务,造福乡里,传诵至今。"

笔者问:"也许吕树滋会提供有关吕彦直的线索?"

族长说:"不见得。吕氏家族的事情,我们是一代一代地传下来的,我没有听说过的,恐怕吕树滋他们也没有听说过。你不妨去问问。"

据族长所述,《东平吕氏家谱》是从明朝开始修的。元朝时,东平一带因战乱,人民死的死,逃的逃,以致没了人口。朱元璋得知后,命令山西的人迁往东平来。东平的吕氏家谱,就是从第一代由山西迁来东平的吕氏人家开始修起的。

在紧邻一旁的马代村,笔者找到了吕树滋。

老人家当年70岁，正和四五个老伙伴在厅堂里聊天。听笔者说明来意后，反复查看了笔者的介绍信，然后很认真地说："从来没有听说过有这么个建筑师；我们祖上也从来没有人到过天津谋生。恐怕你是找错地方了。在东平，凡姓吕的，都是吕家庙出去的。吕姓在东平不是大姓。吕氏家族只要有一点儿的事情，就会代代相传，如果吕彦直真的是我们这儿的人，怎么大家都从来没有听说过？"吕树滋还告知：他们家是吕氏家族里最有钱和最有名望的。因为祖上为乡里做过好事，所以，直到现在，大家都很尊重他们。

四、吕彦直的确认

上述修自明朝的《东平吕氏家谱》，以及吕传寅族长、吕树滋老人家的口碑，均说明吕彦直并非"山东东平人"。吕彦直本人也从来没有说过自己是山东东平人。

1."吕君，安徽人"

1925年9月21日，获得孙中山先生陵墓图案设计竞赛头奖后，吕彦直接受了《申报》记者的采访。23日见报的《吕彦直君之谈话》称："吕君，安徽人。"这是吕彦直第一次也是最早一次面对大众媒体，说明自己祖籍安徽。

2."南京为弟之桑梓"

1928年6月5日，吕彦直在复南京首都建设委员会夏光宇函中写道："实际上南京为弟之桑梓。"[①]

1879年，吕彦直的父亲是以"滁州廪生"的资格参加"己卯正科江南省乡试"并中举的[②]。廪生，即古时科举制度中领受国家膳食津贴的学生——"廪膳生员"。要吃上这份皇粮，须经岁、科两试。两试一等前列者，方能取得廪生名义：成绩名列一等的秀才，升为"附生"；"附生"前茅者升为"增生"；"增生"前茅者升为廪生。要命的是，这种资格并非一劳永逸，各生必须接受经常性的严格考查。比如，各省学政到任后，第一年考岁考。限一年完成学业检查——先由各府、州、县学署，令各下属之廪生、增生和附生，到学署填报姓名、年龄、籍贯、体格，以及三代履历，验明家庭清白，出身纯正，无作弊记录者，方可参加考试。之后，由学署造具生员的升降、丁忧、改名、病假清册，连同有关奏折和上谕，一并

---

① 吕彦直.复光宇兄函[M]//卢洁峰.吕彦直与黄檀甫——广州中山纪念堂秘闻.广州：花城出版社，2007：38.
② 己卯正科江南省乡试题名全录[N]//申报，1879-10-31（2）.

送学政审阅。换言之，科举制度下的吕增祥，只有具备滁州户籍，严格按程序走，从小在滁州读书、参加各级考试，且须始终成绩优秀，才得以"滁州廪生"的资格参加"己卯正科江南省乡试"并中举。

江南省，原为明朝南京（南直隶）地区。清军入关后，于1645年沿明制设江南承宣布政使司，即废除南京为国都的地位，设巡抚衙门于江宁府（今南京）。清康熙初年，改承宣布政使司为行省，江南承宣布政使司即改为江南省，其范围大致包括今江苏省、上海市和安徽省三地。滁州隶属安徽，是江南省的属地；江南省的省府"江宁府"即后来的南京。由此可见，无论是1925年9月21日吕彦直在接受记者采访时说自己是"安徽人"，还是1928年6月5日在复夏光宇函中所言之"实际上南京为弟之桑梓"，并不矛盾，所指为同一地域。

3.《密勒氏评论报》"中国名人录"的权威发布

事实上，最早称"建筑师吕彦直先生……祖籍南京"的是《密勒氏评论报》（THE CHINA WEEKLY REVIEW）。《密勒氏评论报》是美国《纽约先驱论坛报》驻远东记者T.F.密勒于1917年6月在上海创办的一份彩色英文周报，1918年年底由J.B.鲍威尔接任主编。此刊英文名称原为《密勒氏远东评论》，一度更名为《远东每周评论》，1923年6月改为THE CHINA WEEKLY REVIEW（《中国每周评论》），中文名称《密勒氏评论报》则沿用未变。

《密勒氏评论报》向以客观、准确著称，具有较大的国际影响力。该报辟有一个"中国名人录"（Who's Who in China），每周介绍一两位（偶尔四位）中国名人。1928年8月，该报记者专访了吕彦直。9月1日，该报在"中国名人录"中发表了 Mr. Yen chih-lu（吕彦直字古愚）一文，介绍了吕彦直的履历及主要成就。开头第一句就明确指出：Mr. Yen chih-lu architect, was born in 1984 in Tientsin, his ancestral home Nanking.即"建筑师吕彦直先生，1984年出生于天津，祖籍南京。" Mr. Yen chih-lu（吕彦直字古愚）是介绍吕彦直之第一文，此文必定采访自同在上海的吕彦直本人。《密勒氏评论报》"中国名人录"的权威发布，令 Mr. Yen chih-lu（吕彦直字古愚）一文成为日后西文报刊介绍吕彦直的范本。

4.国闻通讯社的报道与《字林西报》《字林星期周刊》的转载

1929年3月20日下午，每天发稿两次的国闻通讯社[①]，抢得先机，以1928年9月1日《密勒氏评论报》"中国名人录"中之 *Mr.Yen chih-lu*（吕彦直字古愚）一文有关吕彦直的出身、履历与贡献等记载为蓝本，率先发出了 *OBITUARY Mr. Lu Yen-chi*（吕彦直先生讣告）。

3月21日，上海《字林西报》（*THE NORTH-CHINA DAILY NEWS*）以 *DEATH OF CHINESE ARCHITECT*（中国建筑师之死）为题，全文转载了国闻通讯社的 *OBITUARY Mr. Lu Yen-chi*（吕彦直先生讣告）。3月23日，《字林星期周刊》（*THE NORTH-CHINA HERALD*）[②]也跟进转载。两报均称：Deceased came of a Nanking family, but was born in Tientsin in 1894.即"逝者出身于南京世家，1894年生于天津。""出身于南京世家"与"祖籍南京"是同一个意思。

5.清华大学校史档案的记录

在清华大学档案馆，笔者查到了1937年4月国立清华大学校长办公处印行的《清华同学录》，上载"吕彦直　建筑（Cornell）古愚　安徽滁县　已故"。同页页眉上注有"（1913）"字样。

此外，在《清华大学史料选编》第一卷第50—51页上，有一个"本校历年毕业生统计表"。其中，在"民国二年，旧制留美预备部"毕业的学生有：江苏9人、广东8人、浙江9人、福建4人、河北3人、湖北5人、江西1人、安徽1人、山东2人、贵州1人，共为43人。

其中的"安徽1人"与《清华同学录》第38页上的记载相吻合，所指正是籍贯"安徽滁县"的吕彦直。

上述清华大学的校史档案，是笔者所能查找得到的最早，也是最可靠的吕彦直籍贯地的记录（期待有来者能查阅1910年12月至1911年4月的学部档案，看看能否找到1910年12月清华学堂的报考名单，用以佐证清华大学校史档案的记录）。

---

① 国闻通讯社是中国较有影响的私营通讯机构，由著名报人胡政之于1921年8月在上海创办，每天发布两次"确实新闻"，合约7000字。20世纪20—30年代，国闻通讯社发布的英文新闻，经常被上海《字林西报》《字林星期周刊》等西文报刊引用、转载。
② 《字林星期周刊》，1850年8月3日由英国拍卖行商人Henry Shearman在上海的英租界创办，是上海第一家英文报刊，每周六出报，该报以信息来源可靠而著称，被视为"英国官报"。

6.上海《申报》《上海民国日报》的发布

1929年3月21日的上海《申报》和《上海民国日报》同时发布了吕彦直病逝的消息。消息称："工程师吕彦直，于前年设计紫金山总理陵墓图案，获得首奖。忽于本月十八日患肠痈逝世，年仅三十六岁。吕彦直字古愚，江宁人，而生于天津。……"

上海《申报》和《上海民国日报》关于工程师吕彦直逝世的消息，用的是同一份新闻通稿。这份通稿，应是彦记建筑事务所同仁所拟。据此可知：吕彦直是江苏江宁人，而不是山东东平人。

如前所述，"江宁人"即"南京人"。因此，吕彦直报考清华学堂时在籍贯一栏里填写"滁县"，和在上海开业时说予同事的祖籍"江宁"，指的实为同一个地域概念。而无论是滁县还是江宁，均非"山东东平"。换言之，吕彦直从未说过自己是"山东东平人"。

五、吕彦深的履历页记载

吕彦直的长兄吕彦深长期供职于中国驻巴拿马总领事馆。其后人曾出示一纸吕彦深的履历，如下：

CHINESE CONSULATE GENERAL PANAMA

驻巴拿马总领事馆主事　吕彦深，现年二十四岁，安徽滁县人。

三代：曾祖　如松（殁）　祖　凤翔（殁）　父增祥（殁）

出身：上海青年会中学堂暨南京金陵大学修业生。

经历官职：民国二年四月二十五日奉部令调任外交部。民国二年十二月三十一日奉部令调署驻秘鲁使馆主事、奉部令□署驻巴拿马总领事馆主事。

任命期及到任日期：民国三年二月四日奉部令调署，民国三年六月七日到任。

通晓何国语文：英国文、日斯巴尼亚文。[①]

在抬头为CHINESE CONSULATE GENERAL PANAMA（中国驻巴拿马总领事馆）的这纸吕彦深履历页上，载明吕彦深是"安徽滁县人"。可见，无论是吕彦直，还是吕彦深，兄弟二人的学籍及履历档案均显示其籍贯为"安徽滁县"，而非"山东东平"。

---

① 巴拿马总领事馆主事吕彦深履历页扫描件[M]//建筑文化考察组.中山纪念建筑.天津：天津大学出版社，2009：83.

六、侯疑始的补充

侯疑始（1885—1951），无锡人，本名毅，字雪农，严复弟子，曾游学英伦，嗜诗，与严复多有诗文往返。严复因喜法国哲学家笛卡儿"哲学自疑始"的名言，赐号"疑始"，侯遂以此为名。师从严复的侯疑始，同时仰慕严复的挚友、亲家吕增祥，并熟知其家庭情况。1901年8月—1902年8月，幼年的吕彦直曾师从侯疑始学习中英文。1929年3月中旬吕彦直病危时，侯疑始曾到吕彦直居所探望并留下《吕彦直病笃》一文，文称："吕彦直字古愚，皖之来安人。"[1]

来安县原名永阳县，位于安徽省东部，东邻今安徽省天长市和江苏省南京市六合区，西接安徽省滁州市琅琊区、明光市，南连南京市浦口区，北与淮安市盱眙县比邻。南唐中兴元年，即958年，改永阳县为来安县，属淮南军滁州。换言之，来安是滁州的一个县。尽管滁州后来演变为滁县，但滁县与来安县的上下关系，没有改变。因此，吕彦直报考清华学校时，在籍贯栏中填写的"安徽滁县"，与侯疑始称吕彦直为"皖之来安人"并不矛盾——侯疑始把吕彦直的祖籍地具体化到滁县的"来安"了。侯疑始的这一补充，坐实了吕彦直祖籍"安徽滁县"的事实。

第三节　吕彦直的兄弟姐妹

吕增祥一直在发奋读书，自童生至秀才，学习成绩一直名列前茅，在岁考、科试中，均稳居前列，并因此受用国家膳食津贴，最终以"滁州廪生"的资格，参加1879年己卯正科江南省乡试并中举。乡试是科举考试中最难的一场考试。中举后，家里有钱支持者，则继续攻读备考进士。否则，就只能等待朝廷12年一次的"大挑"[2]，被挑中了，才有机会当官。吕增祥的家庭并不富裕，没有财力备考进士，只能抓住机遇，以举人身份入李鸿章幕，在北洋水师营务处办事，谋生并养活父母、家小。由于家庭负担重，生活"窘乏"（吕增祥语），故除了一些必备的图书笔墨之外，吕增祥没有置办房产，却十分注重儿女的教育，与亲家严复一样，要求儿女们在13—14岁前学会英语。

---

[1] 疑始.吕彦直病笃[N]//晶报，1929-03-21（3）.
[2] "大挑"，清代中后期诞生的一个科举正途之外的选官新制度。

一、四兄弟各有各精彩

1.外交官吕彦深

1891年9月2日,吕彦深在东京出生,丧父时未满十岁。在严复的安排下,吕彦深自天津南下上海,投靠大姐夫伍光建。伍光建既是严复的学生,又是吕增祥使日期间的外交官同事,早年留英,长于翻译,深知学习外语的重要性。因此,送吕彦深入读教会学校。据前述吕彦深履历所载,他毕业于上海青年会中学堂(教会学校),是南京金陵大学(教会学校)的修业生;通晓英文、日斯巴尼亚(西班牙)文。1913年4月25日,未满22岁的吕彦深,因大姐夫、前外交官伍光建的保荐,"奉部令调任外交部"。由于工作出色,又于当年12月31日奉部令调署驻秘鲁使馆主事及驻巴拿马总领事馆主事。1914年2月起程,6月7日到任。

严复看好吕彦深,安排侄女严琦嫁与吕彦深。吕、严在巴拿马生育二女一子。1930年,吕彦深送三姐弟回国读书。安顿在上海法租界内的辣菲德路辣菲坊(今复兴中路复兴坊)居住。翌年,迁往南京。1932年,吕彦深从巴拿马、圭亚那卸任回国,返回南京,在外交部工作,是吕氏四兄弟中唯一担任公职,且地位最高者。

抗战期间,吕彦深随南京国民政府迁往重庆。1945年抗战胜利后返回南京。1947年携妻子自南京移居美国。1972年终老于美国,享年81岁,是吕家父兄五男中最高寿者。妻子严琦也于1978年在美国去世。

2.建筑师吕彦直(此略)

3.风流倜傥吕彦红

2007年,据吕彦深的次女、时年85岁的吕媞媞介绍,吕彦直的三弟吕彦红(1896—1966)才华出众,为人风流倜傥,交际甚广,曾师从历史学家顾颉刚研究历史。吕彦直在上海工作期间,常接济三弟、四弟;其身后的营葬费、部分建筑师酬金,亦由三弟、四弟平分。1949年以后,吕彦红没有正式工作,靠在中国图书公司做"特约编辑",在上海美术出版社兼职做连环画的文字编辑等为生。后来生活无着,长期依靠吕彦深的两个女儿接济。1966年年初,终因贫病交加而殁于南京,无后。

4.中共党员吕季刚

吕彦直的四弟吕季刚(1898—1932),是一名在上海的中共地下党员。吕彦直身后,他用所分得的钱财,开设了一家金马书堂和印刷厂,用以掩护革命工作。吕

15

季刚身体羸弱，1932年病逝，年仅34岁，无后。

二、三个姐姐均嫁入名门

大姐、二姐是吕彦直同父异母的姐姐；三姐吕东宝则为其胞姐。

1.大姐嫁外交家、翻译家伍光建

1893年秋，长女在日本嫁给横滨理事馆理事伍光建。伍光建（1866—1943），字昭扆，广东新会人。1881年（15岁）考上天津水师学堂，是1886年北洋水师学堂的第一届毕业生，经严复力荐，被北洋水师学堂选派到英国留学，就读于英国格林尼治皇家海军学院。1892年毕业后出任大清国驻横滨理事馆理事。任满后返回北洋水师学堂执教。1900年6月义和团运动，天津紫竹林顿成战场，伍光建与严复两家分别逃离紫竹林，南下上海避难。

在上海，伍光建一面担任《中外日报》的评论员，一面为《中外日报》翻译文章、设计插图等，使《中外日报》大受读者欢迎。1910年，清政府嘉赏伍光建为文科进士[①]，出任清政府海军顾问官、军枢司司长等职。

辛亥革命后，伍光建历任南京临时政府财政部顾问、盐务署参事、南洋公学及复旦大学教授等职。其间，翻译了大量英文名著，与严复、林纾齐名并称"中国近代三大翻译家"。育有一子一女：长子伍蠡甫，次女伍季真。

2.二姐嫁严复长子严璩

1892年秋，按照吕、严两家的约定，二姐吕韫清（静宜）自东京回国，与严复长子严璩完婚，育有二女：长女严绮云、次女严系云。

严璩（1874—1942），字伯玉。1896年11月23日，以出任驻英兼意、比三国钦差大臣罗丰禄[②]的随员身份赴英留学[③]。1900年回国后[④]，在京师大学堂等地当

[①] 童颜.近代翻译家伍光建与其英语翻译活动研究[J]//兰台世界，2013，11（上旬）：130-131.

[②] 罗丰禄（1850—1903），字稷臣，福建闽县人。1877年3月，清廷选派第一届赴欧留学生，罗丰禄以候选主事、翻译身份获选，入读英国剑桥大学国王学院（King's College）。在学期间兼任华洋"翻译、文案"裏助华洋监督，兼任英、德使馆等翻译。1880年2月，学成回国，入北洋大臣李鸿章幕，在北洋水师营务处工作，兼任李鸿章的英文秘书、外交顾问兼翻译。1883年5月，调升水师营务处道员。1885年，升任天津水师学堂会办。1888年5月，奉命协同北洋水师提督丁汝昌等起草《北洋海军章程》。1896年，罗丰禄以翻译身份随李鸿章赴欧洲参加了一系列重大的外交活动，并出任驻英兼意、比三国钦差大臣，妥善处理过一系列重大的外交事务。

[③] 孙应祥.严复年谱[M].福州：福建人民出版社，2014：83.

[④] 罗耀九，林平汉.严复年谱新编[M].厦门：鹭江出版社，2004：170脚注.

差。1901年6月9日，受命为"三等翻译官"，随醇亲王载沣等赴德国"抱愧"[①]。1902年9月30日，"驻法公使孙宝琦离京赴任，严璩随往为参赞"[②]。1905年5月回国后，旋即奉命偕同恩庆（福田）经广东转往越南西贡游历考察两个多月[③]。1909年，以"二品卿衔大员"身份回福建出任"财政正监理官"。民国成立后，历任北洋政府长芦盐运使、财政部参事、公债司司长。1922年，三度出任财政部次长，以及全国盐务署署长兼盐务稽查总所总办等职。1924年，再任财政部次长。1929年，出任南京政府财政部次长18天被解职。后又出任司法部总务司司长。1933年失业后定居上海，租了一间不足十平方米的亭子间，与一妾同居，生活主要依赖沈葆桢之孙、时任英美烟草公司总经理的沈昆山接济。上海沦陷后，接济中断，严璩无力撤往内地，滞留上海。日寇要严璩出任日伪财政部部长，严璩不从，遂于1942年冬殁于上海。

3.三姐嫁罗丰禄侄儿罗忠国

1892年冬，吕增祥的三女儿在东京出生，取名"东宝"，意为"生于东京的宝贝"。经严复介绍，东宝嫁与晚清外交重臣罗丰禄的亲侄儿、时任古巴领事馆副领事的罗则琦。罗则琦本名忠国，"字稚珊，又名仪韩，则琦（1886年1月1日—1971年10月15日）肖鸡，享年85岁。清末译学馆毕业"。"妻：吕氏（1892—1950）肖龙，享年58岁。生五子：孝华、孝莘（罗兴，1922年5月—1994年10月）、孝芊（罗盘，1925—2004）、孝荦、孝萃"[④]。

1921年8月，中国驻古巴领事馆随员陈柏年在古巴失踪（当地华侨称其跳海自杀），家属向外交部控告古巴领事馆代办吴克倬、副领事罗则琦"暗害"陈柏年。中国外交部遂派员前往调查。罗则琦因此被调回国，定居上海。案件扰攘多年，最终于1928年5月结案，判定吴、罗无罪[⑤]。1949年，吕东宝随丈夫罗则琦与长子罗孝华一起移居台北。

---

① 孙应祥.严复年谱[M].福州：福建人民出版社，2014：140.
② 孙应祥.严复年谱[M].福州：福建人民出版社，2014：164.
③ 平兆龙，王元林.南邻未必识《晚清海外笔记选》中所载的西贡[J]//东南亚研究，2014，3：90.
④ 豫章福州罗氏族谱（新梅公宗系）[M].福州：中华罗氏通谱编纂委员会，1998：41-42.
本资料由中华罗氏通谱编纂委员会总编、福建省敦睦姓氏谱牒研究院院长罗训森先生提供，谨致谢忱。
⑤ 法界消息：要闻十四则：北京高审厅判决陈柏年失踪案[J]//法律评论（北京），1928.

第二章 家学与家变

第一节 家学

一、随官而居

吕增祥有一个三代同堂的大家庭，除父母、妻子、儿女之外，其妹妹吕汶（字鲁东，通诗文，是吕增祥的重要助手）亦长期随其生活[①]。因此，吕增祥一直没有能力购置房产，其中举后的居住"轨迹"大致如下：

1879—1883年、1885—1890年在北洋水师营务处工作期间，率全家至少八口租住在天津紫竹林村里。

1890年，吕增祥的夫人，以及跟随吕增祥在紫竹林村生活的双亲先后过世。年底，吕增祥获李经方奏调使日参赞，遂续娶天津人章氏好姐为继室。不排除章氏好姐原为吕家雇仆的可能。理由是章氏好姐并非需要别人侍候的大户小姐，而是一位十分能干、做得一手好饭菜的持家人。

1891年1月—1894年1月，吕增祥使日期间，率全家至少四口租住在东京使署附近。

1883—1885年、1894—1901年，吕增祥出任天津县、南宫县、献县等地知县、知州期间，率全家至少八口先后居住在各地的县衙里。即便是在1900年义和团运动期间，也率领全体家眷多次转移驻地。紧急时刻，"不得已去之临城，乘间将眷口迎往，借住北门外王韦庵旧宅"[②]。

1900年秋，吕增祥获委开州知州。开州是散州，其知州官秩为从六品，吕增祥原官秩为正五品。晚清官场壅滞，官多缺少。因此，一有实缺，哪怕降低品级、

[①] 汪征鲁，方宝川，马勇. 严复全集[M]. 福州：福建教育出版社，2014.
   傅瑛. 略谈吕碧城成才的外家姻亲背景[M]//纪健生. 安徽文献研究集刊：第1卷. 合肥：黄山书社，2004：157-161.
[②] 吕增祥. 致严复函[M]//贾长华，李钢成. 严复与天津. 天津：百花文艺出版社，2008：173.

哪怕远离天津530千米，吕增祥也赶紧赴任。其家属亦随之迁往开州，住进开州衙署。

开州前身为澶州，北宋大观元年，即1107年，升澶州为开德府，辖境大致在今河南濮阳和山东莘县南部，至金皇统四年，即1144年，改称开州。[①]金、元、明、清因之。民国为濮阳县。今为河南省濮阳市。

据《光绪开州志》记载，开州"东至山东濮州六十里"[②]。如今，濮阳以东"六十里"（30千米）处，即为范县[③]。据《民国续修范县志》记载，范县是颛顼氏之故墟，汉置范县，晋属东平国，唐贞观八年，即634年，改属濮州，宋、金因之，元属东平路，明属濮州，清因之。[④]颛顼为上古部落联盟首领，黄帝之孙、"五帝"及人文始祖之一。吕增祥乃饱学之士，身为开州知州，当以属地紧邻"颛顼氏之故墟"而与有荣焉。于是，常给子女们讲述"东平国"的历史故事。当时，吕增祥原配夫人所生的两个女儿已经出嫁，身边的四子一女尚年幼，长子吕彦深还未满十岁。或许正是未满十岁的吕彦深对父亲所讲的"东平国"有印象，并传诸其后人，以致衍生出"远祖""山东东平"之说。[⑤]

二、在家开蒙学中文

中国古代国家设立的最高学府和教育行政管理机构为国子监（又称"太学""国学"）。国子监以下按照行政区划分别设立府学、州学、县学——统称为"官学"，专门传授儒家经典和宋明理学，以备应试科举。官学以外，各地乡镇设社学，招收乡村12岁以上、20岁以下的子弟入读。12岁以下者，通常只能在私塾接受启蒙教育。其教学内容包括识字教育、阅读写作和道德教育。教材主要有《三字经》《百家姓》《千字文》《千家诗》《弟子规》《蒙求》《古文观止》等。

1894年7月25日，中日甲午战争爆发。三天后，吕彦直降生于天津紫竹林的北洋水师营务处驻地。甲午战争以中国战败、北洋水师全军覆没而告终。清朝政府

---

① 谭其骧.中国历史地图集[M].北京：中国地图出版社，2014.
② 杨燨，陈兆麟，祁德昌.康熙清丰县志.光绪开州志[M].上海：上海书店出版社，2013：161-167.
③ 范县今隶属于河南省濮阳市。由于历史上冀鲁豫三省交界处的州县隶属关系变动频繁，以致如今范县老城坐落在了山东省聊城市莘县的樱桃园乡。
④ 高士英，荣相鼎，唐晟，杨沂，杜均平，张振声，余文凤.宣统濮州志·嘉庆范县志·光绪范县志续编.民国续修范县志[M].上海：上海书店出版社，2013：589-592.
⑤ 吕彦深的外孙女称其"远祖确系山东人氏"。（参见殷力欣.建筑师吕彦直集传[M].北京：中国建筑工业出版社，2019：9.）

不得不于1895年4月17日签订了《马关条约》，割地赔款，允许列强在中国投资办厂……中国社会由此而从传统的农业社会进入近代的工业社会，各种矛盾随之激化，戊戌变法、义和团运动等相继而起。七岁前的吕彦直，与时代共命运，因父亲"之官"地的不断变更而"居处无定"。

频繁的迁徙，使吕彦直与哥哥吕彦深、姐姐吕东宝等难以在固定的地方上学。因此，吕父就为众子女拟课程、列书单，由妹妹吕汶执教，教孩子们认字、写字、背诵，让孩子们在驻地衙署的家里受教开蒙学中文。吕彦直一手遒劲的毛笔字，便得益于开蒙时所打下的"童子功"。

第二节　家变

一、1901年8月：严复的安排

1901年7月初，吕增祥因民事卒于开州。吕增祥的僚属一面上报大名府（中国古代行政区划、开州的上级领导机关），一面联系其大女婿伍光建，伍光建又转告自己的老师、吕增祥的亲家严复。

严复与吕增祥是北洋水师营务处时期的同事、"生死至交"[1]；吕、严两家是邻居、"至好"[2]。严复认定：惟吕增祥的子女最有教养，最适合与自家子女婚配。1890年年底，严复得悉吕增祥即将出使日本后，立即写信给吕增祥，提议：趁吕家家眷尚在天津之时，为大儿子严璩完婚。吕增祥则回复道，由于自己的双亲于本年过世，故不愿女儿"舍我而去，乃顿觉形孤"，希望能推迟婚期，"至明年秋时"再送女儿回来完婚，或者让严璩到日本入赘。[3]

1891年9月2日，章氏好姐在东京生长子吕彦深。家里添丁了，这使月薪145元的吕增祥难以高兴得起来，并着手处理两个女儿的婚嫁事宜。先是履行前诺，让二女儿吕韫清（静宜）自东京返回天津与严复的长子严璩完婚。[4]

1892年10月31日，"秋樵女受聘"[5]。吕增祥把长女许配给丧偶不久的横滨理事馆理事伍光建。

---

[1] 王栻.严复集：第3册[M].北京：中华书局，1986：814.
[2] 汪征鲁，方宝川，马勇.严复全集[M].福州：福建教育出版社，2014.
[3] 严孝潜.严复为大儿子严璩成亲[N/OL].福州新闻网，[2007-07-30].
　　严孝潜是严复第四代曾孙。
[4] 严复.寄太微日本[M]//王栻.严复集：第2册.北京：中华书局，1986：361.
[5] 劳祖德.郑孝胥日记[M].北京：中华书局，1993.

1900年6月义和团运动。7月，严复与伍光建在紫竹林的住宅均在战火中失陷，严、伍两家仓皇离津赴沪避难。

1901年5月，严复因就任开平矿务有限公司华部总办而返回天津，住在海大道（今大沽路）德源里。这是开平矿务局给严复提供的住房。这所房子"颇为轩厂（敞），系七开间三进朝南，马号、书斋均有"①。当时，严复的家口均在上海。

6月杪，严复由天津赴上海公干，兼顾办理私事。

7月初吕增祥亡故后，吕汶向严复等发信求援。章氏好姐则极具行动力，带上四子一女及吕增祥的书籍字画、诗词手稿等，与吕汶一道自开州乘船返回天津。与此同时，严复也于8月下旬返抵天津，安排吕氏遗属入住德源里严寓。严复虽然收入不菲，但自家包括堂弟又甫、族侄伯鋆、伯勋、家井、培南及阳岐同乡毛姓青年等，均跟随他生活，三十多口人的开销也很大。于是就与吕增祥的两个女婿一起合力分担。

十岁的吕彦深交由吕增祥在上海的大女婿伍光建照料。伍光建有子女，避走上海期间主要靠给《中外日报》写评论、翻译文章谋生，生活并不富裕。②因此，吕彦深南下上海后，被安排进入免费食宿的教会学校读书。

七岁的吕彦直因长相、举止、读书用功程度等酷似吕增祥而深受严复的喜爱，遂交由吕增祥的二女婿、留英回国在北京当差的严璩照料。

1901年7—10月，严璩正受命为"三等翻译官"，随醇亲王载沣等赴德国"抱愧"。③因此，吕彦直到北京的头几个月，是与其二姐一起生活的。

章氏好姐则带着未满九岁的女儿东宝、五岁的三儿彦红和三岁的四儿季刚，与吕汶一道，住在德源里严寓。未几，30岁的吕汶嫁给在直隶府中任事的严海帆。④吕汶出嫁后，仍以"吕家之主"自居，决断吕家大事。

二、1901年8月—1918年12月：章氏好姐的角色

守寡的章氏好姐作为严复的亲家，一直居住在天津严寓。好姐勤劳能干，是严

---

① 王栻.严复集：第3册[M].北京：中华书局，1986.
② 童颜.近代翻译家伍光建与其英语翻译活动研究[J]//兰台世界，2013，11（上旬）：130-131.
③ 孙应祥.严复年谱[M].福州：福建人民出版社，2014.
④ 王栻.严复集：第3册[M].北京：中华书局，1986.
傅瑛.略谈吕碧城成才的外家姻亲背景[M]//纪健生.安徽文献研究集刊：第1卷.合肥：黄山书社，2004：157-161.

家的好帮手，严复不在天津时，好姐就为严复看家护院，照料儿女。有书为证。

1. 严复致严璆函

1917年7月19日，严复自北京写信给居住在天津的二女严璆。信中说，其母（朱明丽）常说要自行到天津看视得痢疾的"五弟"。严复说不必了。因为"外有德医治疗，内有好姊①照管，自是万安"②。可见，章氏好姐一直住在天津严寓，是严复的好帮手，包括照管严家的好几个儿女。

2. 严复致严瑸、严璆函

1917年8月3日，严复给长女严瑸、二女严璆写信。信中叮嘱她们不要与出身不好的人交往。"闻津寓颇不舒服……吾亦不愿儿辈在彼久留也。须知好姊赏识梦华，固无可议，梦华聪明，性格诚亦可嘉。至于其假母，则的确是'倡优③'行业中人性质。今将彼当一门亲戚往来，热熟如此，此乃严门世代所无之事。你曹皆清白女儿，遇此等辈，只可外示优容，内怀冷淡，不可以好姊所为，遂为无过，致与之不分彼此也。梦华堕落火坑，乃是前生孽债，不知何日清偿，言之令人气噎，此真无可奈何。好姐一向对牛弹琴，决其终归无效而已"④。

联系此前的7月19日函可见：

（1）吕增祥去世后，章氏好姐一直寄住在天津的严寓中，成为严复的"家人"（高级保姆）。1917年，严复的大女、二女、五儿等诸儿女均居天津严寓，并由章氏好姐照管。

（2）好姐是天津人，梦华是好姐的一个关系比较亲近的亲戚（侄女、甥女之类），为人美丽聪明，但堕落在火坑从事倡优行业。好姐常劝其从良，皆无效。

（3）严复在北京、天津、上海均置有多处房产，仆人、厨子、马夫、家庭教师皆具。⑤1917年，严复与二夫人朱明丽住在北京，天津严寓就由好姐照管。梦华因此常到天津严寓与同龄的严瑸、严璆一起玩。严复生怕梦华玷污了自己的家门，称"此乃严门世代所无之事"。叮嘱两个女儿"你曹皆清白女儿，遇此等辈，只可外示优容，内怀冷淡，不可以好姊所为，遂为无过，致与之不分彼此也"。

---

① "好姊"即吕彦直的生母章氏好姐，严复在书信中有时写作"好姐"，有时写作"好姊"。
② 王栻. 严复集：第3册[M]. 北京：中华书局，1986.
③ 倡优，娼妓及优伶的合称。
④ 王栻. 严复集：第3册[M]. 北京：中华书局，1986.
⑤ 王栻. 严复集：第3册[M]. 北京：中华书局，1986.

3.好姐是严家的大厨

严复经常往返于北京、天津与上海之间。凡出门乘坐火车,章氏好姐均为其打点行装,预备"路菜"。1918年11月,严复回福建为三子办婚事。先从天津乘火车到南京浦口,下车后换乘轮渡过江,在南京下关码头上岸后,再转乘火车去上海。接着在上海候船,经水路回福州。

1918年11月24日,正在上海候船的严复给居住在北京的几个儿女写信叙说此行的经过及艰难。信的开头便写道:"吾于旧历十月十八日夕九点离津,好姐预备路菜等甚为齐备……"①

可见,截至1918年11月底,吕彦直的生母章氏好姐一直居住在天津严寓,是严复天津家的好后勤、高级保姆,严复要乘坐火车长途旅行了,好姐就为其准备好路上所需要的饭菜和行装,并且是"甚为齐备",令严复十分满意。自天津到南京浦口,当时的行车时间是40多个小时,外加换乘到上海,前后须折腾三天。要准备好几个人三天的齐全饭菜,并赢得严复的赞赏,真不容易,好姐之能干,可见一斑。

三、1919年9月9日:郑孝胥的记录

1901年7月28日,获悉吕增祥死讯后的第四天夜晚,电闪雷鸣,风起雨落,郑孝胥不禁触景生情——

"晚,大风雨,雷电,江楼观之甚奇。作《哭秋樵》诗一首。"②这就是日后收于《海藏楼诗集》的《闻吕秋樵卒于开州》,如下:

> 早从吴下羡风情,晚落幽燕重老成。
> 玩世坐令奇气尽,救贫却怪长官清。
> 同游余味关怀抱,分手微言隔死生。
> 亲见仓皇西狩日,恨君无命待还京。③

前四句高度概括了吕增祥早年的风华才情,晚近历官之曲折,以及囿于时局,官而难以有所作为的经历。五、六句则回忆使日往事:在东京与吕同游,在神户送吕上船,彼此分手的那一刻。最后两句,既是慨叹国难当头,吕君"无命还京",又是高评吕,鞭挞朝廷——像吕增祥这样德才兼备,明习外国利害的官员,朝廷弃用于津要。结果,胡乱开衅,以致"仓皇西狩",咎由自取。

---

① 王栻.严复集:第3册[M].北京:中华书局,1986.
② 劳祖德.郑孝胥日记[M].北京:中华书局,1993.
③ 郑孝胥.海藏楼诗集[M].黄珅,杨晓波,校点.上海:上海古籍出版社,2013.

1919年9月9日，郑孝胥在日记中写道："……过严又陵，以吕秋樵手钞余诗示余，皆少作，感怅久之。严云，秋樵夫人生二女，长适伍昭扆，次为伯玉妇。侧室章氏生四子，长曰伯远，次曰渤生小名，皆在美国；次曰叔达，次曰季刚，皆在上海；一女东宝，嫁罗稷臣之侄。余曰，秋樵诸子皆未见，将往视之。有顷，季刚来谒，云：又陵使之来。谈良久，其人谨愿，不甚开展。"[①]

郑孝胥是吕增祥使日三年的同事、知交。1891年6月—1893年3月底，两人同驻东京使署，吕为东京使署参赞官，郑为筑地理事馆副理事。两人亦师亦友，惺惺相惜，每日诗文酬唱，同行共乐，度过了彼此人生中一段最美好的时光。回国之后，二人仍有书信来往。吕增祥向郑孝胥诉说自己被遣边远小邑，怀才不遇之苦闷。张之洞幕下的郑孝胥则回以诗文相策励，并为其返津助力。

18年之后，定居上海的郑孝胥，往访返回上海的严复。严复出示吕增祥早年亲手抄录的郑孝胥诗词给郑孝胥观看。郑孝胥看见自己这些被好友吕增祥抄录的早年诗作，不禁"感怅久之"。对吕增祥的怀念之情，油然而生，遂在日记中，详细记录了当日严复亲口详述的吕增祥的家庭、配偶、子女等情况，如下：

（1）吕增祥的原配夫人生有两个女儿，长女嫁与外交官伍光建，次女嫁与严复长子严璩。

（2）侧室章氏生育四子一女，长子伯远（吕彦深），次子小名渤生（吕彦直），皆在美国；三子叔达（吕彦红），四子季刚，皆在上海；一女名东宝，嫁与罗稷臣之侄。

听严复介绍后，郑孝胥说，自己未曾见过吕增祥的几个儿子，要去看看他们。待郑孝胥回到家后，吕季刚即上门拜见，说是严复叫他来的。郑孝胥与季刚谈了很久，觉得吕增祥的这个四儿为人谨慎而诚实，但不怎么开朗。

据"有顷，季刚来谒，云：又陵使之来"这一细节推断，早在1919年以前，吕彦直的三弟、四弟已经迁往上海，跟随姑妈吕汶住在严复家附近。吕汶是1908年年底，得严复100元盘缠，离开天津南下上海，以摆脱三角婚姻辎轕的。到上海后，吕汶在女校教书，月入30—40元。还参股与严复的二夫人朱明丽一起经营黄包车业务。

[①] 劳祖德.郑孝胥日记[M].北京：中华书局，1993.

第三节　从侯疑始学文字

1897年12月，严复在《国闻报》上发表了译作《天演论》，其"物竞天择，适者生存"的观点，引起了巨大的社会反响。严复的弟子侯疑始，更追随其左右，为师长效力并由此得识吕增祥、劳乃宣、李兆珍、卢木斋、吴汝纶等一众严复的同事与学界精英。

为方便工作，严复分别在北京、天津、上海等地置有房产，其中，严复与长子严璩合资在北京紫禁城东南角附近的大阮府胡同购置了一座四合院作为严宅，侯疑始常往严宅，向严复请教，师生谈诗论文，互为策励，不亦乐乎。

1901年7月，吕彦直丧父，严复安排其到北京，随严璩生活，七岁的吕彦直正值上学读书的年龄。由于北京乃至整个清国只有私塾没有小学，因此，经常往来严宅的侯疑始，便理所当然地成为吕彦直的家庭教师——"古愚尚幼，依伯玉伉俪居燕京，尝从不佞学文字"①。

曾经游学英伦的侯疑始，中英文俱佳，吕彦直师从侯疑始所学之"文字"，应包括中文与英文。吕家与严家的深厚学养，侯疑始等严复弟子的悉心授业，共同为吕彦直的学业打下了扎实的基础。

---

① 疑始.吕彦直病笃[N]//晶报，1929-03-21（3）.

第二篇
求 学

第一章　远赴巴黎

第一节　在巴黎上小学（1902年9月—1905年3月）

1902年春，严复被聘为"京师大学堂译书局总办"，严璩随之在译书局内"协助总办"①，并与同事林纾合作翻译了一批外国小说。严璩学有家传，中、英、法文俱佳，在京师官场上颇受好评，美差亦随之而至。

1902年9月30日，"驻法公使孙宝琦离京赴任"②，同行的有商务随员李煜瀛（字石曾）、夏循均（字坚仲）、参赞吴宗濂、刘式训、文溥，书记官严璩。此外还有水均韶等四个使馆学生，以及孙宝琦夫人、严璩夫人等家眷子女、男妇仆佣30多人，八岁的吕彦直即为其中一员。吕彦直跟随孙宝琦等一干人马，在前门城楼东侧的京奉铁路正阳门东车站登上火车，前往天津，然后在天津乘坐海轮出洋。该海轮由渤海出黄海，依次经停上海、香港、新加坡；穿过马六甲海峡，经安达曼海，进入阿拉伯海，继而经亚丁湾进入红海，再穿越热气蒸腾的苏伊士运河，出塞得港，过地中海，经停那不勒斯港，最终在法国最大的港口城市马赛的马赛港登陆，并于当天晚上乘坐蓝色特快列车前往巴黎。③整个旅途犹如一部地理与社会大片，精彩纷呈，令吕彦直目不暇接。

一、从迈达先生学习法文

吕彦直第一次离开了他所熟悉的环境，走进了一个与中国完全不同的国度，走进了法国巴黎的一所小学，接受当时中国还没有的现代小学教育，当时吕彦直年仅

---

① 罗耀九，林平汉. 严复年谱新编[M]. 厦门：鹭江出版社，2004.
② 孙应祥. 严复年谱[M]. 福州：福建人民出版社，2014.
③ 吕彦直随孙宝琦等从北京到法国巴黎的上海以下的行程路线，参考自Choy, Jun Ke. My China years,1911-1945: practical politics in China after the 1911 revolution[M]. San Francisco, Calif.: East/West Pub. Co.,1973.
1912年春，Choy, Jun Ke（蔡增基）因求学而自上海乘坐海轮前往美国；1916年冬回到上海并前往北京；1925年与1929年，蔡增基因公干两次出访欧洲，他在回忆录中详细记述了上述行程的全部航（路）线，经停站点、港口，以及所乘坐的各种交通工具等历史细节。

八岁，比1872—1875年间清政府先后派出的120名留学生中年龄最小者（九岁）还小一岁。不确知吕彦直在巴黎的哪一所小学上学，但能确认的是吕彦直在巴黎是从迈达先生学习法文的。迈达先生是法国人，曾任福州船政学堂教习。①

1866年6月25日，闽浙总督左宗棠奏设福州船政局（马尾船政局），包括船厂、船政学堂。7月14日，清政府予以批准。8月19日，左宗棠偕法国人日意格前往马尾，选定船政局址。②

是年冬，船政学堂（初名求是堂艺局）招生。船政大臣沈葆桢主考。14岁的严复，以第一名考取船政学堂，学习驾驶。③

1866年的中国，没有任何工业基础和技术人才，要开办近代造船工业、造就船政人才，只能依靠洋人的帮助。由于左宗棠忌惮英国，而对法国抱有幻想，尤其是与协助过他镇压太平军的法国军官日意格和德克碑等建立了私谊，因此，在筹设福州船政局时就聘请法国海军出身的日意格为"船政总监督"，进而与日意格签订了在马尾建厂造船、设立海军学校的"包造""包教"合同。

由于船厂和船政学堂均由法国人一手承包。因此，船厂和船政学堂的所有设备，甚至连厂房、堂舍等建筑用的砖块，都是直接从法国进口的。所有工程技术人员（包括木匠、铁匠、锁匠），以及船政学堂的教师，亦全部由日意格从法国挑选而来。迈达先生就是其中的一位。

1867年1月6日，船政学堂开学，日意格和德克碑出任船政学堂的正副监督（校长），迈达先生则成为严复在船政学堂读书时的其中一位老师。迈达先生因在船政学堂教书，故在福州生儿育女，其儿子亦因此能"操福州语如闽人"④。

1902年，迈达先生早已回到了法国巴黎。当得悉35年前自己的中国学生严复的长子严璩已到巴黎，并在中国驻法国公使馆（领事署）担任书记官时，迈达先生感

---

① 孙应祥.严复年谱[M].福州：福建人民出版社，2014.
1908年5月16日（四月十七日）夜，郑孝胥"赴梦旦之约于和康里，座中为迈达之女及其弟，及其妹沙海昂夫妇，又陵、菊生。其弟在法领事署为翻译，操福州语如闽人。迈姊将随其妹赴北京，邮传部聘沙海昂为铁道顾问官。"（劳祖德.郑孝胥日记[M].北京：中华书局，1993.）。当时，郑孝胥、严复等均居上海。严复时任复旦公学监督（校长），虽已坚辞，但仍未离职。严复赴和康里与迈达先生之一子二女及女婿等人一聚，可见其对迈达先生之敬重。
② 孙应祥.严复年谱[M].福州：福建人民出版社，2014.
③ 孙应祥.严复年谱[M].福州：福建人民出版社，2014.
④ 劳祖德.郑孝胥日记[M].北京：中华书局，1993.

到由衷的高兴。迈达先生的儿子也因能"操福州语如闽人"被中国驻法国公使馆聘为翻译。①

八岁的吕彦直，原来只有些微英文基础，在巴黎上小学，必须补习法文。迈达先生自告奋勇，为吕彦直补习法文。小彦直以"渤生"的谐音为自己取了个法文名字：Posseun Lu。

二、擦拭汽车，挣学杂费

1878—1937年，中国驻法国公使馆（领事署），先后在巴黎的罗马王大街、雨果广场、奥什大街、乔治五世大街等地，租用多处房产作馆舍。1902年的中国驻法公使馆的馆舍，位于奥什大街某号，因此携带家眷的随员在奥什大街附近租用房舍。奥什大街西南通凯旋门、雨果广场，东南邻香榭丽舍大街；香榭丽舍大街东南通协和广场；协和广场东北约600米处，即为巴黎歌剧院。

1890年代，中国驻日本使馆参赞的月薪是145元，书记官的月薪则必定低于参赞。1900年代中国驻外使馆人员的月薪应该大致相同。严璩携带家眷（妻子、吕彦直以及至少两个仆人），按例是在使馆附近的奥什大街上租房子居住的，虽不至于"入不敷出"，但一定不宽裕。吕彦直很懂事，也很要强，每当夜幕降临（秋冬季节，16：00左右巴黎就天黑了），或从学校，或从位于奥什大街上的居所，步行500—2000米，到巴黎歌剧院南面的歌剧院广场，给前来观看歌剧的人士擦拭汽车，挣些学杂费。歌剧院广场前的歌剧院大街直通千米以外的卢浮宫，夜幕下若隐若现的卢浮宫身影，神秘而神圣。

1902年秋，乍到巴黎的吕彦直，何以知道去歌剧院广场擦汽车挣学杂费？是同学告诉他的，还是严璩夫妇有意让他去锻炼？一个大使馆的书记官，怎么会让自家一个八岁的小男孩夜出替洋人擦拭汽车，吕彦直的二姐不心疼吗？

也许各家都有一本难念的经。吕彦直毕竟不是严璩的亲儿子，二姐也不是他的同胞姐姐；二姐与二姐夫只是奉严复之命，代严复尽亲家之谊，领养吕彦直而已。吕彦直的到来无疑增加了严璩的经济负担。为不伸手向严璩要钱，从1902年秋至1905年春，吕彦直坚持到歌剧院广场去擦拭汽车，挣学杂费，风雪无阻，寒暑不易。其坚毅果敢、自强不息的精神与品格，由此养成。

吕彦直聪敏、勤奋，酷爱画画，抓紧一切机会练写生，练素描。每当节假日

---

① 劳祖德.郑孝胥日记[M].北京：中华书局，1993.

长辈们在使馆聚会时，他就静静地从旁作画，曾从旁"戏窃画"孙宝琦像，"俨然生人"[1]，深得孙宝琦公使的喜爱。使馆人员偶尔会集体外出观看马戏表演。回家后，吕彦直即凭记忆"为狮豹虎象之属写生，亦莫不生动像真"[2]。

三、1905年3月21日：书赠纪念卡

1905年3月，孙宝琦公使一行准备离开巴黎，东渡归国了[3]。消息传来，吕彦直不禁惘然。以往两年半在学校学算术、学法语、学音乐、学绘画，课余勤工俭学的场景，一一浮现于眼前。临别之际，不能无一物为赠。吕彦直想到了给老师们、给迈达先生送一张自己的照片。

1905年，99.99%以上的中国人都没有见过照相机，遑论照相。在巴黎，吕彦直见识了照相机，见识了照片，他知道，塞弗尔街21号（21 Rue de Sèvres）的照相馆有一套"儿童肖像专门设备"。于是就穿上了平日舍不得穿着的礼服，带上礼帽，用平日擦拭汽车积攒的法郎，到这家照相馆去，照了一张儿童肖像。

照相馆用相片胶版印刷技术，为吕彦直制作了肖像纪念卡。纪念卡的正面是吕彦直的半身黑白肖像，该肖像被镶嵌在一个泥黄色的长方形压花"相框"纹饰中；肖像的下方，烫银压印有摄影师的名字与照相馆的地址。纪念卡背面的中心部分，印有墨绿色的装饰性的图案与照相馆的广告文字，四周留白。

吕彦直在纪念卡背面的留白处，恭恭敬敬地用中文写道：

"迈达先生惠存　吕彦直敬呈"。

在中文之下，又用流畅的法文书写道：

Souvenir respectueux

Posseun Lu

Paris Le 21 Mars 1905

译作中文为：

一个表示敬意的小纪念品

吕渤生

1905年3月21日于巴黎

---

[1] 建筑师吕彦直君逝世[J]//中国工程学会会员通讯录，1929.
[2] 故吕彦直建筑师小传[N]//时事新报，1930-12-05（7）.
[3] 王栻.严复集：第3册[M].北京：中华书局，1986.

吕彦直童年肖像纪念卡（图源：黄建德翻拍并提供）

只见肖像纪念卡上的吕彦直，头戴一顶黑色的小圆帽（瓜皮帽），帽珠很大，显示这是一顶礼帽。与礼帽相配的是一袭礼服——黑短袍子。从吕彦直这张半身肖像的袍子反光褶皱看，袍子足够的宽大，面料应为绸缎。

写好纪念卡，吕彦直便去上最后一课。他从书包里取出纪念卡，毕恭毕敬地送给迈达先生。迈达先生眼前一亮——这孩子太懂事，太有礼貌了！迈达先生仔细地端详着这个制作精美的小纪念品，语重心长地对他说：好样的，回国后，继续上学，做个有学问、有出息的人。

1929年3月18日吕彦直病逝，消息传到法国后，迈达先生的女儿在家里检出24年前（1905年3月21日）吕彦直送给她父亲迈达先生的这张纪念卡，寄到南京，给吕彦直的二姐夫严璩。1929年秋末，严璩收到了这张纪念卡，并在其上具识。

在纪念卡正面吕彦直的童年肖像两侧，严璩写道：

生一八九四年即光绪甲午年

辛民国十八年三月十八日即巳己岁二月初八日

在纪念卡背面空白处，严璩写道：

此古愚十二岁在巴黎所映小影也。迈达女士检出见赠。因为题识，不禁泫然。巳己［己巳］秋杪，璩识。[①]

己巳岁即1929年。在肖像页上，严璩因睹物生情"不禁泫然"而将"己巳"错

[①] 卢洁峰.吕彦直与黄檀甫——广州中山纪念堂秘闻[M].广州：花城出版社，2007：照片2. 除特别注明者外，凡引文中的"［］"及内中文字，均为作者所加注，全书同。

写为"巳已"了。此外，1905年3月，吕彦直还差4个月才满11岁。故严璩所称"此古愚十二岁……"，应为虚岁。

吕彦直的这张童年肖像纪念卡，是用相片胶版印刷技术印制的，按行规，"最低消费"也不会只印刷一张。因此，有理由推断：1905年3月21日，吕彦直为之书赠纪念卡者，应不止迈达先生一人，吕彦直的美术老师、数学老师当在受赠者之列。一个未满11岁的小学生，便如此的知书识礼，懂得珍惜，懂得纪念，懂得善始善终，其秉性之厚道，为人之真诚，可见一斑；其将来之前途，当不可估量。

第二节 住读五城中学堂（1905年5月—1910年12月）

一、五城中学堂

甲午战败后，变法图强成为朝野之共识。1901年，清政府宣布实行庚子后新政（清末新政），变更制度，其中一个重要的内容就是改革教育——废科举，办学堂，派留学。

1901年9月4日，清政府命令各省城书院改成大学堂，各府及直隶州改设中学堂，各县改设小学堂，并多设蒙养学堂。陈璧积极响应，坐言起行。

陈璧（1852—1928），字玉苍，晚号苏斋，福建侯官（今闽侯县）人，光绪三年，即1877年进士。在清政府中历任内阁中书、宗人府主事、顺天府尹以及礼部、吏部、商部、户部等重要职务，最后任邮传部尚书。与当时其他开明官绅一样，陈璧一生钟情于教育和实业，有很多创举。早在戊戌变法以前，陈璧在回籍丁母忧期间，就联络乡人林纾、陈宝琛等在福州创办了一所兼习中西文化科学知识的新式学校——苍霞精舍（后改名苍霞中学），并主讲福州的凤池书院，提倡经世之学，增开实务、策论、英文、数学等课程。[①]

1901年11月2日，五城[②]御史陈璧，率先在琉璃厂厂甸（如今北京市南新华街路西的杏坛美术馆、北京师大附中西校区、北京第一实验小学新校区一带），利用明清琉璃窑遗址及其房舍，因陋就简，创办五城学堂。

1902年，清廷以日本学制为蓝本，制定并颁布了《钦定学堂章程》（壬寅学制），下令恢复京师大学堂。同年，京师大学堂统辖下的五城学堂亦改名为五城中

---

① 李建强. 文化名流名脉——百年河北师范大学[M]. 北京：生活·读书·新知三联书店，2012.
② 清代，京城内分东、西、南、北、中五个地区，谓之五城，代指京城、京师。

学堂。"这是北京第一次有官立中学,也是中国首次使用'中学'这一近代学校名称。"①

五城中学堂"有职员六人,教员十五人,招收学生一百三十人。教授课程有读经讲经、国文、算学、历史、地理、本朝(清朝)掌故、理科、英文、图画、体操等。"②

1908年,京师大学堂优级师范科改为京师优级师范学堂,独立成校,并在琉璃厂五城中学堂校址上兴建校舍。五城中学堂则在原校址东面另建新校舍。如今北京市南新华街东侧的北京师范大学附属中学(东区)大部,即1908年新建的五城中学堂校舍之所在。要之,五城中学堂是因清末新政而由五城御史陈璧创办的京师第一所官立新式中学堂。

继创办五城中学堂之后,陈璧在顺天府尹任上,又在地安门外兵将局(今北京地安门外东黄城根之地安门中学所在地)创办了顺天府学堂(后改称顺天中学堂),"五城""顺天"两校课程设置相同,师资共用。

二、1905年5月:入读五城中学堂

1905年5月,经过一个多月的长途旅行,吕彦直随孙宝琦、严复、严璩一行乘船自巴黎经欧洲多国回到上海③,各人就此揖别——严复回到自己在上海的家,协助马相伯创办复旦公学;严璩旋即奉命偕同恩庆(福田)经广东转往越南西贡公干④;11岁的吕彦直则随回北京出任代理顺天府尹(管理北京的治安与政务的最高行政长官)的孙宝琦返回北京,并按严复的安置,入读五城中学堂。五城中学堂的洋文总教习王劭廉,是前北洋水师学堂总办严复之高足。

王劭廉,字少荃,1866年生人,世居天津,1886年北洋水师学堂的第一届毕业生。毕业后,与同班同学伍光建一起被派往英国格林尼治皇家海军学院深造。学成归国后受李鸿章重用,先后任威海水师学堂、北洋水师学堂教习,讲授英文、数学等课程。他对学生要求严格,教授得法,深受学生爱戴。1900年义和团运动,北洋水师学堂停办,遂受五城御史陈璧之邀,出任五城学堂(后改称五城中学堂)洋文总教习。随后,陈璧在创办顺天府学堂时,又任王劭廉为顺天府学堂洋文总教习,

---

① 李建强.文化名流名脉——百年河北师范大学[M].北京:生活·读书·新知三联书店,2012.
② 五城中学堂[EB/OL]//词典网.https://www.cidianwang.com/lishi/zhishi/5/20805mj.htm.
③ 孙应祥.严复年谱[M].福州:福建人民出版社,2014.
④ 平兆龙,王元林.南邻未必识《晚清海外笔记选》中所载的西贡[J]//东南亚研究,2014,3:90.

总领"五城""顺天"两校英文、算法、格致、体操诸学科教席，是当时北京城有名的"西学"教师。[①]

五城中学堂的汉文总教习林纾（1852—1924），则是1882年举人，著名的文学家与翻译家，陈璧与严复的同乡。

关于五城中学堂的资料十分稀少，幸而梁漱溟（1893—1988）先生有一段十分珍贵的回忆——

我于十四岁那一年（1906）的夏天，考入"顺天中学堂"（地址在地安门外兵将局）。此虽不是北京最先成立的一间中学，却是与那最先成立的"五城中学堂"为兄弟者。"五城"指北京的城市，"顺天"指顺天府（京兆）。福建人陈璧，先为五城御史，创五城中学；后为顺天府尹，又设顺天中学。两个学堂的洋文总教习，同由王劭廉先生（天津人，与伍光建同留学英国海军）担任。汉文教习以福建人居多，例如五城以林纾（琴南）为主。

……

当时学堂里读书，大半集中于英算两门。学生的精力和时间，都用在这上边。

……

那时每一班有一专任洋文教习，所有这一班的英文、数学［代数、几何、三角］、外国地理都由他以英文原本教授。这些位洋文教习，全是天津水师学堂出身，而王劭廉先生的门徒……他们秉承王先生的规矩，教课认真，作事有军人风格。[②]

梁漱溟先生年长吕彦直一岁，比吕彦直晚一年入读顺天中学堂。由于"五城""顺天"为兄弟学堂，两学堂的创办人同为陈璧；两学堂的洋文总教习同为王劭廉；两学堂的学制与教学模式相同。因此，从梁漱溟先生的回忆可推知：

1.五城中学堂的洋文总教习王劭廉与各班的专任洋文教习，"全是天津水师学堂出身"，"教课认真，作事有军人风格"。是故，称五城中学堂为"北洋水师学堂附中"并不为过。

2.五城中学堂"每一班有一专任洋文教习，所有这一班的英文、数学［代数、几何、三角］、外国地理都由他以英文原本教授"——这就为吕彦直日后考取清华庚款生预设了严格的外语训练，打下了坚实的知识基础。

---

① 李建强.文化名流名脉——百年河北师范大学[M].北京：生活·读书·新知三联书店，2012.
② 梁漱溟.梁漱溟自述：我是怎样一个人[M].北京：当代中国出版社，2012.

3.五城中学堂的汉文教习林纾为福建人,其他汉文教习亦以福建人居多。

吕彦直的父亲吕增祥早年供职于北洋水师营务处,是畿辅李鸿章的"三循吏"之一。吕彦直是当然的北洋水师子弟,因此,当1905年5月吕彦直返抵北京之后,堪比"北洋水师学堂附中"的五城中学堂,其创办人陈璧、洋文总教习王劭廉,便特别安排吕彦直破期入读五城中学堂。

事实上,严复的族侄伯鋆、伯勋、家井、培南等"均被安置在五城学堂肄业。"①五城中学堂为官立学堂,与唐山路矿学堂一样,全部公费。吕彦直因此无食宿等后顾之忧。

同年9月2日,光绪皇帝诏准袁世凯、张之洞奏请停止科举、兴办学堂的折子,下令"立停科举,以广学校",最终废除了在中国历史上延续了1300多年的科举制度。1905年成为中国的科举应试教育向现代教育演变的转折点。吕彦直等有幸踩在了这一历史转折点上,成为第一代告别科举、接受现代教育的中国学生。

吕彦直的二姐夫严璩是知识精英、朝廷命官。由于严璩"名声极好,渠前程极有望"②。因此,仕途顺畅,美差不断。继1905年5月,奉命偕同恩庆(福田)经广东转往越南西贡公干之后,1908年9月,严璩以四品京卿和道员官阶,调任广东全省电政监督。③1909年,严璩以二品卿衔大员,受"特恩"回福建出任财政正监理官,直至1913年才回到北京,以财政和洋务专家的资格,在财政和盐务部门担任要职。因此,自1905年5月入读五城中学堂之日起,吕彦直便开启了他"以书为伴,以校为家"的求学生涯,极少返回大阮府胡同严宅,由此养成了独立自主,自律自强的品格。吕彦直无负新学制,在五城中学堂发奋读书,学习成绩特别优异,为侪辈之冠。

1905年12月6日,清廷下谕废国子监,设立学部为专管全国学堂事务的机构。自此,严复每年都被学部召进北京,负责"考出洋生"。1907年10月6日,严复在与夫人朱明丽书中称:"我于廿八日(10月5日)被学部召来考出洋生,年年如此。"④

1908年,严复出任学部审定名词馆总纂一职,并因此而于1908—1910年间常去

---

① 严家理.严复先生及其家庭[M]//中国人民政治协商会议福建省委员会文史资料编辑室.福建文史资料第5辑.福州:福建人民出版社,1981.
② 王栻.严复集:第3册[M].北京:中华书局,1986.
③ 王栻.严复集:第3册[M].北京:中华书局,1986.
④ 王栻.严复集:第3册[M].北京:中华书局,1986.

五城中学堂公干。①公余，会顺道去看看在五城中学堂读书的族侄，包括吕彦直。1909年11月4日，严复在给朱明丽的信中写道："吕渤生在五城中学，甚勤敏，可爱敬。此儿甚似其父也。"②

1905年5月—1910年12月，吕彦直先后在五城中学堂的原校区（今北京师范大学附属中学西校区）与新校区（今北京师范大学附属中学东校区）完成了他的全部中学学业。吕彦直明白：自己一无所有，唯有发奋读书，才能自立，才有出路。

第三节　考上清华高等科（1911年2月）

1908年，清政府外务部与美国政府商定，以庚子赔款中之美国的一部分，作为清政府向美国派遣留学生的经费。1909年1月，美国政府正式退还超出美商损失的那部分庚款（1160万美元）。1909年7月10日，外务部拟定了收还庚子赔款遣派学生赴美办法大纲。

一、"收还庚子赔款遣派学生赴美办法大纲"要点

1.设立游美学务处，专司考选学生，管理肄业馆，遣送学生及与驻美监督通信等事。

2.设（留学）肄业馆，选取学生入馆试验，择其学行优美，资性纯笃者，随时送往美国肄业。

（1）肄业馆延用美国高等、初级各科教习，所有办法均照美国学堂，以便学生熟悉课程，到美入学可无扞格。

（2）所取学生拟分两格，第一格年在20岁以下，国文通达，英文及科学程度可入美国大学或专门学；第二格年在15岁以下，国文通达，姿禀特异。以上二项均须身体强壮，性情纯正，相貌完全，身家清白，始为合格。

（3）招考办法：①由外务部、学部在京招考。②由各省按定额选取送京。

（4）学生入肄业馆学习数月，或一年，再行由馆甄别。甄别办法系将考试分数及平日分数合计，甄别之后，送赴美国留学，其不入选之生，仍留馆肄业。

3.留学生以十分之八习农工商矿等科，以十分之二习法政理财师范诸学。

4.指派驻美监督，负责所有在美收支学费、稽查功课、约束生徒、照料起居。

---

① 王栻.严复集：第5册[M].北京：中华书局，1986.
② 汪征鲁，方宝川，马勇.严复全集[M].福州：福建教育出版社，2014.

5.学生名额，自应按照各省赔款数目分匀摊给。①

游美学务处就此成立，负责办理赴美留学生事宜，并仿照欧美，订立新式办公规则②。

此外，游美学务处"每日备午饭二桌，总会办、庶务长、文案、庶务员等会食，书记生各给膳赀听其自便"。即包午饭，待遇优越。

二、庚款生的待遇

清末，朝廷实施"新政"，社会转型伊始，亟需各类新型人才。为加快新型人才的培养，游美学务处特制定了优待庚款生的政策——"学生的治装费、川资、学费等均由游美学务处从退回的庚子赔款支付。"可见，考上庚款生就等于吃上皇粮了，衣食住行均由国家包办。且以第一批庚款生为例：

1.47名学生，每人整装费银洋250元，共11 750元。

2.由上海至美国旧金山的船票（中等舱）每张36英镑，共1694英镑。

3.由旧金山往波士顿的火车票及饮食费每人28美元，共1316美元。

4.在波士顿逗留期间的旅馆费为1000美金。

5.每位学生留学期间每月发给64元生活费。此外，每人在校缴学费及医药费，均由游美学生监督核定发给。③

另据第二批庚款生赵元任回忆，留美庚款生每人每月发给奖学金60美元，包括学费、食宿费等所有费用在内。④

除特别优待庚款生之外，游美学务处还津贴在美国自费生——经费如有盈余，每年酌拨若干为奖赏自费学生之用，至多者每年约500美金，至少者100美金。此项学生须由驻美出使大臣或部派驻美留学监督查照，确系在大学正班肄业实习已入第二年班以上，功课实有成绩，景况实在困苦者方为合格。至于奖金多少，亦按照景

---

① 中国第一历史档案馆.清游美学务处档案史料：外务部为拟定收还庚子赔款遗派学生赴美办法大纲事奏折[A].
② 游美学务处办公规则：1.本处办公时刻，以上午八点钟起至下午六点钟止。2.本处以星期日为休息日。惟值日之员照常到处。3.凡星期日，庶务员四人轮流值日，以资照料。4.书记生至少有一半在处住宿，遇有要件可以随时办理。5.所有日行事件，务须当日清理，不得积压。6.遇有应行回堂请示事件，务须于定议后即行办理。7.遇有来处访问游学情事者，由庶务员详细指告，如有函询者，立即答复。（参见中国第一历史档案馆.清游美学务处档案史料：游美学务处暂行章程.）
③ 黄新宪.退还庚子赔款与清末留美学生的派遣[J]//教育科学研究，1987，4：52.
④ 赵元任.赵元任早年自传[M].长沙：岳麓书社，2017：106.

况功课酌定。①

1909年9月4—5日，第一次庚款留美学生考试在学部举行。先后考试国文、英文、本国历史地理。八月初三日放榜，计录取47人。其中46号为严复族侄严家驺（字伯銎），10月赴美学数理科。②

三、考上清华高等科

1.游美肄业馆改名为清华学堂

1909年清政府在北京设立游美学务处，由外务部会同学部共同管辖，负责选派游美学生和筹建游美肄业馆。鉴于当时各省建立新制学堂不久，从这些学校学生中考选合格的直接留美生，难以满足按计划每年招考100名的需要。因此，游美学务处拟专设正规的游美预备学校，先在国内有计划地训练培养，以便择其优者送美留学。1910年11月，游美学务处提出改革游美肄业馆的三项办法：一、将游美肄业馆的学生名额增至500名；二、学制定为八年，分中等、高等两科，各四年制；三、"高等科分科教授，参照美国大学办理"，毕业生"不仅限于留美一途"（后来事实上所有毕业生一律留美）。同时呈请将游美肄业馆改名为清华学堂。1911年2月，游美学务处和肄业馆迁入清华园，正式将肄业馆改名为清华学堂，全称："帝国清华学堂"，英文校印用Tsing Hua Imperial College。③清华学堂实为留美预备学校。

2.报考清华学堂

1910年3月21日，游美学务处在《游美学务处为酌拟考选留美学生及各省提学使考送留美学生办法事致外务部呈文》中附录了《考选留美学生及各省提学使考送留美学生办法》，其中规定报考第一格学生的考试科目如下：

一、中文论说。二、英文论说作文、翻译。三、历史　须曾读过普通史，其读过希腊、罗马、英国、美国专史者尤佳。四、地理　普通地理学。五、算学　须曾习英文代数、平面几何、平面三角，其并习过高等代数、立体几何、解析几何等学者尤佳。六、格致　中等理化学、动植物学、生理学。七、德文或法文　二者之中须曾习一门，能作文、翻译、其曾兼习拉丁文者尤佳。右列学科自第二项至第六项

---

① 中国第一历史档案馆.清游美学务处档案史料：遣派留美学生办法大纲[A].
② 孙应祥.严复年谱[M].福州：福建人民出版社，2014.
③ 冯茵，代红.清华学堂的开学[J]//兰台世界，2006，4：96.

均用英文考试。①

以上考选留美学生的科目和要求，远高于如今高考的科目和要求。

吕彦直从小学习英文和法文，掌握至少两门外语，在五城中学堂又接受了英文、数学（代数、几何、三角）、外国地理等门课程的原版英文教材的严格训练，因此，考选留美学生的科目和要求难不倒他。

1910年12月，吕彦直在五城中学堂毕业并获悉清华学堂招考的消息，遂第一时间到宣武门内的学部报名应试。

3.考入清华高等科

当时的考试分两拨，一拨是在祖籍地的省会参加初试，一拨是在北京参加初试。而无论是在省会初试还是在北京初试，各省保送的名额数量均须按照其分摊庚子赔款之多寡而定。五城中学堂应届毕业生吕彦直与严复的三子严琥都是直接在北京参加初试的。当日，考试地点就设在宣武门内的学部衙门考棚。第一场考国文，第二场考英文。考官用两天的时间，校阅试卷，并按分数取录张榜晓示。只有通过国文与英文的考试并被录取者，才能接试科学——第三场考试代数、平面几何、法文、德文、拉丁文；第四场考试立体几何、物理、美国史、英国史；第五场考试三角、化学、罗马史、希腊史。

1911年2月24日，天津《大公报》刊登了《游美学务处考取清华学堂中等科学生名单》，正取116名，严琥名列其中；备取25名。②不知何故，《大公报》没有刊登游美学务处考取清华学堂高等科的学生名单。当日，吕彦直考上的正是清华学堂高等科。

1911年3月，清华学堂的学生在北京宣武门内学部考棚举行了入学复试。只见学堂正监督周自齐穿着清朝官服高坐堂上，旁边的考试官按省籍唱名："浙江听点""江苏听点"……周自齐随之用朱笔点名，与科举考场无异。

当日，共有468名学生参加了复试，其中有由各省经初试录取后保送的184名，在京招考的学生141名，以及上一年备取的留美生143名。"共取四百六十人，五分之三编入中等科，余者入高等科，而于四月一日正式开班上课，清华学

---

① 中国第一历史档案馆.清游美学务处档案史料：考选留美学生及各省提学使考送留美学生办法[A].
② 游美学务处考取清华学堂中等科学生名单[N]//大公报，1911-02-24.

校至是成立。"①

未满17岁的吕彦直因通晓法文、英文且各科成绩特别优秀而被编入高等科，成为清华学堂第一批高等科学生中之一员。

无论是教学还是生活，清华学堂对学生的要求都十分严格。入学堂不久即行甄选和筛汰学生，有未通过甄别考试被退学者，也有假满未到学堂上学被开除者。

学生在清华是幸运的，在学习及设备上，在住宿和生活上，都享受着较为优越的条件。学生入学后所花费用不多，学宿膳费免交，一个学期只交体育费一元。预交的赔偿费五元，以及每月七块钱的伙食（相当于当时一个工人的月薪），期终全数退还。清华学生的衣着较朴素，大都竹布长衫、布袜、布冠。清华远处城郊，外加学校斋务处的严管，故清华学生在生活上都循规蹈矩，进而形成了严谨而简朴的校风。②

开学半年后，辛亥革命爆发。11月，清华学堂宣布停课。"至民国元年春，国事渐定，始再进行"。1912年5月1日，清华学堂"重行开课，游美学务处时期至是告终"③。10月，按照当时北京政府教育部的通令，将"学堂"改称"学校"，"监督"改称"校长"。清华学堂改名清华学校，唐国安出任第一任校长。

第四节　在"定期甄别"中脱颖而出（1913年4月）

一、定期甄别

《考选留美学生及各省提学使考送留美学生办法》第五章"就学规则"规定，"取录各生一律收入肄业馆，按照学力，拨归高等、初等两科，分班学习"。"肄业馆高等、初等两科学生，均以四年为毕业期限"，"取录各生入馆后，均不缴纳学膳房金"，"肄业馆学生每年定期甄别一次，择学行优美者遣派游学"，"本年取录各生，入馆三个月后亦即举行甄别考试"④。

清末派送庚款生（时称"赔款生"）赴美留学，始于宣统元年，即1909年，当年考取47人，是为第一批庚款生。1910年第二批考取70人。1911年清华学堂成立，当年自清华送出63人，是为第三批庚款生。1912年未派。民国"二年（1913）派

---

① 冯友兰.校史概略[J]//消夏周刊，1931，7：199.
清华学堂于1911年4月1日开学，1912年10月更名为"清华学校"。冯友兰所记，略有讹误。
② 冯茵，代红.清华学堂的开学[J]//兰台世界，2006，4：96.
③ 冯友兰.校史概略[J]//消夏周刊，1931，7：200.
④ 中国第一历史档案馆.清游美学务处档案史料：考选留美学生及各省提学使考送留美学生办法[A].

十六人，亦自清华选出。以后遂沿为例，概自清华选出矣。以上诸次学生之留学年限各为六年"①。

当时，美方规定：凡申请入读美国大学的学生，必须提供15个入学学分②的凭证，以证明他具备了相应的知识入口（对接）条件。清华学堂（清华学校）高等科四年的课程，就是为让学生获得美国大学所承认的15个入学学分而设置的。清末民初，中国教育甫从应试科举的窠臼中脱出，数理化人才几于空白，以致游美预备部③要花费八年的时间（中等科四年，高等科四年），才能培养出一个相当于美国大学预科的毕业生。然而，即便是通过了清华学堂（清华学校）的"出洋考试"，抵达美国后也还是有人通不过美国大学的入学考试。仅以1909届庚款生为例，当年通过出洋考试的47人，抵达美国后只有"金涛入科乃鲁大学；魏文彬入安穆士德大学"，其余45人，均须进入美国高中复读一年，方可考入美国大学。④因此，清华游美预备部是求才若渴。1912年，囿于时局，清华游美预备部没有选派庚款生赴美留学。为填补这一空白，校方在1913年4月，增加了一次"定期甄别"。

二、"清华十六子"之一

吕彦直是1911年2月考入清华学堂高等科的，原定毕业年份为1915年。由于吕彦直早已通晓法文和英文，读书又特别刻苦，因此，入读高等科后，仅用了不足两年的时间，就读完了高等科四年的全部课程。1913年4月，身为清华学校高等科二年级学生的吕彦直，在"定期甄别"中入选，获游美预备部安排前往康奈尔大学（CORNELL UNIVERSITY）就读，成为1913年赴美国留学的"清华十六子"之一。之后"同年有清华毕业生四十人，以财政竭蹶未得即派出，而于次年（1914）与该年之毕业生三十三人同出，共七十三人"。然而，"同出"不同命。从1914年毕业的33人开始，庚款留学年限，即由之前的六年，改为五年。⑤事实上，从1914年开始，所有庚款生的留学期限都改为四至五年，有赵元任的记录为证：清华奖学

---

① 胡明复.论近年派送留学政策——为一般国民与有志留学者告[J]//科学，1915，1（9）.
② "学分"是用来计算学生学习分量（课程量）的一种计量单位，按学期计算，每门课程及实践环节的具体学分数，以专业教学计划的规定为准。以学分来衡量学生学习的量、评判学生在大学期间学习知识的广度和深度便是学分制，又称学分累计制。1894年，哈佛大学医学院在选课制的基础上创建了学分制。迨20世纪初，学分制已在美国高校中推行。
③ 辛亥鼎革，裁撤"游美学务处"，其业务由清华学堂的"游美预备部"转承。1912年10月，按照当时北京政府教育部的通令，清华学堂改名"清华学校"。
④ 中国第一历史档案馆.清游美学务处档案史料：游美学务处为报第一次赴美留学生到美入学情形事致外务部呈文[A].
⑤ 胡明复.论近年派送留学政策——为一般国民与有志留学者告[J]//科学，1915，1（9）.

金"只供四年或五年"[1]。

相比之下，严琥的学习状况就不如吕彦直了。1912年5月16日，严复在与朱明丽书中称："三儿已入清华，无甚功课。"[2]

1912年2月26日，袁世凯任命严复暂管京师大学堂监督事务，即出任京师大学堂校长，月薪300两。[3]3月8日，严复到大学堂接受京师大学堂总监督关防，管理事务。[4]当时，严复身兼数职，年入万金，生活相当优渥。与严复家相比，清华学校的住宿和生活条件当然是比较差的。1915年8月5日，严复在复熊纯如书中提到子女教育问题，称："三儿琥前在清华，以在彼不利卫生令归，原拟出洋……刻已考入唐山工校。"[5]

三、1913年8月：起程赴美

1913年8月，吕彦直与其余15名庚款生一起起程赴美。

当时，中国留学生前往美国，须乘坐海轮。无论是从上海还是从香港启碇，赴美海轮均须先往日本横滨，再从横滨东向横渡太平洋，在太平洋中部的夏威夷稍事停泊，再驶向美国西海岸的旧金山。具体航程如下：香港至上海三天，上海至横滨四天，横滨至夏威夷八天，夏威夷至旧金山六天，若不算海轮在横滨与夏威夷逗留的时间，则从香港出发，海路需时21天；在上海出发，海路需时18天。[6]

抵达旧金山后须稍事停留一两天，然后换乘火车、汽车前往各大学。从旧金山乘坐火车，横跨美国大陆到其东北部的水牛城（Buffalo），需要四五天时间。从水牛城换乘汽车前往220千米以外的伊萨卡镇（康奈尔大学所在地），需要大半天时间。

据赵元任的日记与书信记载，第二批庚款生70人，于1910年"8月上旬到上海，准备乘船出国。剪掉辫子换着西服……由游美学务处教育长胡敦复、唐孟伦及严智崇监护，搭轮船'支那号（S.S. China）'（10 200吨），于8月16日起程去美。""'支那号'于九月初抵达美国旧金山。"[7]由此可见，当年从上海经横

---

[1] 赵元任.赵元任早年自传[M].长沙：岳麓书社，2017：99.
[2] 孙应祥.严复年谱[M].福州：福建人民出版社，2014.
[3] 罗耀九，林平汉.严复年谱新编[M].厦门：鹭江出版社，2004.
[4] 孙应祥.严复年谱[M].福州：福建人民出版社，2014.
[5] 王栻.严复集：第3册[M].北京：中华书局，1986.
[6] 赵新那，黄培云.赵元任年谱[M].北京：商务印书馆，2001：180.
[7] 赵新那，黄培云.赵元任年谱[M].北京：商务印书馆，2001：58.

滨、夏威夷到旧金山，全程需时约20天。在旧金山略行逗留一两天之后，70人被分别送往各大学。这些大学，大多数在美国东部各州。赵元任、周仁、胡适等一行14人"搭乘横越［美国］大陆的火车去到水牛城［Buffalo］，然后换车到伊萨卡。"①此程需花费四五天时间。要之，从上海出发到美国纽约州的康奈尔大学，全程需时约二十六七天。

根据1913—1914学年康奈尔大学的校历记载，1913年9月12日星期五，入学考试开始。9月22日星期一，新生注册，新学年开始。②

以此倒推，吕彦直等至迟须在1913年8月10日，从北京前门城楼东侧的京奉铁路正阳门东车站出发前往天津；在天津转乘津浦铁路③的火车前往南京浦口；在浦口乘坐轮渡过长江，到南岸的下关火车站换乘沪宁铁路的火车前往上海。④抵沪后，先"去美国领事馆办理入境手续"⑤，然后才可以在招商局第二码头（又称"招商中栈"，今上海外滩国际邮轮码头）搭乘小汽船，沿黄浦江北上，出吴淞口，于翌日在吴淞口登上停靠在那里的国际海轮出洋赴美。

浩瀚的太平洋，繁华的横滨，美丽的夏威夷，广袤的美国大陆，星辰大海，山川原野，给吕彦直等负笈远西的中国学子上了一堂生动而丰富的地理课；贫穷落后的农耕中国与富足先进的工业化美国所形成的巨大反差，更予学子们以强烈的刺激。

同年8月初，自费生杨锡宗从香港乘海轮赴美留学，第一站先到日本的横滨。横滨发达的城市交通和市政建设，给杨锡宗以极大的视觉与心理冲击，以致抵达康奈尔大学后，杨改变了其读经济科的初衷，成为当年唯一一位报读建筑学的中国留学生。

---

① 赵元任. 赵元任早年自传[M]. 长沙：岳麓书社，2017：100.
② OFFICIAL PUBLICATIONS OF CORNELL UNIVERSITY . THE REGISTER OF CORNELL UNIVERSITY 1914-1915 [A]. JANUARY 15,1915 PUBLISHED BY CORNELL UNIVERSITY ITHACA, NEW YORK，P5.
  由于本书大量引用了同类档案，为节约篇幅，故以下均以"康奈尔大学官方出版物（1914—1915等）"代。
③ 津浦铁路于1908年6月开工建设，1912年11月全线筑成通车。
④ 1913年8月上旬，吕彦直从北京前往上海的旅行方式与转乘站点，参考自Choy, Jun Ke. My China years, 1911-1945: practical politics in China after the 1911 revolution[M]. San Francisco, Calif.:East/West Pub.Co., 1973.
⑤ 赵元任. 赵元任早年自传[M]. 长沙：岳麓书社，2017：95.

第二章 在康奈尔大学的日子

第一节 入读康奈尔大学西布利学院（1913年9月—1915年6月）

18世纪，欧洲的早期移民在美国纽约上州中部五指湖区的群山环抱中，建立了一个世外桃源般的小镇，并以古希腊西部爱奥尼亚海上一个美丽岛国、神话英雄奥德赛的故乡伊萨卡（Ithasa）名之。

从康奈尔大学[①]校园平面图可见，康校坐落在伊萨卡镇东北方的东山（East Hill）之阳，校园范界北至山顶的琵琶湖（Beebe Lake）[②]及与之相连的福尔克里克溪北侧，南至卡斯卡迪拉峡谷（Cascadilla Gorge）南侧；东至如今的芒迪野花花园（Mundy Wildflower Garden）一线，西至伊萨卡镇东外侧。总面积为990 000英亩（40余万公顷）。[③]校园规模之大，自然环境之美，为北美大学之冠。难怪1910年庚款留学康校的胡适要给伊萨卡起名"绮色佳"。同为1910届庚款生的胡明复则赞曰：康奈尔是大大学，"大学规模宏大，历史丰伟，气象壮丽，精神威严，而思想自由。一日之临，终身之荣也"[④]。

康奈尔大学是早期庚款留学生较为集中的一所大学。据记载，1909—1911年，在大清国派出的三批合共180名庚款生中，即有27名就读于康奈尔大学，占全数之15%。

1913年9月12日星期五，入学考试开始。9月22日星期一，通过了入学考试的吕彦直，在康奈尔大学的西布利机械工程与机械艺术学院（简称西布利学院）办理了

[①] 1865年4月27日，康奈尔大学在纽约州立法机关注册成立，1868年10月7日，康奈尔大学开学。
[②] 当年的中国留学生把"Beebe Lake"译作"琵琶湖"（今译"比贝湖""碧笔湖"），参见赵元任.赵元任早年自传[M].长沙：岳麓书社，2017.
[③] 康奈尔大学官方出版物（1915—1916）.
如今的康奈尔大学校园，是以山顶的琵琶湖及与之相连的福尔克里克溪流为中心划分南北校园的，整个校园面积比原先翻了好几倍。
[④] 胡明复.论近年派送留学政策——为一般国民与有志留学者告[J]//科学，1915，1（9）.

新生注册手续。

庚款生的学科，不由庚款生本人决定，而是由清华游美预备部根据外务部关于"以十分之八习农工商矿等科，以十分之二习法政理财师范诸学"[①]的原则，结合各生的学习成绩，为各生"代选"；"所习学科亦必于放洋前认定"[②]。吕彦直被清华游美预备部代选、指定的学科是机械工程学。因此，在新生注册时，吕彦直只能服从宗国[③]的安排。

吕彦直入读的是西布利学院的机械和电气工程五年制班。西布利学院是康奈尔大学最有名气、最热门且教师阵容最为强大的一个学院，每年获授机械工程师学位的毕业生人数，亦远超其他各学院的毕业生人数。是故，考生都以能入读西布利学院为荣。

一、康奈尔大学的学制

康奈尔大学的本科为四年制，比如文理学院的本科班就只有四年制班。由于机械工程学院（西布利学院）、土木工程学院和建筑学院对高等数学的教学要求特别高，因此，这几个学院就按学生的入学考试成绩分班，专门为学习高等数学有困难的学生设置了五年制课程。对此，建筑学院有一个具体的说明："五年制的课程主要是为那些在高等数学方面无法达到建筑学院四年制课程要求的学生准备的。在五年制课程的第一年，学生必须学习其所欠缺的数学科目。此外，他们还有机会在文理学院或工程学院中的一个或两个学院上大量的选修课。五年制课程的具体细节是根据学生个人的需要安排的。但是，它包括了四年制常规课程的所有内容，或四年制课程设置中的所有内容。"[④]

17世纪初，徐光启、利玛窦等人合作译出了《几何原本》的前六卷。此后，西方数学才开始在中国缓慢地传播。鸦片战争后，数学被引进一些教会学校以及福州船政学堂等少数几所官办学堂。1905年科举制度的结束与新学制的确立，使数学教育得以推广进入新式学堂。然而，由于数学教育起步晚，故中国学生的数学基础相对薄弱。

---

① 中国第一历史档案馆.清游美学务处档案史料：外务部为拟定收还庚子赔款遣派学生赴美办法大纲事奏折[A].
② 胡明复.论近年派送留学政策——为一般国民与有志留学者告[J]//科学，1915，1（9）.
③ "宗国"是庚款生对派出国的称谓。
参见胡明复.论近年派送留学政策——为一般国民与有志留学者告[J]//科学，1915，1（9）.
④ 康奈尔大学官方出版物（1915—1916）.

就机械工程学院、土木工程学院、建筑学院而言，经康校的入学考试后，绝大多数的中国学生都被安排入读五年制班，杨锡宗如此，吕彦直也不例外。

四年制与五年制的区别在于把四年制一至二年级的课程分散到五年制的一至三年级。因此，四年制与五年制的大三、大四课程是完全相同的。被编入五年制班的学生，并非没有机会在四年内毕业。对此，校方有一个明确的提示："一个五年制的学生，在他的学科中囊括了三个被承认的数学学分，则可以在四年内毕业。但这只有在他在大学数学方面表现出异常熟练并参加一个或多个暑期班课程的情况下才有可能。"①

康奈尔大学的学制是严格的，又是富于弹性和个性化的。比如，文理学院规定："如果学生通过了入学考试获得了六个大学学分，他就可以通过参加大学的夏季课程来获得一个住校学期的学分。如果在入学时获得的大学学分达到12个，他将被视为已完成一个住读学期。"②换言之，学分面前人人平等，一切以学分说话。如果一个学生在康奈尔大学的入学考试中，获得超过康奈尔大学入学要求的15个学分以上的六个学分，那么他再加读一个暑期班，就可以跳一个年级；如果一个学生在入学考试中，获得超过康奈尔大学入学要求的15个学分以上的12个学分，则该生可以直接跳上大二，从大二开始读起。文理学院如此，其他学院亦然。因此，在康奈尔大学，所有优秀学生都可以跳级。

二、入住卡斯卡迪拉男生宿舍楼

当时康奈尔大学校园内共有18幢大楼，其中的三幢为学生宿舍楼，分别是男生宿舍楼Cascadilla Hall–Dormitory for Men，和女生宿舍楼Prudence Risley Hall–Dormitory for Women、Sage College – Dormitory for Women。换言之，Cascadilla Hall是当时康奈尔大学校园内唯一的一幢男生宿舍楼。③此楼坐落在康奈尔大学正门东侧的一片山坡上、德莱顿路（Dryden Rd.）的西尽头，门牌号码为：119 Dryden Rd. Ithaca，西南距伊萨卡镇约1000米。这是一幢平面为长方形的法式建筑，东西宽约80米，南北长约40米；楼高六层，其中的五层、六层位于一个孟莎式屋顶中。白色的法式门厅附加在大楼西侧，门厅的外口开向南，下接一道依山坡砌筑的石阶梯。整幢大楼的外立面以浅灰色的砖石砌筑，古朴而典雅。大楼北面约70米处，即为著名

---

① 康奈尔大学官方出版物（1914—1915）.
② 康奈尔大学官方出版物（1914—1915）.
③ 康奈尔大学官方出版物（1915—1916）.

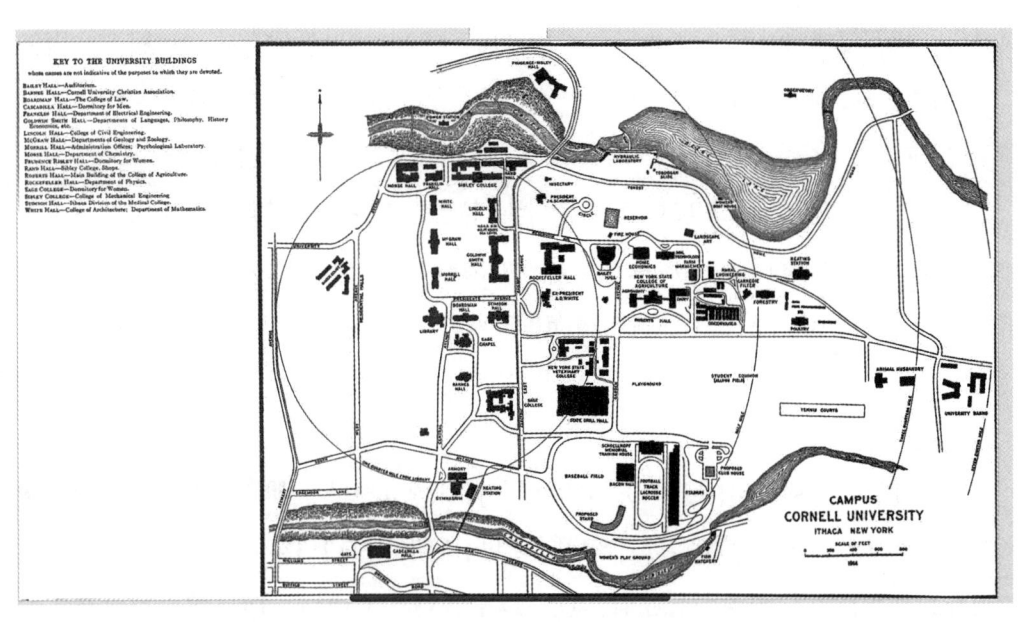

康奈尔大学平面图（图源：康奈尔大学官方出版物）

的卡斯卡迪拉峡谷（Cascadilla Gorge），这幢男生宿舍楼正是以卡斯卡迪拉峡谷命名的。时隔100多年，如今的卡斯卡迪拉男生宿舍楼依然存在并维护良好。

1914年，校方是这样介绍这幢男生宿舍楼的——

"大学只有一幢男生宿舍，名为卡斯卡迪拉大楼，位于校园正门附近，可为大约200人提供住宿。单人间的年费从75美元到150美元不等。"①

由于学生宿舍有限，因此，多数入读康校的学生，都租住在校园周边的"寄宿舍"（民居）。1910届庚款生赵元任，到康校的头一年就是寄住在"林登道（Linden Avenue）一二七号一家寄宿舍，位于山下，距离校园多数建筑物约一英里之遥。"②寄宿舍的膳宿费很便宜，赵元任每月"付女房东膳宿费三元五角，早餐竟可吃到牛排大餐。"③

卡斯卡迪拉男生宿舍楼的条件当然比周边"寄宿舍"要好，至少它是在校门口附近，方便上下课。如果两人合住一个年费为75美元的单人间，则每人每月的住宿费只需3.125美元；若两人合住一个年费为150美元的单人间，则每人每月的住宿费为6.25美元。不少庚款生都入住卡斯卡迪拉男生宿舍楼。比如，秉志（1909届）住

---

① 康奈尔大学官方出版物（1914—1915）.
② 赵元任. 赵元任早年自传[M]. 长沙：岳麓书社，2017.
③ 赵元任. 赵元任早年自传[M]. 长沙：岳麓书社，2017.
所谓膳宿费，指包早餐的住宿费，不包午餐、晚餐。

401房；胡明复（1910届）、赵元任（1910届）住202房；廖慰慈（1913届）、唐钺（1914届）住208房；任鸿隽（1912届）、杨杏佛（1912届）[①]、刘承霖（1914届）等亦住在该男生宿舍楼。1913届的吕彦直，则住在这幢男生宿舍楼的378房。[②]

湍急的溪流（Cascadilla Creek）在卡斯卡迪拉峡谷中由东向西奔流而过，东高西低的山地地形，在溪流中形成了一系列的瀑布。卡斯卡迪拉男生宿舍楼背后有一片茂密的树林，树林消除了溪流与瀑布的喧哗声，为学子们营造了一个良好的作息环境。

三、注册信息

由于1912—1913学年与1913—1914学年的康奈尔大学注册簿（*THE REGISTER OF CORNELL UNIVERSITY*）是合刊本，且出版时间为1913年8月1日。因此，1913年9月22日吕彦直与杨锡宗的注册信息，最早刊登在了1914—1915学年的康奈尔大学注册簿中，如下：

1.吕彦直的学生注册信息

Lu, Yan Chih　　1918 M　　Anhuei, China[③]

2.杨锡宗的学生注册信息

Yeung, Sik Chung　　1918 Ar　　Hong Kong, China[④]

对比吕彦直与杨锡宗的学生注册信息可见：

（1）1913年9月22日，吕彦直报读的是机械工程学（M）；杨锡宗报读的是建筑学（Ar）。

（2）吕彦直注册的籍贯地是中国安徽；杨锡宗注册的籍贯地是中国香港。

（3）吕、杨二人的预期毕业年份都是1918年。换言之，吕、杨二人入读的都是五年制班。

此外，在1914年暑期班的注册学生名单中，均没有出现吕彦直和杨锡宗的名字。换言之，二者均没有参加1914年的暑期班。

[①] 任鸿隽、杨杏佛均非庚款生，而是"稽勋留学生"——1912年11月，经孙中山批准，由政府稽勋局办理，杨杏佛等30余名"稽勋留学生"被送往美国。杨杏佛和任鸿隽等11人在上海乘"蒙古号"海轮赴美。抵达美国西海岸后，转乘火车前往纽约。12月1日，杨杏佛与任鸿隽从纽约乘长途汽车前往伊萨卡（Ithaca），于当天中午抵达康奈尔大学。参见许为民.杨杏佛年谱[J]//中国科技史料：第12卷，1991.

[②] 中国科学社社友录[J]//科学，1916，2（1）.

[③] 康奈尔大学官方出版物（1914—1915）.

[④] 康奈尔大学官方出版物（1914—1915）.

四、改换学科须依规办理

1929年3月，中国工程学会在其会务特刊《中国工程学会会员通讯录》上，率先发表了《建筑师吕彦直君逝世》一文，该文成为以后《吕古愚略传》等诸文之蓝本，文称：吕彦直"入美国康南耳大学，初习电学，以性不相近，改习建筑。"①仿佛吕彦直入学后不久即"改习建筑"。其实不然。

康校规定：

1.在开学第三天或之前，第一次在学院注册的学生必须在院长办公室提交学习卡和学期课程清单。

2.每学期结束前两周，学生必须在院长办公室提交他的学习卡和下一学期的课程清单。

3.经院长同意，学生可以在第一学期的头六天上课期间和第二学期的第一天上课期间更改课程清单。

4.此后，除非学生因生病或其他学生无法控制的原因事先获得院长授权，否则学生无权退出其注册的任何课程。②

当年，长途跋涉到康奈尔大学之后，所有庚款生都来不及提出改专业的要求；所有改专业者，都是在原学院、原专业学习两年之后，在完成了相关课程的全部学时，并获得相应学分之后，才能改专业，否则将前功尽弃。1910届庚款生胡适的转学经历可以为证——胡适是在入读康奈尔大学农学院两年后才转学到文理学院的。聪明如胡适者，不是不想早转，而是早转不合算。

查西布利学院机械和电气工程五年制班大一开设了英语、高等代数、立体几何、三角函数、化学、工程原理、铸造车间、铸造厂、文科和理科选修课九门课程；大二则开设了解析几何与微积分、化学、物理、绘画、艺术与科学选修课五门课程。

在1914—1915学年西布利学院大二的绘画课程中，吕彦直表现出了极高的绘画天赋特长，来自建筑学院的绘画老师怜才，鼓励吕彦直改学建筑。其实，建筑学院的徒手绘画、水彩画、透视、绘画与雕塑史、建筑史等课程，早就令吕彦直心驰神往了。只是不可以从西布利学院直接改换到建筑学院上学，而是必须在西布利学院

---

① 建筑师吕彦直君逝世[J]//中国工程学会会员通讯录，1929.
② 康奈尔大学官方出版物（1914—1915）.

读完五年制班大一、大二的全部课程，获得为建筑学院所承认的高等数学等科目的全部学分，才可以报读建筑学院的四年制本科班。否则，只能入读建筑学院的五年制班。

1915年6月2日星期三，大二考试开始。吕彦直通过了考试。囊括了西布利学院五年制班大一、大二全部学分的吕彦直，遂向驻美监督和校方正式提出改学建筑学的申请。

1910届庚款生胡明复曾就清华游美预备部实行的代选、指定学科制提出批评，指该制度使不少学生"入校后非学无长进，则学无兴味，不得不改学他门，重多周折。康南耳大学自1910年起至1914年五年内每年新入之中国赔款学生中，因选科未当而于入校后改科者，得列表如次：

1910	新入赔款学生20人	其中入校后改科者6人
1911	6	6
1912	0	0
1913	7	2
1914	10	3

表中除1912年无赔款学生派出外，其余每年新生入校后改科之人数，几占全数三分之一。""此辈改科原因，未必因原选之科一无进步之故，大概皆因实习后自觉对于他科较有趣味，是科盖其天性特长之科也。"[①]

吕彦直正是上表所列1913届七位新生中两名改科者之一；改科的原因是其天性特长在绘画。

第二节　科学社第33号社员（1914—1918年）

一、"中国所缺乏的莫过于科学"

中西方文化是两个完全不同的体系。西人善于在生产实践中总结经验，发现原理，并将其理论化，进而形成科学知识体系。中国古人则偏重"文学"，鄙视"百工"。2300多年前，当欧几里得写成《几何原本》，古希腊人用几何知识规划城镇、设计建筑的时候，中国古人还陶醉于"关关雎鸠……君子好逑"的吟哦声中。直至1607年，传教士利玛窦与徐光启合作（利玛窦口授，徐光启笔述），才译出了

---

① 胡明复.论近年派送留学政策——为一般国民与有志留学者告[J]//科学，1915，1（9）.

《几何原本》的前六卷。又过了250年，传教士伟烈亚力与李善兰合作，把《几何原本》的余下部分全部译出，欧几里得的《几何原本》全本才于1857年呈现在中国学者面前。此后，又过了近50年，庚子后新政（清末新政），改革教育，广设学堂，终止科举，中国学生才开始接受几何学教育。几何学是数学中古老而基础的分支之一，而数学则是一切科学的基础。中国滞后西方2000多年才开启数学教育，以致全民族缺乏数学训练，遑论"科学"。

据前人考据，英文"Science"一词，最早是由日本人于1874年翻译成"科学"的。而"科学"一词，则是由《科学》杂志于1915年1月传入中国的。

1914年6月10日，在康奈尔大学留学的任鸿隽、杨杏佛、胡明复、周仁、赵元任、秉志、章元善、过探先、金邦正九位同学，"晚餐后聚集在大同俱乐部〔Cosmopolitan Club〕[①]廊檐上闲谈，谈到世界形势正在风云变幻，我们在国外的同学能够做一点什么来为祖国效力呢？于是有人提出，中国所缺乏的莫过于科学，我们为什么不能刊行一种杂志来向中国介绍科学呢？这个提议立刻得到谈话诸人的赞同。"[②]于是他们就以美国科学促进会（AAAS）及其科学杂志为模式，创办中国的《科学》杂志，以入股的方式募集资金。

由于发起者均就读于康奈尔大学，故科学社首先在康奈尔大学的中国留学生中募股。当时，九位发起人中有五位居住在卡斯卡迪拉男生宿舍楼，是吕彦直的邻居，其中，周仁与杨杏佛还是吕彦直在西布利学院的同院同学。

二、1914年8月：加入科学社

大学时代的吕彦直，既是一位刻苦努力的庚款生，也是一位关心时政、热心公共事务的热血青年，他是中国科学社的第一批社员和股东，他担任《科学》杂志的编辑员，为《科学》杂志译稿、选图、绘图，还为中国科学社设计会徽，为中国科学社的早期发展做出了重要贡献。

在《赵元任年谱》中有一张1914年科学社社员的合照，合照者共19人，吕彦直位列其中。[③]照片中的吕彦直神情儒雅，风度翩翩。康奈尔大学位于纽约上州的伊萨卡镇。气象资料显示：8月伊萨卡地区的气温在13℃—25℃之间；9月伊萨卡地区

[①] 大同俱乐部的英文名"Cosmopolitan Club"。
参见许为民.杨杏佛年谱[J]//中国科技史料：第12卷，1991.
[②] 任鸿隽.中国科学社社史简述[M]//文史资料选辑第十五辑.北京：中华书局，1961.
[③] 赵新那，黄培云.赵元任年谱[M].北京：商务印书馆，2001：照片6.

53

1914年8月，科学社第一批社员在康奈尔大学校园内的合照（图源：《赵元任年谱》）

的气温就要降到6℃—17℃之间了。以合照者各人的衣着判断，这张照片应拍摄于1914年的8月。要之，1914年8月暑假期间，吕彦直加入了科学社。

三、1914年11月8日，缴纳第一笔股金

由于庚款奖学金往往不能按时发放。因此，加入科学社时，吕彦直手头上还挤不出钱来缴纳股金。

1914年11月8日星期天，吕彦直收到奖学金后，立即到科学社缴纳了第一期五美元的股金，成为该社第33号社员和股东。[1]据任鸿隽回忆，1914年共有35人入股科学社。[2]换言之，吕彦直是科学社最早的一批社员和股东。

在"科学社股东姓名住址录"[3]中，吕彦直名下有如下记载。

---

[1] 张剑.中国科学社股东、股金与改组[J]//中国科技史料：第24卷，2003.
[2] 任鸿隽.中国科学社社史简述[M]//文史资料选辑第十五辑.北京：中华书局，1961.
[3] 林丽成，章立言，张剑.中国科学社档案资料整理与研究·发展历程史料[M].上海：上海科学技术出版社，2015.

社员号	姓名	西名	入股时间	股数	地址
33	吕彦直	Y.C.LÜ	三月十一月十	一	119 Dryden Rd.[①]Ithaca , N.Y.U.S.A. 378 Cascadilla Hall Ithaca

上表所记吕彦直的"入股时间""三月十一月十"至少存在两处笔误：一是把"三年"误写为"三月"；二是"十"后漏写了"日"字。事实上，吕彦直是在1914年11月8日缴纳第一笔股金的，因此，吕彦直的"入股时间"应为1914年11月8日，而非"三月十一月十"。

在吕彦直加入科学社三年之后，吕彦直的建筑学院同学杨锡宗，以及日后的上海东南建筑公司总工程师过养默、彦记建筑事务所吕彦直的首席代表裘燮钧等，先后加入了中国科学社，详见下表。[②]

姓名	就读院系	入社时间	地址
杨锡宗	康奈尔大学建筑学院	1917年9月	Bark Tower Ithaca, N.Y.U.S.A.
裘燮钧	康奈尔大学土木工程学院	1917年10月	308 Fairmount Ave., Ithaca, N.Y.U.S.A.
过养默	康奈尔大学土木工程学院街道工程系	1917年11月	220 Univ Ave., Ithaca, N.Y.U.S.A.

四、1915—1917年：节衣缩食交股金、特别捐

科学社成立之初，用发行股票来筹集资金，每股十美元。当时，庚款生每人每月60美元的奖学金（含学费、生活费）往往不能按时发放。康校的校规比较多，上体育课需要穿着运动服；接受军训要穿军训服；参加各种节庆典礼要穿正装……因此，60美元仅够维持上述开支及日常饭食。正如亲历者所言："大部分留学生的经济都很拮据，依靠各省每月官费来维持生活。官费既不多，又非每月及时发放，所以十美金也分三个月付清。"[③]

为从牙缝中抠出股金，社员们彼此展开了节食竞赛，有时每天的伙食费只花0.5美元，甚至减到0.35美元，赵元任的最低纪录是每天0.23美元，以致出现营养不

[①] "地址"一栏中，该路名写作Drydeu Rd.，查康奈尔大学内外，均没有Drydeu Rd.，而在校区南缘，却有一条德莱顿路（Dryden Rd.），该路西南起自伊萨卡镇，东北链接德莱顿村（Village of Dryden）。据此，笔者推断"Drydeu Rd."应为"Dryden Rd."之误录，故径改之。
[②] 此表为笔者据中国科学社1917年《科学》整理而成。
[③] 张孟闻.中国科学社略史[M]//文史资料选辑第九十二辑.北京：文史资料出版社，1984.

良。[1]从《到1915年7月3日中国科学社股东交纳股金一览表》[2]可见，吕彦直分别于1914年11月8日和1915年2月2日、6月8日，分三次向科学社缴纳了十美元的股金。仅从吕彦直分期缴纳股金的间隔时间即可推断：吕彦直的经济状况甚至比赵元任还要差——从8月入社到11月8日，花了三个月的时间才积攒出五美金，并交出第一笔股金。此后，每隔三四个月才能再积攒出三美金、二美金，并于翌年的6月8日，最终缴清了十美元的股金。

1915年10月25日，科学社改组为纯学术社团——中国科学社。确定"以联络同志共图中国科学之发达为宗旨"，以推进科学的传播和研究等多项事业为科学社的任务。[3]中国科学社改组后，对股金进行了处理，"凡不愿为新社员者，退还股金；凡愿意为社员者，则以其已付股金中之美金五元作入社金，余金为常年社金或特别捐，听本人自择"[4]。常年金即常年会费，"以每年美金二元计算"[5]。

中国科学社改组之日，已是吕彦直改学建筑学逾一月之时。由于建筑学有大量的绘画练习和手工作业，每学年仅笔、墨、纸张、颜料等文具就须额外花费至少30美元。即便如此，吕彦直还是选择留下（此时已有若干人选择退股），"愿意为社员"，并将自己已付股金中的五美元作"入社金"，余下的五美元则作"特别捐"[6]。其为人之慷慨，处事之大度，由此可见一斑。

除以上的十美元以外，吕彦直还在1914年11月至1915年10月间特别捐了六美元[7]；在1916年特别捐了八美元[8]；在1917年特别捐了三美元[9]。

五、1915年：积极翻译外国科学著作

吕彦直虽为科学社中年纪最小者，但投身科学社工作的热情不逊他人。1915年，第一次世界大战正酣。为普及与战争相关的科学知识，科学社将1915年4月《科学》第一卷第四期，设为"战争号"，并提前两个月组稿。身为西布利学院机械和电气工程五年制班大二学生的吕彦直，积极承担科学社的其中一项任务：翻译外国

---

[1] 赵新那，黄培云.赵元任年谱[M].北京：商务印书馆，2001.
[2] 张剑.中国科学社股东、股金与改组[J]//中国科技史料：第24卷，2003.
[3] 中国科学社总章[J]/科学，1916，2（1）.
[4] 张剑.中国科学社股东、股金与改组[J]//中国科技史料：第24卷，2003.
[5] 科学社旧社股金处理报告[J]//科学，1916，2（2）.
[6] 科学社旧社股金处理报告[J]//科学，1916，2（2）.
[7] 科学社特别月捐报告[J]//科学，1916，2（2）.
[8] 报告[J]//科学，1917.
[9] 报告[J]//科学，1918.

著作。为配合"战争号"的编辑出版，吕彦直自纽约《世界报》(*The World*)战争第二号转译了《海底水雷》①一文。此文涉及很多机械和电气工程学的专业术语和专业知识，设若没有相应的知识储备与过人的中英文功力，是不可能准确译出的。

《海底水雷》一文，译笔流畅，简明生动。译文从"水雷之用，始于北美独立之战"开始，详细介绍了水雷、鱼雷的研发过程，讲述水雷、鱼雷如何从不为人知、不为人用，到日俄战争时一跃而为海战明星，直至成为与战舰、巡洋舰等并驾齐驱的攻击性武器装备的历史——"迨至日俄之战，水雷之用一新"。日俄双方的战舰共24艘，因触雷而沉没。最后，以德国海军如何用真假水雷布防而结束全文，大有言已尽而意无穷之妙。

吕彦直之所以翻译《海底水雷》，既是因应《科学》"战争号"的组稿，也与其父亲生前长期任职于北洋水师营务处、其本人在甲午战争爆发后的第三天出生于天津紫竹林的北洋水师营务处家属区有关。吕彦直旨在从旁提醒国人：必须重视水雷、鱼雷的研发，以应对下一次的海战。

机械和电气工程专业虽非吕彦直兴趣之所在，但这篇高质量的译文却从一个侧面说明：吕彦直在西布利学院机械和电气工程五年制班的大一、大二是认真读书的。

继《海底水雷》之后，吕彦直还为配合《科学》杂志的世界科学家传记专栏，翻译了《爱迭生年谱》②。

鉴于爱迭生（今译爱迪生）"盛绩美谈，传所不及者尚多"，故吕彦直将《美利坚杂志》之爱迪生年谱译作中文，为准确地传播爱迪生的生平事迹提供依据。事实上，早于1915年5月、6月，《科学》杂志已经分两期刊登了《爱迭生传》。编辑部之所以在11月发表吕彦直翻译的《爱迭生年谱》，是认同吕彦直严谨的治学精神和高质量的译作，以补充之前《爱迭生传》之不足。

通观《海底水雷》与《爱迭生年谱》两文，其遣词用字均精准简约，颇有一种"吕彦直风格"。从吕彦直的两篇译文选题可见，留学康校期间，吕彦直时刻关注世界最新的科学技术发展成果，念念不忘为祖国的发展、强大做贡献。日后，吕彦直之所以能够设计出南京中山陵和广州中山纪念堂这两座伟大的纪念性建筑，可谓

---

① 吕彦直.海底水雷[J]//科学，1915，1（4）.
② 吕彦直.爱迭生年谱[J]//科学，1915，1（11）.

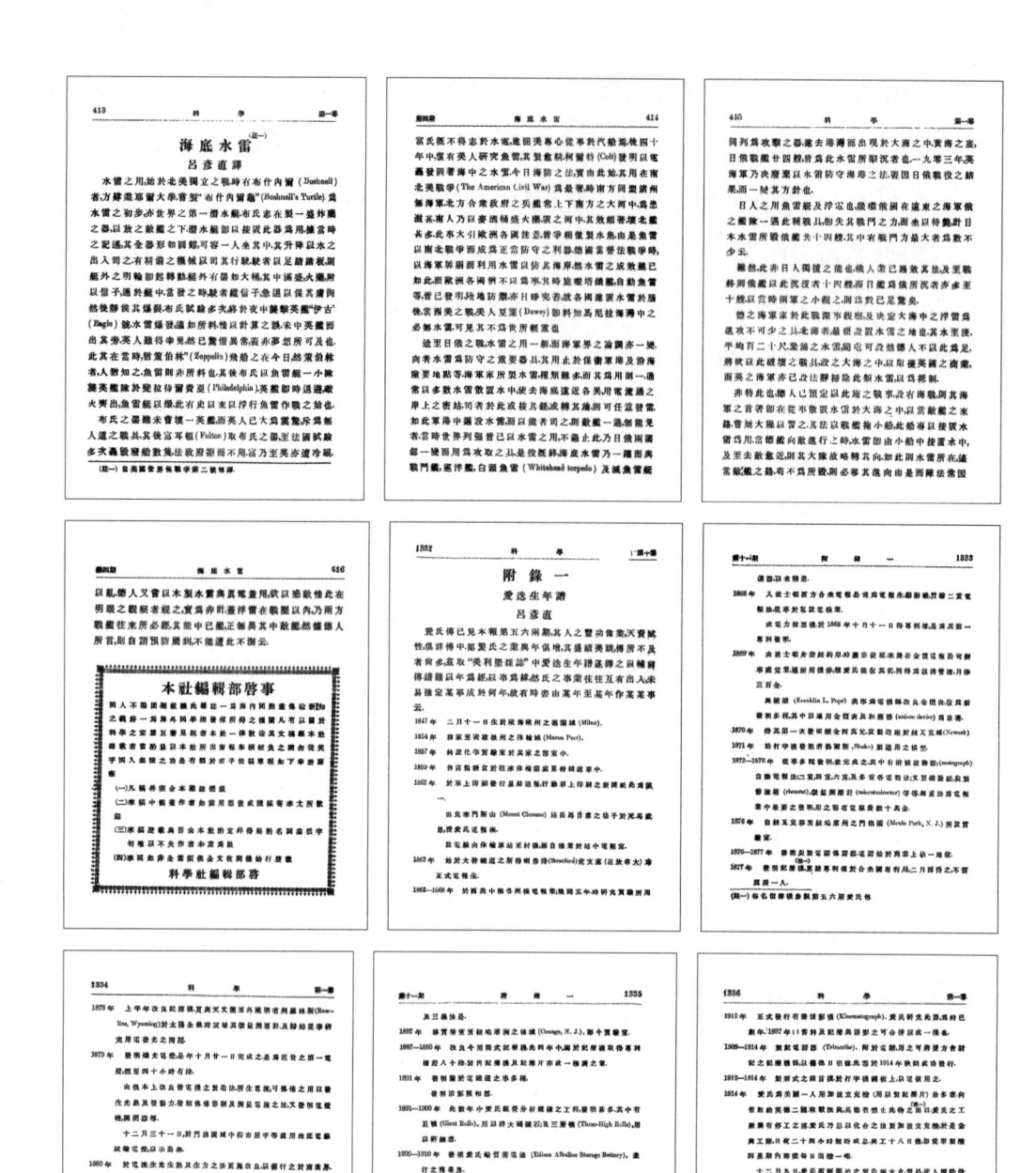

吕彦直翻译的《海底水雷》和《爱迭生年谱》（图源：《科学》）

其来有自。

六、1915—1917年：担任《科学》编辑部职员

在康校期间，吕彦直除了勤奋读书之外，还热心公共事务，自1915—1917年，连续三年担任《科学》编辑部的编辑员。

在1915年秋季举行的中国科学社第一次常年会议上，众人推举任鸿隽、吕彦直、何运煌、周仁、胡明复、唐钺、陆凤书、杨杏佛、廖慰慈、赵元任、钱治澜11名社员，担任《科学》第一年编辑部职员。[①]

在11名"编辑部职员"中，吕彦直、陆凤书（1892—1975）、唐钺（1891—1987）、何运煌（1892—1920）都是1911年考入清华学堂高等科的同班同学。其中，陆凤书的家庭出身、受教育背景等，与吕彦直相近。陆凤书的父亲陆绍云（1848—1922），是清优廪贡生，己丑（1889）恩科举人，授奉政大夫山东盐大使。后返回无锡教授私塾，颇有声望。[②]陆凤书从小接受良好的教育，是1913年"清华十六子"之一，与吕彦直同赴康校，入读康奈尔大学土木工程学院。1918年获康奈尔大学土木工程师学位，1919年获康奈尔大学土木工程硕士学位。

唐钺与何运煌则于1914年赴美入读康校，后来，唐钺入哈佛大学，修心理学，1920年获哲学博士学位；何运煌则成为第一位在美国数学杂志上发表研究论文的中国学者。

其余任鸿隽、周仁、胡明复、杨杏佛、廖慰慈、赵元任、钱治澜七人，日后均为中国科学界、教育界之先驱、栋梁。

1916年9月，中国科学社召开常年会，修改了《科学期刊编辑部章程》，把编辑部的部员分为两种，一种是编辑员，另一种是撰述员。"凡社员担任本期刊编辑事务者为编辑员。"吕彦直等42名社员被选定为《科学》第二卷的编辑员。在编辑员中又细分职责，设修辞员、名词员、图画员、校读员、印式员各若干名。其中"编辑部设图画员一人或一人以上，专司选择审定本期刊中图画……有时，撰述员须用图画，不能自绘者，得以铅笔图样交图画员代绘。"[③]擅长绘画的吕彦直，当为《科学》编辑部编辑员中的"图画员"，《科学》1917年第三卷第九期插图页上落款为"本社社员吕彦直绘"的炭笔画《汉张衡候风地动仪》，即为其中一证（详

---

① 特别广告[J]//科学，1915.
② 陆姓直系族谱，爱问共享资料[EB/OL]. https://ishare.iask.sina.com.cn/f/osbWO2qpSv.html.
③ 科学期刊编辑部章程[J]//科学，1917.

下）[1]。

七、1916年9月：为中国科学社设计社徽

在1916年9月的常年会上，中国科学社发起举办两件事：一是设计中国科学社徽章，二是拟定筹款办法。在当年的《中国科学社纪事》中有如下记载："本社徽章，照常年会议案，应由董事会派特别委员三人，画成大小两种图式，以待来年常年会公决。民国五年九月十三日董事会开会，指定周仁、廖慰慈、吕彦直三君为本社徽章图式委员。"[2]

周仁（1892—1973），字子竞，出生于江苏江宁（今南京）的一个小官吏家庭，父亲早亡。1902年，到上海舅父家，进育材书塾（南洋中学前身）学习。1904年，回到江苏镇江，在承志中学继续求学。1907年12月，以优异成绩毕业。1908年，升入南京江南高等学堂学习，1910年毕业并考取庚款生，与赵元任、胡明复、胡适等同行赴美国康奈尔大学，入读西布利学院的机械工程系，是科学社九名发起人之一。

廖慰慈，字复生，福州人。1906—1911年在北京的顺天中学堂读中学，自学能力极强，往往超前读完老师未教授的课业。同班同学梁漱溟称其"是一天才，非平常人之所及。"[3]1911年冬，中学毕业后即考入清华留美预备部，转年（1912）即在清华留美预备部毕业。[4]由于1912年清华留美预备部没有派遣庚款生赴美，故于翌年4月，与吕彦直、陆凤书等一同经"定期甄别"而成为1913年的"清华十六子"之一。抵达美国旧金山（San Francisco）后，廖慰慈与吕、陆等七人同赴康奈尔大学。在康校的入学考试中，廖考出了高分，被分配入读土木工程学院四年制班[5]，1917年毕业并获康奈尔大学土木工程师学位。回国后"曾任国内各大铁路工程师"[6]。

与周仁、廖慰慈相比，吕彦直年纪最小，"学辈"也最低，然而，其出众的绘

---

[1] 吕彦直.汉张衡候风地动仪[J]//科学，1917，3（9）.
[2] 中国科学社纪事[J]//科学，1916，2（12）.
[3] 梁漱溟.梁漱溟自述：我是怎样一个人[M].北京：当代中国出版社，2012.
[4] 清华大学校史馆.清华学校毕业生考[EB/OL]. https://xsg.tsinghua.edu.cn/info/1003/1328.htm.
[5] "Liao Wei Tzu 1917 C Foochow, China"，康奈尔大学官方出版物（1914—1915）.
廖慰慈与吕彦直同为"清华十六子"之一。1913年8月，廖、吕等同赴康奈尔大学留学。廖慰慈的学籍资料，与吕彦直的学籍资料一样，最早出现在1914—1915学年的康奈尔大学注册簿上。这是康校缺失了1913—1914学年注册簿的又一个例证。
[6] 梁漱溟.梁漱溟自述：我是怎样一个人[M].北京：当代中国出版社，2012.

画、设计才能与扎实的手头功夫，令科学社董事会那班挑剔的董事不得不折服，遂委以"本社徽章图式委员"之重任。吕彦直不遑多让，立即动手为中国科学社设计社徽。

中国科学社的社徽，是一枚圆形徽章，作者的装饰设计技能卓越。识读如下：

1.由四个同心圆组成徽章的基本轮廓，其中，三个同心圆排列紧凑，层叠递进，组成社徽的阶梯状外缘。

吕彦直设计的中国科学社社徽
（图源：《中国科学社档案资料整理与研究·发展历程史料》）

2.第三个同心圆与第四个同心圆之间拉开距离，以嵌入文字与图案，如次：

（1）顶部为半边带有七个角的勋章，加上其没有画出的对称的另外半边，则该勋章共有14个角；勋章正中的三个角，伸进了第四个同心圆框内，与第四个同心圆底部的"民国三年立"中的"三"字相呼应；14角勋章的图形寓意，与"民国三年立"明文，共同宣示：中国科学社成立于1914年。

（2）与半边勋章相对的是五个隶书字："中国科学社"。

（3）在半边勋章的左右两侧，各有四个篆体字，右侧为"格物致知"，左侧为"利用厚生"。需要指出的是，这八个篆体字是1922年加上去的。1922年，中国科学社修改社章，把"研究学术"加入"本社宗旨"；"而研究科学的目的则为'格物致知，利用厚生'，并且将这八个字刊铸在本社社徽上面。"[①]

3.第四个同心圆内的主图案为以远山为背景的一座天文台，中有一架天文望远镜，一个天平和一本打开的书。

要之，中国科学社社徽构思精妙，图文结合，以最简练的笔墨和线条，把中国科学社的成立时间，中国科学社的荣誉、责任与宗旨，以及科学研究的基本符号（天文台、天文望远镜、天平等），高度概括于方寸之间。

1917年9月5日14：06，中国科学社在美国罗德岛布朗大学召开了第二次常年会

---

① 林丽成，章立言，张剑.中国科学社档案资料整理与研究·发展历程史料[M].上海：上海科学技术出版社，2015.

的第一次会议；9月7日9：30，二次常年会在布朗大学的赛尔斯馆举行了第二次会议，到会者26人，已足法定人数，会议由中国科学社任鸿隽社长主持，当日第四项议程是"讨论社徽"——

4.讨论社徽。社长言，社徽问题，去年常年会讨论未得结果。原样为吕君彦直所制，去年常年会所用会徽即此样。今年董事会复请吕君加制新样数种合去年原制以备今年常年会采择。言毕以社徽样本传观会众。杨铨君言原样极确当大方，似宜采用，且去年用为常年会徽，用者亦无不满意之处。动议仍用旧样，大多数同意。侯德榜君言"科学社"三字凡横书时皆由左向右，旧社徽独由右向左，宜改。王孝丰君主张由右向左，谓与中国文字书法同向。社长付表决，众赞同侯君言由左向右。所制样中另有一小者作篆文"科学"两字，以为佩针之用。赵元任君言此样甚佳，惟形宜略小，且"科学"下应加"社"字，众同意通过。[①]

以上会议记录，坐实了以下史事：

1.中国科学社社徽"原样为吕君彦直所制"。

2.杨铨（即杨杏佛）认为吕彦直设计的中国科学社社徽"原样极确当大方"，"动议仍用旧样"，大多数与会者同意。

3.与会者赞同把"科学社"三字由从右向左，改为由左向右（定稿时，改"科学社"为"中国科学社"，横书则仍由右向左）。

4.1917年9月中国科学社第二次常年会召开之前，吕彦直还应董事会之请，加制了多种社徽的新样。其中一枚佩针的样式，令赵元任赞叹不绝，称："此样甚佳。"

小小的一枚中国科学社社徽，折射出了吕彦直装饰设计的偏好与特长。凝神久仰，仿佛看见了吕彦直在卡斯卡迪拉男生宿舍楼378房专注构思、伏案设计的身影；看见了吕彦直手持图卷，兴冲冲地去202房向《科学》编辑部的学长大哥们展示社徽图案，以及众学子你一言我一语，或嘉许，或挑剔的兴奋场面。

发生在康奈尔大学的这一幕，不禁让人想起1893年2月5—16日，大清国驻东京公署的外交官们"隆冬斗诗"的热闹场景[②]。同样是一群知识分子，同样身处国外，不同的是吕彦直等已经超越了其父辈，不再沉迷于辞章，纠缠于"斗诗"，他

---

① 杨铨.第二次常年会记事[J]//科学，1918，4（1）.
② 详见本书附录一《吕彦直的父亲吕增祥》。

们正努力地"格物致知",掌握科学知识,以求"利用厚生",造福人民。

八、1917年夏：在中国学人中率先画出"汉张衡候风地动仪"的复原图

作为《科学》编辑部编辑员中的"图画员",吕彦直负责为每一期《科学》杂志选图、配图。吕彦直所选图片分为五大类：

1.世界著名的科学家,比如伽利略、瓦特、爱迪生、达尔文、凯尔文、拉瓦谢等。

2.投入一战的最新军事装备,包括信天翁飞机、软体汽船、鱼雷艇、飞机飞船用的炸弹、高射炮、四轮推进八角炮车、军用自动车队、美国陆军车载无线电站、军用电话站、空气动擞、测候仪等。

3.校园建筑,比如康奈尔大学校园、图书馆、阶梯教室、化学分析室、机械实习所,哈佛大学校园、哈佛大学图书馆、芝加哥大学的女生宿舍楼、物理实验院；哥伦比亚大学图书馆,格拉斯哥大学校舍,美国波士顿城图书馆,柏林工科大学主楼,耶鲁大学的校舍等。

4.美国现代新建筑,比如纽约的伍尔威斯屋（Woolworth Building）[①]、威廉斯堡悬桥[②]。此外,还有伦敦的夜景、欧美的坟茔（墓葬文化）。

5.中国古代天文仪器。在《科学》1917年第三卷第五期的插图页上,刊登了"元初天文器：简仪""清初天文仪器：地平纬仪及浑天仪"。

吕彦直很想补一张"汉张衡候风地动仪"的图片。于是在1883年出版的 *Earthquakes* 一书中,找到了英国地震学家约翰·米尔恩（John Milne,又译作米伦）在日本东京帝国大学任教期间绘制的地动仪复原图,又在《后汉书·张衡传》中找到了地动仪的相关记载——

阳嘉元年,复造候风地动仪。以精铜铸成,员径八尺,合盖隆起,形似酒尊,饰以篆文山龟鸟兽之形。中有都柱,傍行八道,施关发机,外有八龙,首衔铜丸,下有蟾蜍,张口承之。其牙机巧制,皆隐在尊中,覆盖周密无际。如有地动,尊则振龙,机发吐丸,而蟾蜍衔之。振声激扬,伺者因此觉知。虽一龙发机,而七首不

[①] 伍尔威斯屋（现译伍尔沃斯大楼）是美国早期的摩天大楼,1913年落成时,是世界上最高的大楼,也是纽约市的地标,由建筑师Cass Gilbert设计,属于新哥德式的建筑,大楼最初的设计高度为625英尺,建成后为792英尺（241米）,共57层。
[②] 威廉斯堡悬桥是一条位于纽约市横跨东河的悬索桥,悬桥连接曼哈顿的下东城与布鲁克林的威廉斯堡,始建于1896年,是第二座横跨东河的大桥,花费1200万美元,1903年12月19日对外开放,是当时世界上最大的悬索吊桥。

动,寻其方面,乃知震之所在。验之以事,合契若神。自书典所记,未之有也。尝一龙机发,而地不觉动,京师学者咸怪其无征。后数日驿至,果地震陇西。于是皆服其妙。自此以后,乃令史官记地动所从方起。

吕彦直深入研究了这196字的记载,觉得约翰·米尔恩绘制的地动仪复原图仍有改进的空间。遂凭借着在西布利学院学到的机械工程原理,以及在建筑学院学到的透视与阴影等手绘技术,设计并绘就了《汉张衡候风地动仪》。

《科学》编辑部那班饱学之士,一眼就看出了吕彦直这幅《汉张衡候风地动仪》的研究价值和学术意义,确认这是中国学人绘制的第一张"张衡候风地动仪"的复原图,遂决定在1917年第三卷第九期上以一整个版面的篇幅刊登之,并且特意在图下注明:"本社社员吕彦直绘"。

吕彦直:《汉张衡候风地动仪》复原图(图源:《科学》)

吕彦直笔下的地动仪为上下结构——上部为"都柱",下部为"酒尊",二者的比例为1∶1,凸显了"都柱"在地动仪中的地位。布满纹饰的"酒尊"体,自上而下依次分为四个层次:

(1)"地动仪"三个立体字。

(2)四只生猛的龙头。

(3)四只仰头对向龙头的蟾蜍。

(4)承托"酒尊"的圆基座。

画面以黑色为背景,以一束西南—东北走向的"光线","投射"到地动仪上;利用透视与阴影的手法,为"都柱""酒尊"和龙头、蟾蜍、圆基座,乃至"地动仪"三个字营造出符合逻辑的立体感,进而塑造出一座既沉稳、厚重,又灵动逼真的"地动仪"。

设若假以天年,按照《汉张衡候风地动仪》的思路,吕彦直是有可能制作出一个"都柱"接受地震波后触动"酒尊"内的"机关",使"龙头"中的铜珠落入其正前下方"蟾蜍"口中的地震报警模型来的。

在紧张的学习生活中,挤出时间参与中国科学社的活动,成为科学社第一批社

员和股东；在经济拮据的情况下，节衣缩食，为科学社特别捐；担任《科学》编辑部的编辑员，为中国科学社设计社徽；在《科学》杂志上发表译作，手绘复原汉张衡候风地动仪……所有这一切，都为吕彦直的大学时代增添了绚丽的色彩，为吕彦直在中国科学社的"雪泥"上留下"鸿爪"。

第三节　改学建筑学（1915年9月）

一、康校建筑学院大学本科的入学要求

1850年代，巴黎美术学院（Ecole des Beaux-Arts, Paris）的"布扎"[①]教育落地美国后与实用主义相结合，形成了美国布扎建筑教育模式。康奈尔大学的建筑学院创立于1896年，其历任院长大多毕业于巴黎美术学院。康奈尔大学建筑学院的教学大纲和课程设置，旨在构建一个健全的建筑知识体系，建立一套标准化的职业建筑师训练制度，进而实现美术教育向适应社会需求的实用教育的转化。

按照康奈尔大学入学考试委员会的科目规定，建筑学院的入学要求详见下文。

二、四年制班的入学要求

（1）英语三学分，法语或者德语三学分。

（2）历史一学分，物理一学分。

（3）平面几何一学分。

（4）初等代数一学分。

（5）中级代数半学分。

（6）立体几何半学分。

（7）高级代数半学分。

（8）平面三角函数半学分。

（9）选修课三学分。

（10）总计15学分。

三、四年半或五年制班的入学要求

（1）英语三学分，法语或者德语三学分。

（2）历史一学分。

[①] 法语Beaux-Arts原意为"美术"，"布扎"是Beaux-Arts的音译，代指一所学校——"巴黎美术学院"、一种教育制度——"巴黎美术学院建筑教育"。

（3）平面几何一学分。

（4）初等代数一学分。

如果入学时不能提供"英语三学分，法语或者德语三学分"学习凭证的学生，则可能导致他们的住读期限延长到四年以上。康校还特别要求：进入建筑、土木工程、机械工程学院的学生，必须把三个外语学分中的法语和德语作为他们选修课之首选。[1]

四、改学建筑学的代价

在1909—1911年三届共180名庚款留美学生中，只有两人被派遣去学建筑——1910届的庄俊被派往伊利诺伊大学学建筑；1911届的陆鸿棠被派往密歇根大学学建筑。同期，没有任何一人被派往康奈尔大学学建筑。1913届庚款留学康奈尔大学者，同样没有一人被安排进入建筑学院学建筑。同届只有一位中国学生——杨锡宗自费入读康奈尔大学建筑学院。如此看来，吕彦直改学建筑正好填补了一个空白。

校方回复吕彦直：可以改学建筑，其在西布利学院获取的英语、法语、德语、大学数学等学分亦通用于建筑学院。但须参加1915—1916学年建筑学院的秋季入学考试，重新办理入学注册手续，自建筑学院四年制班的大一从头读起。换言之，吕彦直改学建筑，须推迟一年到1919年才能毕业。

鉴于吕彦直改学建筑的理由充分，驻美监督容揆[2]也同意了吕彦直的改科请求。

吕彦直改学建筑之所以要经驻美监督的同意，是因为驻美监督（后发展为"清华游美监督处"）专管收支学费，按月发放奖学金。若驻美监督不同意某庚款生改学科，则该生的学费和奖学金就没有着落。

---

[1] 康奈尔大学官方出版物（1914—1915）。
[2] 据《外务部为增派范源濂等二人为游美学务处会办事片》（中国第一历史档案馆：《清游美学务处档案史料》）记载：1910年3月，外务部奏请皇上增设"驻美监督专管收支学费，约束生徒"，并建议由毕业于美国耶鲁大学的"驻美使署参赞、候选道容揆"出任"驻美监督"。容揆（1861—1943），字知叙，广东新会县荷塘镇良村松桥坊（今属蓬江区）人。清同治十二年（1873），童生容揆由清政府官费第二批派往美国留学。清光绪五年（1879），容揆在美国春田高中毕业，并获得哈佛大学的入学许可。但因擅自剪去发辫而被清政府遣返回国，幸而在哈佛福德往波士顿的途中逃脱。后得宗叔容闳支持，在牧师特契尔的协助下，入读耶鲁大学，毕业后又就读于协夫科学学院、哥伦比亚大学矿业学院。清光绪十五年（1889）后，任中国驻美国大使馆翻译、二等翻译官、商务随员、三等参赞官，驻美国、墨西哥使馆二等参赞官，留美学生监督，一等秘书等职务。

据第二批庚款生，也是最后一任"驻美监督"赵元任记载，"清华奖学金一个月只有六十元，全部开支（包括学费）包括在内。"①这每月的60美元，是由各生籍贯所在省份（属地省）从该省所摊派及所退还的庚款中，按月寄付到华盛顿清华游美监督处，再由游美监督处分发给各生。由于庚款生的入学注册表上已经列明其毕业年份，因此，属地省只按照该庚款生原定的在学时间寄付庚款学费。换言之，吕彦直改学建筑，将要自己支付原定毕业时间——1918年5月之后的学费、学杂费、食宿费等全部费用——改学建筑是要付出代价的。

当时，康奈尔大学的医学院、西布利学院、土木工程学院、建筑学院每年的学费均为150美元，是全校诸学院中学费最高者（农学院、兽医学院的学费最低，有的学科、班级甚至免费）。此外，每个在建筑学院注册的学生，每学期还须缴纳五美元的学杂费。②

依据康校注册簿所登记的吕彦直的学籍资料，可将1913年9月—1918年12月吕彦直的收支情况列表如下。

时间	收入	学费	住宿费	学杂费	生活费（含餐饮、衣着、日用品等）	收支及结余
1913年9月—1914年8月	720美元	150美元	75美元	西布利学院每学期的学杂费为15美元，一年两学期，合共30美元	餐饮、衣着、日用品等，以每天1美元计算，每月须花费30美元，每年合共360美元	总收入：720美元 总支出：615美元 结余：105美元
1914年9月—1915年8月	720美元	150美元	75美元	同上	同上	同上
1915年9月—1916年8月	720美元	150美元	75美元	建筑学院每学期的学杂费为5美元，两学期共10美元。此外须支付30美元购买绘画等耗材。合共40美元	同上	总收入：720美元 总支出：625美元 结余：95美元
1916年9月—1917年8月	720美元	150美元、暑期班75美元，共225美元	75美元	同上	同上	总收入：720美元 总支出：700美元 结余：20美元

---

① 赵元任.赵元任早年自传[M].长沙：岳麓书社，2017.
② 康奈尔大学官方出版物（1914—1915）.

（续表）

时间	收入	学费	住宿费	学杂费	生活费（含餐饮、衣着、日用品等）	收支及结余
1917年9月—1918年5月	540美元	150美元、第三学期75美元，共225美元	75美元	同上	以9个月计算，为270美元	总收入：540美元 总支出：610美元 结余：-70美元
1913年9月—1918年6月						总计结余：235美元
1918年6月—12月	结转235美元	仅以一个学期计算，学费为75美元	43.75美元	以一个学期计算，为20美元	以7个月计算，为210美元	总支出：348.75美元 结余：-113.75美元

从上表可见，学费、住宿费、学杂费都是"硬件"，无法压缩，唯有日常生活费部分可以压缩。如前所述，吕彦直完全没有经济后援，他改学建筑，就必须节衣缩食，方可用节省下来的钱，支付各种费用到1918年年底。为此，吕彦直没有像赵元任等其他同学那样，买钢琴、买小提琴、连夜排队购买庆典音乐会的门票、外出旅游……多方发展，尽情享受①，而是更加勤奋，把课程安排到最密，以积攒学分再次跳级，争取按原计划，在1918年内毕业。

五、吕彦直学生注册信息的变更

康奈尔大学1915—1916学年的第一学期自1915年9月17日—1916年1月31日。

从1915年9月17日星期五开始，吕彦直参加了大学入学考试委员会规定科目的建筑学院学分制入学考试。27日星期一开学，吕彦直办理了建筑学院四年制班新生的注册手续，其预期毕业时间为1919年，如下：

Lu, Yan Chih　1919 Ar　Shanghai, China②

在吕彦直的学生注册信息中，不但更改了注册学院——从机械学院（M），改为建筑学院（Ar），而且还更改了其籍贯地——把原本的中国安徽（Anhuei, China），改为中国上海（Shanghai, China）。籍贯地的改动，应与吕彦直的亲属居住地的变更有关，且不排除其为虚荣心使然。

吕彦直的大姐、大姐夫和姑妈吕汶早已居住在上海；1914年，与吕彦直最要好

---

① 赵元任.赵元任早年自传[M].长沙：岳麓书社，2017.
② 康奈尔大学官方出版物（1915—1916）.

的胞姐吕东宝出嫁后，两个弟弟也从天津南下到上海与姑妈吕汶同住。换言之，至1914年，除吕彦直的生母章氏好姐仍然留守天津严寓之外，吕家大部均移居上海，"上海"遂成为吕彦直在中国的家庭居住地。因此，1915年9月27日吕彦直在建筑学院办理注册手续时，便直接把当时吕家的居住地"Shanghai, China"（中国上海），当作籍贯地来填写。

严格来说，作为庚款生的吕彦直，在填写注册表时是不能更改籍贯地的。因为籍贯地就是庚款学生奖学金的拨发地。此事若让安徽省知道，则安徽省完全有理由不给吕彦直拨发庚款学生奖学金——既然你籍贯上海，那就向上海要奖学金去。幸亏吕彦直改学建筑无须向安徽省报备；万里以外的安徽省也就按庚款的摊派与退还份额，照常给吕彦直拨发庚款学生奖学金。

康校规定：每个学年，新生要办理注册手续，老生则须办理报到手续。老生的报到手续只需确认其入学时的注册信息，而无需重新填写。因此，1915—1916学年杨锡宗的学生注册信息没有变化，毕业时间仍为1918年[①]。

对比1915—1916学年吕、杨二人的学生注册信息可见：

1.在1915年9月17日开始的入学考试中，吕彦直通过考试，考入了建筑学院并就此中断了其在西布利学院持续了两年的学业。

2.完成了西布利学院五年制班大一、大二课程的吕彦直，考入了建筑学院的建筑学四年制班。但必须从该班的大一读起，其预期毕业时间因此从原先的1918年推迟到了1919年。

3.杨锡宗从一开始就入读建筑学院的建筑学五年制班。因此，与吕彦直同年入读康校的杨锡宗，在建筑学院里就比吕彦直高出一个年级，其预期毕业时间也较吕彦直早一年。

第四节　提前完成建筑学四年制班的学业（1915年9月—1918年12月）

在1909—1913年的四届庚款生中，入读康校后，中途改专业者，几乎占全数的三分之一。1910届庚款生胡适，入读康奈尔大学农学院两年后，于1912年转学到文

[①] 康奈尔大学官方出版物（1915—1916）.
杨锡宗祖籍广东香山翠亨村，父辈在香港营生。1889年12月2日，杨锡宗在香港出生。因此，杨锡宗在填写籍贯地（居住地）时，就写作中国香港（Hong Kong, China），而非中国广东或中国香山。

理学院，就是其中一例。①相比之下，多数对被分配的专业不感兴趣者，或硬着头皮读下去，或等本科毕业后，再谋他学（赵元任、杨杏佛、唐钺等即为后者）。个别不幸者，则为专业所困、所累，以致中途亡故。

面对自己的兴趣和特长，吕彦直做出了正确的选择，入读西布利学院两年后，改学建筑。改学建筑后的吕彦直，如鱼得水，如虎添翼，因"性之所近"，而"事半功倍"②。

一、1915—1916学年：大一

康奈尔大学建筑学院有两个专业，一个是建筑学专业，另一个是建造专业。吕彦直入读的是建筑学专业。建筑学四年制班大一的课程包括解析几何与微积分、画法几何学、建筑史、建筑元素、徒手画、颜色与阴影、水彩画、砌体结构、建筑石材和黏土制品、暑期阅读等。从大一的课程设置可见，院方十分重视建筑史和美术类等基础课程。当时，康校建筑学院的建筑史课程闻名全美，其美术类基础课则源于奥拉夫·马蒂尼乌斯·布劳纳（Olaf Martinius Brauner）教授创建的徒手画系，强调建筑构造与建筑绘画等方面的基本功训练。比如，硬性规定："在绘画和手工训练中，一个学分需要300个实际学时。"③同时，注重对学生在形式、色彩和比例关系等方面的美学熏陶。

康奈尔大学建筑学院1915—1916学年的教学课程安排如下表。④

序号	课程名称	时段	学分	教师姓名	备注
1a	初级手绘图	全年	每学期二学分	张伯伦助理教授和古塞尔先生	
1b	初级手绘图	全年	每学期三学分	张伯伦助理教授和古塞尔先生	
2a	高级手绘	全年	每学期二学分	张伯伦助理教授和古塞尔先生	先修课程1b
2b	高级手绘	全年	每学期三学分	张伯伦助理教授和古塞尔先生	先修课程1b
8	解析几何与微积分	全年	每学期三学分	艺术与科学学院	
9	画法几何	第一学期	三学分	杨教授和巴克斯特先生	每周9小时的讲座和绘画。先决条件：立体几何

---

① 康奈尔大学官方出版物（1913—1914）.
② 胡明复.论近年派送留学政策——为一般国民与有志留学者告[J]//科学，1915，1（9）.
③ 康奈尔大学官方出版物（1914—1915）.
④ 该表由笔者据康奈尔大学官方出版物（1915—1916）归纳译制。

（续表）

序号	课程名称	时段	学分	教师姓名	备注
10	建筑史	全年	每学期三学分	菲尔普斯教授	课程包括指定阅读资料、草图和测验
11	建筑元素	全年	第一学期二学分，第二学期四学分	于尔邦先生	每周3小时
12	徒手绘	全年	每学期三学分	布劳纳教授和古塞尔先生	每周9小时
13	颜色和阴影	第一学期	一学分	马丁教授和于尔邦先生	讲座和绘画。必须遵循或伴随画法几何
14	水彩画	第二学期	二学分	米乔助理教授和古塞尔先生，每周6小时	先修课程12
15	砌筑施工	第二学期	二学分	马丁教授	讲课和复习，辅以绘图和实际工作的检查
20	建筑史	第一学期	三学分	菲尔普斯教授	必修课程10 课程包括指定的阅读材料、草图和测验
21	设计	全年	每学期八学分	伯纳姆助理教授，每周大约24小时	必修课程11和13
22	仿古绘画	全年	第一学期一学分，第二学期二学分	布劳恩教授和米乔助理教授	必修课程12
23	高级水彩画	第一学期	二学分		先修课程14 课程23与22一起给出，三分之二的学期需要每周9小时；课程22则三分之一的学期需要每周9小时
24	透视	第二学期	一学分	马丁教授和巴克斯特先生	讲座和绘画 先修课程9和11
25	历史装饰	第二学期	二学分	菲尔普斯教授	讲座和考试 必修课程10和20
26	建模	第二学期	二学分	米乔助理教授和古塞尔先生	每周6小时
27	力学	第二学期	二学分	杨助理教授	习题课
28	立体切开术	第一学期	一学分	杨助理教授和巴克斯特先生	必修课程9
29	口头表达	第一学期	三学分	文科和理科，温安斯教授	
30	绘画与雕塑史	全年	每学期一学分	菲尔普斯教授	
30 (A和S)	建筑石材和黏土产品	第一学期	二学分	莱斯教授，胡克和沃尔科特先生	
30a	意大利艺术史	全年	每学期二学分	古塞尔先生	
30b	阿尔卑斯山以北的艺术	全年	每学期二学分	古塞尔先生	课程30a和30b隔年提供（1915—1916年未提供）
31	设计	第二学期	十学分	博桑格教授	课程21的延续。每周大约30小时
31a	设计	第一学期	二学分	博桑格教授	每周6小时，绘画和批评 预备课程21

（续表）

序号	课程名称	时段	学分	教师姓名	备注
32	仿古绘画	第一学期	二学分	布劳纳教授和米乔助理教授	每周6小时 必修课程22
33	防火结构	第二学期	一学分	马丁教授	讲座与补充阅读
34	住宅建筑规划	第一学期	二学分	博桑奇教授	必修课程21 在学期的一部分期间，每周大约18小时的讲座和绘画
34a	木工和规格	第一学期	二学分	马丁教授	
34b	施工图	第一学期后半段	四学分	马丁和博桑奇教授	先修课程34，课程34b继续课程34的工作
35	材料强度	第一学期	三学分	杨助理教授和巴克斯特先生	复习课和讲座 必修课程27
36	采暖、水暖和照明	第二学期	二学分	马丁教授	讲座和问题
40	现代建筑	第二学期	二学分	菲尔普斯教授	必修课程10和20
41	设计	全年	第一学期十学分，第二学期八学分	代理教授卡恩	先修课程21和31延续课程21、31和31a的高级问题。每周30到36个小时
41a	设计	第二学期	四学分	代理教授卡恩	课程41的延续，包括一个主要问题，作为论文问题进行详细研究和处理
42	生活课	全年	第一学期三学分，第二学期二学分	布劳纳教授	每个学分每周3个小时
43a	建筑史神学院	全年	每学期一学分	菲尔普斯教授	必修课程10和20
50	建筑史	全年	每学期一学分	菲尔普斯教授	配有指定阅读和考试的插图讲座
50a	文艺复兴建筑史	第一学期	一学分	菲尔普斯教授	预修课程50或课程10（1915—1916学年未给出）

关于"暑期阅读"，除了大一和大二的常规学习外，学生还必须在暑假期间阅读自己从指定列表中选择的书籍。准备好书单，并由英语系的一位教授进行一次或多次介绍性讲座。[①]

上表所列为建筑学院四年制班各个年级在1915—1916学年中的全部教学课程。从中可见，诸如基础手绘、徒手画、高级徒手画、仿古绘画、建筑史、意大利艺术史、建筑元素、设计等都是全年开课的。只要你在开学第三天或之前，又或者在每个学期结束的前两周，向院长办公室提交你的学习卡和下一个学期的课程清单，

---

① 康奈尔大学官方出版物（1915—1916）.

即无需完成其他先决课程而随时可以加入学习并积攒学分。①由于"在绘画和手工训练中，一个学分需要300个实际学时"，建筑学院的"绘画和手工训练"又特别多，因此，自从1915年9月27日正式注册为康奈尔大学建筑学院四年制班学生之后，吕彦直便把课程填得满满的，不仅上满大一的课程，而且还见缝插针地到高年级去跟班上课，一个劲儿地超前读，往前赶，攒学分。

吕彦直没有参加1915年的暑期班。杨锡宗参加了1915年的暑期班，其注册信息同前。

二、1916—1917学年：大二

建筑学四年制班大二的课程包括建筑史、设计、仿古绘画、高级水彩绘画、透视、历史装饰、模型、力学、立体切割术、口头表达、暑期阅读等。大二的课程继续体现康校建筑学院的美国布扎教学理念，强调"绘画和手工训练"，尤其注重西方古典复兴风格的训练，其仿古绘画、历史装饰课程，就是为这种训练而设置的。在建筑设计教学上，则借助柱式、比例与尺度、韵律与节奏、平衡与对称等一整套构图语言和评价标准，培养学生对于建筑与环境的和谐及秩序感的认识，接受西方古典复兴风格的熏陶。

1914—1918年，建筑学院有五名教授、五名助理教授、一名代理教授、两名讲师，如下：

克拉伦斯·奥古斯都·马丁，建筑学院院长兼建筑教授。

奥拉夫·马提尼乌斯·布劳纳，制图与绘画教授。

乔治·莫西翁，建筑学教授（负责设计）。

阿尔伯特·查尔斯·菲尔普斯，建筑学学士，建筑学教授兼建筑学院秘书。

小乔治·杨，建筑学学士，建筑学教授（建筑理论专业）。

埃弗里特·维克多·米克思，艺术学学士，代理设计教授。

克里斯蒂安·米乔，手绘与建模助理教授。

勒罗伊·P·伯恩汉姆，建筑理学学士，建筑学硕士，设计学助理教授。

乔治·雷·张伯伦，硕士，徒手绘画助理教授。

萨颇·史蒂文斯，艺术学学士，设计学助理教授。

海勒姆·塞缪尔·古塞尔，文学硕士，徒手绘画助理教授。

---

① 康奈尔大学官方出版物（1915—1916）.

休伯特·E·巴克斯特，建筑学学士，建筑学讲师。

爱德华·默班德，建筑学学士，建筑学硕士，建筑学讲师。

建筑学院的自有教员不算多，但他们积极接受文理学院、土木工程学院、机械工程学院和农业学院（景观设计系）的教授和教员的指导。每年都邀请建筑学或相关专业的杰出人士到学院举办讲座。

1913—1914学年举办讲座的讲师是：

建筑学学士、纽约公共服务委员会建筑部主管S·J·威克斯。

建筑学学士、纽约特罗布里奇和阿克曼建筑师事务所的阿克曼建筑师。[①]

1914—1915学年举办讲座的讲师是：

建筑学学士、纽约市建筑师特罗布里奇。

建筑学学士、法国政府注册建筑师Wm·N·泰勒。[②]

1915—1916学年举办讲座的讲师是：

美国建筑师学会会员，建筑师阿尔伯特·L·布若克韦。

法学博士，美国建筑师学会会员，建筑师托马斯·黑斯廷斯。

建筑学学士，建筑学硕士，美国建筑师学会会员，建筑师本杰明·S·哈贝尔。

建筑师，布鲁塞尔大学建筑系名誉教授，布鲁塞尔美术学院院长维克多·奥尔塔。

理学学士，技术化学家R·W·林赛。

耶鲁大学艺术学学士A·金斯利·波特。

装饰师萨姆纳·罗宾逊。

艺术学学士，美国建筑师学会会员，建筑师，美国建筑师学会前会长R·克利普斯顿·斯特吉斯。[③]

1916—1917学年举办讲座的讲师是：

建筑学学士，美国建筑师学会会员弗雷德里克·L·阿克曼。

纽约市城市规划委员会顾问乔治·B·福特。

曼哈顿区主席马库斯·M·马克斯。

---

① 康奈尔大学官方出版物（1914—1915）.
② 康奈尔大学官方出版物（1915—1916）.
③ 康奈尔大学官方出版物（1916—1917）.

巴黎人文学博士威廉·富兰克林。

美国建筑师学会荣誉会员，耶鲁大学美术学院建筑系讲师A·金斯利·波特。

法学博士弗兰克·B·威廉姆斯。[1]

吕彦直勤奋好学，不愿错过任何一个讲座。每一次听讲都全神贯注，认真笔记，珍惜每一个学习机会。通过这些讲座，吕彦直开阔了视野，增长了相关专业与跨专业知识，为日后与社会的对接做了充分的准备。

为了培养合格的职业建筑师，建筑学院在大二的课程中嵌入了"口头表达"课。1886届土木工程学院毕业生查尔斯·贝克，于1912年创立了一个面向工程学院和建筑学院学生的"福尔特斯公共演讲纪念奖"，该纪念奖设立三个奖项，每年颁发给工程学院和建筑学院的本科生，以提高他们的公众演讲能力。[2]此外，为了训练学生的逻辑思维和语言表达能力，康奈尔大学还专门设立了三个演讲及辩论奖——

1.1870年由英国的伍德福德勋爵创建的"伍德福德奖"，每年给最好的英语演讲本科生颁奖。奖金为100美元。

2.以1886届学生留下的一笔资金，为本科生的演讲设立了"86届纪念奖"，在每年5月的公开比赛中颁奖，奖金为86美元。

3.以1894届学生设立的一个基金的收入，为本科生的辩论设立了"94届纪念奖"，在每年1月的公开比赛中颁奖，奖金为94美元。[3]

除了演讲之外，康校及各学院还设立了各种各样的奖项。建筑学院的马丁·桑普森教授甚至还为提高学生的"艺术欣赏能力"而设立了"桑普森美术奖"。"该奖不是根据学生在绘画、素描或设计方面的实际熟练程度而颁发，而是根据学生欣赏艺术美的自然和后天的能力而颁发。"该奖项在每年的4月颁发给"在大学中表现出最具智慧的图形和造型艺术以及具有建筑欣赏能力的学生"[4]。

1917—1918学年，就读于土木工程学院的中国留学生Chen Ku（中文名不详），先后获得了"伍德福德演讲奖"和"福尔特斯公共演讲纪念奖"一等奖。[5]

---

[1] 康奈尔大学官方出版物（1917—1918）.
[2] 康奈尔大学官方出版物（1919—1920）.
[3] 康奈尔大学官方出版物（1914—1915）.
[4] 康奈尔大学官方出版物（1919—1920）.
[5] 康奈尔大学官方出版物（1918—1919）.

吕彦直和杨锡宗都没有参加演讲比赛，但都参加了一系列的绘画和设计比赛。吕、杨的参赛作业也曾经获奖并入藏康校的Korch图书馆。其中，吕彦直的设计作业"洗礼池"，获得了劳卜（LOEB）比赛的二等奖。[①]吕氏的这一获奖作业，体现了他对古典美学原则的熟练驾驭与对古典美学风格的偏好。同期，吕彦直还依据《后汉书·张衡传》中有关"地动仪"的196字简略记载，复原了早已失传的"张衡候风地动仪"（详见本章第二节）。

吕彦直：《洗礼池》 　　　　吕彦直：《剧院前厅》

吕彦直：《西弗吉尼亚春宅》 　　吕彦直：《大学美术系大楼》

（以上4幅图，图源：康奈尔大学Korch图书馆藏，薛颖提供）

① 薛颖.美国布扎教育对中国第一代建筑师的影响——以康奈尔大学吕彦直、杨锡宗为例[J]//南方建筑，2020，1：23.

由于不断地超前上课，因此，从大二开始，吕彦直已经追上了原本高他一个年级的杨锡宗。1916年，吕彦直与杨锡宗都参加了暑期班。在"1916年，大学暑期班的学生"的"学生登记册"上，吕彦直、杨锡宗均登记在册，二者的注册信息同前。

三、1917—1918学年：大三

1917年9月26日，吕彦直办理了老生报到手续，其注册信息与1915—1916学年、1916—1917学年同，均为：

Lu, Yan Chih　1919 Ar　Shanghai, China

杨锡宗的注册信息亦同前。

吕彦直没有参加1917年的暑期班。杨锡宗参加了1917年的暑期班。换言之，除了正常课程以外，杨锡宗连续三年（1915—1917年）注册报读了暑期班。康校的暑期班主要是为学生补课而设置的。学生为补足某一门功课的学分，或为多挣学分，创造跳级条件而参加暑期班。显然，吕彦直属于后者。

建筑学四年制班大三的课程包括绘画与雕塑史、设计、设计、仿古绘画、耐火结构、木工及规范、施工图、材料强度、图形静力学、结构设计、供暖、管道和照明等。

显然，大三的设计课程翻倍，竟高达12个学分。建筑工程技术类的课程与基础绘画类的课程学分则基本相同。大三课程设置的实用主义色彩浓重，强调动手能力。可见，康校建筑学院要造就的是走出校门即可上岗的职业建筑师，而非缺乏动手能力和专业技能的"假把式"。

四、1918—1919学年：大四

建筑学四年制班大四的课程包括现代建筑、设计、设计、生活类、城市规划、选修课等。其中，设计课程仍占大头，竟然高达22个学分。除选修课以外，其他课程都可以当作一份准建筑师的"工作"去做了。

事实上，早在大三，吕彦直已经提前修完大四的过半学分。然而，在拿到学位证书之前，谁也不敢说过头话，做过头事。况且吕彦直尚未毕业，因此，1918年10月9日，吕彦直照常办理了1918—1919学年的老生报到手续。查1918年12月1日制作的学生注册表，吕彦直在册，其登记信息同前，如下：

Lu, Yan Chih　1919 Ar　Shanghai, China

换言之，在1918年12月1日制作的学生注册表上，吕彦直的预期毕业时间仍为

1919年。

五、1918年3月31日：增加注册了"1918年第三学期"

康校规定：每个学年，新生要办理注册手续，老生则须办理报到手续。此外，暑期班、冬季班等均须单独注册。个别学生如果需要加读某一个学期，则可以增加注册该学期。从康校的校历上看，一个学年划分为三个学期。但具体到各学院，则由各学院根据其实际教学需要而划分学期。比如，西布利学院、土木工程学院、建筑学院、文理学院等，都把一个学年划分为两个学期。

吕彦直深知：除却勤奋，自己一无所有。因此，自1915年9月17日参加建筑学院的新生入学考试之日起，便把目标再次锁定在了"跳级"之上，即争取在1913届庚款生原定的毕业年份（1918年）内，完成全部学业。于是，自1915年9月27日正式注册入读建筑学院后，吕彦直便借助其精通法语、英语、德语，以及在西布利学院修完了解析几何与微积分等大学数学学分的优势，马不停蹄地超前选修高年级课程。每个学期，除囊括当期学分之外，还不断地积攒高年级课程的学分。直至1917—1918学年，其学习进度呈现出一种前所未有的加速状态。

为了提前完成全部学业，根据康校有关"个别学生如果需要加读某一个学期，则可以增加注册该学期"的规定，吕彦直在1918年3月31日，增加注册了"1918年第三学期"。

在"1918年第三学期注册的学生"名单中，有吕彦直的名字和注册信息，如下：

Lu, Yan Chih   Anhuei, China

当天，吕彦直把籍贯地从1915年9月27日入读建筑学院时所填报的中国上海（Shanghai, China），改回1913年9月22日入学注册时所填写的中国安徽（Anhuei, China）。吕彦直此举原因有二：

1.1918年3月，基于自己已经获得的学分及预期可获得的学分之总数，吕彦直有把握争取在年内提前完成建筑学四年制班的全部学业。

2."1918年第三学期"是计划外的注册学期。以往，吕彦直的庚款奖学金是由籍贯地安徽省按所摊派及退还的庚款有规律地拨发的，这回要在原定的毕业期限之外，再增加注册一个学期，驻美监督便须专门向安徽省呈报，以便获取拨款。因此，吕彦直必须把注册籍贯地改回1913年9月22日注册入读康奈尔大学时之原样——中国安徽。

六、1918年12月20日：毕业典礼

在1918年5月15日开始的期末考试中，吕彦直除了囊括建筑学院大三的全部学分之外，还提前拿下了大四的半数学分。随后，在加读的"1918年第三学期"中继续发奋，终于赶在1918年12月前完成了毕业论文与毕业设计，拿下了大四的全部学分，进而把"预期毕业"时间从原来的1919年6月，提前到了1918年12月——用三年又三个月的时间，完成了康奈尔大学建筑学院建筑学本科四年制班的全部学业。

翻查当年的康奈尔大学注册簿，笔者看到的不仅是一笔"流水账"，还有吕彦直在阶梯教室、在图书馆、在卡斯卡迪拉男生宿舍楼378房"劬学弗舍，矻矻中夜"的身影。

康奈尔大学的主校区在伊萨卡，其医学院则在纽约市。二者的开学日期与举行毕业典礼的日期参差前后。就康奈尔大学而言，有届别序号的毕业典礼，均在每年夏季的5月或6月举行。比如，1914年6月17日星期三，举行第46届毕业典礼；1915年6月16日星期三，举行第47届毕业典礼；1916年6月21日星期三，举行第48届毕业典礼；1917年6月27日星期三，举行第49届毕业典礼；1918年5月22日星期三，举行第50届毕业典礼，在典礼上给毕业生颁发学位证书。

除有届别序号的毕业典礼以外，康校还在每年的1月、12月分别举行一次以年度命名的毕业典礼。比如1918年1月26日与12月20日的"1918年毕业典礼"。

再者，康校还根据实际情况，不定期地授予毕业生博士、硕士和学士学位。1916年10月11日、1917年9月26日、1918年9月23日、1918年10月9日的学位授予就是明证。

在1918年5月22日举行的第50届毕业典礼上，建筑学院共有11名毕业生获授建筑学学士学位。其中，杨锡宗是唯一一位获授建筑学学士学位的中国留学生。

1918年12月20日，康奈尔大学举行了"1918年毕业典礼"，给毕业生颁发学位证书。当天，有11人获授文学学士学位，17人获授理学学士学位，1人获授建筑学学士学位，6人获授土木工程师学位，54人获授机械工程师学位。

吕彦直是当天唯一一位获授建筑学学士学位的建筑学院毕业生。在吕彦直的学位证书上，其英文名字写作：Yen Chih Lu。[①]

[①] 康奈尔大学官方出版物（1918—1919）.

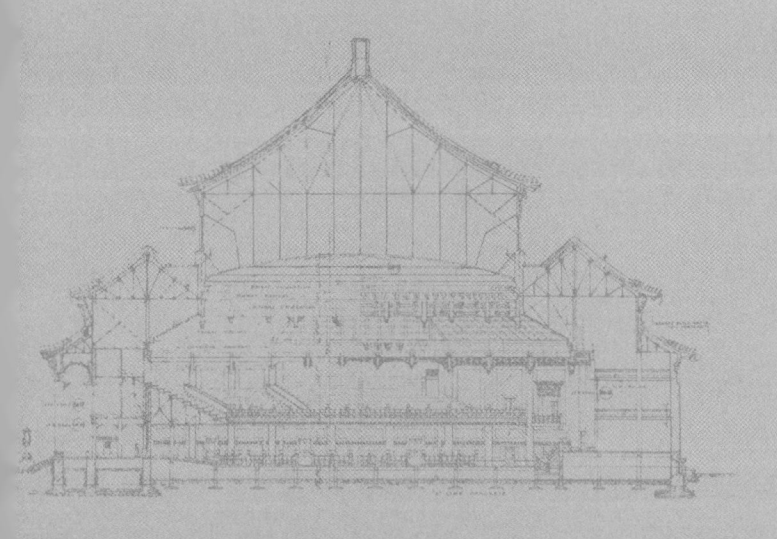

第三篇
执 业

第一章 入职茂飞&旦纳建筑师事务所

第一节 选择（1918年5月—1919年1月）

吕彦直的很多同学在拿到学士学位后，都选择留校或到其他大学去攻读硕士乃至博士学位。他的清华同窗陆凤书（Feng-Shu Lu）就是其中一位。1918年5月22日，陆凤书在土木工程学院的铁路工程、水利工程系毕业并获取康校土木工程师学位后，留校再多读了十个月，最终以一篇题为 A Unified System of Organization and Management for the Railroads of China（《中国铁路统一组织管理体系》）的论文，于1919年3月21日获授康奈尔大学土木工程师硕士学位。[①]

以吕彦直的禀赋和学习成绩论，留校多读一年书，获取建筑学硕士学位，并非难事。然而，改学建筑的耽误，以及完全没有经济后援等因，致使吕彦直不做此选。

一、1918年5月：茂旦事务所到康奈尔大学建筑学院物色中国毕业生

吕彦直改学建筑的职业目标，就是要成为一名建筑师。1913年9月—1918年12月，吕彦直在康奈尔大学已经读了整整五年又三个月的书，横跨了机械和电气工程与建筑学等多个学科，其所获得的建筑学学士学位证书的分量，当比一般的建筑学学士学位证书的分量要重；其在康校所打下的知识基础和所获取的专业技能，亦比单纯学建筑学的同窗略胜一筹。当然，从拿到建筑学学士学位到成为一名职业建筑师，还须经历一番艰苦的磨炼——按照行规，无论你拿到建筑学的什么学位，若要成为一名职业建筑师，都必须从绘图员做起。

康奈尔大学建筑学院与纽约各建筑事务所向来联系密切。每个学年，院方都会

[①] 陆凤书（Feng-Shu Lu），字漱芳，1892年8月18日生于无锡南城百岁坊，1919年3月21日获授康奈尔大学土木工程师硕士学位后，进入B. &o. Rys. Co. 实习五个月。回国后，出任顺直水利委员会副技师，继而在上海霞飞路南洋路矿学校任教授。陆凤书是中国科学社第一批社员，也是中国工程学会的第一批会员。

邀请一些建筑事务所的建筑师到建筑学院去举办讲座。当然，各建筑事务所也会从中物色、招聘一些优秀的学生和毕业生。纽约的茂飞&旦纳建筑师事务所（Murphy & Dana Architects，简称茂旦事务所）就是其中一家。

亨利·基拉姆·茂飞（Henry K. Murphy，1877—1954），1899年毕业于耶鲁大学，他的合伙人旦纳（Richard H. Dana, Jr.）自1908年起，一直担任耶鲁大学建筑学院的兼职教授。早在1913年，茂飞和旦纳就在纽约州和康涅狄格州建立了可靠的商业信誉。[1]1914年7月29日—1918年11月11日的第一次世界大战，并没有波及美国本土，美国充分利用这场战争推进其自身的经济发展。茂旦事务所的建筑业务，也同步向海外扩张，茂飞更自1914年进入中国。"茂飞的事务所也是第一批雇佣那些刚从美国建筑系毕业之中国学生的美国公司之一""从1918年夏天开始，该事务所雇佣至少一名以上的中国绘图员，他就是吕彦直，一名康奈尔大学的毕业生（建筑学学士，1918年）"[2]。

事实上，在吕彦直之前，只有两位庚款生是学建筑的。第一位是庄俊（字达卿，原籍浙江宁波，1888—1990）。庄俊出生于上海，1910年毕业于唐山路矿学堂并考取第二批庚款生，同年8月赴美国伊利诺伊大学攻读建筑工程学，1914年获伊利诺伊大学理学学士学位。第二位是陆鸿棠（原籍江苏上海）。在1911年第三次考取庚款留美的63人中，陆鸿棠排名第39位，被派往密歇根大学攻读建筑，1915年毕业并回国。

吕彦直原来被游美预备部指定入读的是康奈尔大学西布利学院的机械与电气工程专业，而非建筑学院。吕彦直是在入读西布利学院两年后，才于1915年9月重新考入康校的建筑学院，进而改学建筑的。当时，康校建筑学院只有两名中国学生，一名是庚款生吕彦直，另一名是自费生杨锡宗。严格来说，"1918年夏天"，即1918年5月22日康奈尔大学举行第50届毕业典礼时，在获授建筑学学士学位的11名建筑学院毕业生中，杨锡宗是唯一的一位中国学生。与此同时，吕彦直才刚刚完成建筑学院四年制班大三的期末考试，尚未毕业。

郭伟杰对茂飞的研究及其成果堪称经典，但郭文中有关"从1918年夏天开始，该事务所雇佣至少一名以上的中国绘图员，他就是吕彦直，一名康奈尔大学的毕业

---

[1] 郭伟杰.谱写一首和谐的乐章——外国传教士和"中国风格"的建筑，1911—1949年[J]//中国学术，2003，1：83.
[2] 郭伟杰.筑业中国[M].卢伟，冷天，译.北京：文化发展出版社，2021：67-68.

生（建筑学学士，1918年）"①的这一记述欠准确。也许郭伟杰只集中研究茂飞，而没有查阅吕彦直的康校学籍档案。

如果1918年5月20日的茂飞档案（"Statement of Murphy & Dana's Experience"，20 May 1918,TD）②确有郭文的上述记录，那么这种"雇佣"也只是雇主茂飞和旦纳的一种意愿，或者只是茂旦事务所与吕彦直达成的某种雇佣协议。事实上，1918年5月20日，吕彦直才刚刚完成建筑学院四年制班大三的期末考试。按照吕本人的学习进度，他必须在余下的半年时间里，完成大四的全部课程，包括毕业设计和毕业论文，拿到全部学分，才可以完成其全部学业，赶上12月20日康奈尔大学的"1918年毕业典礼"，进而获取建筑学学士学位。用半年的时间，读完建筑学大四的课程，须全力以赴，难以同时受雇于茂旦事务所。

又从"从1918年夏天开始，该事务所雇佣至少一名以上的中国绘图员"一语可见，1918年5月20日，茂旦事务所的雇主在康奈尔大学至少与吕彦直等"一名以上"的中国学生商谈。这"以上"的一名，很有可能就是即将在两天后举行的康校第50届毕业典礼上获授建筑学学士学位的杨锡宗。

据说，吕彦直"大学毕业后，经建筑教授埃弗里特·米克思（Everett Meeks）推荐入（纽约、上海）Murphy & Dana, Murphy, McGill & Hamlin事务所（1918—1922.3），设计南京金陵女子大学。"③此说与郭伟杰有关"从1918年夏天开始，该事务所雇佣至少一名以上的中国绘图员，他就是吕彦直，一名康奈尔大学的毕业生（建筑学学士，1918年）"④之说至少有半年的时间差。

查"埃弗里特·米克思"全名"埃弗里特·维克多·米克思（Everett Victor MeeKs），艺术学学士，代理设计教授"⑤，并非"建筑教授"。康奈尔大学建筑学院对于教师的职称有非常严格的界定，不可随意混淆。

综合前面两说，可试作如下推断：1918年5月20日，在康奈尔大学举行第50届毕业典礼的前两天，茂旦事务所的雇主到康校建筑学院物色中国毕业生。建筑学院的代理设计教授埃弗里特·维克多·米克思，向来人推荐了吕彦直与杨锡宗——

---

① 郭伟杰.筑业中国[M].卢伟，冷天，译.北京：文化发展出版社，2021：67-68.
② 郭伟杰.筑业中国[M].卢伟，冷天，译.北京：文化发展出版社，2021：112.
③ 王浩娱，赖德霖.清华校园文化与中国第一代建筑家[M].北京：中国建筑工业出版社，2021：112-113.
④ 郭伟杰.筑业中国[M].卢伟，冷天，译.北京：文化发展出版社，2021：67-68.
⑤ 康奈尔大学官方出版物（1915—1916）.

吕、杨是当年建筑学院仅有的两名中国学生。其中，杨锡宗即将毕业，吕彦直则刚刚通过了大三的期末考试，预计可在半年后毕业。杨锡宗并没有打算留在纽约发展。因此，茂飞就与尚未毕业的吕彦直商定：一俟毕业，即入职纽约的茂飞&旦纳建筑师事务所。吕彦直接受了茂飞的聘约。

1918年12月20日上午，康奈尔大学举行了"1918年毕业典礼"。在这个毕业典礼上，吕彦直是唯一一位获授建筑学学士学位的毕业生。

礼毕，吕彦直沿大学大道，走过图书馆，走过西布利学院、建筑学院，跨过架设在卡斯卡迪拉峡谷溪流上的拱桥，穿过树林，最后回到了卡斯卡迪拉男生宿舍楼378号房间，环顾这个居住了五年又三个月的房间，桌椅床铺图书作业，一切都是那么的熟悉，那么的难忘。然而，"千里搭长棚，没有个不散的筵席"。吕彦直按捺下起伏的心潮，抓紧时间去办理相关的毕业和离校手续，因为明天（21日）就是1918—1919学年第一学期的最后一天。与此同时，吕彦直致信远在华盛顿的清华驻美监督处，报告毕业并申请返程旅费。在获得这笔旅费后，他才能缴清欠款，前往纽约。

二、1919年1月：前往纽约茂旦事务所报到

1919年1月7日星期一早晨，吕彦直带上行李，步出卡斯卡迪拉男生宿舍楼的门廊，走下石阶梯，转身向西侧的康奈尔大学校门行注目礼。随即乘车南下纽约，前往位于麦迪逊大道331号十层的茂旦建筑师事务所总部报到。

麦迪逊大道贯穿曼哈顿南北，穿越了纽约最繁华的中城和上东区；麦迪逊大道的西侧为著名的纽约中央公园，大都会艺术博物馆、美术馆等一系列博物馆、展览馆均沿路分布，附近还有1913年落成的伍尔沃斯摩天大楼；大道上各种高端商店和写字楼鳞次栉比，车水马龙，熙来攘往，整个氛围与康奈尔大学截然不同。置身其中，吕彦直既感到陌生又有点儿兴奋，他意识到，自己的人生已经从静谧的校园，转到了充满竞争的职场；给你打分的不再是老师，而是老板；画图挣的不再是学分，而是美分、美元。

第二节　承担金陵女子大学建筑群的主要建筑设计任务（1919年3月—1920年12月）

1918年9月，茂旦事务所承接了南京金陵女子大学的校园设计项目，急需有中国文化背景的绘图员加入其设计团队。正是在这一背景下，吕彦直甫毕业便按原先的聘约，直接到纽约，入职纽约茂旦事务所的东方分部（Oriental Department），开启其职业生涯。

一、从绘图员做起

1913年11月13日，美国教会美北长老会、美以美会、监理会、美北浸礼会和基督会联合创办金陵女子大学（以下简称金女大）。1915年，金女大在南京东南绣花巷李鸿章花园旧址开学。随着教学的发展，李鸿章花园旧址不敷应用，校长玛蒂尔达·德本康夫人于是计划择地建筑金女大新校园。与此同时，纽约方面也设立了一个金女大美国建筑委员会，负责募捐筹措建筑经费等事宜。德本康夫人对茂飞专业造诣的了解，源于长沙的雅礼会，"即便在1913年被派往南京任金陵女子大学首任校长后，德本康夫人仍一直保持着对长沙建筑事务的关注"[①]。1918年9月，德本康夫人选择了茂旦事务所为其规划和设计金女大的校园及建筑群。

1919年年初，当茂飞还在南京与金女大校长玛蒂尔达·德本康夫人协商金女大新校园的规划与建筑事宜时，旦纳已经在纽约组织东方分部的职员绘制金女大的设计图纸了。东方分部的绘图桌相当规范，丁字尺、三角板、三棱比例尺、多功能模板、精密绘图仪器等一应俱全，吕彦直甫入工位便如鱼得水，其熟练的绘图技艺与严谨的工作态度，既引来了同事们钦羡的目光，也获得了身为耶鲁大学建筑学院兼职教授旦纳的嘉许。旦纳非常喜欢眼前这位新入职的绘图员——康奈尔大学建筑学学士吕彦直。"虽然旦纳和纽约委员会直到2月7日仍未看到茂飞的'组团规划'，但他们已经做好了准备，收到图纸后，'［可以用］水彩渲染出一张鸟瞰效果图，帮助募集资金；此外，首批四座建筑的平面图和透视图也将一并被绘制出来，这样那些希望捐赠整座建筑作为纪念的捐赠者，就能够更为清楚地看到它们。'"[②]

1919年3月下旬，茂飞回到了纽约，金女大的建筑设计工作全面展开。为确保

[①] 郭伟杰.筑业中国[M].卢伟，冷天，译.北京：文化发展出版社，2021：131.
[②] 郭伟杰.筑业中国[M].卢伟，冷天，译.北京：文化发展出版社，2021：136.

1921年9月1日金女大第一批建筑能够竣工使用，茂飞提出了一个非常紧凑的计划表：竞标图准备（1919年4月15日—6月1日）；在纽约进行的施工图准备（1919年6月1日—9月1日）；中国收到施工图截止日期（1919年10月1日）……[1]

二、金陵女子大学建筑设计图纸的记载

金女大是按400个学生的办学规模进行设计的。以其占地面积27英亩的校园，100—700号楼、10—11号楼等9幢校舍，供400个学生及其教师使用，是相当宽裕和舒适的。[2]

1.金陵女子大学校园的总体规划

耶鲁大学神学院图书馆（Divinity School Library, Yale University）藏有一批共28张南京金陵女子大学的建筑设计图纸。[3]包括1919年10月18日由茂旦事务所设计并绘制的平面图、100—700号楼等合共22张图纸，以及1936年9月、10月间由南京长老会建筑局设计的6张教师宿舍楼图纸。

其中，1919年10月18日由茂旦事务所J.N.B（建造建筑师和首席绘图员）设计的"中国南京金陵学院平面图"，传达出如下信息：

（1）金陵女子大学建筑群及校园分两期建造[4]。第一期计划兴建的包括有社会与体育大楼（100号楼）、科学大楼（200号楼）、文学大楼（300号楼）[5]、宿舍楼（与100号楼平行的400号楼、500号楼）、人工湖（该湖南北两旁是坡地）、湖中的小桥，以及宿舍楼南北两端的厨厕小副楼。

（2）未来第二期计划兴建的包括有教堂（10号楼）、图书馆（11号楼）、教师楼（此楼位于200号楼以南）、600—700号楼、位于湖西与100号楼相对的样式与600号楼、700号楼相同的1幢宿舍楼，以及南大楼和北大楼[6]。

---

[1] 郭伟杰.谱写一首和谐的乐章——外国传教士和"中国风格"的建筑，1911—1949年[J]//中国学术，2003，1：93.
[2] 茂飞所规划的金女大校园建筑，原计划分两期建造。由于经费筹措等原因，致使在实际执行中，不得不分三期完成。分别是：第一期的100—700号楼（100—600号楼落成于1923年，700号楼则延至1924年才落成）；第二期的10号楼、11号楼（建于1933—1934年）；第三期的南大楼和北大楼（建于1950年代）。
[3] 2011年9月，正在美国宾夕法尼亚大学做访问学者的南京大学建筑与城市规划学院冷天副教授向笔者提供了这批图纸，谨致谢忱。
[4] 南大楼和北大楼拖延至1950年代才建造，完全超出原校园总体规划的预设，以致不得不滞后为"第三期"。
[5] 文学大楼又称"朗诵楼""诵经楼"。
[6] 南大楼和北大楼，在茂飞的校园总体规划中均为宿舍楼。

（3）西山顶端（今中大楼及其背后的区域），未作计划。

就这张平面图——校园总体规划看，现今8、9、12、15号楼，以及西山顶端的中大楼及其身后的其他建筑，都不在总体规划之中。

第一期工程在实际执行中，将宿舍楼从原来的两幢增加至四幢。其中，100—600号楼于1923年完竣，700号楼则于1924年建成。除此以外，校园总体规划中的其他楼宇，全部归为第二期工程。

第二期工程的建筑详图，同样由茂旦事务所上海分所负责设计。设计时间应在1921—1923年间。期间，上海分所的建筑师们一方面要监理南京金陵学院的在建工程，另一方面则须对整体规划中的未来项目——10号楼、11号楼，以及南大楼和北大楼展开设计。由于经费筹措等问题，10号楼、11号楼延至1933年才动工兴筑，并于1934年落成。

1922—1927年，国内兴起反基督教运动，其余波延至1930年代。以致10号楼落成后的对外名称，不得不由原规划中的"教堂"改为"会议楼"。只是其实际使用功能不变，仍然为金女大的教堂。①

同期设计的两幢宿舍楼（即现今的南大楼和北大楼），则一直拖延至1935年，茂飞退休返回美国时还未动工。

2.承担了茂旦事务所金陵女子大学建筑群90%的建筑设计任务

金陵学院会议与体育大楼东立面图（制图2）　　金陵学院会议与体育大楼西立面图（制图3）

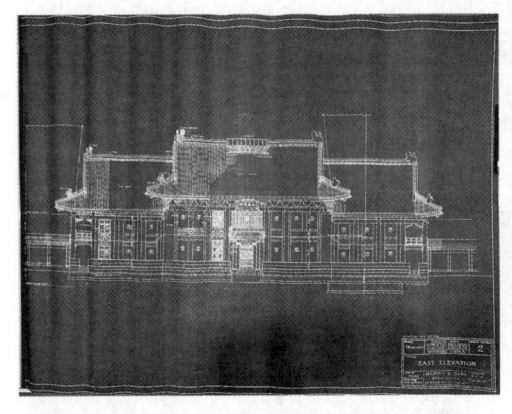

① 1934年，10号楼落成之前，金女大的教堂就设置在100号楼一楼的会议大厅内。

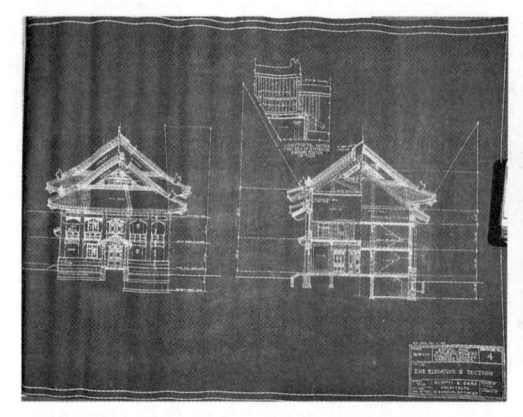

金陵学院会议与体育大楼南北端部外立面、中部纵切面图（制图4）

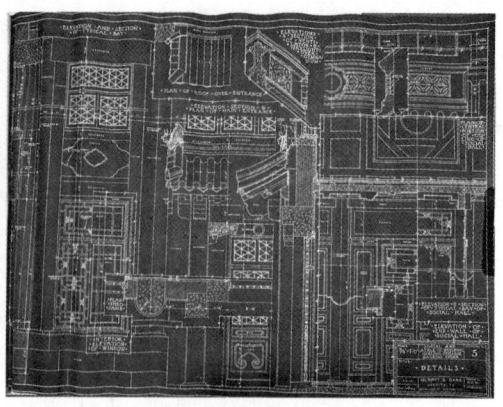

金陵学院会议与体育大楼细部详图（制图5）

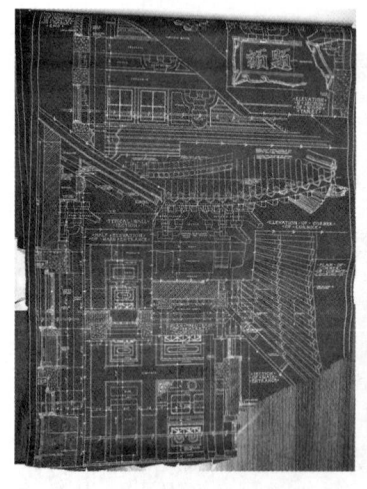

100号楼细部残图

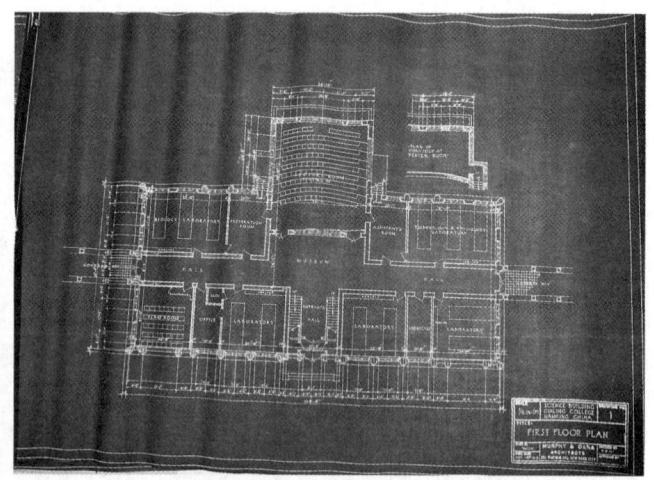

金陵学院科学大楼一层平面图（制图1）

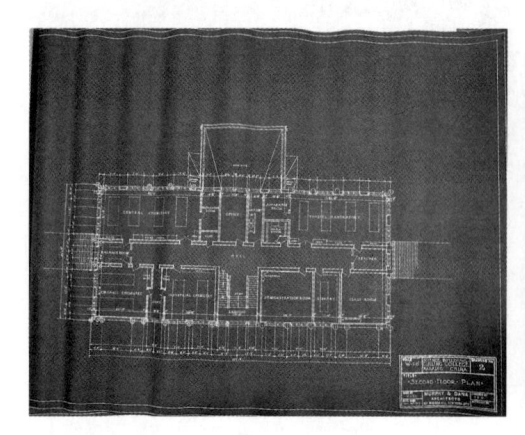

金陵学院科学大楼二层平面图（制图2）

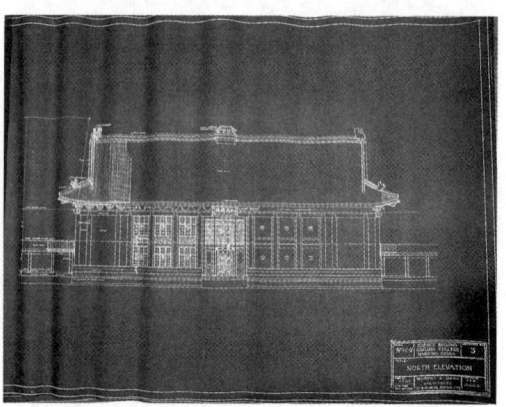

金陵学院科学大楼北立面图（制图3）

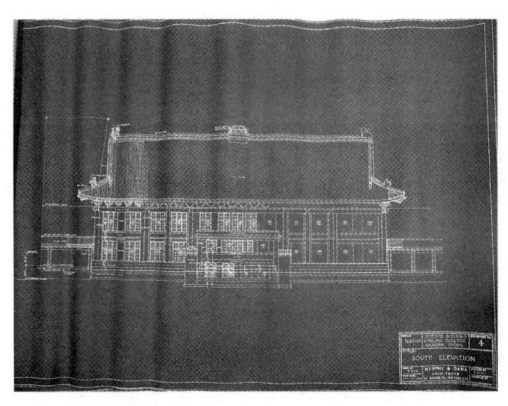

金陵学院科学大楼南立面图（制图4） 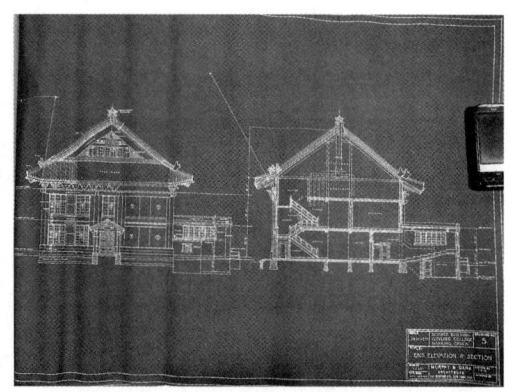　　金陵学院科学大楼东西端部外立面、截面图（制图5）

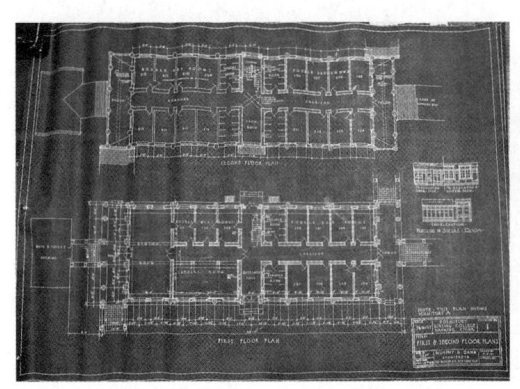

金陵学院宿舍楼一、二层平面图（制图1） 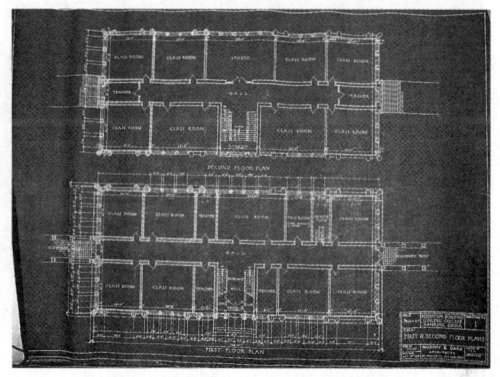　　金陵学院文学大楼（300号楼）一、二层平面图（制图1）

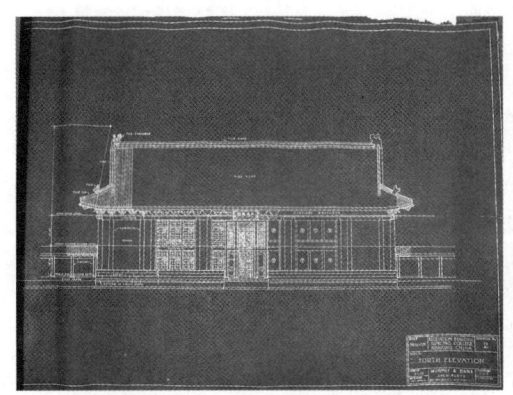

金陵学院文学大楼南立面图（制图2） 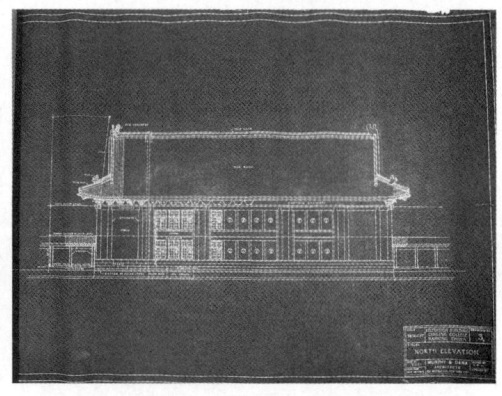　　金陵学院文学大楼北立面图（制图3）

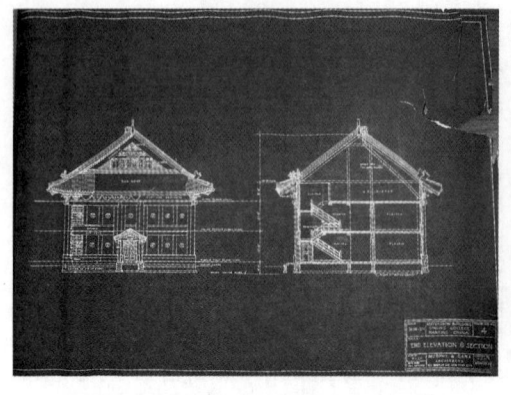

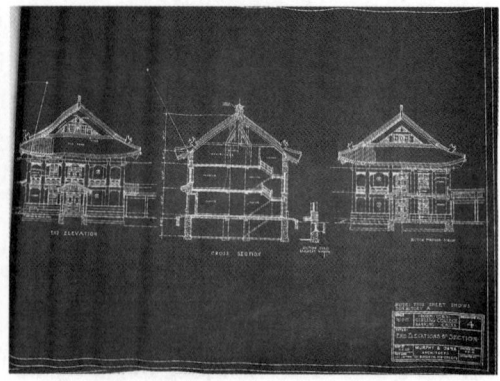

金陵学院文学大楼东西端部外立面、截 金陵学院宿舍楼一端外立面、截面图（制图4）
面图（制图4）

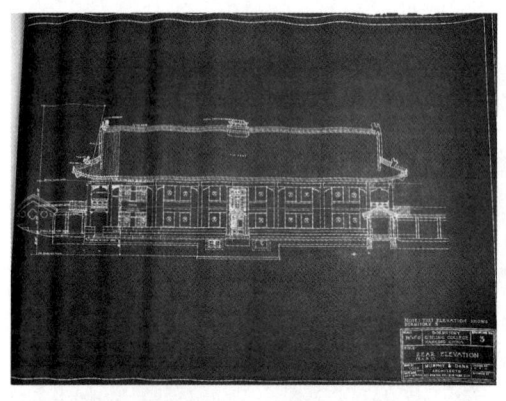

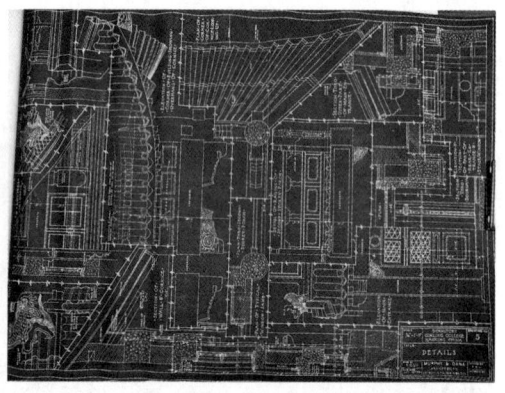

金陵学院宿舍东外立面图（制图3） 金陵学院宿舍楼细部详图（制图5）

（以上18幅图，图源：耶鲁大学神学院图书馆藏，冷天提供）

为便于研究，特将28张图纸的制图章或落款所记载的信息，整理如下表。

序号	图名	设计单位	设计师	设计日期	备注
1	中国南京金陵学院平面图	纽约茂飞＆旦纳建筑师事务所	J.N.B	1919年10月18日	J.N.B是茂旦事务所的建造建筑师和首席绘图员
2	中国南京金陵学院会议与体育大楼一、二层平面图（制图1）	纽约茂飞＆旦纳建筑师事务所	Y.C.LU（吕彦直）、WESSEL	1919年10月18日	中国南京金陵学院会议与体育大楼即"100号楼"。100号楼是吕彦直与WESSEL共同设计的
3	中国南京金陵学院会议与体育大楼东立面图（制图2）	纽约茂飞＆旦纳建筑师事务所	Y.C.LU	1919年10月18日	
4	中国南京金陵学院会议与体育大楼西立面图（制图3）	纽约茂飞＆旦纳建筑师事务所	Y.C.LU	1919年10月18日	

（续表）

序号	图名	设计单位	设计师	设计日期	备注
5	中国南京金陵学院会议与体育大楼南北端部外立面、中部纵切面图（制图4）	纽约茂飞&旦纳建筑师事务所	Y.C.LU	1919年10月18日	
6	中国南京金陵学院会议与体育大楼细部详图（制图5）	纽约茂飞&旦纳建筑师事务所	Y.C.LU	1919年10月18日	
7	中国南京金陵学院会议与体育大楼细部详图	纽约茂飞&旦纳建筑师事务所	Y.C.LU	1919年10月18日	此图缺失制图章所在位置之一角。据以上制图1—5推断，此图应为100号楼的制图6
8	中国南京金陵学院科学大楼一层平面图（制图1）	纽约茂飞&旦纳建筑师事务所	Y.C.LU	1919年10月18日	中国南京金陵学院科学大楼即"200号楼"
9	中国南京金陵学院科学大楼二层平面图（制图2）	纽约茂飞&旦纳建筑师事务所	Y.C.LU	1919年10月18日	
10	中国南京金陵学院科学大楼北立面图（制图3）	纽约茂飞&旦纳建筑师事务所	Y.C.LU	1919年10月18日	
11	中国南京金陵学院科学大楼南立面图（制图4）	纽约茂飞&旦纳建筑师事务所	Y.C.LU	1919年10月18日	
12	中国南京金陵学院科学大楼东西端部外立面、截面图（制图5）	纽约茂飞&旦纳建筑师事务所	Y.C.LU	1919年10月18日	
13	中国南京金陵学院文学大楼一、二层平面图（制图1）	纽约茂飞&旦纳建筑师事务所	Y.C.LU	1919年10月18日	中国南京金陵学院文学大楼（又名诵经楼、朗诵大楼）即"300号楼"
14	中国南京金陵学院文学大楼南立面图（制图2）	纽约茂飞&旦纳建筑师事务所	Y.C.LU	1919年10月18日	
15	中国南京金陵学院文学大楼北立面图（制图3）	纽约茂飞&旦纳建筑师事务所	Y.C.LU	1919年10月18日	
16	中国南京金陵学院文学大楼东西端部外立面、截面图（制图4）	纽约茂飞&旦纳建筑师事务所	Y.C.LU	1919年10月18日	
17	中国南京金陵学院宿舍楼一、二层平面图（制图1）	纽约茂飞&旦纳建筑师事务所	Y.C.LU、CHU	1919年10月18日	中国南京金陵学院宿舍楼是4幢样式统一的宿舍楼，即400—700号楼，由吕彦直与CHU合作设计。CHU很可能就是受吕彦直指导的其中一个中国籍绘图员
18	中国南京金陵学院宿舍楼西外立面图（制图2）	纽约茂飞&旦纳建筑师事务所	Y.C.LU、CHU	1919年10月18日	
19	中国南京金陵学院宿舍东外立面图（制图3）	纽约茂飞&旦纳建筑师事务所	Y.C.LU	1919年10月18日	
20	中国南京金陵学院宿舍楼一端外立面、截面图（制图4）	纽约茂飞&旦纳建筑师事务所	Y.C.LU	1919年10月18日	

(续表)

序号	图名	设计单位	设计师	设计日期	备注
21	中国南京金陵学院宿舍楼细部详图（制图5）	纽约茂飞&旦纳建筑师事务所	Y.C.LU	1919年10月18日	
22	中国南京金陵学院通常的浴室、厕所、厨房、连廊详情图（制图2）	纽约茂飞&旦纳建筑师事务所	WESSEL	1919年10月18日	这是400—700号楼南北两端的附属建筑
23	南京金陵学院教师房子效果图	南京长老会建筑局		1936年9月22日	南京长老会建筑局设计的这6张图纸，全部没有署设计师的名字
24	金陵学院教师居所一楼平面图"A"	南京长老会建筑局		1936年10月2日	
25	南京金陵学院教师房子计划"B"首层平面图	南京长老会建筑局		1936年10月2日	
26	南京金陵学院教师房子计划"B"第二层平面图	南京长老会建筑局		1936年10月2日	
27	南京金陵学院教师房子计划"B"第三层平面图（含阁楼）	南京长老会建筑局		1936年10月2日	
28	南京金陵学院教师房子计划"B"阁楼平面图	南京长老会建筑局		1936年10月2日	

从上表可见：

（1）现存耶鲁大学神学院图书馆的南京金陵女子大学的建筑设计图纸共有28张，其中，1919年10月18日，由纽约茂飞&旦纳建筑师事务所设计并绘制的南京金陵女子大学建筑群图纸共有22张，占全数的79%；1936年9月、10月之间，由南京长老会建筑局负责设计的南京金陵学院教师居所图纸共六张，占全数的21%。

（2）参与南京金陵女子大学建筑群建筑设计的茂旦事务所的建筑师分别为J.N.B、Y.C.LU（吕彦直）、WESSEL、CHU。

（3）吕彦直单独承担了200号楼和300号楼这两幢核心建筑的建筑设计任务，单独绘制了17张图纸，占茂旦事务所设计并绘制的22张金女大图纸全数之77.3%。

（4）吕彦直与其他建筑师合作设计了100号楼、400—700号楼等五幢建筑，合共有三张图纸，占茂旦事务所设计并绘制的22张金女大图纸全数之13.6%。

（5）茂旦事务所其他建筑师单独设计的图纸共有两张，占茂旦事务所设计并绘制的22张金女大图纸全数之9%。可见，截至1919年10月18日，吕彦直承担了金女大建筑群90%的建筑设计任务。

如果从1919年3月下旬茂飞自中国南京返回美国纽约的茂旦事务所，金女大的建筑设计正式展开算起，到当年的10月18日，不过六个多月。在这短短的六个多月里，甫出校门的吕彦直便直接承担了茂旦事务所金女大项目90%的建筑设计任务。这说明：吕彦直的专业功底扎实，专业技能超群，且无比勤奋。事实上，吕彦直已经成为茂旦事务所的一名主要的中国籍绘图师，负责指导"两三个中国籍绘图员"了。①

三、茂飞是吕彦直的导师吗

1.德本康校长的提议

据学者统计，"清末至少有一打以上的外国建筑公司在上海执业，其中大部分来自英国。到1924年这个数目翻了两番，达到49家。这个数目直到1937年大致保持不变。"②1910—1920年代之间，外国传教士建筑师已经意识到，给教堂或者教会学校的建筑，加上一个"中国屋顶"，会便于中国人接受他们的教化。但"他们都错误地认为，中国建筑的特性似乎就唯独表现在屋顶……屋顶的形状乃是中国建筑区别于其他传统的唯一所在"③。于是，纷纷在英国屋身上，直接扣上一个"中国屋顶"。1914年落成的成都华西协和大学（West China Union University），就是在砖结构的英国式的建筑顶上直接扣放中国式的大屋顶的。但其结果并不能令人满意。④茂飞的进步或曰独到之处，就在于把中国式大屋顶下面的这个英式屋身装扮成中国屋身——穿一件"中国式样"的外衣。

当然，茂飞的这个进步与金女大校长德本康夫人（简称德本康校长）的提议关系密切。1918年7月25日，德本康校长写信给茂飞，与茂飞交换设计预想。德本康校长表示，希望未来的金女大能看到的不只是中国式的屋顶。她写道："就我个人来说，我希望它们在屋顶之下的东西也是中国化的，只要我们全力以赴去追求它的话。我认为你为雅礼大学所做的设计草图，就比其他所有我见过的建筑更接近真正的中国式样。"⑤

茂飞是一位十分注重听取业主意见、善于学习的建筑师。接到德本康校长的这封信后，立即细化、优化德本康校长的意见，在8月3日的回信中，茂飞写道：

---

① 郭伟杰.筑业中国[M].卢伟，冷天，译.北京：文化发展出版社，2021：179.
② China Architects and Builders Compendium 1924-1937[D]. Cody 1989，76-85.
③ 郭伟杰.谱写一首和谐的乐章——外国传教士和"中国风格"的建筑，1911—1949年[J]//中国学术，2003，1：77.
④ 郭伟杰.谱写一首和谐的乐章——外国传教士和"中国风格"的建筑，1911—1949年[J]//中国学术，2003，1：76.
⑤ 郭伟杰.谱写一首和谐的乐章——外国传教士和"中国风格"的建筑，1911—1949年[J]//中国学术，2003，1：89.

你认为建筑在屋顶以下的部分也应该保持中国式样，我亦深有同感。的确，屋顶是整个中国建筑中最显著的特征，但是中国建筑的特色是贯穿整个建筑的，它的开窗，实体与虚体的关系，整体表现与细部处理等等，都是一个完整的整体。[①]我们认为，在当下的设计工作中，除非能够在屋顶之外取得突破，否则任何试图在现代建筑上再现这些精彩中国建筑精神之努力都将失去意义。[②]

也许茂飞早已有如德本康校长一样的观点。但促成其付诸实践，用中国样式包装整幢西式建筑，而不仅仅是改换一个中国大屋顶，从而超越传教士建筑师同行的，还是德本康校长的这一提议。

2.中西结合的设计理念与实践始于大学时代

金女大是茂飞职业生涯中最具影响力的，也是他一生最高成就的两个校园设计任务之一（另一个为北京的燕京大学）。[③]在金女大建筑群的设计中，茂飞始终贯彻"把中国的过去与其科学的将来联系起来"[④]的原则。同时，力争将每一个细节都处理成中国的传统样式。吕彦直成为贯彻茂飞这一设计理念的得力助手。

当然，吕彦直并非被动地"贯彻"执行茂飞的设计理念，更非在茂飞的"指导"下才开始中国样式的设计。在美国布扎建筑教育体系的训练下，早在大学时代吕彦直就开始接受中国样式的训练，开始了中国样式的设计。其留校作业"公园里的餐厅"可以为证。对此，薛颖有一个比较详尽的研判——

吕彦直在留校作业《公园里的餐厅》中采用布扎的设计原则、手法演绎中国传统建筑风格。主体建筑临湖设立，重檐歇山屋顶下容纳就餐大空间，主立面沿轴线对称，左右两边耸立中式塔楼的楼梯间。内部空间的新功能、新结构与外立面的中国传统建筑形体、装饰结合产生了新的建筑形态。作品通过对称的建筑外立面实现古典秩序美感，背后隐藏的是理性的设计逻辑，内部大空间的餐厅功能、现代的结构技术决定了外立面水平与垂直线条的秩序。设计师和谐地处理了建筑功能、空

---

① 郭伟杰.谱写一首和谐的乐章——外国传教士和"中国风格"的建筑，1911—1949年[J]//中国学术，2003，1：89.
这段话的前半段，笔者采用了郭伟杰的译文。

② 南京会议报告（Report of Conference at Nanjing, September 10,1918）[M]//郭伟杰.筑业中国.卢伟，冷天，译.北京：文化发展出版社，2021：133.
这段话的后半段，笔者采用了冷天的译文。

③ 郭伟杰.筑业中国[M].卢伟，冷天，译.北京：文化发展出版社，2021：130.

④ 郭伟杰.谱写一首和谐的乐章——外国传教士和"中国风格"的建筑，1911—1949年[J]//中国学术，2003，1：73.

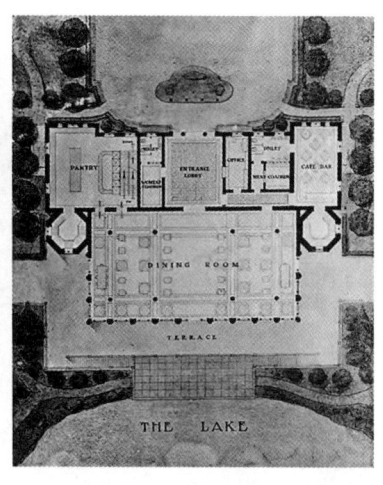

吕彦直：《公园里的餐厅》（图源：康奈尔大学 Korch 图书馆藏，薛颖提供）

间、结构与形式之间的对应关系。这种在现代建筑结构主体上附加中国传统建筑的外形和装饰元素以满足现代使用功能的做法是近代"中国固有式"建筑设计常用的手法，这不得不让人深思美国布扎建筑教育与"中国固有式"建筑风格的关联。[1]

正因为吕彦直在康奈尔大学建筑学院接受了良好的美国布扎建筑教育，在大学时代就已经有"在现代建筑结构主体上附加中国传统建筑的外形和装饰元素以满足现代使用功能"的设计实践，所以才能在金女大建筑群的设计中，准确领悟茂飞的设计意图，把这套设计手法和设计经验运用到极致。

3.穿一件"中国宫殿"的外衣

金女大校园

---

[1] 薛颖.美国布扎教育对中国第一代建筑师的影响——以康奈尔大学吕彦直、杨锡宗为例[J]//南方建筑，2020，1：23.

从左至右为学生宿舍、文学院、图书馆、中心楼

新校园

400 楼、宿舍楼和科学楼

500 号楼

文学院左侧是教员宿舍

学生宿舍

宿舍楼的新门廊

图书馆暨管理楼 　　　　　　　毕业班合影

屋角细部 　　　　　　　屋角仰视

礼拜堂 　　　　　　　礼拜堂门厅

（以上14幅图，图源：耶鲁大学神学院图书馆藏，冷天提供）

从1923—1936年金女大的历史照片看，金女大俨然一座器宇轩昂的中国宫殿——九幢大型建筑的屋顶上无不飞檐翘角，吻兽傲然；墙身饰以高大挺拔的红色殿柱，再配上菱花格扇门窗；室内尽是雕梁画栋……校园内则长廊环游，花园间中，树木荫翳，草坪、莲池接踵，超凡脱俗，仿若人间仙境。

100号楼、400—700号楼南北两端通透式的二楼勾栏殿柱门廊（也称"望廊"），及其对应的一楼殿柱骑楼门廊，是设计师的神来之笔。将这五幢长方体楼房的南北两端，设计为通透式的勾栏殿柱门廊，以及殿柱骑楼门廊，不仅使单幢长方体建筑那庞大的屋身变得玲珑剔透，而且还令由这五幢单体建筑合围而成的校园中部的草坪、池塘、庭院，与合围之五幢单体建筑自身，共同组合成为一个轻巧灵动、相映生辉的南北向长方形连续体。此南北向的长方体，与校园东西向的中轴线垂直相交，构成一个镶嵌在大地上的巨型十字架，蔚为壮观。

事实上，"中国宫殿"只是金女大建筑群的一件漂亮外衣。建筑群本质上还是西式结构的。当然，要使西式结构与"中国宫殿"互为表里，且天衣无缝，就是一种前所未有的创新了。为此，茂飞及吕彦直等做了最大胆的尝试。

先看屋顶。建筑落成于1922—1924年的100—700号楼的屋顶梁架结构，使用了钢铁和木材等混合材料——由钢筋混凝土浇筑角墩，用钢铁和木桁条等混合结构屋顶梁架；[①]屋面则铺设木板，木板之上再覆盖灰浆、瓦片、瓦筒、瓦当、瓦饰等；飞檐、桁条、椽子、斗栱等檐下构件，则全为木制，以符"中国本土式"。

再看屋身。100—700号楼与中国屋顶相对的屋身，包括其中国宫殿式的外表，全部采用西方建筑技术和建筑材料建造。比如，用钢筋混凝土浇筑大楼的框架结构、楼面板；用钢筋混凝土仿造所有中国宫殿式的"木"柱子（红色殿柱）、通透式门廊、勾栏栏板、骑楼立柱、入门处之抱厦；用铸铁构件仿制中国式的"木质"菱花格扇门窗等。

在"中国宫殿式"华丽外衣包裹下的楼房内部，无论是宿舍还是教学楼，均无一例外地采用"中间大走廊，两旁配置系列房间；长方体屋身中部或者两端设置楼梯"的这样一种西方现代建筑格式。宿舍及教学大楼内部，均配置浴室、卫生间、会客厅、茶水房、供暖房和公共活动空间，由此而引进了全套西方人的现代生活习

[①] 2011年10月，南京师范大学校长办公室的一位工作人员，不辞劳苦，带领笔者进入300号楼等屋顶内部查看屋顶的内部结构并拍摄照片，特此致谢。据这位工作人员介绍，100号、200号、400—700号楼的屋顶都是这样的结构。

惯与建筑使用标准。

4.错位斗栱

现存耶鲁大学神学院图书馆的金女大图纸，是由纽约茂旦事务所的吕彦直等四位建筑师，于1919年负责设计的。1918年12月20日才毕业于康奈尔大学建筑学院的吕彦直，以及其同事WESSEL、CHU等，是在远离中国本土的美国纽约展开设计的。在完全没有实物可供参照的情况下，要设计出"中国本土式"的"中国宫殿"，谈何容易。

事实上，纽约的茂旦事务所东方分部在金陵女子大学的设计中，依靠的是"东京帝国博物馆出版的精美紫禁城照片和测绘图"。正如茂飞所言："借助东京帝国博物馆出版的精美紫禁城照片和测绘图，我们得以在纽约绘制完成复杂精细的中国建筑，需要绘制的每一个小比例的草图设计以及大比例的细节设计……"[①]

限于当时的条件和建筑师们对中国传统建筑的认识程度，吕彦直等并不知道斗栱是把屋顶的重量传达到立柱上的重要构件，而仅仅把斗栱理解为屋檐下的一条装饰带。因此，其设计的100号、200号、300号楼屋檐下的斗栱，只顾及均匀分布，而忽略了斗栱与立柱对位相接的问题，由此产生了立柱与斗栱错位的硬伤。如果茂飞是吕彦直的"职业导师"，怎么就没能发现其学生的错误，进而纠正之？

100号楼的错位斗栱　　　　　　　200号楼的错位斗栱

在金女大建筑群中，除了100—300号楼以外，还有南大楼和北大楼的屋檐下是装饰有斗栱带的。奇怪的是，南大楼和北大楼屋檐下的斗栱并没有出现错位。据此推断，南大楼、北大楼是吕彦直回到上海，在茂旦事务所上海分部工作期间设计

---

① 茂飞.中国建筑的适应性[M]//郭伟杰.筑业中国.卢伟，冷天，译.北京：文化发展出版社，2021：58.

的。此时，吕彦直已有条件参照中国传统建筑实体展开设计了。当然，在找到这些图纸之前，上述观点只能算是一个合理的推断。

第三节　调往茂旦事务所上海分部（1921年1月）

一、茂飞为吕彦直提供了职业舞台

茂飞和旦纳都善于创造一种愉快的合作气氛，茂旦事务所最忠诚的建筑师、后来成为北美最著名建筑历史学家之一的托伯特·F.哈姆林因此赞扬他的雇主，他告诉茂飞："你和旦纳先生的事务所，在唤起员工的忠诚与热情上，绝对有着令人不可思议的能力。"事务所具有"非常愉快的合作精神"以及"强烈的个性化"特征。①

吕彦直是一位个性很强的人，才高志远，凭真本事吃饭，不习惯受束缚。这种人最适合在茂飞和旦纳这种能充分尊重员工个性的雇主手下工作。虽说吕彦直掌握中国样式的建筑设计手法在前，入职茂旦事务所在后，但如果没有茂旦事务所这个职业舞台，吕彦直就难以施展其才华，遑论得到锻炼和提高。正是茂飞放手让甫出校门的吕彦直承担金女大建筑群90%的设计任务，为提高吕彦直的设计能力，拓展吕彦直的业务范围提供了一个极大的舞台和机会。

1920年12月，茂旦事务所发生了剧烈的人事变动。上海分部的负责人福赛斯（J. D. Forsyth）被解雇，其他人员也相继离职。②由于南京金陵女子大学的建筑项目"需要亲自到现场监理监督，但是旦纳先生不愿意带着家人一起搬到中国工作生活，因此，旦纳先生结束了与茂飞之间的合伙人关系"，于1921年1月17日在专业期刊《铅笔尖》上刊登公告：退出茂飞的事务所。③茂飞继而与麦吉尔和哈姆林合作，把原来的茂旦事务所更名为茂飞、麦吉尔和哈姆林建筑师事务所（Murphy, McGill & Hamlin Architects），但行号依旧是"茂旦 Mur-Da"，并注明：茂飞、麦吉尔和哈姆林建筑师事务所是"茂飞与旦纳的继任者"（Successors to Murphy & Dana）。④

---

① 郭伟杰.筑业中国[M].卢伟，冷天，译.北京：文化发展出版社，2021：142-143.
② 郭伟杰.筑业中国[M].卢伟，冷天，译.北京：文化发展出版社，2021：162-164.
③ 郭伟杰.筑业中国[M].卢伟，冷天，译.北京：文化发展出版社，2021：178.
④ 茂旦Mur-Da[M]//*THE NORTH-CHINA DESK HONG LIST*，July，1921.

二、1920年12月：起程回国

福赛斯的被解雇，使上海分部出现了空缺，吕彦直遂被调往上海分部，并于12月上旬离开美国。为绕道巴黎，参观卢浮宫，吕彦直自纽约乘海轮横跨大西洋，抵达法国巴黎。抵埠后，不遑旁顾，直奔卢浮宫而去。卢浮宫很大，展品充栋，虽竟一月而不能看完。限于时间与费用，吕彦直只能挑重点，花几天时间在卢浮宫里浏览一遍。

在卢浮宫的入口处，吕彦直与来自英国利兹大学的毕业生黄檀甫不期而遇。他乡遇同胞，而且是在一座世界级的博物馆里邂逅，令两位年轻学子兴奋莫名，遂彼此自我介绍，结伴而行。

某日结束参观时，吕彦直站在卢浮宫的出口处，指着千米之外的巴黎歌剧院，把自己小时候每天夜晚在歌剧院广场擦拭汽车挣学杂费的经历告知黄檀甫。黄檀甫也诉说了自己在利兹读书时如何利用寒假到英国与挪威之间的北海去打鱼、到加拿大替别人扫屋顶积雪以挣学费的艰辛。[1]

离开巴黎后，吕彦直乘坐火车南下马赛港，然后换乘海轮经地中海、苏伊士运河，过红海、亚丁湾、阿拉伯海、孟加拉湾、马六甲海峡、南海，于1921年1月初回到上海，前往上海外滩广东路1号联合大楼6楼的茂旦事务所上海分部报到，开始在上海分部上班。

茂旦 Mur-Da（图源：THE NORTH-CHINA DESK HONG LIST, July, 1921.）

上海外滩广东路1号联合大楼，1921年1月—1922年3月，吕彦直在这座大楼里上班。（图源：上海市文旅推广网）

---

[1] 2007年年初，黄檀甫的哲嗣黄建德先生向笔者提供了吕彦直、黄檀甫在卢浮宫相遇、互诉勤工俭学经历等口碑，谨致谢忱。

三、1921年1—12月：负责指导"两三个中国籍绘图员"

广东路1号（今上海市中山东一路3号/外滩3号）联合大楼（Union Building）[①]建于1916年，占地面积2241平方米，建筑面积13 760平方米，楼高六层，入口处为七层，是外滩面江建筑中最先采用钢框架结构的建筑，其钢框架定制自著名的德国克虏伯工厂。联合大楼由公和洋行设计，融合了新古典主义和现代派风格，三段式立面，配以巴洛克式装饰，外墙采用花岗石贴面；大楼主入口位于广东路上，大门两旁配以修长的爱奥尼克立柱；主入口正上方之楼顶，筑有一个四面用双立柱支撑的塔亭。傲视蓝天的塔亭，强化了整幢大楼外立面的竖向线条，令其舒展而流畅。当时的联合大楼，其底层为营业大厅，水磨石地面，内部房间均为大开间，层高约四米，铺设柚木地板，电梯、卫生间、水暖设备等一应俱全，是上海首屈一指的洋行大楼。1918年7月，为了便于就近工作，茂飞择定上海外滩广东路1号联合大楼六楼西侧的六个办公室，开办茂旦事务所上海分部。金女大建筑群的第一、第二期工程的建筑施工详图，都是由上海分部设计的。该分部在金陵学院第一期工程落成后，于1924年6月前关闭。[②]

据1921年5月27日茂旦事务所的一份会议报告记载，事务所的组织机构如下：哈扎德"完全承担了所有的东方项目"；J.巴顿为建造建筑师和首席绘图员；麦肯兹和科巴莱为建造建筑师，菲利普斯为绘图员和建造建筑师；埃文斯为绘图员和设计师；吕彦直为绘图员和两三个中国籍绘图员的指导者；以及"普通的办公室职员，如速记员和办公室勤杂员"[③]。要之，在上海分部，吕彦直是负责指导"两三个中国籍绘图员"的高级绘图员。

在1921年年底哈扎德从纽约调到上海分部之前，吕彦直与J.巴顿、麦肯兹、科巴莱、菲利普斯、埃文斯等上海分部的同事合作无间，工作相当顺心。其间，吕彦直除了指导"两三个中国籍绘图员"设计、绘制金女大、燕京大学建筑图纸之外，还要到南京金女大建筑工地监理施工。这就大大拓宽了他的业务范围，使其获得了一个建筑师应有的、从设计绘图到监理施工的全过程锻炼，为日后独立承接建筑设计任务奠定了坚实的基础。

[①] 1936年，"联合大楼"因英商有利银行以八万英镑的代价获取其部分产权而更名为"有利大楼"。该大楼的有关数据，来自上海市文旅推广网。
[②] 茂旦Mur-Da[M]//*The North China Desk Hong List*，January，1924.
[③] 郭伟杰.筑业中国[M].卢伟，冷天，译.北京：文化发展出版社，2021：179.

第二章　走自己的路

吕彦直生性独立，刻苦勤奋，有真才实学，不愿意受制于人，也有本事不受制于人。

第一节　拒绝包办婚姻（1921年1—6月）

在中国从宗法专制社会到工业文明社会的转型中，严复堪称东方的"普罗米修斯"，他翻译的一批西方学术著作，尤其是他据英国生物学家托马斯·亨利·赫胥黎（Thomas Henry Huxley，1825—1895）之《进化论与伦理学》（*Evolution and Ethics and other Essays*，《天演论》）译出的"物竞天择，适者生存"的观点，仿若明灯，照亮了一个时代。然而，脱胎于旧礼制的严复也有其保守的一面，比如包办子女婚姻。严复"主张婚姻要遵古制，认为婚姻的目的，主要在于'承祭祀，事二亲，延嗣续，故必须承父母之命'。"[1]

严复认定：唯有吕增祥的子女能与其子女相配。因此，让其长子严璩娶吕增祥的二女儿吕静宜为妻；让吕增祥的长子吕彦深娶其侄女严琦为妻……

1918年12月，吕彦深回国探亲休假，恰逢章氏好姐从天津的严寓转移到北京的严寓，于是就住在了北京。严复要利用这机会，为时年27岁的吕彦深做媒，让吕彦深娶其侄女严琦为妻。吕彦深一时难以接受，并表明自己希望择新女性为偶。远在福州的严复闻悉，于12月19日，给北京五子严玷写去一信，痛批吕彦深的择偶观——

……闻吕大哥择对，极意要新人物，吾每思作书与好姐或伯远[2]，劝其勿然，

---

[1] 严家理. 严复先生及其家庭[M]//中国人民政治协商会议福建省委员会文史资料编辑室. 福建文史资料第5辑. 福州：福建人民出版社，1981.
孙应祥. 严复年谱[M]. 福州：福建人民出版社，2014.
[2] 吕彦深，字伯远。

因病辄废。伯远以孤露起家，上有廿年守节寡母，使伯远而有开州①丝毫之风，则此时娶妻固当以事亲承先持门户教子孙为第一要义。此之美德，岂是新人物中可求？吾见新式女子甚多，几于无一不闹故事，可哀也已。伯远之要新人物者，要排场耳。但伯远中西学均至有限，必不足生新人物之敬畏，则此后仳离，真意中事耳。此信若伯远未行，汝可示之，亦可令好姐细看。吾与开州生死至交，不然不为此言也。②

严复的这段话，包含如下几个意思：

（1）吕彦深（伯远）择偶必要"新人物"，无非"要排场"。

（2）严复认为凡新式女子多不可靠，若然吕彦深学得其父亲品德遗风之一丝一毫，便应"当以事亲承先持门户教子孙"为择偶的"第一要义"。

（3）严复希望五子严玷将自己写的这封信，交给同住一处的吕彦深和他那位守节20年的寡母"好姐"细看。强调：我严复只是看在生死至交吕增祥的份上才多嘴提醒吕彦深而已。

严复称吕增祥是自己的"生死至交"，定有渊源。吕增祥生前一定有大恩惠于严复。

在严复的高压以及章氏好姐的协助下，吕彦深最终同意娶严复的侄女严琦为妻。

严复包办子女婚姻，"致使长子璩（伯玉）和三子琥（叔夏）都因包办婚姻而受到终身痛苦"③。对此，吕彦直深有体会——严璩与吕静宜貌合神离，长期"冷战"，以致吕彦直完全感受不到丝毫的家庭温暖。

在严复眼里，吕彦直的长相、刻苦用功的读书状态均酷似其挚友、亲家吕增祥，因此，严复单方面、暗地里把未成年的二女儿严璆许配给吕彦直。早在1913年8月吕彦直赴美留学前，严复就通过严璩让19岁的吕彦直与未满12岁的严璆订婚，遭吕彦直断然回绝。碰了钉子的严复没有放弃，继续等待。1918年秋，在吕彦直即将毕业时，又要严璩写信催促吕彦直毕业后即回国与严璆订婚。

---

① "开州"指吕彦深的父亲吕增祥，吕增祥因知开州而被严复等一众朋友称作"吕开州"。
② 王栻.严复集：第3册[M].北京：中华书局，1986.
③ 严家理.严复先生及其家庭[M]//中国人民政治协商会议福建省委员会文史资料编辑室.福建文史资料第5辑.福州：福建人民出版社，1981.
　孙应祥.严复年谱[M].福州：福建人民出版社，2014.

吕彦直自尊心强,不愿意寄人篱下。因此,自从1905年5月(未满11岁)入读北京五城中学堂之后,即以校为家;从五城中学堂到清华学堂,再到康奈尔大学,一路走来全靠公费维持。虽然他被严璩领养,但与严璩的关系却从来都是似亲非亲,若即若离。对于严复的遥控与暗示,吕彦直早有领悟,并保持戒备;对于严璩的说项,则以实际行动予以回绝——在康奈尔大学毕业后直接留在美国,入职纽约的茂旦事务所。

1921年1月初,吕彦直抵沪后,礼貌性地信告严璩:刻下,鄙人已调到茂旦事务所上海分部工作。严璩得信后,立即向严复报告吕彦直的行踪。

1921年1月29日,得悉吕彦直已回到上海之后,严复即刻复函严璩,信末加了一段话:"有信到渤处,甚善。此事殊不宜再宕,吾年将古稀,旦暮入地,所放心不下者,四女子归宿耳。"①严复老到,把自己内心最着急的事情,放在了信末,并以"吾年将古稀,旦暮入地"相警告,强调吕彦直与严璆的婚事"殊不宜再宕",力促严璩去做吕彦直的工作,尽快与严璆订婚。

严璆,字华严,严复的二女儿,1901年12月13日出生②,小吕彦直七岁半,与吕彦直没有任何交集。

严璩深知吕彦直个性倔强,不敢再向吕彦直提订婚一事。只得写信请连襟伍光建夫妇出面找吕彦直谈。吕彦直对严璩的此番操作极度反感。风声也传到了严复耳边。

1921年6月7日,严复复函严璩,说:"昭扆处有回信否?甚悬系。吾闻古愚与昭扆夫妇意见颇深,嗣后此等事最好勿托昭扆居间也。"③换言之,严复得知严璩写信委托伍光建夫妇代为做吕彦直的工作后,就日夜盼望着伍光建的回音,并多方留意吕彦直的"反应"。结果得到的是吕彦直"与伍昭扆夫妇意见颇深",于是很失望,并叮嘱严璩:"嗣后此等事最好勿托昭扆居间也。"这句话其实已经暗含了对严璩的责备。

九天之后,即1921年6月16日,严复又追一信,再问严璩:"昭扆有回信否?"④可见其心急如焚,且不肯放弃。

---

① 王栻. 严复集:第3册[M]. 北京:中华书局,1986.
② 孙应祥. 严复年谱[M]. 福州:福建人民出版社,2014.
③ 王栻. 严复集:第3册[M]. 北京:中华书局,1986.
④ 王栻. 严复集:第3册[M]. 北京:中华书局,1986.

一周后，即1921年6月23日，严复分别接到严璩以及严琥的报信，确认订婚一事已遭吕彦直回绝。即复信严璩道："阅儿与三弟缄，悉种切。当儿叫昭宸与渤生接洽时，吾早知该事之无成矣。本日得文访复缄，所商通融一节，亦办不到。"① 可见，无论严复通过什么人来说项，吕彦直都不为所动，并表示：绝不通融。

严复包办子女婚姻，结果大多不好。1917—1918年间，严复与"贤弟"熊纯如商定，让熊的儿子熊洛生与严复的长女严璸订婚。严复还提议"过红②后小女即可出门"。熊纯如则称"办不到"。因为熊洛生要求与严璸见一面，严复不答应。于是，熊洛生赴美留学，严璸在家守候四年。1921年10月，熊洛生再次要求严复让严璸去美国读书，遭严复拒绝。10月16日，严复给熊洛生写去一训斥信③，严、熊婚约随之解除。之后，严璸终生未嫁。"文革"期间严璸在上海自杀④。其四妹严顼也同时在上海自杀身亡。

1921年10月27日，严复在福州郎官巷寓所去世。"时年67岁，诸子均未在侧，仅次女华严（严璆）随侍"⑤。未几"华严（严璆）因信仰天主教进了修道院"⑥。

第二节　辞去上海分部的工作（1922年3月3日）

1921年，吕彦直除负责指导"两三个中国籍绘图员"设计、绘制南京金女大建筑群的施工图，参与燕京大学校园的建筑设计以外，还需前往南京金女大建筑工地，监理施工。无论在图房还是在工地，他都恪守职业建筑师的规范，与同事合作无间。

1921年年底，哈扎德从纽约来到上海外滩广东路1号联合大楼，掌管茂旦事务所上海分部，指导吕彦直等11名员工的工作。哈扎德的到来，令上海分部产生了不融洽的工作气氛。三个月之后，吕彦直向茂飞递交辞呈。美国学者郭伟杰在他的博士论文 HENRY K. MURPHY, AN AMERICAN ARCHITECT IN CHINA, 1914—1935 中有一段涉及这件事的文字。

---

① 王栻. 严复集：第3册[M]. 北京：中华书局，1986.
② "过红"就是结婚前收彩礼，给红包。
③ 王栻. 严复集：第3册[M]. 北京：中华书局，1986.
④ 皮后锋. 严复大传[M]. 福州：福建人民出版社，2003.
⑤ 严家理. 严复先生及其家庭[M]//中国人民政治协商会议福建省委员会文史资料编辑室. 福建文史资料第5辑. 福州：福建人民出版社，1981.
⑥ 严家理. 严复先生及其家庭[M]//中国人民政治协商会议福建省委员会文史资料编辑室. 福建文史资料第5辑. 福州：福建人民出版社，1981.

原文：

In the spring 1922 Murphy wanted to see that progress firsthand, and he was anxious to ascertain Hazzard's success at managing the Shanghai branch office. Meanwhile, Henry McGill in New York continued negotiating with University authorities and Talbot Hamlin began preparing for his first trip to China. Surprises abounded. The first occurred in March, when Lu Yanzhi, since 1918 one of the chief Chinese draftsmen employed by Murphy resigned in Shanghai after having spent several months working under Hazzard's direction. Like the draftsman Chow before him, Lu praised Murphy when he departed, but confessed that the uncongenial atmosphere of the Shanghai office was his main reason for accepting the offer of two Chinese engineers, who were beginning a Shanghai practice. In his resignation letter he praised Murphy's Ginling College work and he expressed a strong desire "to extend the sphere of 〔my〕 usefulness" and "to combat the ever present 'compradoric' architecture (some of which by foreigners calling themselves architects), which is disfiguring our bigger cities and countryside." Murphy was not one of those architects whom Lu meant to sting with such scorn, but Lu's departure was a prophetic sign of rocky sailing with Hazzard at the helm of Murphy, McGill & Hamlin in Shanghai.[①]

译文：

1922年春天，茂飞想亲眼看看事情的进展，他急于确认哈扎德在上海分部管理上取得的成功。与此同时，亨利·麦吉尔（Henry McGill）在纽约与校方继续谈判，塔尔博特·哈姆林（Talbot Hamlin）开始准备他的首次中国之行。意外层出不穷。第一个意外发生在3月，自1918年以来，茂飞聘用的一位中国首席绘图师吕彦直在上海辞职了，此前他曾在哈扎德指导下工作了几个月。与之前的周姓绘图师一样，吕彦直在离开时夸奖了茂飞，但他承认上海分部工作氛围不融洽是他接受两位中国工程师聘用的主要原因，他们正着手在上海开业。他在辞呈中赞美了茂飞的金陵学院工作，表示强烈希望"发挥〔我的〕作用"，并"与无处不在的'买办式'建筑做斗争（其中一些是自称为建筑师的外国人所为），这些建筑正在毁坏我们较大的城市和乡村。"茂飞并非吕彦直所鄙薄的那类建筑师，但吕彦直的离职也预示

---

① 吕彦直的辞职信[M]//Cody, Jeffrey William, Ph. D.: *HENRY K. MURPHY, AN AMERICAN ARCHITECT IN CHINA, 1914-1935*.Cornell University, 1989.
文中的"〔my〕"为吕彦直本人所加，译文同。本篇译文为笔者与多位朋友共同推敲而成。

着哈扎德掌舵的上海"茂飞、麦吉尔和哈姆林事务所"不会一帆风顺。

吕彦直辞职信所传递出的关键信息如下：

1.吕彦直在辞职信中夸奖了茂飞并告知：我接受了"正着手在上海开业"的两位中国工程师（黄锡霖、过养默）的聘用，决定离开茂飞、麦吉尔和哈姆林事务所上海分部。促使我做出这一决定的主要原因，是上海分部不融洽的工作氛围。

2.吕彦直在辞呈中赞美了茂飞的金陵学院（金女大）工作。这种赞美并非出于"客套"，而是表达一种认同——吕彦直认同茂飞用中国样式设计金女大建筑群的工作。

3.吕彦直不但认同茂飞中国样式的设计思路，而且还强烈希望"发挥〔我的〕作用"，并"与无处不在的'买办式'建筑做斗争（其中一些是自称为建筑师的外国人所为），这些建筑正在毁坏我们较大的城市和乡村。"为此，吕彦直亟需离开上海分部，以摆脱哈扎德的"指导"。

吕彦直所称的"买办式"建筑，是指"殖民式"建筑，即伴随着殖民主义而来的西方样式。"殖民式"建筑广义上包括西方古典建筑。显然，吕彦直认为：这些"无处不在的'买办式'建筑"，"正在毁坏我们较大的城市和乡村"。他立志要为建造中国样式的建筑"发挥〔我的〕作用"。

第三节　加盟东南建筑公司（1922年3月）

一、东南建筑公司

东南建筑公司是由实业家黄锡霖创办的。黄锡霖（WONG SIKH LAM），广东新安（今深圳）人，早年留学英国，1914年毕业于英国伦敦大学学院（University College London）土木工程系，返港后引进英国毛纺技术，在香港九龙海防道廿六号创立金兴织机厂[①]，亲任金兴织机厂总建筑设计师，创制了"金桥牌""弱牌"等著名品牌[②]，成为知名的实业家，在英国华人中享有很高的声望。

1921年春，鉴于"沪地建筑事业几乎完全搀于外人之手，而彼等所具学识亦并无特别优胜我国人之处"，黄锡霖在上海成立了东南建筑公司，"是以设此公司

---

① 中国工程学会. 中国工程学会会员通讯录[J]. 1929.
② 审定商标目录[J]//商标公报. 1933.

专谋以最上等之建筑学识贡献国人并免使建筑权利之外溢"[1]。黄锡霖邀请留美归国、家庭背景非凡的过养默为其合作伙伴。

过养默（Kuo Y.M.，1895—1975），祖籍江苏无锡。早年就读于上海南洋中学。1913年入读交通部唐山工业专门学校土木工程系。1917年考取庚款留学美国[2]，先后赴康奈尔大学、哈佛大学、麻省理工学院深造。1918年11月，过养默与家庭背景十分显赫的牛惠珠在佛蒙特州波特波罗小镇登记结婚[3]，成为孔祥熙、孙中山、蒋介石的表连襟。1919年夏，过养默获麻省理工学院土木工程硕士学位，随即进入波士顿的斯通与韦伯斯（Stone & Webster）电气工程建筑工厂工作，1920年秋返回上海。翌年年初，应黄锡霖之邀，合办东南建筑公司，初任东南建筑公司总工程师，后任经理并参与部分设计工作。

1922年2月下旬，"正着手在上海开业"的黄锡霖与过养默，诚聘茂飞、麦吉尔和哈姆林事务所上海分部的中国籍首席绘图师吕彦直加盟东南建筑公司。不满新掌门人哈扎德"指导"的吕彦直，遂于3月3日向茂飞递交了辞呈，同时应聘加盟东南建筑公司。

与此同时，1921年年初吕彦直在巴黎参观卢浮宫时邂逅的黄檀甫也被黄锡霖从香港金兴织机厂调到了上海东南建筑公司。

黄檀甫（T.P.Wong，1898—1967），广东台山人。1911年，13岁的黄檀甫跟随本家人黄郁秀到英国利物浦市的一个杂货铺当学徒。利兹中学的独身女教师克拉克（Claic.B.Milchell）小姐，因热爱东方文化而经常到中国商店去买东西。多次在杂货铺里遇见了聪明勤快的黄檀甫。经过一段时间的观察，克拉克觉得这个懂事好学的中国少年很有培养前途，于是就把黄檀甫收养为义子。克拉克带黄檀甫到利物浦市以外东北方的利兹市，到自己任教的利兹学校去接受正规的教育。利兹学校包括

---

[1] 王昌范.百年风雨之旅，从苏州河畔一条小马路启航——上海银行公会大楼之前世今生（东南建筑公司致上海银行公会函）[EB/OL]. https://www.sohu.com/a/260442786_777955.
[2] 南洋中学校友赴美之饯别[N]//申报，1917.
[3] 牛惠珠的父亲牛尚周是1872年第一批留美幼童，曾与詹天佑等30名留美幼童一起赴美留学，1880从美国留学归来后，牛尚周被清政府赐予进士出身，先后在上海电报局和江南制造局担任重要职务，牛尚周娶了明代科学家徐光启第十七代后裔倪桂清为妻，夫妻婚后生下了二男二女，分别取名为牛惠霖、牛惠生、牛惠珠和牛惠珍。后来，牛尚周又让自己的表弟温秉忠迎娶了他的二姨倪桂姝，再后来牛尚周又把小姨子倪桂珍介绍给了当传教士的宋嘉树，由此诞生了中国近现代史上最牛的家庭——"宋氏家族"，而牛尚周也被誉为史上'第一男红娘'。（资料来源：《过养默：从无锡走出的中国第一代建筑大师》https://www.163.com/dy/article/F0UEBAR20526JL1V.html）

中学部和大学部。黄檀甫在利兹学校里读完中学后，因成绩优异而直接升上大学部的毛纺系。克拉克小姐的弟弟在英国海军部任职，黄檀甫因此被安排到英国海军部的被服厂去实习，以便大学毕业后直接进入该厂工作。

1920年，黄锡霖前往英国曼彻斯特、利兹等著名大学游学，并在利兹大学与毛纺系的应届毕业生黄檀甫相识。黄檀甫是利兹大学1917—1920届唯一的一位中国学生，学业优秀，平时积极参加学校的各项公共活动，在学生中小有名气。黄锡霖十分欣赏黄檀甫的学业成绩和社会活动能力，遂聘黄檀甫为香港金兴织机厂工程师。1920年6月底大学毕业后，黄檀甫留在利兹陪伴义母近半年之久，直到12月才起程去香港就职。

二、公司里唯一一位建筑学出身的成员

东南建筑公司的成员前后有黄元吉（毕业于上海南洋路矿专门学校土木科）、杨锡镠（毕业于上海南洋大学土木科）、庄允昌、裘燮钧（1918年毕业于美国康奈尔大学土木工程系）、李滢江，皆清一色的"土木工程"出身。[①]

由于黄檀甫并非"土木工程"出身，黄锡霖便专门为黄檀甫增设了一个"纺织部主任"的职位，以便于其外出接洽业务。

与东南建筑公司同时期的成员相比，吕彦直是公司里唯一一位建筑学出身者。入职后，吕彦直高超的建筑学技艺，令黄锡霖折服，遂动员其入股，以合办东南建筑公司。吕难却黄之诚意，入股东南，与黄锡霖、过养默一起合办东南建筑公司。

1922年3—7月，吕彦直参与了东南建筑公司承接的国立东南大学校舍、国立暨南学校之新校舍以及上海交通大学新屋等的建筑设计。

1922年7月，上海银行公会公开招人设计新屋图案。吕彦直承担了东南建筑公司竞标图样的主要设计任务。9月26日，吕彦直设计的上海银行公会大楼竞标图案胜出（详见本书第五篇第一章）。

三、1922年秋：集议组织建筑师学会

外交官的家庭背景，庚款生的学历出身，以及进入职场后的中外经历，都让吕彦直比其他人更加关心时政，并不满于洋人、洋行占据上海乃至中国建筑市场主导地位的现状，誓言与之做斗争。其在1922年3月3日给茂飞的辞呈中强烈希望"发挥

---

① 黄元炤.过养默：简化的过渡——一股时代的潮流与趋势[J]//世界建筑导报，2012，6：35-36.

〔我的〕作用"，并"与无处不在的'买办式'建筑做斗争（其中一些是自称为建筑师的外国人所为），这些建筑正在毁坏我们较大的城市和乡村"[①]的一番言论，即为明证。

1922年3月转入东南建筑公司之后，吕彦直与中国建筑界的知识精英有了更多的接触和联系，范文照就是其中的一位。

范文照，祖籍广东顺德，1893年10月3日生于上海。1913年入读上海圣约翰大学土木工程系。1917年本科毕业获学士学位，留校任教。1919年赴美留学，入读宾夕法尼亚大学建筑系。1921年本科毕业，获宾夕法尼亚大学建筑学学士学位，成为美国宾夕法尼亚州及费城建筑学会会员，同时短暂在美事务所（Ch. F. Durang, Day & Klaude）工作。1922年夏回国。[②] 1922年8月之后加入在上海允元实业公司（Lam Glines & Company），在建筑部任工程师。[③]

允元实业公司由中国近代实业界名人林允方[④]与友人于1920年1月开设，专门经

[①] 吕彦直的辞职信[M]//Cody, Jeffrey William, Ph. D.: *HENRY K. MURPHY, AN AMERICAN ARCHITECT IN CHINA, 1914-1935.* Cornell University, 1989.

[②] 黄元炤.中国近代建筑师系列：范文照[M].北京：中国建筑工业出版社，2015.

[③] 允元实业有限公司[M]//*THE NORTH-CHINA DESK HONG LIST*，Januarl,1923.
从1920年1月开始，允元实业有限公司连续在《字林报行名簿》（*THE NORTH-CHINA DESK HONG LIST*）上刊登广告，每年的1月、7月各刊登一次。范文照的名字，最早出现在1923年1月允元实业有限公司在《字林报行名簿》的名单中。这说明：范最早于1922年8月入职允元实业有限公司。

[④] 林允方（1890—1987），祖籍广东新会县田心乡，1890年出生在加拿大温哥华市，八岁时被父亲送回中国读私塾，学中文。后得舅公伍廷芳资助，赴美留学。1907年，入大学预科学习，1909年，考上美国麻省理工学院（M.I.T.）造船工程系，研究战舰工程与造船专业知识。求学期间，当选为学生会主席，并以优异的学习成绩被派赴美国海军部见习。1914年毕业，获学士学位。1916年获硕士学位。1917年，携妻回国，在上海海军江南造船厂当营业部主任。1920年，林允方与友人在上海集资开设了上海允元实业公司，经营机械生产及桥梁建筑工程，亲任经理。后该公司因欠债而倒闭，林允方遭"索债追缉"，逃回广州，易名"林志澄"。1932年，得友人介绍，出任广西省建设厅技正。不久，因看不惯官场上的腐败现象愤然辞职。1933年出任广西南宁航务局局长，又因他的合理建议得不到当局的支持而辞职。当他离开航务局时，当地航商赠给他一座银鼎，上刻"公正廉明"四字。1934年冬，回到广州，在广东国民大学工学院任教授，一年后，转到黄埔海军军校任轮机教官。1938年，广州沦陷，他与妻子迁往澳门居住，随后香港沦陷，全家迁往台山槎洲村。1945年秋，日本投降后，经友人推荐参加接收协同和机器厂，该厂后来改组为协同和机器厂股份有限公司，聘林志澄任总经理。协同和在他的管理下，生产逐步发展，试制成功我国第一艘柴油机轮船，成为广州市具有较大规模的机器厂。1949年10月后，林志澄先后出任广州市工商业联合会筹委会主任委员、全国工商业联合会执行委员会委员、中国民主建国会中央委员会委员等职，1955年，任广州市副市长、广州市政协副主席。1956年，在对资本主义工商业实行社会主义改造中，协同和机器厂成为第一批公私合营的大厂。1987年，因病逝世。本资料系笔者据民建广州市委员会《为国贡献一生的林志澄》一文改写。

113

营机械生产及桥梁建筑工程。①1922年8月—1927年8月，范文照建筑师在该公司建筑部任工程师。②与几乎所有建筑学的留学生相同，范文照热衷于参加各种建筑设计竞赛。1925年9月、1926年9月，范文照先后在南京中山陵与广州中山纪念堂及纪念碑的设计竞赛中，分获第二名与第三名。1927年8月以后，范文照离开允元实业有限公司，成立个人建筑事务所。10月，与吕彦直等同行们发起组织上海建筑师学会，翌年改称中国建筑师学会。

1932年11月，范文照在《中国建筑》（*The Chinese Architect*）创刊号上发表的《中国建筑师学会缘起》一文中，记述了1922年夏，他与吕彦直等五人，在上海集议组织建筑师学会的往事——

1922年夏，目睹发达的美国建筑事业与其和谐的社会环境，对比连"建筑师"的名称都尚未明了的中国，心生忧悉，"因念欲跻我国建筑事业于国际地位，即非蓄志团结，极力振作不为功。"遂返回出生地上海，"集建筑界同志若张光沂[圻]、吕彦直、庄俊、巫振英诸君子，集议联络同业，组织团体，冀向社会贡献建筑事业之真谛。当时虽因人少，未获正式成立团体，而集合团结之精神，实肇基于此"③。

1922年夏，范文照回上海后是如何结识吕彦直的呢？在没有范、吕等五人之间的私人书信、日记为凭据的情况下，可做以下推断：

1. 范文照因阅读《科学》杂志而结识吕彦直

（1）吕彦直因是中国科学社的第一批社员与股东、《科学》编辑部的编辑员，在《科学》上发表过译作、画作，并为中国科学社设计社徽而在留美学生中享有盛誉。

（2）早在圣约翰大学任教时，范文照就开始阅读中国科学社主办的《科学》杂志，读过吕彦直翻译的文章，看过吕彦直绘画的图案。在宾夕法尼亚大学留学期间，范文照通过中国科学社或留美同学，与时在纽约茂旦事务所工作的吕彦直取得联系。

---

① 允元实业有限公司[M]//*THE NORTH-CHINA DESK HONG LIST*，Januarl，1920.
② 允元实业有限公司[M]//*THE NORTH-CHINA DESK HONG LIST*，Januarl，1923.
  允元实业有限公司[M]//*THE NORTH-CHINA DESK HONG LIST*，July，1927.
③ 范文照.中国建筑师学会缘起[J]//中国建筑，1931.

2.范文照因参加上海银行公会大楼的竞标设计而结识吕彦直

1922年7月4日,上海银行公会大楼公开招投建屋图样(详下),上海允元实业公司积极响应,新入职允元实业公司建筑部的范文照,参加了竞标设计。9月26日,上海银行公会大楼竞标设计结果揭晓,东南建筑公司建筑部吕彦直设计的图样,在18家本埠著名的中外建筑行家的竞标图样中胜出(详下)。范文照因仰慕而往访吕彦直。

于是,1922年秋的某一天,上海允元实业公司建筑部的范文照,往访东南建筑公司建筑部的吕彦直,向吕彦直道贺。一番寒暄之后,二人转入正题。彼此都有感于美国建筑业之发达,慨叹国内建筑业之落后以及众人不知"建筑师"为何物,以致全中国竟然没有一个建筑师的同业团体!

两位建筑师相谈投契,惺惺相惜。范文照关于组织建筑师学会的想法,与吕彦直强烈希望"发挥〔我的〕作用",并"与无处不在的'买办式'建筑做斗争"的愿望不谋而合。

"未来的中国建筑师学会,应该像中国科学社那样,创办学术期刊;像中国工程学会那样,每月举办学术演讲及座谈会。"吕彦直充满期待地建议道。

"是的,我们一起努力!"范文照坚定地说。

告别吕彦直,范文照继续联络张光圻、庄俊、巫振英,集议组织建筑师学会……

无论是以上的哪一种原因,从范文照的忆述中,我们都可以明确感知:

(1)范文照视吕彦直为"建筑界同志"并主动联络之。

(2)身为中国科学社社员、中国工程学会[①]会员的吕彦直,志怀高远,时刻关心国内外大事,与留美同学保持着密切的联系。1922年秋,得范文照组织建筑师学会的动议后,立即应和,立志改变相形见绌的中国建筑界现状。

(3)当时,由于人数太少,中国建筑师学会"未获正式成立团体,而集合团结之精神,实肇基于此"。

范文照的《中国建筑师学会缘起》一文太珍贵,坐实了"吕彦直是1922年秋集议组织建筑师学会"五君子"之一,是组建中国建筑师学会的核心团队"这一史实。

---

① 1918年4月在美国成立的中国工程学会,其总会于1921年迁址上海。1931年,该会与1912年成立的中华工程师学会合并,改组为中国工程师学会。

第四节　参加中国工程学会国内第一次年会，脱离东南建筑公司

一、1923年7月7日：参加中国工程学会国内第一次年会

1921年，中国科学社社员、中国工程学会第二任会长吴承洛①，把中国工程学会总会会址，从美国纽约迁归中国上海，仅设分会于美国。吴承洛奔走于上海、北京、天津，并最先在上海成立支部，"每月举行常会，有学术演讲及座谈会等"，引起工商学术各界的极大关注。"十二年七月七日在沪举行国内第一次年会时，本会已有会员三百五十人"②。

1923年7月7日，吕彦直参加了中国工程学会在沪举行的国内第一次年会。在会场上，吕彦直与康奈尔大学西布利工程学院的老同学，与中国科学社的老社员，以及《科学》编辑部的旧同事不期而遇。一众才华横溢的"海归"，济济一堂，纵论天下，直抒胸臆，共商建设中国之大计。时值盛夏，天气炎热，这群风华正茂之中国知识精英，心比天热，他们人人奋勇，个个争先，誓为农业中国向工业中国的转型，添砖加瓦，献计献策。

二、1924年7月15日：脱离东南建筑公司

在东南建筑公司，寡言少语的吕彦直埋头图房，心无旁骛，同事之间以礼相待，间或会与"纺织部主任"黄檀甫说说话。黄檀甫是一位极具商业头脑和社会活动能力的人。然而，其"纺织部主任"的身份，让他难以融入东南建筑公司的土木工程业务。1923年，黄檀甫离开了东南建筑公司，在上海仁记路25号（今滇池路97—103号）中孚银行大楼租用了一个写字间，独自开办真裕公司，经营房屋租赁与修缮等业务，并与吕彦直保持联系。

1922年9月26日，东南建筑公司在上海银行公会大楼的招投标中胜出，过养默以东南建筑公司总工程师的身份，被甲方委为"上海银行工会建筑师"。有了这一

---

① 吴承洛（1892—1955），字涧东，福建浦城洋溪尾村人。1910年赴上海南洋中学学习，1912年考入北京清华留美预备学校，1915年赴美国留学，先在里海大学工学院学习，参加中国科学社。1918年从里海大学毕业后，入哥伦比亚大学研究院继续深造。1920年，出任中国工程学会第二任会长。回国后，分别在上海复旦大学、北京工业大学、北京大学和北京师范大学等校任教。1927年，应蔡元培之聘，任南京国民政府大学院秘书，协助蔡元培训练了一批秘书干部，建立了新的公文程序，开创了新的民众教育制度。1928年10月大学院撤销后，吴转任实业部度量衡局局长兼度量衡检定人员养成所所长、中央工业试验所所长、经济部工业司司长和商标局局长等。他主持制订了"一二三"市用制，即1公升=1市升，1公斤=2市斤，1公尺=3市尺，为全国度量衡统一工作奠定初基，被誉为中国划一现代度量衡的创始人之一。

② 吴承洛.三十年来之中国工程师学会[J]//工程，1942，3：6.

金字招牌，非建筑学院科班出身的过养默，在东南建筑公司的地位便高人一头，其与黄锡霖、吕彦直之间的关系，就此发生变化。

（一）东南建筑公司、黄锡霖、吕彦直三方同时登报启事

1924年7月16日，《申报》头版赫然刊登了三则启事——

东南建筑公司改组启事

本公司自本日起，经敝股东会之同意，决议改组。股东黄锡霖、股东吕彦直宣布退股。股东过养默继续进行公司营业，仍称东南建筑公司。再，本公司除前由黄君介绍经手事件议决仍归黄君独自经理负责外，其他所有以往、现在及将来一切营业上之责任及权利，概与黄、吕二君完全无涉。恐未周知，特此布告。东南建筑公司过养默、黄锡霖、吕彦直同启。①

黄锡霖启事

鄙人前与过养默、吕彦直二君合办东南建筑公司，业于新历本月十五日退股并脱离一切关系。兹于即日起，在江西路五十一号A江苏银行楼上个人单独营业，执行一切打样建筑工程及经理地产职务，定名锡霖建筑公司。恐未周知，特此公告。②

吕彦直建筑打样家启事

鄙人前与黄锡霖、过养默二君合办之东南建筑公司现已改组。自即日起，鄙人除与该公司另议合办事务外，业已退股脱离关系，不日即将自设事务所（现因须离沪月余，暂借上海仁记路念五号真裕公司为通信处），承办一切公私建筑、中外屋宇之打样及督理工程事宜，并担任顾问或襄理，打样业务于建筑美观上之需要，尤专注意，如蒙委托，无任欢迎，特此布闻。民国十三年七月十五日。③

（二）"东南建筑公司改组启事"要点及释读

1.东南建筑公司改组。

2.股东黄锡霖、股东吕彦直宣布退股。

3.股东过养默继续进行公司营业，仍称东南建筑公司。

从东南建筑公司改组的结果可推知：

（1）1924年7月中，东南建筑公司三股东黄锡霖、过养默、吕彦直，就各自权

---

① 东南建筑公司改组启事[N]//申报，1924-07-16（1）.
② 黄锡霖启事[N]//申报，1924-07-16（1）.
③ 吕彦直建筑打样家启事[N]//申报，1924-07-16（1）.

益等问题展开协商。

（2）7月15日，三股东无法达成协议，黄锡霖、吕彦直遂双双声明退股并脱离东南建筑公司。

（3）为大局计，三股东执君子之礼，共同签署了"东南建筑公司改组启事"。

（三）"黄锡霖启事"要点及释读

1.东南建筑公司是之前黄锡霖"与过养默、吕彦直二君合办"的。

2.黄锡霖已于7月15日退股并与东南建筑公司脱离一切关系。

3.即日起，成立"锡霖建筑公司""单独营业"，"执行一切打样建筑工程及经理地产职务"。

黄锡霖处事果决，硬气且有底气。基于其手上掌握有"介绍经手事件（工程）"，退股后当即在江西路五十一号A江苏银行楼上单独开业。

（四）"吕彦直建筑打样家启事"要点及释读

1."鄙人前与黄锡霖、过养默二君合办之东南建筑公司现已改组"。

2."自即日起，鄙人除与该公司另议合办事务外，业已退股脱离关系"。

3.吕彦直"不日即将自设事务所"，"承办一切公私建筑、中外屋宇之打样及督理工程事宜，并担任顾问或襄理，打样业务于建筑美观上之需要，尤专注意，如蒙委托，无任欢迎"。

4."现因须离沪月余，暂借上海仁记路念五号真裕公司为通信处"。

联系前面两则启事可见：

（1）东南建筑公司的对外联络、承揽工程等事权，掌握在黄锡霖与过养默手中，吕彦直只是一个"技术股"的角色。

（2）吕彦直既没有黄锡霖那样的财力，也没有掌握任何"介绍经手事件（工程）"，因此，不可能像黄锡霖那样，当即成立"锡霖建筑公司"，单独开业。只能含糊其辞："不日即将自设事务所。"

（3）为转圜，吕彦直称"现因须离沪月余，暂借上海仁记路念五号真裕公司为通信处"。

吕彦直虽号称"合办东南建筑公司三股东之一"，实为一个高级打工仔，其财力、名望及人脉尚待积累。因此，没有像黄锡霖那样，断言与东南建筑公司"脱离一切关系",而是有所保留,不排除"与该公司另议合办事务"。

(4)从吕彦直"暂借上海仁记路念五号真裕公司为通信处"一语可见,黄檀甫早已脱离东南建筑公司,自己独立开业。吕彦直之"暂借上海仁记路念五号真裕公司为通信处",正弥补了真裕公司没有建筑师之不足。吕、黄合作,势所必然。吕彦直"不日即将自设事务所"的宏愿,只能暂且搁置。

在上海滩,所有公司的合伙人都是"亲兄弟,明算账"。正如黄锡霖脱离东南建筑公司时一并带走其"介绍经手事件(工程)"一样,在真裕公司里,吕、黄二人也是各自付出,各得其所的。

第三章 一举成名

第一节 应征参赛（1925年5—9月）

1925年3月12日，孙中山先生在北京去世。按照孙中山的遗愿，国民党人决定在南京紫金山选址建筑陵墓安葬先总理。由于"先生之陵墓为人群之公物，非有坚朴雄厚之建筑无以纪念此崇高伟大之人格"[①]。因此，1925年5月2日，孙中山先生葬事筹备处筹备会议决议悬奖征求陵墓建筑图案。家属代表孙科（哲生）及主持建筑的常务委员宋子文的代表赫门（Hagemann, H.）负责起草陵墓图案征求条例。

5月13日，筹备会议通过了《孙中山先生陵墓建筑悬奖征求图案条例》（简称《条例》），并自1925年5月15日起，连续多日在《申报》《上海民国日报》等各大报纸上刊登，向全世界的建筑师和美术家悬奖征求孙中山陵墓建筑图案。

一、1925年5月15日：报名应征

自葬事筹备处传出将悬奖征求孙墓建筑图案的消息之后，吕彦直就密切留意其相关动态。5月15日早晨，吕彦直习惯地打开《申报》，第一眼就看见了《孙中山先生陵墓建筑悬奖征求图案条例》。《条例》开宗明义，宣称：

1.此次悬奖征求之目的物为中华民国开国大总统孙中山先生之陵墓与祭堂之图案。建筑地址在南京紫金山内之中茅山南坡。[②]

陵本指大土山，墓是棺椁入土之葬地。以一座大土山安葬一尊，谓之陵墓；陵墓是帝王之专属。在"南京紫金山内之中茅山南坡"建筑一座"孙中山先生之陵墓"，以帝王之规格，安葬以推翻帝制为己任的孙中山先生，这是业主（甲方）的决定与要求，建筑师只是按照业主的要求展开设计。

---

① 缘起[M]//孙中山先生陵墓图案.上海：民智书局，1925.
② 孙中山先生陵墓建筑悬奖征求图案条例[M]//孙中山先生陵墓图案.上海：民智书局，1925.

出于职业本能，吕彦直立即自《条例》中归纳出孙中山先生陵墓建筑的基本要求——

1.建筑形式

（1）祭堂图案须采用中国古式而含有特殊与纪念之性质者，或根据中国建筑精神特创新格亦可。

（2）容放石椁之大理石墓即在祭堂之内。

（3）墓之建筑在中国古式虽无前例，惟苟采用西式，不可与祭堂建筑太相悬殊。

2.祭堂的标高、方位、布局及联系

（1）祭堂建在紫金山之中茅山南坡上，约在水平线上高175米。坡上应有广大之高原，俾祭堂四周可有充分之面积，遇焚火时不致危及堂屋，并须在堂前有可立五万人之空地，备举行祭礼之用。

（2）祭堂须面南，登临之径拟用石台阶或石级，向南直达山脚，此径将为连贯墓道大路与堂墓高原之通道。

（3）祭堂之建筑由设计者自定，惟计划须包括祭堂与石台阶或石级等登临之径，此两部应视为一体。

3.建筑技术、材料

祭堂虽拟采用中国式，惟为永久计，一切建筑均用坚固石料与铁筋三合土，不可用砖木之类。

4.造价

祭堂陵墓工程包括登临之径及墓地与行径之土工，其建筑费总额定为30万元。

《条例》中最能打动吕彦直的是"祭堂图案须采用中国古式而含有特殊与纪念之性质者，或根据中国建筑精神特创新格亦可"一语，其与吕彦直"发挥〔我的〕作用"，并"与无处不在的'买办式'建筑做斗争（其中一些是自称为建筑师的外国人所为）"[1]的心志正相吻合。

由于"此次悬奖征求之目的物为中华民国开国大总统孙中山先生之陵墓与祭堂

---

① 吕彦直的辞职信[M]//Cody, Jeffrey William, Ph. D.: *HENRY K. MURPHY, AN AMERICAN ARCHITECT IN CHINA, 1914-1935*.Cornell University, 1989.

之图案"①；由于这是一次面向全世界建筑师和美术家的重大设计竞赛，因此，对于任何一位建筑师来说，都是一个可遇而不可求的机会。吕彦直迅即前往上海法租界环龙路44号②孙中山先生葬事筹备处报名应征，按章交纳了十元保证金之后，领取了12幅墓地地形照片和两幅紫金山地形标高图，结合《孙中山先生陵墓建筑悬奖征求图案条例》，展开研究。

二、1925年5—6月：实地踏勘、写生

多数应征者都是凭借葬事筹备处发给的12幅墓地地形照片和两幅紫金山地形标高图展开设计的，吕彦直不止于此。

吕彦直从小酷爱画画，因爱画画才改学建筑，而非因学建筑才去画画。其美术天性与康奈尔大学建筑学院的美式布扎教育与训练，产生了耦合作用。他认定："建筑师为美术家"，"但凡美术作品，其具真实价值者，类皆出于单独的构思"③。为了寻找"单独的构思"，设计出一座"具真实价值"的最能反映出时代精神的孙中山陵墓，他决定前往南京紫金山的中茅山南坡实地踏勘、写生，以充分了解墓址的地形地貌，切身感受墓址四周的气象氛围，掌握墓址地理环境的第一手资料。

继1924年秋爆发江浙战争之后，1925年江浙一带的军阀继续混战，兵荒马乱，交通极为不便。5—6月间，吕彦直不畏艰辛，多次带着墓址地图，背上画夹，到上海北站搭乘23：30发车的沪宁快车前往南京。翌日7：20抵达南京下关车站后，换乘"宁省小火车"④（车程30分钟）前往"督军署"。尔后再转雇马车、人力车或汽车，经西华门大街至朝阳门出城，直至明孝陵和紫金山第一造林场（四方城附近）。下车后，循山道徒步1.5千米，即可登上小茅山南侧（称中茅山）山坡，实地踏勘中山陵墓址，现场写生。

中茅山是紫金山中的一座荒山，水源缺乏，植被稀少，游人罕至且留宿不便。

---

① 孙中山先生陵墓建筑悬奖征求图案条例[M]//孙中山先生陵墓图案. 上海：民智书局，1925.
② 上海法租界环龙路44号（今南昌路180号）为中国国民党上海执行部的办公地点。1924年3月1日，上海执行部在此正式开始办公，至1926年1月宣布撤销。
③ 吕彦直. 复光宇兄函[M]//卢洁峰. 吕彦直与黄檀甫——广州中山纪念堂秘闻. 广州：花城出版社，2007：35-36.
④ "宁省小火车"是南京市内铁路的俗称。该铁路始建于1908年，初名宁省铁路，1913年2月更名江宁铁路，1927年9月更名京市铁路。不过直至20世纪20年代，"宁省铁路""宁省小火车"的称呼仍被民间习惯性沿用。（参见陆晖. 南京"小铁路史话"[M]//郑军. 铁道上的江苏记忆. 北京：中国铁道出版社，2023.）

因此，要对墓址地形做全方位的踏勘并写生，就须多次往返于沪宁之间。没有人知道过程中吕彦直曾经如何奔波，如何攀缘，如何挨饥抵渴，又如何赶在太阳下山前出山，前往下关火车站，赶搭回上海的夜班快车！

有道是"精诚所至，金石为开"。某日，当吕彦直爬上一处高坡时，眼前为之一亮，他发现墓址地形有覆钟之势——钟、钟山、中山、木铎警钟、自由钟！吕彦直的创作灵感一下子被激活了。他迅速打开画夹，倚石而立，为墓址地形写生，"范界略成一大钟形"的孙墓草图，由此而生。

三、1925年6月：巧置石墓

设计中，吕彦直碰到的难题很多，中以《条例》所规定的"容放石椁之大理石墓即在祭堂之内"为最。把一个容放石椁的大理石墓，放在祭堂之内，这在中国建筑史上是没有先例的。莫说是设计者，即便是《条例》的起草者也明白自己是在出难题。因此，不得不补充说明："墓之建筑在中国古式虽无前例，惟苟采用西式，不可与祭堂建筑太相悬殊。"

为解决这一难题，吕彦直再次前往中茅山南坡175米标高处实地踏勘，在现场反复量度，测算，写生。

设若把一个"容放石椁的大理石墓"，放在祭堂之内，那么，这座祭堂的体量必定很大，造价必定很高。否则，祭堂内除了一个"容放石椁的大理石墓"之外，拜谒者还能有回旋余地吗？况且，中茅山南坡175米标高处，根本就没有如此广大的地块可供利用。经反复踏勘、测算后，吕彦直确认：《孙中山先生陵墓建筑悬奖征求图案条例》预设的"容放石椁之大理石墓即在祭堂之内"的规定是行不通的。于是，毅然跳出《条例》预设的藩篱，将祭堂和"容放石椁的大理石墓"分开，处理为"前堂后墓"——在祭堂背后建筑一座"容放石椁之大理石墓"的墓室，并以墓门与祭堂相连通。

事后证明，在获奖的七份图案中，只有吕彦直把祭堂与石墓分开处理的设计方案是最合理的。而第二、第三名的获奖者范文照和杨锡宗，则完全按照《条例》的预设，把石墓安置在祭堂中，并因此遭受评判专家们的批评。中国画家王一亭在评判中指出：范文照"计划极好惜乎墓在祭堂之中不甚尊重"。杨锡宗则"完全为中国古式，惟与中山先生融合中西之精神似不合，且墓之位置亦在祭堂之中"[①]。

---

① 王一亭.孙中山先生陵墓图案评判报告[M]//孙中山先生陵墓图案.上海：民智书局，1925.

四、1925年6—8月：反复推敲

黄檀甫晚年曾经给小儿子黄建德讲述了吕彦直设计中山陵的细节。黄檀甫说：当年，吕彦直因设计中山陵而整日茶饭不思。他在不断地修改画作。为了直观起见，每当画完一稿，就用桐油灰捏造设计模型。然后，对着模型修改画作。修改完后再捏造设计模型。如此循环往复，直至设计出中山陵现在的这个模样来为止！[①]

经过反复推敲，吕彦直最终以中茅山的自然山体为依托，自南往北，将墓道、台阶、牌坊、墓门、碑亭、祭堂、墓室等"中国古式"陵墓建筑要素，次第串联，组成一条秩序分明，层层递进，不断抬升的纪念轴。在纪念轴的两旁，依地势拓展空间，以石垣筑就一个大钟形的范界——全案构思独特，意匠精妙，令人叹为观止。

五、1925年9月：终成正果

经过整整四个月的反复推敲与无数次修改，吕彦直终于绘制出了"全部平面图、全部正面立视图、祭堂平面图、祭堂正面立视图、祭堂侧面立视图、祭堂纵截剖面图、祭堂横截剖面图、全部纵切剖面图、透视图：陵墓形势一览图、透视图：祭堂侧视（油画）"十幅孙中山陵墓建筑图案，撰写了1253字的《孙中山陵墓建筑图案说明》文，如下：

孙中山陵墓建筑图案说明

（1925年9月）

墓地全部之布置，本图案之题标，为祭堂与墓堂之联合及堂前台阶石级及空地、门道等之布置。今在中茅山指定之坡地，以高度线约四三五呎（即百四十米左右）为起点，自此而上达高度线五九四呎（即百七十米左右）为陵墓之本部。其范界略成一大钟形，广五百呎，裹八百呎。陵门劈三洞，前为广场及华表（按陵门及华表因建筑费不敷，此时不能建造，惟此图案上似属需要，日后增建可也），车舆至此止步。自此向南即筑通钟汤路之大道（此道以自八十呎至百呎为宜）。入陵门即达广原，此即条例中所需容五万人伫立之空地。此原依山坡约作十分之一斜面，其中百呎宽处铺石为道。自陵门至石级之底，约四百五十呎，凡分五段，每段各作阶级若干步，石道两旁坡地，则为草场。台阶、石级凡三层，宽约百呎，自下而上，首层级数十八，二层三十，最上四十二，共高四十五呎，以达祭堂之平台。在

[①] 卢洁峰.吕彦直与黄檀甫——广州中山纪念堂秘闻.广州：花城出版社，2007：25.

阶级顶端与台平处，可置石座，上立中山立像，此像之高当在十八呎左右为合度。祭堂平台宽约百呎，长四百八十呎。台之两端立石柱各一，台之中即祭堂，其图案大略如次：

祭堂：祭堂长九十呎，阔七十六呎，自堂基至脊顶高八十六呎，前面作廊庑，石柱凡四，成三楹。堂之四角，各如堡垒。堂门凡三拱形，其门用铜铸之，堂顶复檐，上层用飞昂博风之制。檐下铺作之抖栱，因用石制而与木制略异其形式。中国宫室屋顶，向用炼瓦，惟瓦屋之顶，若非长事修葺，则易滋生蔓草，且瓦片尤易拆毁，故此祭堂之顶，最善莫如用铜。铜顶之制在本国建筑史上已有所见，较之炼瓦坚久多矣。

堂之内：两旁有柱各二，中部之顶特高，约五十二呎，作穹隆式。其上施以砌磁，作青天白日之饰，而堂之地面，则铺红色炼砖，以符满地红之征象。堂之四壁用大理石作壁板，上刻中山先生遗嘱及建国大纲等文。堂之四角，各设小室，以备庋藏纪念品等之用。堂之后壁，即墓门所在，门前立石碑，刻"孙中山先生之墓"之文。

墓室：墓室之门，作双重，自祭堂入门升级而达机关门，以入于墓室。室作圆形，穹隆顶亦饰以青天白日之砌磁。安置石椁之处较周围为底，绕以石栏以供瞻仰。此墓室乃依山开掘而成，故外部只露圆顶，内与祭堂相连。

构造及费用：祭堂等之计划，因建筑费之限制，其面积及尺度，已为至少适合之度。（设万不得已，祭堂之面积尚可缩小十分之一，而不失其形式。）所需开掘之山地及拥壁之建筑，亦系最少之量。墓室之依山开掘，即以此故，且尤谨敕。祭堂之构造，为此图案中费用最大之标。其墙壁之面，必须用石，固不待言，至墙身则用最佳之砖即可。内壁用大理石及人造石，屋顶之人架，以钢凝三合土为之。屋面最佳用铜，已如前言，较之琉璃炼瓦，其价当非甚远。门窗之属更宜用铜，此外如通风防湿等制，亦皆依科学的方法而设施之。

图案画目次

一、全部平面图。一寸等于五十呎，附全部正面立视图。

二、祭堂平面图。一寸等于八呎。

三、祭堂正面立视图。一寸等于八呎。

四、堂侧面立视图、祭堂纵截剖面图、祭堂横截剖面图。一寸等于十六呎，附全部纵切剖面图。一寸等于五十呎。

　　五、透视图："陵墓形势一览图"。

　　六、透视图：祭堂侧视（油画）。①

　　这份《孙中山陵墓建筑图案说明》，充分展现了吕彦直的建筑思想及设计原则——

　　1."就天然之形势，经营布置"②，用"布扎"式的手法，升华设计对象之内涵——把孙墓的范界，提炼至"略成一大钟形"。

　　2.最大限度地利用地形，以减少开掘量，只有"墓室乃依山开掘而成"，其余自祭堂以下之"堂前台阶石级及空地、门道等之布置"，均依地势铺排，从而最大限度地节约开支，把有限的资金用在刀刃上。

　　3.建筑须以坚固、经久耐用为重，故以最高标准选材，以求一劳永逸。

　　4.室内的装饰设计应充分体现甲方的意愿和诉求，具体到中山陵则应充分体现甲方中国国民党以及其总理（墓主）孙中山先生的精神——祭堂堂顶"施以砌磁，作青天白日之饰，而堂之地面，则铺红色炼砖，以符满地红之征象。堂之四壁用大理石作壁板，上刻中山先生遗嘱及建国大纲等文"。墓室"穹隆顶亦饰以青天白日之砌磁"。

　　吕彦直曾经为中国科学社设计过社徽，因此，对中国国民党的党徽，对国旗"青天白日满地红"特别敏感。在吕彦直眼里，没有什么比一枚徽章、一面旗帜更能反映一个政党（团体）的理念与宗旨。此外，用国旗与党徽以及《建国大纲》《中山先生遗嘱》等装饰祭堂与墓室，说明吕彦直对墓主及其政党的文化背景有过一番深入的研究，能准确掌握其精神要旨。

　　分获孙中山陵墓图案设计二、三等奖的范文照和杨锡宗，在《孙中山先生陵墓计划书说明》上均没有类似的装饰设计，更没有写出孙中山著作的具体名称来。范文照只是说："祭堂内观美丽，四壁饰以云石，镌刻先生之遗训。"③杨锡宗则说："堂中陈列纪念牌［碑］石，镌所纪念人物之功业与言论。"④

---

① 吕彦直.孙中山先生陵墓建筑图案说明[M]//孙中山先生陵墓图案.上海：民智书局，1925.
② 吕彦直.规划首都都市区图案大纲草案[J]//首都建设，1929.
③ 范文照.孙中山先生陵墓计划说明[M]//孙中山先生陵墓图案.上海：民智书局，1925.
④ 杨锡宗.孙中山先生陵墓计划说明书（译文）[M]//孙中山先生陵墓图案.上海：民智书局，1925.

六、1925年9月20日：一举夺冠

按筹委会的规定，吕彦直在图纸上只画暗号"屮"而不署名字，将名字和暗号另行妥善密封，于9月15日前交到了法租界环龙路44号孙中山先生葬事筹备处。

为公正地选拔出高水准的设计图案，筹委会不仅采用匿名评判的办法，而且还制定了一个"孙中山先生陵墓图案评判要点"，作为评判准则。

"孙中山先生陵墓图案评判要点"如下：

1.征求目的为陵墓与祭堂，应征图案必须解决此问题。（参看征求图案条例）

2.图案性质，注重墓地及其环境与建筑之目的。

3.全局之布置，如墓道及墓之四周。

4.实际方面，如经费限制之类。

5.葬事筹备委员会及孙先生家属之意，此项陵墓建筑计划应简朴庄严而坚固，不取奢侈华贵。[①]

这个评判要点事先并没有公布，只为筹委会在具体评判应征作品时所应用。

截至1925年9月15日，筹委会共收到应征之图案40余种，全部陈列在上海四川路29号三楼的大洲公司。9月16—20日为评判期。"除家属孙宋夫人、孙哲生君及葬事筹备委员等亲到评阅外，复由委员会聘请中国画家王一亭、南洋大学校长凌鸿勋、德建筑师朴士、雕刻家李金发为评判顾问。"[②]

9月19日，四位评判顾问各自提交了自己的评判意见。

王一亭在评语中称：

得奖者　第一名屮

（一）墓在祭堂后合于中国观念。

（二）建筑朴实坚固。

（三）形势及气魄极似中山先生之气概及精神。[③]

凌鸿勋在评语中称：

（甲）屮

此案全体结构简朴浑厚，最适合陵墓之性质及地势之情形。且全部平面作钟形，尤有木铎警世之想。祭堂与停柩处布置极佳，光线尚足，祭堂外观形式甚

---

① 孙中山先生陵墓图案评判要点[M]//孙中山先生陵墓图案.上海：民智书局，1925.
② 评判顾问报告[M]//孙中山先生陵墓图案.上海：民智书局，1925.
③ 王一亭.孙中山先生陵墓图案评判报告[M]//孙中山先生陵墓图案.上海：民智书局，1925.

美……①

德国建筑师朴士在评语中称：

首奖之得者卍

卍之计划似根据中国宋代格式而参加己意，与评判要点第一项之观念最合，对其他各项亦极能合格，故定为首奖。②

李金发在评语中称：

卍为二奖　建筑上之组织，古雅纯正，惟较少夺眼之处，以全部形势而论，似太平坦，惟从上下望，建筑全部适成一大钟形，尤为有趣之结构。③

20日14：00，委员会在大洲公司三楼召集孙先生家属及葬事筹备委员联席会议，列席者为宋庆龄、孙科及夫人、孔祥熙、林焕廷、叶楚伧、陈佩忍、杨杏佛诸君等。根据征求条例及评判顾问意见书详加讨论。其中，围绕吕彦直的应征图案，展开了六小时的辩论。吕彦直设计的孙墓图案具有三个特点：

一、到祭堂门口，就可以瞻仰孙先生的遗像。

二、祭堂容积极大，而且全场可用。

三、坟墓在山下，建筑物如因故毁灭，孙先生的尸体可无损。④

这三个特点是别的参赛图案所没有的，据此，与会者最终决定了得奖名单——

头奖　吕彦直

二奖　范文照

三奖　杨锡宗

名誉奖

1. 孚开洋行乃君（Cyrill Nebuskad）

2. 赵深

3. 开尔思（Francis Kees）

4. 恩那与佛雷（C. Y. Anney and W. Frey）

5. 戈登士达（W·Livin. Goldenstaedt）

---

① 凌鸿勋.孙先生陵墓图案评判报告[M]//孙中山先生陵墓图案.上海：民智书局，1925.
② 朴士.孙逸仙博士陵墓图案评判报告（译文）[M]//孙中山先生陵墓图案.上海：民智书局，1925.
③ 李金发.孙中山先生陵墓图案评判报告[M]//孙中山先生陵墓图案.上海：民智书局，1925.
④ 唐越石.孙墓图案展览会访问记[N]//申报，1925-09-23（21）.

6. 士达打样建筑公司（Zdanwitch and Goldenstaedt）

7. 士达打样建筑公司（Zdanwitch and Goldenstaedt）[1]

从上述获奖名单可见，应征孙中山先生陵墓图案设计者，主要为两部分人：一是留学归国的中国建筑师，二是西方建筑公司与建筑师。其中，吕彦直、范文照、杨锡宗、赵深都是中国第一代学成归国或正在美国留学的中国建筑师。其余的西洋建筑公司及西洋建筑师则多为业界的行家老手。要之，行家老手不敌后起之秀。

祭堂侧视图（油画） 　　　　　祭堂正面立视图

陵墓形势透视图 　　　　　全部平面及正面立视图

---

[1] 孙墓图案选定[N]//申报，1925-09-21（22）.
孙中山先生陵墓图案[M].上海：民智书局，1925.

129

祭堂平面图　　　　　　祭堂各面及全部纵截剖面图

（以上6幅图，图源：《孙中山先生陵墓图案》）

第二节　出任中山陵建筑师

传统的农业中国，"历代以来，帝皇宫宇之建造，虽主专员，但民间营屋，大率操诸工匠之手，人民对于所谓建筑事业者，亦只以之为梓工大匠之事，至于士大夫则多不屑为之"[1]。外加当道"专重文学，鄙薄工艺"；"专重墨守，不尚进取"[2]，因此，无所谓"建筑师"，遑论建立建筑师制度。

1840年以后，西方建筑师进入中国，1849年，英国职业建筑师斯特雷奇（Mr. Strachan）来到上海，开设了第一家建筑事务所（Geo Strachan Co.）。[3]之后，接踵者众，并把西方的建筑师制度，全盘移植到中国。据统计，1910—1920年代，上海的建筑师事务所，68%由西人开办，9.5%为中西合办，中国人开办者，只占总数的21.8%。[4]换言之，西人的建筑事务所占据上海建筑界的大半壁江山，其建筑师亦随之成为建筑界的主角。与此同时，学成回国的中国建筑师，因刚刚入行，尚未成熟而成为"配角"。外加资本、名望的积累需要时日，因此，往往难以在较短的时间内成立自己的建筑事务所。

---

[1] 张至刚.吾人对于建筑事业应有之认识[J]//中国建筑，1933.
[2] 发刊词[J]//建筑月刊，1932.
[3] Natalie DELANDE. 工程师站在建筑队伍的前列[M]//汪坦，张复合，主编.第五次中国近代建筑史研究讨论会论文集.北京：中国建筑工业出版社，1998.
[4] 统计数据来自Natalie DELANDE. 工程师站在建筑队伍的前列[M]//汪坦，张复合，主编.第五次中国近代建筑史研究讨论会论文集.北京：中国建筑工业出版社，1998.

一、1925年9月22日：成立彦记建筑事务所

1925年9月21日星期一，上海《申报》刊登了《孙墓图案选定》的消息，通报吕彦直获得孙墓图案头奖。"配角"一举夺冠，令以西洋建筑师为"主角"的上海建筑界为之震动，也予中国建筑师同行以鼓舞。同日，上海《申报》记者登门拜访吕彦直。

获奖后的吕彦直，一扫往昔"替他人作嫁衣"之委屈，名正言顺地以"吕彦直建筑师"的名义开办建筑事务所。

1925年9月22日星期二，吕彦直在上海《申报》头版刊登广告，宣布成立彦记建筑事务所——

吕彦直建筑师启事

鄙人现设彦记建筑事务所于仁记路念五号。专营建筑打样业务。从前与他人机关合营事务，除用鄙人名义注明与他家合作者外，其余概不与闻。恐未周知，特此声明，以专责任。

《吕彦直建筑师启事》行文简约，语势果决——一个学有专长，独立不羁的吕彦直，跃然纸上。

9月23日，上海《申报》发表了《吕彦直之谈话》的独家报道。

吕彦直之谈话

孙中山先生陵墓图案展览会，吕邦彦先生应征得第一名。吕君，安徽人。美国康奈尔大学毕业，建筑专家。曾在中南建筑公司任职。现自设真裕公司彦记建筑事务所于四川路二十五号。记者昨往询问，兹将谈话记下。

吕君云，余此次拟样，系中国式，初意拟法国拿破仑墓式，继思之不合，故纯用中国式。陵墓最重要之点，即在柩之保存，与祭堂之阔大，此合于中国习惯也。发柩之处在地窟内，四围隔以高栏，以供后人之瞻仰凭吊。余此样式，并非极华丽者，式样较华丽者颇多，不过需费太多，不甚相宜。工程开始，当在明年春季也。记者又询以全图形势，似一大钟形，闻委员会中人言，寓暮鼓晨钟之意。然否？吕君曰：此不过相度形势，偶然相合，初意并非必求如此也。

又云得名誉奖之赵深君，尚在美国留学，该稿系由美寄到者云。

也许是新闻报道强调"快"，成稿后，记者并没有请吕彦直核对，以致在导语中造下三处笔误：一是把吕彦直的名字错写为"吕邦彦"；二是把"东南建筑公

司"写作"中南建筑公司";三是把"仁记路"写作"四川路"。

"吕邦彦"或许是记者潜意识所致——吕君就是全中国(邦)最有才学与德行者(彦);"中南"是"东南"的笔误;仁记路则因靠近四川路而被记者误记为"四川路"。

然而,瑕不掩瑜。上海《申报》的这一独家专访,完整地记录下了吕彦直获奖后的一番谈话,把我们直接带到历史现场——

一举成名的吕彦直,面对突如其来的巨大荣誉,沉着而自持;面对上海《申报》记者的采访,如实相告;面对如潮的好评,不把话说满。颇有"不以物喜,不以己悲"之大家风范。

吕彦直获得"孙墓图案"建筑设计竞赛的头奖,即获得了孙墓的设计权。这不仅对其本人的建筑师生涯具有决定性的意义,还对提高中国建筑师的社会地位产生了积极的影响。中国近代建筑师群体由是而聚合,成长,壮大。

二、1925年10—11月:闭门谢客,赶制图文

9月27日16:00,孙中山先生家属及葬事筹备委员会在北成都路广仁里张静江家里召集了联席会议。将中山陵第一及第二名获奖的设计图案与说明书、估价表,及各方关于图案的意见,全数陈列在会场上,让与会者共同研究。经过长时间的讨论,大家认为,吕彦直的设计图案简朴坚雅,且完全根据中国古式建筑精神;陵墓范界略呈一大钟形,寓意警钟长鸣:"革命尚未成功,同志仍须努力",并体现墓主"必须唤起民众"的愿望。因而一致决定采用作为中山陵的建陵正式方案,并聘请得奖人吕彦直为中山陵的建筑师,主持计划建筑详图,及监工事务。

由于"陵墓图案选定后,建筑师仅得两个月之期限以制备工作图样及工程条例,以便估价之用"[1],因此,自接受上海《申报》记者采访之后,吕彦直即闭门谢客,按照筹委会的要求,在两个月之内拟就总理陵墓全部工程的建筑合同、工程说明书(工程条例)等一批文件,并绘制工程详图。

在《总理陵墓第一部工程说明书》[2]中,吕彦直详细列出了祭堂、墓室建造全过程的每一道工序在选料、用料,施工上的每一个步骤的具体操作规范和质量要求,活像一部施工教科书。

---

[1] 吕建筑师工程简要报告(十五年一月至十二月)[M]//孙中山先生陵墓工程报告第一册. 南京:孙中山先生葬事筹备处,1927.
[2] 初名《孙中山先生祭堂陵墓工程说明书》。

比如，对钢筋三合土（钢筋混凝土）工程，有如下要求：

凡钢条皆须竹节式，由马丁炉①炼成。其最大拉力每方吋不得少于六万磅，让点拉力每方吋不得少于三万二千磅……

凡水泥须用上等"马牌"或"泰山牌"，及建筑师认为合格之他种牌号……

黄沙须尖锐、洁净，不含有机、无机及酸性、碱性之杂物为合格，其大小以能筛过一分半方筛子为标准……

碎石子由坚硬之花岗石捣碎，并将泥沙杂物洗除净尽，碎石子之对径须自一分半至六分……

［浇筑三合土时，］须一气做成，不得间断……气候寒冷时，如温度在冰点以下，三合土工作即须停止进行……

对石作工程，则要求：

所有石料之表面不得有工具痕迹与碰坏、破边、补缀等种种缺点……

祭堂内墙应用建筑师指定灰色意大利石……护壁石厚为七分……

凡本过程中所用一切材料，承包人须将样品送建筑师核定，得其认可，嗣后所供材料须与样品符合，不得以他品混充。

凡此种种，洋洋6500字，一丝不苟。

在工程说明书中，吕彦直还特别列出图纸的使用与归还，以及给每一道工序照相存档等要求：

承包人应于每月（或较短时期内），在建筑师指定之地点，摄取八寸乘十寸照片二纸（背贴竹布，不用硬纸），以示工程之进行，呈交建筑师留存。每次所摄底片上，依建筑师之指示，注明摄取日期并编号数，如遇关于工程进行发生争执时，以之作为证据。②

一切图样及说明书皆为建筑师所有物，在工程完竣时或停止时并于末期付款证

---

① 马丁炉，即平炉，炼钢炉的一种。1855年，英国工程师西门子（Karl William Siemens, 1823—1883）发明了配备有蓄热室的高温火焰炉，并于1856年获得专利，此炉最早用于熔炼玻璃。1864年，法国工程师马丁（Piere Emile Martin）以生铁和废钢为原料，在配备有蓄热室的火焰炉中首次成功地炼出了合格的钢液。人们为了纪念西门子和马丁两人在创立新型高温炼钢炉上的贡献，称这种炼钢炉为西门子-马丁炉，简称马丁炉。
② 南京中山陵与广州中山纪念堂及纪念碑的施工进度照片，是姚新记营造厂、馥记营造厂、宏益公司、慎昌洋行等承包商，按照吕彦直的这一要求，在施工现场拍摄的。

书未发以前，承包人应即检还建筑师之事务所。①

三、1925年11月3日：受聘中山陵建筑师

1925年11月3日，吕彦直以彦记建筑事务所的名义，与孙中山先生葬事筹备处签订了《孙中山先生陵墓工程建筑师合同》②，出任中山陵建筑师。在签订合同时，吕彦直与甲方的杨杏佛不期而遇。

杨杏佛（1893年5月4日—1933年6月18日），名铨，字宏甫，祖籍江西玉山。早年就读于上海吴淞中国公学，加入中国同盟会。1911年8月考入唐山路矿学堂，辛亥革命爆发后赴武昌参加革命斗争。1912年1月到南京任孙中山临时总统府秘书处收发组组长。1912年11月赴美入读康奈尔大学西布利学院。1914年6月，是科学社（翌年改名"中国科学社"）九名发起人之一，与吕彦直既是同学，又是社友与《科学》编辑部的同事。1917年夏，杨在西布利学院毕业后，考入哈佛大学攻读工商管理硕士学位。1918年，杨获硕士学位后，迅即回国投入教育救国、实业救国的实践中。1924年夏，杨到孙中山身边任秘书职，后随孙中山上北京。1925年3月12日孙中山逝世后，出任孙中山先生葬事筹备委员会总干事。

康校一别，不觉已近九年，吕、杨二人谁也没有料到，会因建筑中山陵而再次相遇。当日，在《孙中山先生陵墓工程建筑师合同》的签字仪式上，杨杏佛作为甲方证人、吕彦直作为乙方当事人，分别在合同与图纸上签字画押。事毕，两位老同学、老社友起立握手，杨杏佛老大哥似的拍着吕彦直的肩膀说："好样的，'天降大任'，您是康校，更是中国科学社的骄傲！"吕彦直迎着杨杏佛热切的目光，十分坚定地答道："放心，我一定会做到最好。"

四、1925年12月5日：提交《总理陵墓第一部工程说明书》及第一批工作图样

1920年代的中国上海，建筑事务所制度全盘移植自西方，彦记建筑事务所也不例外——吕彦直沿用纽约茂旦事务所的全套工作章程与建筑文件规范，无论是设计

---

① 孙中山先生祭堂坟墓工程说明书译文[M]//孙中山先生陵墓工程报告第一册.南京：孙中山先生葬事筹备处，1927.
总理陵墓第一部工程说明书译文[M]//总理陵园管理委员会报告.南京：京华印书馆，1931.
1931年版的译本，更改了1927年版译本的标题，内文也略有修改。
② 葬事筹委会与建筑师订立合同译文（一九二五年十一月三日）[M]//南京市档案馆，中山陵园管理处.中山陵档案史料选编.南京：江苏古籍出版社，1986：162-164.

绘图、订立合同，还是工程说明书，全部使用英文标识、书写。连彦记建筑事务所的信封、信笺上的地址也用英文书写。其中，用于装载文件的大号信封上，还特别注明：五天后返还彦记建筑事务所，如下：

AFTER 5 DAYS RETURN TO

彦记建筑事务所

Y. C. LU, ARCHITEC

25,JINKEE ROAD,

SHANGHAI, CHINA

1925年12月5日，吕彦直按照建筑师合同的规定，向葬事筹备委员会

彦记建筑事务所信封（图源：黄建德提供）

提交了英文文本的《总理陵墓第一部工程说明书》，以及第一批工作图样。

总理陵墓第一部工程的编号是"54"——"JOB NO. 54"[①]。现存总理陵墓（下称"中山陵"）第一部工程的第一批工作图样（施工图）共有11张（图54-1至图54-11）[②]。其中，有八张是由C.W.ZEE绘制的，另外三张则是由Law Fock Tal（刘福泰）绘制的。

五、1925年12月中旬：说服姚锡舟

11月1日，筹委会在上海《申报》等各报上刊登孙中山先生陵墓第一部工程的招标广告，工程费用预算从"悬奖图案"时的30万元[③]，增加至50万元。不少营造厂都盯上了手握事权的葬事筹备委员会总干事杨杏佛，设法承揽这项工程，甚至直接把财物送到杨杏佛家里。无奈之下，杨杏佛收下了全部礼品并详记清单，待公开招标之日，杨杏佛将所有礼品及清单全部摆放在会场上，送了礼的厂商只好收回自己的礼品，退出会场。剩下没有送礼的姚新记等七家营造厂，参加了孙中山先生陵墓第一部工程的投标。在这七家营造厂中，吕彦直看重姚新记营造厂。

姚新记营造厂厂主姚锦林（1875—1944），字锡舟，出生在上海川沙一个贫苦农民家庭，幼年失学，11岁到上海租界独自谋生。他贩运瓜果，做球童给洋人捡网球，为洋人的山坟守夜，什么都做，从不怕苦，且勤奋好学。1893年18岁时在租界

[①] 中山陵第一部工程说明书（英文）[A]. 南京市国家档案馆，档号：1005-1-276.
[②] 《中山陵档案》编委会. 中山陵档案·陵墓建筑[M]. 南京：南京出版社，2016.
[③] 孙中山先生陵墓建筑悬奖征求图案条例[M]//孙中山先生陵墓图案. 上海：民智书局，1925.

当上了马路小工，值此进入建筑行业。工余潜心研究营造技术，并虚心向杨斯盛、江裕生等前辈高手求教，营造技艺猛进，还自学说得一口流利的英语。在与洋人打交道的过程中，结识了专为怡和洋行设计房屋的挪威籍建筑师穆勒，深得穆勒的信任。穆勒将怡和纱厂的一部分工程交姚锡舟承建，姚首战告捷，出色完成。遂于1899年独立开业，创办姚新记营造厂。

姚锡舟聪明过人，以善解建筑施工中的难题而闻名。1903年，外白渡桥重建，旧桥板拆去后，桥桩却拔不上来。对此，上海工部局的外籍工程师们均束手无策，姚锡舟却自有办法。只见他在苏州河里停上几条大船，趁落潮时把旧桥桩绑紧并固定在船上，涨潮时，靠水的巨大浮力，把桥桩一根根地拔起。此举令工部局玛礼逊、罗德、德利等洋工程师大为叹服。

1907年，穆勒设计的安徽芜湖铁路局的三座铁路桥开始施工，其中的一座在施工时遇到地下流沙层，桩头移位严重难以固定。姚锡舟将水泥干拌好装在麻袋里沉入桩基坑，一袋袋垒叠上去，水泥遇水凝固，桩头也随即被固定了。还有一次，穆勒为上海香港路的一座仓库设计加层，业主要求在施工时一不准搬动仓库内存放着的大量货物，二不能拆动人字形屋面。业主的要求可谓刁钻。只见姚锡舟先用几十只千斤顶把屋面顶起，然后逐码加砖砌墙，最终加出层高，顺利完成了这项难题工程。

此间，穆勒正设计上海第一幢钢筋混凝土框架结构的电话公司大楼，姚锡舟自然获得该大楼的建造权。当时，钢筋混凝土技术刚刚传入上海，姚锡舟潜心研究这项新技术，掌握要领，安排铁匠扎钢筋、石匠浇捣混凝土，更严把质量关。1908年大厦落成，令万众瞩目，姚锡舟亦因此一举成名。

1910年左右，姚锡舟与穆勒、德利合伙开办集设计、施工于一体的协泰洋行。先后承建了中孚银行大厦、中央造币厂、中央银行、恒丰路桥等一批重要工程。其中尤以1925年建造的法国总会（今上海花园饭店裙房）为世人瞩目。[1]姚新记营造厂由此而成为上海建筑界的顶级企业。

至1925年11月中山陵墓第一部工程招标时，51岁的姚锡舟从事建筑业已30年。麾下的姚新记营造厂无论是资本、资历、资质都堪称上海建筑界的老大哥。

有道是一分钱一分货，姚新记营造厂的投标价格是48.3万元，并非价格最低

---

[1] 南京市政协文史资料委员会.中山陵园史录[M].南京：南京出版社，1989.

者。中山陵的建筑资金主要来自中国国民党所在的广东省财政，由于资金紧张，葬事筹委会多次与姚新记沟通，希望其能削减报价。为确保工程质量，吕彦直索性登门拜访姚锡舟，动之以情，晓之以理，亟望姚新记能削减报价，承办中山陵工程。

12月中旬，姚锡舟最终被吕彦直所说动——"第自蒙吕工程师告以艰难，勖以大义，嘱为删削，敝处钦仰孙公非自今始，兹能承诏勉，讵能无动于衷？"于是"抱一名誉观念、义务、决心"①，对筹备委员会做出了让步，将工程报价一再削减。

六、1925年12月20—28日：三次出席孙中山葬事筹备委员会会议

1925年12月是吕彦直进入职场以来最为繁忙的一个月。一方面要设计绘制工作图样（施工图），拟就中山陵全部工程的建筑合同（章程）、工程说明书（工程条例）等文件，另一方面还须出席孙中山葬事筹备委员会的会议。仅在20—28日这短短的八天中，吕彦直就出席了三次孙中山葬事筹备委员会的会议——

1.出席孙中山葬事筹备委员会第16次会议

1925年12月20日15：00，孙中山葬事筹备委员会在上海北成都路广仁里张静江宅召开了第16次会议，吕彦直应邀出席。

会议主要讨论墓工的投标问题。吕彦直向筹委会报告了七家参加投标的营造商的资质、资本、标价等情况。指出：姚新记"资本最大，造工厂经验最多"。经过讨论，"决定于资本殷实，标额次低之姚新记议价，以三十九万两至四十万两为限"，将中山陵墓第一期工程判给姚新记营造厂承建。②

2.出席孙中山葬事筹备委员会第17次会议

1925年12月26日15：00，孙中山葬事筹备委员会在上海北成都路广仁里张静江宅召开了第17次会议，吕彦直应邀出席。

会议有两个议题：一是墓工投标问题。二是造像模型悬奖问题。③

---

① 姚新记营造厂投标之说帖（一九二五年十二月）[M]//南京市档案馆，中山陵园管理处.中山陵档案史料选编.南京：江苏古籍出版社，1986：164-165.
② 第十六次会议记录[M]//南京市档案馆，中山陵园管理处.中山陵档案史料选编.南京：江苏古籍出版社，1986：72-73.
此处的货币单位"两"与《孙中山先生陵墓建筑悬奖征求图案条例》之第"12"条"其建筑费总额定为三十万元"中的"元"不一致。"两"特指"白银""银两"，"元"则有"上海规元"与"广东毫元"之别。笔者认为，由于当时筹委会设于上海，因此，此处"以三十九万两至四十万两为限"之"两"，应为"元"之误，且此"元"为上海规元。
③ 第十七次会议记录[M]//南京市档案馆，中山陵园管理处.中山陵档案史料选编.南京：江苏古籍出版社，1986：74.

3.出席孙中山葬事筹备委员会第18次会议

1925年12月28日20：00，孙中山葬事筹备委员会在上海北成都路广仁里张静江宅召开了第18次会议，吕彦直应邀出席。

会议有三个议题：一是投标问题。二是合同条件等问题。三是关于碑铭、传记等著作人的人选。议决：撰文推定由吴稚晖、汪精卫、胡汉民、张静江担任；题书推定由谭延闿、于右任、张静江担任。①

由于议程较多，且涉及具体的合同条件以及碑铭、传记等著作人选，因此，直至深夜会议才结束。

离开张宅，吕彦直折入福煦路（今延安中路），这是一条公共租界与法租界的界路，沿路洋房错落，豪宅俨然。前方约2千米处就是古拨路（今富民路）的北口，吕彦直家住古拨路55号。

路灯在英国梧桐②间摇曳，吕彦直在树影中穿行。这场景，一下子把吕彦直带回到儿时的巴黎，让他想起在巴黎歌剧院广场前替看歌剧的人士擦汽车、挣零钱的经历——每当曲终人散，擦拭完最后一辆汽车，他便独自步行返回位于奥什大街的家。距离同样约2千米，"伴侣"同样是黑夜与梧桐树……

如果从早晨8时算起，此刻的吕彦直，已经连续工作16小时了。冷风迎面吹来，吕彦直忽然间意识到：1925年只剩下50多个小时了。

七、1925年12月31日：签订《总理陵墓第一部工程合同》

在1925年的最后一天，孙中山先生葬事筹备委员会（业主）与姚新记营造厂（承包人）签订《总理陵墓第一部工程合同》。孙中山先生葬事筹备委员会的代表是林焕廷、孙科，证人是杨杏佛；姚新记营造厂的代表是姚新记，证人是吕彦直。要之，两位康奈尔大学的老同学、中国科学社的老社友，彼此分别作为甲、乙双方的证人、建筑师，先后在《总理陵墓第一部工程合同》与图纸上签字画押，共同见证了一段历史，也共同创造了一段历史。③

---

① 第十八次会议记录[M]//南京市档案馆，中山陵园管理处.中山陵档案史料选编.南京：江苏古籍出版社，1986：75-76.
② 上海法租界的梧桐树，来自英国。
③ 总理陵墓第一部工程合同译文（一九二五年十二月三十一日）[M]//南京市档案馆，中山陵园管理处.中山陵档案史料选编.南京：江苏古籍出版社，1986：170-173.

第四章　1926年：迎难而上

1926年1月15日，总理陵墓第一部工程开工了。由于甲方"大石压死蟹"，以"总理陵墓"等名义，不合理地压低"得标工程成本"，以致承包方姚新记营造厂不得不就地取材，在中茅山挖沙、烧砖，最终导致前期工程出现质量问题，不得不推倒重来。外加中茅山缺水，施工条件极端恶劣，以及地方割据、军阀混战，建筑材料在运输途中遭遇敲诈勒索……总理陵墓第一部工程被大大地延误了，吕彦直建筑师因此备受责难并无法按工程进度"每两月一次"获得5%的"得标工程成本"之"建筑师费"[①]，资金周转出现困难。在巨大的工作压力之下，吕彦直的身体出问题了。尽管如此，吕彦直还是无所畏惧，迎难而上。

第一节　独当一面

吕彦直与孙中山先生葬事筹备处订立的建筑师合同清楚地规定：

> 建筑师之专门任务包括：应有之会商、初步之研究、工作图画及条例（通称章程），与用大比例尺及照实体大小各种详图之制备、一切提议与合同稿式之草拟、付款证书之填发、验收全部工程之证明、账目之编记与事务之主持及工程之监督等等。[②]

换言之，吕彦直既是设计师、建筑师，又是绘图员、会计员、审计员、文案，还是整个工程的监理，至少一身而七任。

[①] 葬事筹委会与建筑师订立合同译文[M]//南京市档案馆,中山陵园管理处.中山陵档案史料选编.南京：江苏古籍出版社，1986：163.
"建筑师费"又称"建筑师酬金"，全书同。
[②] 葬事筹委会与建筑师订立合同译文[M]//南京市档案馆,中山陵园管理处.中山陵档案史料选编.南京：江苏古籍出版社，1986：163.

一、1926年1月8日：上中茅山开会，现场确定祭堂及墓室地点

按照计划，1926年1月8日，孙中山葬事筹备委员会要在中茅山南坡召开第20次会议，现场确认陵墓及祭堂地点。

1月7日晚，上海的气温已经降到-3℃，吕彦直与筹委会的叶楚伧[①]、林焕廷[②]、陈佩忍[③]，以及自己的同学——筹委会总干事杨杏佛等一行在上海北站上车，前往南京。

在滚滚的车轮声中度过下半夜之后，吕彦直一行于8日早晨抵达沪宁铁路南京站，随后换乘"宁省小火车"到"督军署"，下车后改乘汽车前往紫金山第一造林场，在四方城附近下车后，一起徒步上山。南京的气温比上海的气温低2℃—4℃；紫金山上的气温又比市区的气温更低，寒风呼啸。

当天12:10，一行人登上中茅山南坡墓址所在地后，立即召开现场会。建筑师用行动说话，只见吕彦直冒着凛冽的寒风，在中茅山南坡175米标高处，与助手们一起，用炸药炸出一个"二十尺"的小平台，然后架设六分仪，"用六分仪测定正南方"[④]，以确定墓及祭堂地点。一招一式，有板有眼。吕彦直向与会者展示测定的墓及祭堂地点。经与会者一致通过后，即时树立标志。

二、1926年1—2月：继续为中山陵设计施工图

从南京回来后，吕彦直立即埋头于图房，继续为中山陵设计施工图。连续不断的紧张工作，大量地透支了吕彦直的脑力与体力，病魔遂乘虚而入，吕彦直病

---

① 叶楚伧（1887—1946），南社诗人，早年参加同盟会，与南社同仁为辛亥革命做了大量而重要的舆论宣传准备。1912年中华民国成立后，先后在上海创办《太平洋报》《生活日报》，并一度入《民立报》操笔政。1916年，与邵力子合办《民国日报》，任总编辑，抨击袁世凯称帝。1923年5月，与柳亚子、邵仲辉、陈望道等八人发起组织新南社。1924年1月，被选为中国国民党第一届中央执行委员，并任中国国民党上海执行部常务委员兼青年妇女部部长。

② 林焕廷（林业明，1881—1933），华侨，胡汉民的亲家，1907年加入同盟会，任安南（今越南）支部主盟人。勇于任事，不怕牺牲，曾参加孙中山所领导的镇南关、钦廉、河口等多次武装起义。失败后潜赴南洋，宣传革命。1911年复返海防，负责购运枪械，支援辛亥广州三二九之役。后在香港创办《真报》及《黄花三日》刊。辛亥革命后，反对军阀龙济光。1918年在上海负责孙中山住宅庶务，任劳任怨。同时创办华强书局与民智书局，刊行大量革命图书。1923年任中国国民党本部财政部部长。

③ 陈佩忍（陈去病，1874—1933），早年参加同盟会，与柳亚子等先创南社，继而追随孙中山先生。陈佩忍办报、办学、治史、编剧、赋诗，无所不通，宣传革命不遗余力。为辛亥革命和讨伐袁世凯的护法运动做出了重要贡献。曾任孙中山北伐大本营宣传主任，广东护法军政府参议院秘书长等职。1923年担任国立东南大学中文系教授。

④ 第二十次会议记录[M]//南京市档案馆，中山陵园管理处.中山陵档案史料选编.南京：江苏古籍出版社，1986：78.

倒了。

三、1926年3月12日：缺席孙中山陵墓奠基礼

1926年3月12日15：00，孙先生家属及孙中山葬事筹备处在紫金山举行孙中山陵墓奠基礼。各公团、各学校、各省军民长官派遣代表参与典礼。[①]

吕彦直因病不便参与奠基典礼，遂授权彦记经理黄檀甫前往南京，代表自己在孙中山陵墓奠基礼上发言，对"自民国十五年以来，日见争斗之事而无建设之象"，以及有破坏无建设的局面表示强烈的不满；呼吁当局重视建设和建筑，"设法提倡教育本国人才，兴立有价值之建筑物"；希望"将来民国建设时之永久的纪念的建筑日兴月盛"。[②]

第二节 吕彦直的助手

1920年代，世界各大洋行，均在上海筑有自己的办公大楼。留学欧美的"海归"，全中国最顶尖的人才，均高度集中于上海，以致"打样家林立"[③]。有"欧美学历"的建筑师、工程师，要么自立门户，要么入职洋行或资本雄厚的实业公司。入职彦记建筑事务所者，多数是奔南京中山陵和广州中山纪念堂及纪念碑这两大工程的名气而来的。

1925年11月，美国俄勒冈州立大学建筑学学士、有美国建筑事务所多年工作经验的刘福泰建筑师，慕名入职彦记建筑事务所，佐助吕彦直绘制中山陵祭堂及墓室的施工图。然而，不到半年，刘便告辞了。此后，除了吕彦直的校友、吕黄二人在东南建筑公司时的同事裘燮钧工程师以外，入职彦记建筑事务所者，全部是没有"欧美学历"的绘图员、施工员。

《中山陵档案·陵墓建筑》保存了中山陵建筑设计图纸278张，通过对制图章的识读，彦记建筑事务所最早一批建筑师、工程师与绘图员的姓名及相关信息得以浮现。

---

① 葬事筹备处关于奠基礼之启事[M]//南京市档案馆,中山陵园管理处.中山陵档案史料选编.南京：江苏古籍出版社，1986：20.
② 黄檀甫代表吕彦直建筑师在孙中山陵墓奠基礼上的发言稿[M]//卢洁峰.吕彦直与黄檀甫——广州中山纪念堂秘闻.广州：花城出版社，2007：39-41.
③ 上海银行公会招投建屋图样通告[N]//申报，1922-07-04（1）.

一、建筑师C.W.ZEE

在1925年12月5日制定的《总理陵墓第一部工程说明书》（英文）封面右下角，有一个标注："JOB NO. 54"[①]。"54"即中山陵第一部工程的工程编号。在中山陵祭堂及墓室，以及最早的一批工作图样（施工图）的制图章上，其图纸编号都是以"54"开头的。其中，"54-1陵墓及祭堂总平面图"，就是由C.W.ZEE绘制的。图54-1至图54-11的绘制落款时间均为"1925年12月5日"，与《总理陵墓第一部工程说明书》（英文）的落款时间相同。这说明，图54-1至图54-11是中山陵第一部工程的总图[②]。在这11张总图中，有八张是由C.W.ZEE设计、绘制的，另外三张则是由Law Fock Tal（刘福泰）设计、绘制的。

中山陵第一部工程部分施工图制图章识读[③]

编号	图名	时间	建筑师/绘图员
54-1	陵墓及祭堂总平面图	1925年12月5日	C.W.ZEE
54-2	陵墓及祭堂	1925年12月5日	C.W.ZEE
54-3	陵墓及祭堂基础图	1925年12月5日	C.W.ZEE
54-4	陵墓及祭堂平面图	1925年12月5日 1926年4月26日修改 1926年5月18日修改	Law Fock Tal（刘福泰）
54-5	陵墓及祭堂正立面图	1925年12月5日	C.W.ZEE
54-6	陵墓及祭堂侧立面图	1925年12月5日	C.W.ZEE
54-7	陵墓及祭堂后立面和典型剖面图	1925年12月5日	Law Fock Tal（刘福泰）
54-9	陵墓及祭堂横剖面图（向室内东、西方向看）	1925年12月5日	Law Fock Tal（刘福泰）
54-10	陵墓及祭堂挡土墙结构图	1925年12月5日	C.W.ZEE
54-11	陵墓及祭堂屋架和梁柱结构图	1925年12月5日	C.W.ZEE
54-13	祭堂屋面瓦件详图	1926年7月15日	LAO（后2个字母看不清） M.Y.CHUCK（卓文扬）
54-13	祭堂屋面瓦件详图	1928年4月6日	S.Kew
54-17	祭堂钢筋混凝土基础详图	1926年3月11日	ZEE（C.W.ZEE的简写）
54-19	墓室桩基平面图	1926年3月11日	ZEE
54-20	祭堂、墓室钢筋混凝土结构详图	日期留白，应与图54-19同时	ZEE
54-21	祭堂、墓室钢筋混凝土结构详图	日期留白，应与图54-19、20同时	ZEE
54-22	祭堂石构详图	1926年4月10日	ZEE

[①] 中山陵第一部工程说明书（英文）[A]. 南京市档案馆，档号：1005-1-276.
[②] 总图是指某一工程的一整套母图，而非指一张图纸，笔者无法确知中山陵第一部工程总图的数量。
[③] 此表是笔者根据《中山陵档案·陵墓建筑》整理而成。

(续表)

编号	图名	时间	建筑师/绘图员
54-23	祭堂大理石石构详图	1926年5月17日	Law Fock Tal（刘福泰）
54-24	钢筋混凝土屋架详图	日期留白，应与图54-19、20、21同时	ZEE
54-25	墓室大理石栏杆	1926年5月13日	Law Fock Tal（刘福泰）
54-26	部分石构详图	日期留白	ZEE
54-27	石构详图	1926年4月26日	ZEE
54-28	墓室钢筋混凝土基础结构详图	1924（"4"为笔误）年5月4日	S.C.CHUE
54-30	大理石雕花与线脚足尺详图	1926年5月18日	Law Fock Tal（刘福泰）
54-31	棺室大理石石作	1928年1月5日修改	签名留白
54-32	祭堂中轴线和边轴线剖面	日期留白	ZEE
54-34	祭堂基础平面修正图	1926年6月25日	ZEE
54-35	石堤墙详图	1926年6月26日	ZEE
54-44	祭堂和墓室总图	1926年8月21日 1926年8月23日修改	MADE BY ZEE,NANKING REVISED AUG. 23.'26 CHUCK （CHUCK=卓文扬）
54-45	祭堂部分外墙剖面图	1926年8月18日	ZEE
54-71	墓室外穹顶钢筋切割尺寸表	1926年10月22日	CHIU（Chiu, Hsieh-chun 裘燮钧）

从上表可见，C.W.ZEE是最早佐助吕彦直设计、绘制中山陵总平面图、祭堂及墓室施工图的建筑师。很可惜，据目前掌握的史料无法知道C.W.ZEE（简写ZEE）的中文姓名。在落款时间为1926年8月21日的"54-44祭堂和墓室总图"上，C.W.ZEE特别注明绘图地点在"NANKING"（南京）。结合落款时间为1926年8月18日的"54-45祭堂部分外墙剖面图"分析，至少在8月19日，C.W.ZEE已经离开上海，前往南京。抵达南京后，C.W.ZEE于8月21日完成了"54-44祭堂和墓室总图"的设计与绘制。8月23日，收到此图的卓文扬（CHUCK），对该图做出修改。在现存之彦记建筑事务所1925年12月—1926年8月的45张中山陵图纸中，C.W.ZEE一个人就承担了至少20张施工图的设计与绘制任务（此间缺失的图纸，以及签名留白的图纸尚未计算在内）。

现存中山陵第一部工程的施工图，其编号到"54-206"；第二、三部工程的编号为"54D"，现存施工图的编号到"54D-500"。

二、建筑师刘福泰（Law Fock Tal）

刘福泰（1893—1952），广东保安人，早年留学美国，1915年在美国俄勒冈州立大学获建筑学学士学位（B. Arch, Oregon State Univ.）[1]，遂入美建筑事务所工作十年。1925年回国，先入职天津万国工程公司，继而于当年11月入职上海彦记建筑事务所，佐助吕彦直设计、绘制中山陵祭堂及墓室的总图与施工图。

1926年2月23日—8月3日，建筑中山纪念堂委员会在《广州民国日报》等各大报上连续五个半月间隔刊登《悬赏征求建筑孙中山先生纪念堂及纪念碑图案》的方案，吕彦直与刘福泰均应征参赛。有迹象显示，在完成落款时间为"5-18-26"（1926年5月18日）的"54-30"《大理石雕花与线脚足尺详图》后，刘福泰就离开了彦记，投入广州中山纪念堂及纪念碑的图案设计中。9月1日，广州中山纪念堂及纪念碑图案设计竞赛结果揭晓，吕彦直荣膺首奖，刘福泰亦获名誉奖首奖。

1927年8月，国立中央大学创建中国第一个建筑工程学科（系），刘福泰因此离开上海，前往南京，成为国立中央大学建筑工程学科（系）的创建人之一，任国立中央大学建筑及都市计划教授，兼建筑工程学科（系）主任至1930年。之后，成立刘福泰建筑师事务所，受聘为廖仲恺墓建筑师。

1931年，业界成立中国建筑师学会，刘福泰成为该学会第一批正式会员。同年，刘福泰分别在《山东省建设月刊》和《东方杂志》上发表《建设与航空的关系》一文，呼吁重视都市规划；1933年在《中国建筑》第1卷第1期上发表了《建筑师应当批评么？》一文，呼吁建筑界须养成一种批评的习惯，以促进中国建筑的发展。

1935—1937年，刘福泰受聘出任国立贵州大学教授，兼土木工程学系主任。1946年，国立北洋大学（今天津大学）增设建筑工程学系，特"聘我国名建筑工程学者刘福泰先生，为建筑工程学系主任。"[2]1948年刘福泰受聘为唐山交通大学（今西南交通大学）教授兼建筑系主任。

三、中山陵建筑工程监造徐镇藩

关于徐镇藩的历史信息十分罕见，《孙中山先生陵墓工程报告第一册》的《工程周报表》[3]上，只约略记下了他的名字，而没有说明他的出身履历。1926年10月下旬，葬事筹备处主任干事杨杏佛执笔，与葬事筹备委员会驻沪常务委员林叶明联名写信向孙科报告中山陵一期工程的施工与监工等问题，中称："自工程开始，吕

---

[1] 中国建筑师学会会员录[J]//中国建筑，1933.
[2] 工学院聘定名建筑工程教授刘福泰为建筑工程学系主任[J]//北洋周刊，1947.
[3] 工程周报表[M]//孙中山先生陵墓工程报告第一册.南京：孙中山先生葬事筹备处，1927.

建筑师即派徐镇藩君为驻厂监工。另有裘燮钧工程师代表吕君每周至山视察一次。徐君柔和易与，缺乏指挥能力；裘君居山之时太少，每次不过数小时……自铨由粤归，即与吕切实交涉，请改裘君专任常川驻山。裘已允从十一月起专任吕君代表，每星期居山三日。奉篠〔17日〕电后复与吕君交涉，更换驻山监工。吕已允撤回徐君另聘有经验之工程师常川驻山监工，惟人选方在接洽中，总期在数日内解决此事（原拟聘薛次莘①君，惟薛在沪身兼四职，辞不肯就）。"②

1926年1月15日，总理陵墓第一部工程动工，开山、炸石、挖沟、填土、打小石子、淘沙、制砖……200多名工人每天工作11小时。当时的紫金山，交通闭塞，满目荒凉，中茅山更缺乏水源。由于山上的施工及生活条件万分艰苦，一般人都不愿意驻山监工。"在沪身兼四职"的留美工程师薛次莘，当然不肯应聘常川驻山监工。

徐镇藩于是成为彦记建筑事务所常川驻山的唯一监工，"总理陵墓建筑工程监造者"③，负责现场监理，往返奔波于沪宁之间，传递建筑施工图纸，送检建筑材料，代表吕彦直与工地施工方沟通等，是吕彦直的得力助手，彦记建筑事务所的忠实员工。

有道是一分耕耘一分收获，徐镇藩因监造中山陵而知名。《图画京报》在1929年6月的第五十六期上刊登了一组三张的中山陵祭堂穹顶图案、祭堂与墓室的背影，以及建筑师徐镇藩的照片。

《图画京报》1928年4月1日创刊于北京，周刊，由北京京报馆编辑并发行，是一本时政画刊，载文以漫画和照片形式呈现了当时国家的状况，唤醒民众，以期早日完

---

① 薛次莘，字惺仲，祖籍江苏武进，1896年6月6日出生于上海。1916年，清华学校增设专科生留美项目，从全国各专门以上学校的毕业生中考选十人，派往美国大学研究院做研究生。南洋公学（交通部上海工业专门学校）的应届毕业生薛次莘、王成志、许坤、李铿、裘维裕，唐山工业专门学校的茅以升、黄寿恒（往届），北洋大学的燕树棠等十人入选，同年8月赴美深造。薛次莘入麻省理工学院土木工程系攻读道路工程。1922年返回上海，在美商慎昌洋行建筑部任工程师，同时在吴淞大中纱厂、太湖水泥公司等单位兼职。1927年8月，上海特别市工务局成立，薛次莘入职工务局，任技正兼科长长达十年之久。其间，曾赴欧美考察公路建设并代理局长事务。1933年10月，薛次莘升任为全国经济建设委员会公路处技正。1939年，调任西南公路管理处处长，后任西南公路工务局局长，1942年因病辞职，转任西迁重庆的交通大学土木工程系主任。本条系笔者据《中国工程学会会员录》《交通部上海工业专门学校学生杂志》《上海特别市市政府市政公报》《上海市政府公报》《南洋友声》《西南公路》等文献整理而成。
② 总理葬事筹备委员会驻沪常务委员林业明等报告[A].南京市档案馆，档号：1005-1-239.
③ 建筑师徐镇藩君系总理陵墓建筑工程监造者（照片）[J]//图画京报，1929，56.

成国民革命，实现三民主义。1929年7月停刊。查第五十六期正好刊于1929年6月。

1929年6月1日，国民政府在南京中山陵为孙中山先生举行了隆重的"总理奉安大典"。以此推断，《图画京报》第56期的这组照片，拍摄于1929年6月1日奉安大典之日。又从阳光的照射角度判断，拍摄时间在奉安大典结束后的13：00左右。当时，《图画京报》的记者采访了中山陵建筑工程的监造徐镇藩，并为徐镇藩拍下了这张珍贵的、也许是徐氏唯一传世的照片。只见西装革履的徐镇藩，五官端正，一表人才，刚刚摘下的礼帽执于左手，左腿立正，右腿分开作稍息状；偏西的阳光照射在他的额头和身上，黝黑的皮肤与其身后中山陵白色的石台阶形成了强烈的反差。徐镇藩的照片位于版面最显要的上中部，在照片下方，编者特别注明："建筑师徐镇藩君系总理陵墓建筑工程监造者"。《图画京报》对徐镇藩建筑师的专访照片、文字说明及版面安排，是对徐镇藩建筑师在中山陵建筑工程中的重要角色与历史贡献的充分肯定。

四、工程师裘燮钧

裘燮钧（1895—1976），字星远，祖籍浙江嵊县，1917年毕业于南洋公学（交通部上海工业专门学校），同时考取庚款留美深造。1917年9月14日，裘燮钧以理学学士的资格，参加了康奈尔大学土木工程学院的研究生入学考试。1917年9月25日，裘燮钧在康奈尔大学土木工程学院办理入学注册手续，攻读硕士学位，其注册信息如下：

Chiu, Hsieh-chun, B. S. in C.E. Grad Chen-hsien, Chekiang, China

裘燮钧积极向上，入学后不到两周即加入了康校的中国科学社。尽管裘燮钧在康校只读了一年书，但却成为中国科学社在康校的一名活跃分子。[①]

1918年10月9日，裘燮钧以一篇题为 *A Critical Comparison of Methods for Finding Stresses in a Swing Truss*（摆动桁架应力计算方法的关键比较）的论文，获授康奈尔大学土木工程硕士学位。

回国后，裘燮钧应同船赴康奈尔大学留学的过养默之邀，一度入职东南建筑公司。1926年3月，裘燮钧加盟彦记，出任彦记建筑事务所工程师一职，是吕彦直的重要合作伙伴。1926年4月，除派出徐镇藩常川驻山监造之外，吕彦直又加派裘燮钧工程师上山监理中山陵工程。1926年4月3日—12月26日，裘燮钧共上紫金山中山

---

① 中国科学社纪事[J]//科学，1917.

陵建筑工地19次，平均每周上山一次，视察工程、试验打桩、视察钢筋质量和钢筋混凝土工程，解决施工中的技术问题。

1926年工程技术人员驻山（上山）监工情况表①

派驻单位	姓名	驻山时间	工作任务	备注
姚新记营造厂	姚华甫	1926年1月15日—8月19日	现场监工	姚华甫是连续驻山时间最长的一位工程监工。8月19日辞职
姚新记营造厂	姚裕亭	1926年8月19日—11月27日	现场监工	自8月22日始，工地加开夜工
姚新记营造厂	吴金福	1926年11月28日—12月28日	现场监工	其间请假一周回沪。空缺全部由姚裕亭顶替
姚新记营造厂	姚锡舟	不定期到工地现场视察，不驻山	检查工程进度，现场解决施工中遇到的问题	共上山八次。曾携史斐贤等上山参观工地
彦记建筑事务所	徐镇藩	彦记建筑事务所的唯一驻山监工	现场监理；往返于沪宁之间，传递建筑施工图纸、建筑材料送检；代表吕彦直与工地施工方沟通等	除姚华甫之外第二位驻山时间较长的监工
彦记建筑事务所	裘星远（燮均）	1926年4月3日—12月26日，平均每周上山一次，不驻山	视察工程；试验打桩；视察钢筋质量和钢筋混凝土工程；解决施工中的技术问题	共上山19次。其中，1926年12月20日星期一上午，"裘工程师偕工程师庄俊来山参观并视察各项工程。"②
孙中山先生葬事筹备委员会筹备处	郑校之③	不定期到工地现场视察，不驻山	筹备处的专职监工	1926年3月底到任，共上山18次
孙中山先生葬事筹备委员会筹备处	陈均沛	不定期到工地现场视察，不驻山。偶尔会借住万寿寺过夜	筹备处的专职监工	1926年9月初到任，共上山15次。张国权、陈蔼士曾上山参观工地
孙中山先生葬事筹备委员会筹备处	钮师愈	不定期到工地现场视察，不驻山。9月之后偶尔会借住万寿寺过夜	10月23日，曾携两位水利专家上山查看水源。之后又率河海工程大学学生上山测量取水地点，计划修筑水池	筹备处职员，"月薪百元，长驻南京事务所。"④共上山18次
孙中山先生葬事筹备委员会筹备处	杨铨（杏佛）	不定期到工地现场视察，不驻山	检查工程施工状况	共上山七次

① 此表系笔者根据1927年《孙中山先生陵墓工程报告第一册》中的《工程周报表》整理而成。
② 工程周报表[M]//孙中山先生陵墓工程报告第一册.南京：孙中山先生葬事筹备处，1927.
③ 郑校之，1889年生于广东香山，1904—1908年在朝鲜国家专门学校土木工程科修习，毕业后返粤，到香港的巴马丹拿事务所见习，后加入同盟会组织的粤剧志士班，宣传革命。1911年秋—1913年夏，郑校之出任广东都督府测绘员；1913年8月，二次革命失败后入狱。1917—1925年，郑校之先后出任大本营技师、广州市工程测量师公会会长、广州市政厅工务局代理副局长、广州黄埔陆军军官学校营缮科上校科长。1926—1928年，郑校之出任总理陵墓监工委员会监工委员。
④ 第三十二次会议记录[M]//南京市档案馆，中山陵园管理处.中山陵档案史料选编.南京：江苏古籍出版社，1986：88.

（续表）

派驻单位	姓名	驻山时间	工作任务	备注
孙中山先生葬事筹备委员会筹备处	林业明（焕廷）	偶尔上山	视察工程施工状况	上山1次
孙中山先生葬事筹备委员会筹备处	熊秉三	偶尔上山	解决工程施工中的问题	上山1次
孙中山先生葬事筹备委员会筹备处	陈希平	长期驻山	专任填报《工程周报表》，记录施工进展情况	"华东大学实习生，津贴十五元一月，另饭食八元，驻山担任工程报告。"①

裘燮钧是个多面手，精力充沛，热衷社会事务，自1922年起就出任中国工程学会上海支部会计一职；1927—1929年更晋升为中国工程学会总会会计。"彦记建筑事务所工程师""吕彦直建筑师代表"的身份，使裘燮钧与政府部门的接触日益增多，人脉亦不断扩大。

1929年3月18日，吕彦直病逝，彦记建筑事务所随即改名为"李锦沛建筑师事务所"（详见本书第四篇第二章）。裘燮钧没有加入李氏事务所，继续履行其与吕彦直签订的彦记工程师合同，与徐镇藩、崔蔚芬工程师一起，共同监督南京中山陵、广州中山纪念堂及纪念碑的建造。1931年10月10日，广州中山纪念堂落成。同月，经巫振英、董大酉介绍，裘燮钧加入了中国建筑师学会。

鉴于裘燮钧以往骄人的业绩与超强的工作能力，1931年12月1日，上海市政府发出第985号命令，委任裘燮钧为上海市工务局技正。②裘燮钧因此成为上海市工务局的最高技术官员。

1933年8月8日，上海市政府发出第544号命令，委任工务局技正裘燮钧兼任本市工务局第四科科长。③当时"科长"的职责范围，相当于甚至超过如今"处长"的职责范围。

与此同时，裘燮钧继续其社会活动，1935—1937年间，次第兼任中国工程师学

---

① 第三十二次会议记录[M]//南京市档案馆，中山陵园管理处.中山陵档案史料选编.南京：江苏古籍出版社，1986：88.
陈希平工作认真，吃苦耐劳，1926年7月获筹备处奖励，月薪涨到"三十元"。1927年7月钮师愈干事辞职之后，筹备处议决："委陈希平继任，月薪八十元。"
② 委任令[J]//上海市政府公报，1931（111）：1.
"技正"是国民政府在各部、会、厅中为技术人员设置的一个官职，"上海市工务局技正"是该局的最高技术官员，负责办理上海市工务局的技术事务。
③ 委任令[J]//上海市政府公报，1933（136）：2-3.

会总干事、董事、执行部总干事等职。[①]1938年6月，裘燮钧奉命从上海转移到西南，筹备建筑四川省龙溪河下硐水电站，先后担任下硐水电站工程师、资源委员会龙溪河下硐水力发电厂工程师兼科长等职。

1947年，裘燮钧迁往台湾，在台湾电力公司任职，并与黄辉、孙运璿合作撰写长文《台湾之电力（附图表）》[②]。1948年再与黄辉、孙运璿合作撰写《台湾日月潭水力发电工程概要》[③]一文。继而与孙运璿合作撰写了《台湾之水力资源（附表）》[④]一文。在台湾，裘燮钧一如既往地热心于公共事务，在本职工作之外，出任台湾工程师学会监事、总会计、论文委员会委员、理事等职。

五、助理建筑师（绘图员）葛宏夫

从1931年12月15日孔祥熙签署的"实业部训令工字第三二八三号"的行文内容判断，葛宏夫（G.K.W.）曾就读于土木工程专科学校，但没有欧美学历。1926年入职彦记建筑事务所之前，葛宏夫在上海的义品银行华信建筑公司任助理建筑师（绘图员）。葛宏夫虽没有高深的学历，但勤奋好学，刻苦耐劳，深得吕彦直的信任，曾经佐助吕彦直绘制南京中山陵与广州中山纪念堂及纪念碑的工作图样。与此同时，葛宏夫还兼任公利营业有限公司的建筑师，专责办理建筑工程事项。1931年年初，葛宏夫入职上海市市中心区域建设委员会建筑师办事处，任助理建筑师。12月，葛宏夫向实业部声请登记为土木科工业技副。由于原彦记的合伙人与公利营业有限公司均没有为其提供"合法的经验证明"，因此，葛宏夫的声请没有获得批准。[⑤]尽管如此，葛宏夫的实际工作能力还是被业界认可，1932年，葛宏夫入职上海江西路上海银行大厦董大酉建筑师事务所，随后更成为中国建筑师学会的会员。[⑥]

六、在仁记路25号彦记图房工作的S.C.CHUE、LAO、Y.J.Loo、S.Kew、J.C.Liv

1925年9月22日彦记建筑事务所成立后，在仁记路25号租用了与真裕公司相邻的一个写字间作图房。1926年9月1日，吕彦直获得广州中山纪念堂及纪念碑图案设

---

① 工程周刊[J]. 1935.
② 黄辉，裘燮钧，孙运璿.台湾之电力（附图表）[J]//台湾工程界，1947.
③ 黄辉，裘燮钧，孙运璿.台湾日月潭水力发电工程概要[J]//动力工程，1948.
④ 裘燮钧，孙运璿.台湾之水力资源（附表）[J]//电世界，1948.
⑤ 实业部训令：工字第三二八三号（中华民国二十年十二月十五日）[J]//实业公报，1931.
⑥ 中国建筑师学会会员录[J]//中国建筑，1933.

计竞赛首奖及设计权之后，图房明显不敷应用，遂于1927年1月，在上海四川路29号租用了两个写字间，同时保留仁记路25号的写字间至1927年年底。当时，上海的华洋建筑事务所，通行英文，彦记也不例外，所有建筑合同、工程说明书等，全部用英文书写；建筑师、绘图员等全部使用英文绘图、签章。1926—1927年，在仁记路25号的彦记图房里参与中山陵祭堂与墓室施工图的绘制者，除前述几位建筑师、工程师、助理建筑师（绘图员）之外，还有S.C.CHUE、LAO、Y.J.Loo、S.Kew、J.C.Liv等几位建筑师/绘图员。S.Kew在彦记建筑事务所的工作时间比较长，他是结构工程师，与卓文扬一起参与了南京中山陵和广州中山纪念堂及纪念碑两大工程施工图的绘制工作，二人合作无间，往往共同绘制一张图纸。现存图纸显示，S.Kew承担了广州中山纪念堂平面、立面建筑详图的主要绘制任务。

此外，1930年，建筑师/绘图员C.Y.Z也加入广州中山纪念堂及纪念碑施工图的绘制工作中。遗憾的是，受视野所限，尚无法查到S.C.CHUE、LAO、Y.J.Loo、S.Kew、J.C.Liv、C.Y.Z等建筑师/绘图员的中文名字，遑论发掘他们的履历事迹。

七、助理建筑师（绘图员）卓文扬

相对于仁记路25号的彦记图房来说，四川路29号彦记图房里的建筑师/绘图员们则主要负责广州中山纪念堂及纪念碑施工图纸的绘制工作。

当然，仁记路25号与四川路29号，或曰南京中山陵与广州中山纪念堂及纪念碑施工图的绘制并没有截然分开。1927年1月19日自仁记路25号彦记图房搬到四川路29号彦记图房里工作的卓文扬（M.Y.CHUCK，祖籍广东香山官塘村），就是横跨两项中山纪念工程的绘图员（助理建筑师）之一。

与葛宏夫一样，卓文扬同样没有"欧美毕业"的学历。1926年夏，卓文扬入职彦记建筑事务所，与S.Kew一起，共同承担了南京中山陵、广州中山纪念堂及纪念碑施工图的绘制任务。现存图纸显示，卓文扬是中山陵陵门与牌坊、中山纪念碑施工图的主要绘制者。然而，由于卓没有"欧美毕业"的学历，延至1934年2月才领取到实业部填发的"技副登记证"。

1934年2月7日，实业部部长陈公博签发实业部工字第九〇八九号实业部通知，通知卓文扬：经本部技师审查委员会审查，声请人卓文扬"对于建筑工程绘图方面，尚有相当经验，似应准予登记为建筑绘图科工业技副等情，经复核无异。合行填发技副登记证一件，仰即领收具报。"①

八、助理建筑师（绘图员）庄允昌

另一位没有"欧美毕业"学历的助理建筑师庄允昌（Y.C.CHONG），原受雇于东南建筑公司。1926年9月1日吕彦直赢得广州中山纪念堂及纪念碑图案设计竞赛首奖，同时出任中山陵与中山纪念堂及纪念碑建筑师之后，庄允昌入职彦记，佐助吕彦直绘制南京中山陵的碑亭以及广州中山纪念堂的外门亭（牌亭）等施工图。

据有关人士回忆，当年，中山纪念堂的施工图纸及各种文字资料，多得可以装满几卡车。现存广州市国家档案馆的353张广州中山纪念堂及纪念碑图纸，只是其残存的一小部分。这批图纸制图章的落款时间在1927年4月30日—1931年9月之间。其中1930年6月庄允昌（Y.C.CHONG）具名的广州中山纪念堂的《总平面修正图》，比1927年4月30日卓文扬（M.Y.CHUCK）具名的广州中山纪念堂《总平面图》多出了一个"牌亭"（外门亭）。但据此认为，"牌亭"出于庄允昌之手；是庄对吕彦直设计的修改，理由并不充分。

1.彦记雇请者，绝大多数都是没有"欧美毕业"学历的本地绘图员（美其名曰"助理建筑师"），葛宏夫如此，卓文扬如此，庄允昌亦然。按照行规，除非获建筑师授权，否则，绘图员不得擅自修改建筑师原设计图样；绘图员所绘图样，均须交由建筑师审核。如需修改，则发还绘图员修改。待修改、校对完毕并经建筑师签字画押后，方可作为施工图使用。

2.吕彦直一直在修改自己的作品。在1926年9月获得首奖的《孙中山先生纪念堂及纪念碑整体效果图》中，吕彦直在广州中山纪念堂庭院南侧入口处，设置了一座牌坊。1927年4月，吕彦直将这座牌坊简化为石级踏步，1927年4月30日卓文扬（M.Y.CHUCK）具名的广州中山纪念堂《平面图及总体细节》可证。

---

① 实业部通知：工字第九〇八九号（中华民国二十三年二月七日）[J]//实业公报，1934.

吕彦直：《孙中山先生纪念堂及纪念碑整体效果图》（图源：《中山纪念建筑》）

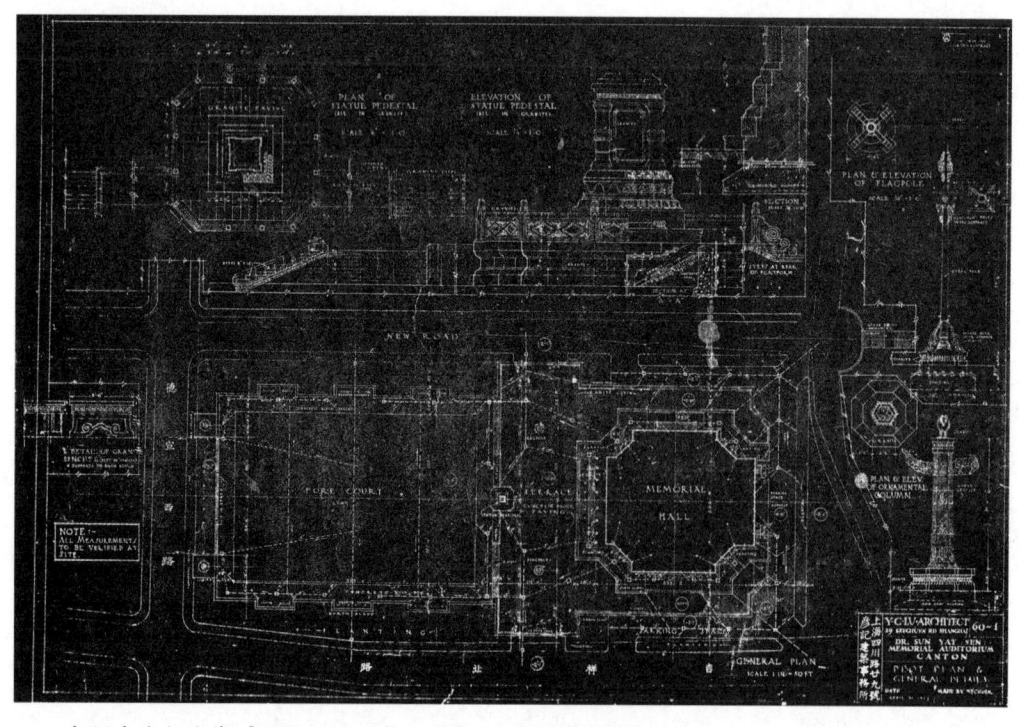

广州中山纪念堂《平面图及总体细节》，彦记建筑事务所 1927 年 4 月 30 日绘制，图纸编号：60-1（图源：广州市国家档案馆藏）

3.吕彦直审图签字至1929年3月15日，图纸编号为"60-155"，图名为《正南门厅售票窗大样图》①。以此类推，图纸编号为60-49的《外门亭平、立面详图》②，则一定成图于1929年3月15日或之前。要之，广州中山纪念堂的外门亭（牌亭），为吕彦直所设计。1929年3月下旬，彦记建筑事务所因吕彦直的病逝而易主，彦记员工则仍按照原有合同继续留任。

1930年1月以后，黄檀甫正式成为李锦沛建筑师事务所的商务经理；庄允昌与卓文扬也随之入列李氏事务所；③裘燮钧、葛宏夫等因此取回了自己绘制的部分图纸（详见本书第四篇第二章）。正是在这种情况下，1930年6—9月，庄允昌等至少三位绘图员（Draughtsman）才按照吕彦直生前设计的总图，重新绘制了外门亭的施工图（详见本书第五篇第三章）。1930年年底，庄允昌结束广州中山纪念堂建筑详图的绘制之后，离开了李锦沛建筑师事务所。

《中国建筑》1933年7月第一卷第一期刊登了一份中国建筑师学会会员的名单，名单上共有55人，其中，刘福泰、裘燮钧、葛宏夫、庄允昌四人均在彦记建筑事务所工作过。在"出身"栏中，44人登记有"欧美毕业"学历；11人因没有"欧美毕业"学历而留白，葛宏夫、庄允昌即在其中。④与此同时，在"通讯处"一栏，葛、庄二人均登记为"上海江西路上海银行大厦董大酉建筑师事务所"⑤。

九、广州中山纪念堂及纪念碑监造崔蔚芬

崔蔚芬（W. F. Tsuy），1918年10月毕业于江苏省第二工校应用化学科。⑥1928年年初至1931年10月，代表彦记建筑事务所驻粤监造广州中山纪念堂及纪念碑（吕

---

① 卢洁峰.广州中山纪念堂钩沉[M].广州：广东人民出版社，2003：428-429.
② 卢洁峰.广州中山纪念堂钩沉[M].广州：广东人民出版社，2003：426.
③ 李锦沛建筑师事务所Lee, Poy G. [M]//THE NORTH-CHINA DESK HONG LIST，July，1930.
④ 中国建筑师学会是一个精英团体，入会门槛高，其会员分"正会员""仲会员"与"名誉会员"三种，不可以僭越。在1930年、1932年的中国建筑师学会会员名单中，葛宏夫、庄允昌都是"仲会员"，而非"正会员"。在1933年的中国建筑师学会年会中，董大酉提案暂时取消仲会员，经讨论后决定于是年会员名录中暂不提及仲会员，故以往为"仲会员"的丁宝训、张克斌、浦海、葛宏夫、庄允昌五人，在1933年之《中国建筑师学会会员录》中"晋升"为"正会员"。然而，在翌年的中国建筑师学会年会上，赵深所提之"取消仲会员案"被否决，葛宏夫、庄允昌等又退回到"仲会员"的位置上。
⑤ 中国建筑师学会会员录[J]//中国建筑，1933.
事实上，绘图员普遍兼职，早在彦记建筑事务所工作期间，葛宏夫、庄允昌已与董大酉建筑师有合作。迨完成广州中山纪念堂施工图的绘制工作之后，二人均正式入职董大酉建筑师事务所。
⑥ 咨江苏省长第二工校应用化学科学生崔蔚芬等准毕业文（第一千八百八十九号，七年十月三十一日）[J]//教育公报，1918.

彦直病逝后，崔蔚芬仍然留驻原岗位直至工程完竣）。崔蔚芬极其敬业，著有《广州中山纪念堂施工实况》[①]一文，详细记述了广州中山纪念堂的建造经过、用料、工序和建筑技术要领，是广州中山纪念堂建筑史的重要文献之一。《工程》1932年12月第七卷第四号的"编辑者言"称："广州中山纪念堂施工实况，作者崔蔚芬君，监造该堂工程，自始至终，故其全文，字字均系经验之谈。"惜崔蔚芬监造广州中山纪念堂的历史贡献被忽略了，以致世人极少闻悉崔蔚芬这个名字。

第三节　同时出任中山陵与广州中山纪念堂及纪念碑建筑师

一、1926年3—7月：参加广州中山纪念堂及纪念碑的设计竞赛

正当吕彦直忙于南京中山陵建筑事务之时，广州中山纪念堂及纪念碑的设计竞赛又展开了。1926年2月23日—8月3日，建筑中山纪念堂委员会在《广州民国日报》等各大报上连续五个半月间隔刊登《悬赏征求建筑孙中山先生纪念堂及纪念碑图案》的方案。

显然，这是继南京中山陵之后中国国民党为孙中山先生建筑的又一大型纪念性建筑。就单体建筑而言，广州中山纪念堂的体量远超中山陵的祭堂与墓室。当时，在中国乃至亚洲，建筑如此大体量的"民众聚会及演讲的"公共建筑，尚无先例可循。吕彦直决定挑战自己，参加设计竞赛。由于分身乏术，吕彦直无法南下广州粤秀山（即越秀山）南麓实地考察。为此，他找来了大量关于广州、粤秀山的图书资料，包括广州的气象资料，粤秀山一带的地质水文资料，还有那个"五羊献穗"的民间传说，从中提取有用的信息，展开建筑设计。

二、1926年7月19日：葬事筹备处函促吕彦直加速陵墓工程

总理陵墓第一部工程动工于1926年1月15日，当时的紫金山，四周荒秃破败。在1927年4月18日南京国民政府成立，尤其是在1927年9月"宁汉合流"之前，偏于一隅的国民党，根本谈不上创造各种条件、协调各种关系，使中山陵工程顺利进行。中山陵的施工条件因此倍加恶劣。所有建筑材料在运输途中均遭遇军阀、地头蛇等的阻挠和勒索。

据史料记载，姚锡舟是陵墓工程的第一个开拓者。他亲自率领工程技术人员，克服种种困难，把大量的原材料和施工器械运输到山脚下，再由工人们用肩膀逐一

---

① 崔蔚芬.广州中山纪念堂施工实况[J]//工程，1932.

扛上山去。后来，为了提高工作效率，还沿着山坡铺设铁轨，用卷扬机将大型石材拉上山顶工地。山上没有水源，姚锡舟就雇请了几百名民工，专门从山下的紫霞湖挑水上山，长年不断。由于工程浩大，施工技术要求又极为严格，外加军阀混战及交通阻隔，陵墓工程被一再延误。

1926年7月19日，孙中山先生葬事筹备处认为陵墓的建筑速度太慢，特给吕彦直发去一函，敦促其加速陵墓工程的建筑进度，如下：

径启者：中山先生陵墓工程自本年一月开工，至今已七阅月，计过预订工程期限之半。乃本月十五日筹备委员及职员至宁中茅山察视，基础工程尚未告成，山上工人不过数十，重要材料亦多未到，似此迟缓，恐将来必难如期告成。如临限求速，则工程质量必受影响。次经筹备委员会第四十次会议讨论：以工程迟误，贵建筑师与营造厂均应负相当责任。与其将来到期罚款，于事无补，不如及早加工，先事预防。因一致议决请贵建筑师转告姚新记营造厂：即日设法加工运料，以期与原定计划时期相符。又，开工以来，应有胜任之工程师常川驻山监工。贵工程师现因病不克到宁，拟请即设法聘请欧美毕业、富有经验之工程师一人常川驻山代表监工，以专责成而利工程。以上两事均关工程前程，相应函达，敬希查照施行为荷。

此致
吕建筑师

七月十九日[①]

此函措辞强硬，申明：中山陵工程迟误，吕彦直与营造厂均应负相当责任；到期如不能按时完工，将处以罚款。

如前所述，徐镇藩是彦记建筑事务所常川驻山的孙中山先生陵墓工程监造，从1926年4月3日开始，吕彦直更加派"欧美毕业、富有经验之工程师"裘燮钧，每周上山一次监理工程，至当年12月26日，裘燮钧共上山19次。限于条件，裘燮钧没有驻山。当时的中茅山，荒秃缺水、交通闭塞，工地附近除了几间破庙以外，别无他物，施工和生活条件均万分艰苦。

三、1926年6—9月：吕彦直再三函请允许其制造出售铜质祭堂模型

1920年代，没有手机，没有互联网，更没有微信，因此，即便同在一城，吕彦

---

① 葬事筹备处为请加速陵墓工程致吕彦直函[M]//南京市档案馆，中山陵园管理处.中山陵档案史料选编.南京：江苏古籍出版社，1986：166-167.

直与葬事筹备委员会之间，亦多以信函联系。

1926年，彦记建筑事务所的日子并不好过，牌子挂出去了，名声有了，项目也很大，但资金相当缺乏。以往，仅吕彦直与黄檀甫两个人"自雇"，当然无所谓拖欠工资的问题。如今雇请了一班伙计，情况就完全不同了，彦记必须按时给员工发放工资；必须置办日益增长的办公及绘图耗材；支付监工、代表往来沪宁、沪粤之间的旅费，还要为甲方垫付各种建材的定金。[①]所有这一切，都有赖于"建筑师酬金"的按时发放，制约"建筑师酬金"按时发放的则是工程进度。无奈，1926年陵墓工程进展十分缓慢，姚新记无法按时收到阶段性的得标工程款，彦记则无法按时从中提取5%的"建筑师酬金"，彦记建筑事务所的资金周转因此遇到了较大的困难。

1926年5月18日，有留美学历及建筑事务所工作经验的刘福泰建筑师，看到了彦记的窘境，在交出最后一张图纸之后，离开了彦记。刘的离去，促使吕彦直设法筹集资金，试图借鉴欧美建筑师的做法，通过制作并出售自己的原创作品筹集资金，以渡过难关。

6月24日前，吕彦直致函葬事筹备委员会（简称筹委会）上海事务所，请求允许其制造出售铜质祭堂模型。筹委会在第39次会议上议决：此事"关系永久纪念甚大，应征求家属及广州委员意见，妥订办法"[②]。

吕彦直以足够的耐心，等待筹委会"征求家属及广州委员意见，妥订办法"的结果。然而，一个月过去了，完全没有下文。于是，吕彦直在7月27日前，再次函请筹委会，允许其制造出售铜质祭堂模型。筹委会在第41次会议上议决："俟陵工告成再拟办法。"[③]这群高高在上的政客，是不会设身处地为建筑师设想，遑论为建筑师解决资金周转困难。

9月5日前，吕彦直转而致函在上海的"驻粤委员"，直言"要求制造铜质祭堂模型"。所谓"驻粤委员"，其实还是筹委会的同班人马。9月5日，在上海北成都路广仁里张静江宅出席驻粤委员会议的有：张静江、邓泽如、叶楚伧、孙科、宋子

---

① 第四十二次会议记录[M]//南京市档案馆，中山陵园管理处.中山陵档案史料选编.南京：江苏古籍出版社，1986：99.
② 第三十九次会议记录[M]//南京市档案馆，中山陵园管理处.中山陵档案史料选编.南京：江苏古籍出版社，1986：94.
③ 第四十一次会议记录[M]//南京市档案馆，中山陵园管理处.中山陵档案史料选编.南京：江苏古籍出版社，1986：96.

文、陈果夫六名党政要员。会议议决:"不作营利品,由筹备处经理模型,以五千枚为限,价不得过一万元。"①

吕彦直是不会接受这个"议决"的。理由:一是祭堂模型由"筹备处经理",而非由建筑师本人经理(设计、制造),"著作权"归筹备处,而非原创者吕彦直。二是所制作的铜质祭堂模型,每"枚"限售二元,连工料费都不足以支付。

筹委会一班大员,一再拒绝吕彦直建筑师制造出售铜质祭堂模型的函请,令吕彦直寒心。事实上,彦记的业务代表前往广州为中山陵采买琉璃瓦的往来旅费,筹委会也只准其报销一半。理由是彦记在广州还有广州中山纪念堂及纪念碑的业务。此外,筹委会还规定:彦记代表往返于沪宁之间的旅费,一律"以二等车价计算,并以每月结算"②。

四、1926年9月1日:第三次夺冠

中山纪念堂及纪念碑设计图案的悬赏征求方案公布后,中外设计师纷纷响应。截稿日期也从原定的6月15日,延至8月下旬。届时,建筑孙总理纪念堂委员会共收到中外应征设计图案26份。广州中山纪念堂及纪念碑悬奖方案的评判,完全仿效孙中山陵墓图案的评判方法进行。1926年8月26日,《广州民国日报》刊登了《中山先生纪念堂图案定期评判》的消息——

(本报专访)建筑孙中山纪念堂筹备委员会,昨开会议决,中山先生纪念堂及纪念碑,图案评判规则共九条,定期本月二十六日起至三十日止,将各种图案陈列于国民政府大客厅内,由评判员分别评判,并敦请中国旧派画家温其球、姚礼修,新派画家高剑父、高奇峰,西洋画家冯钢伯、陈丘山,建筑家林逸民、陈耀祖等八人为评判员,届时担任评判云。

8月27日,《广州民国日报》刊登了《中山先生纪念堂图案评判规则》——

(中央社)中山先生纪念堂及纪念碑图案,现统陈列于国民政府大客厅内。兹将其评判规则录后。

中山先生纪念堂图案评判规则

(一)纪念堂图案之评判由筹备委员会敦请左列人员为评判员担任评判:一、

---

① 驻粤委员会议记录[M]//南京市档案馆,中山陵园管理处.中山陵档案史料选编.南京:江苏古籍出版社,1986:97.
② 第四十二次会议记录[M]//南京市档案馆,中山陵园管理处.中山陵档案史料选编.南京:江苏古籍出版社,1986:99.

旧派中国美术家二人。二、新派中国美术家二人。三、西洋派美术家二人。四、建筑或土木工程师二人。

（二）入选图案之最终判决，由筹备委员会执行之。

（三）入选图案应评定有奖图案三名，名誉奖三名。

（四）评判员为名誉职。

（五）应征图案统陈列于国民政府大客厅，由八月二十六日起，至八月三十日止，每日上午九时至十二时，下午二时至五时。由评判员至陈列室阅览评判。

（六）评定后，由九月三日至九月九日为公开展览时期。市民得到陈列室自由观览，但须领有本会所发之阅览券。

（七）图案奖金及征求图案条件，参看《征求图案条例》。评判员用之为评判要点，由筹备委员会临时供给。

（八）评判员应于八月三十一日以前，将各人单独选定之最佳图案三种暗号及次序函告筹备会，并附意见。

（九）筹备会于接到各评判员之评判结果后，召集各委员开会，根据上项评判结果，决定应征者之得奖名次，登报宣布之。

为公开公正计，当局将26份应征图案，全部陈列于国民政府大客厅中。从8月26日起，至8月30日止，每天9：00—12：00、14：00—17：00，由评判员到陈列室阅览评判。高剑父等八位专家，从各自不同的专业角度，对应征的26份图案，分别进行了认真的评判。

据1926年9月1日《广州民国日报》报道，图案的最后鉴定，定于1926年9月1日下午进行——

今晚国民政府之宴会　鉴定中山纪念堂图案

今日下午五时，国民政府内大花厅设宴聚会。届时列席者，除国民政府各委员外，有中央党部各部长，省政府各厅长，吴稚晖、钮永建各先生等。闻此次宴会为集合政府各委员及各名流，以鉴定中山纪念堂图案之采用。盖纪念堂为纪念先总理之建筑，所以非采集众意不足以昭慎重。

按照评判规则，经过专家们的反复推敲、审核，筹备委员会终于评选出了中山纪念堂及纪念碑图案的一、二、三等奖和名誉奖。

1926年9月2日，《广州民国日报》发表了《昨日评判　首奖者为吕彦直　总理纪念堂图案之结果》的专访报道——

昨日评判
首奖者为吕彦直
总理纪念堂图案之结果

（本报专访）昨日下午五时，筹建中山先生纪念堂委员会，在国民政府后座洋花厅开会评判总理纪念堂图案。是日列席评判者，有张主席、谭主席、孙哲生、邓泽如、彭泽民、陈树人等，及美术家高剑父、高奇峰、姚礼修，工程家林逸民等十余人。另军政要人赴会者有李济深、徐季龙、丁惟汾、马文车及省政府各厅长，各行政委员会委员共二十余人。五时半开评判大会，张静江主席、各评判委员，经二小时间互相评判，结果。第一名为十二号之吕彦直，第二名为第六号之杨锡宗，第三名为第二十八号之范文照。名誉奖第一名为十八号之刘福泰、第二名为第五号之陈均佩［沛］，第三名为十九号之张光圻。闻第一名之吕彦直，前次总理陵墓图案亦获首奖。第三名之范文照，总理陵墓图案获二奖。杨锡宗则获三奖。今次纪念堂图案，获奖者亦不出此三人云。

为郑重其事，"孙中山先生广州纪念堂筹备委员会"于1926年9月21日和24日，在《广州民国日报》上刊登了《孙中山先生广州纪念堂征求图案揭晓》的告白——

孙中山先生广州纪念堂征求图案揭晓

日前，本会为筹建孙中山先生广州纪念堂及纪念碑，曾登报征求图案。迭承海内外建筑名家惠投佳构，美不胜收。兹经本会聘定美术建筑专家先行发抒评判意见，并于9月1日由本会各委员开评判会议，详加审核，特将结果公布如下：

第一奖	吕彦直君	名誉第一奖	刘福泰君
第二奖	杨锡宗君	名誉第二奖	陈君［均］沛君
第三奖	范文照君	名誉第三奖	张光圻君

孙中山先生广州纪念堂筹备委员会披露

之所以一致评吕彦直设计的图案为首奖，是因为"吕君图案，纯中国建筑式，能保存中国的美术最为特色"。筹备委员会决定依照吕彦直设计的图案建筑中山纪念堂及纪念碑，并仿照南京孙中山陵墓建筑监工办法，商准由吕彦直担任中山纪念堂及纪念碑建筑师职务。[①]

吕彦直：设计竞赛方案图之四——纪念堂正立面图（效果）（图源：民国文献）

吕彦直：设计竞赛方案图之六——纪念堂剖面图（效果）（图源：民国文献）

五、1926年9月：三位同事互相拍照

获悉吕彦直赢得广州中山纪念堂及纪念碑设计竞赛首奖及设计权之后，彦记建筑事务所全体同仁都十分兴奋。事务所因此添置了一部德国徕卡照相机。当时，照相机是稀罕物。黄檀甫摆弄明白后，兴冲冲要为吕彦直拍摄一张工作照。正在办公桌前看书的吕彦直抬头看向镜头，黄檀甫立即按下快门，为世人留下了吕彦直唯一一张工作照。这张照片的珍贵之处，在于它直观地反映了吕彦直的相貌、衣着偏好与彦记简陋而狭小的办公场所。照片中的吕彦直，浓眉大眼，五官端正，高高的鼻梁上架一副近视眼镜；身着一件白色对襟棉布唐装衫，左胸前表袋内装一块怀表，怀表的系带，很艺术地垂于胸前，另一端则挂在了第二颗纽扣眼上。一部大大的英文书，摊开在桌面的玻璃板上，玻璃板下压着一幅中国古塔的照片。吕彦直挺直腰杆，张开臂膀，双手放在大书两旁，凛凛然，神清气爽。

吕彦直工作照（图源：黄建德提供）

裘燮钧跃跃欲试，也要为吕彦直拍摄一张工作照。吕彦直继续端坐办公桌前，满足裘燮钧的要求。给吕彦直拍摄完之后，裘燮

[①] 总理纪念堂纪念碑奠基典礼[N]//广州民国日报，1929-01-16（3）.

钩又要为黄檀甫拍摄。于是吕彦直收拾起那部占据了半个办公桌桌面的大书，离开了座位。黄檀甫坐在了吕彦直的办公桌前，裘燮钧毕竟第一次摆弄照相机，胶卷没有转到位，结果，把吕彦直与黄檀甫的照片拍重叠了。最后，轮到吕彦直给裘燮钧拍摄工作照了。吕彦直操作正确，为裘燮钧留下了一张在彦记建筑事务所里的工作照。当时，黄檀甫与裘燮钧两位工程师，均穿西装，打领带。唯独吕彦直穿唐装。在西风盛行的十里洋场，绝大多数白领都习惯穿着西装。吕彦直没有从众，安于唐装，这多少反映了他的衣着习惯与文化偏好。

六、1926年9月：刘福泰建筑师承接设计廖仲恺墓

1925年8月20日，廖仲恺在广州遇刺身亡，葬于广东省城东郊无毛冈朱执信墓旁。[①]国民党方面嫌规格不够高，决定成立"廖仲恺先生葬事筹备处"，将廖墓迁往南京紫金山南麓。

1926年9月5日，在上海北成都路广仁里张静江宅举行的驻粤委员会议上，张静江等议决：廖墓定在南京紫金山的磨盘山，"墓式由吕建筑师计划（旁有一纪念亭），简单坚固，另有省墓庐一所，约三四千元。墓及庐共约大洋三万元。阳历十月中图绘好"[②]。换言之，吕彦直须在一个月内完成廖墓的建筑设计任务。

刚刚获得广州中山纪念堂及纪念碑图案设计竞赛第一名的吕彦直，一方面忙于南京中山陵的建筑事务，另一方面又要与广州中山纪念堂筹委会协商签订建筑师合同、准备各种招投标广告和工作章程等事务，分身乏术。因此，有可能向"驻粤委员"推荐"欧美毕业"的刘福泰建筑师承接廖墓[③]的设计任务。尽管刘福泰在三个月前彦记最困难的时候离开，但吕彦直并不计较，而是唯才是举。吕彦直心地之纯正，待人之宽厚，于此可见一斑。

除1926年9月5日驻粤委员会议记录所记载的张静江等驻粤委员请吕彦直设计廖墓的"议决"之外，没有任何证据能证明吕彦直曾经为廖仲恺设计过坟墓。廖墓是由刘福泰建筑师独立设计的，廖墓建筑设计图制图章上"建筑师刘福泰"的签章，即为明证。

---

① 卢洁峰.从黄花岗到红花岗：广州先烈路钩沉[M].广州：暨南大学出版社，2022：266.
② 驻粤委员会议记录[M]//南京市档案馆，中山陵园管理处.中山陵档案史料选编.南京：江苏古籍出版社，1986：98.
③ 1935年6月，廖仲恺墓建成并完成迁葬事宜。1972年，廖仲恺夫人何香凝亦归葬于此，廖墓遂改为"廖仲恺何香凝墓"。2001年7月，该墓被列为全国重点文物保护单位。

七、1926年10月23日：致函筹备处，告知"十六日起已改用滁州砂"

10月8日，筹备处驻沪代表林业明、总干事杨杏佛，就总理陵墓第一部工程的用砂问题，召集姚新记、裘燮钧等，在仁记路25号彦记建筑事务所"切实交涉"，强调"不得更用劣砂。"吕彦直紧急处置。10月23日，吕彦直致函筹备处，告知："十六日起已改用滁州砂"[①]。（详下）

八、1926年10月25—26日：杨杏佛笔下的吕彦直及中山陵第一部工程状况

康奈尔大学西布利学院出身的杨杏佛，本身就是一位工程师，他担任孙中山先生葬事筹备处总干事，可谓专家治事。南京市档案馆藏有一份林业明与杨杏佛联名、由杨杏佛执笔书写的复孙科函之草稿。通过这份重要的手稿，可以了解1926年中山陵第一部工程开始阶段的状况与困局，以及吕彦直的处置及面临的压力。此函内容如下。

哲生先生礼鉴：

前奉筱［17日］电，以迭接陈监工报告，姚新记屡用不纯洁之砂、水、碎石及劣砖建筑墓基工程，建筑师驻厂监工均不过问制止，显有串通作弊嫌疑，嘱通知吕君，饬姚新记即将劣料工程全部改造，否则停款费约，另筹办法等因，当即根据来电与吕建筑师严重交涉，并由陈监工员及筹备处驻厂职员钮师愈、陈希平来沪报告最近山上工程情形，陈监工报告中所云各节，在筱电未到前，有已遵约改良者，有尚在进行拆验者，有已定计划尚未实现者，兹分述如下：

（一）砂　工程开始所用之砂，均由墓地前两边山坡采取（属义农会范围），嗣经筹备处饬令停止并永远不许在公园界内取砂，以前已用之砂（质尚可用，惟因地方反对及墓地风景关系，故令建筑师禁止）并由建筑师计值存案，将来由工程经费中照扣。最近，铨由粤归[②]，赴宁视察，发现姚新记所用之砂，仍取诸公园范围界内陵园界外。同时，陈监工亦报告砂质不良（含泥过多，因冲洗次数太少），故即由筹备处请吕君饬令姚新记停止在公园界内取砂，另购合格之砂，并由业明与铨召集吕君代表裘燮钧及姚新记于十月八日在彦记建筑事务所切实交涉，不得更用劣砂。据吕君本月二十三日来函（原函抄附），十六日起已改用滁州砂，惟滁州砂输

---

① 总理葬事筹备委员会驻沪常务委员林业明等报告[A]. 南京市档案馆，档号：1005-1-239.
② 1926年8月中旬，杨杏佛自上海南下广州，参加27日至9月1日在广州中山大学农科学院举行的中国科学社第十一次年会，9月下旬返回上海。

运屡缓。二十五日陈希平来沪云：水门汀工作因候砂暂停，至已采之本山砂已绝对不用。

（二）砖 现用之砖均在本山烧制，第一批成绩最劣，大约百分之五十以上均为火候太过或不足之砖，自经陈监工报告，即与吕君商定新砖须每块经试验合格，始许运山备用，其专备试验应用之水池已经建好，惟因陈监工来沪尚未实行试验，现已由陈监工委托筹备处职员钮陈两君代表监试，同时并由吕建筑师饬令姚新记往他方另购合格之砖，本山烧制之砖，拟一律不用。至已建之砖墙，已由吕建筑师饬令姚新记全部拆去，另用合格之砖重行建造，并由筹备处派员监视（因陈监工不在宁）拍照备考。

（三）水 山上取水不易，工程开始即由姚新记开池积贮雨水备用，筹备处曾令其凿井取水，惟姚新记以工程过大，始终未允。自水门汀基础工作开始洗砂及捣合三合土，在在需水，而贮水之量有限，遂一意节省，时以不洁之水和三合土，叠加谴责，均以水源太少为辞。最近由筹备处请南京河海工科大学水利教授李宜之①君率徒遍山测觅，在墓地东边距墓顶约数十丈，觅得水泉一座，日可得水五百担，并由李君计划取水制度，预计连机械及建筑约须银九百元左右，现由筹备处聘请李君为名誉工程顾问，主持监造此项给水工程。

（四）建筑师驻厂监工 自工程开始，吕建筑师即派徐镇藩君为驻厂监工。另有裘燮钧工程师代表吕君每周至山视察一次。徐君柔和易与，缺乏指挥能力；裘君居山之时太少，每次不过数小时，而姚新记之驻山代表姚裕亭（为姚之族群，以姚之弟称之，即二考班也）亦不甚得力，故工程进行，虽三方同意之改革，亦往往不能圆满执行。自铨由粤归，即与吕切实交涉，请改裘君专任常川驻山。裘已允从十一月起专任吕君代表，每星期居山三日。奉篠电后复与吕君交涉，更换驻山监工。吕已允撤回徐君另聘有经验之工程师常川驻山监工，惟人选方在接洽中，总期

---

① 李宜之，本名李仪祉，清光绪八年（1882）正月初三，出生在陕西蒲城，父亲李桐轩（1860—1932），关中名儒，剧作家，同盟会会员。1904年，李宜之考入京师大学堂，后转入预科德文班。1909年，李宜之自京师大学堂毕业，由西潼铁路筹备处派赴德国留学。7月，经福州、槟榔屿、锡兰、开罗、英国海峡，在比利时登陆前往柏林，进入皇家科技学院土木工程科，攻读铁路专业。1911年秋，辛亥革命爆发的消息传到德国，李宜之购买手枪和子弹，回国参加革命。抵沪后，被军政府派为津浦铁路局长。1913年春，李宜之二次赴德国求学，入德国但泽工程大学，转攻水利。1915年，李宜之学成归国，恰逢实业家、教育家张謇（1853—1926）在南京创办河海工程专门学校，延聘李宜之前往任教。
本条系笔者据胡步川《李仪祉先生年谱》（河海大学出版社2019年版）整理。

在数日内解决此事（原拟聘薛次莘君，惟薛在沪身兼四职，辞不肯就）。同时，由吕要求姚新记改派有工程经验与知识之负责代表驻山主持工程，结果如何，尚未得复。

（五）工程付款办法　按照工程合同，如工程按期进行，则款项亦按月支付，自本年一月开工以来，已九阅月，所付之款共　期，计　两，占总数　分之　，惟实际所作工程，迄今仅达三分之一，故于九月间，即由业明与吕建筑师商定，暂时停付工款，俟工程达到预定程序时再行续付。照吕君计算，须等全部苏石（Soochow granite）工程完竣，始应续付。现在基础工程尚未完成，全部苏石虽已运山，惟建筑尚须时日，故本月之款已停付，以后非得吕建筑师及陈监工证明工程已达相当程序，不再付款。以上为篠电前后陵墓工程进行及交涉之大概情形。业明等对于工程经过，始终严格维持合同，不敢稍予宽假，惟近因军事影响，交通运输不免稍受影响，本处监工人员亦有因避乱来沪者，工程进行上自亦不免稍稍顿挫，现在宁沪交通及大局已恢复原状，所有本处职员钮陈诸君，均已即日回宁，吕君代表裘君亦即日前往执行议决各案。以后进行如何，再当详报。总期依照工程合同标准与程序切实进行，不敢有负委托，乞舒远念为达。事关总理陵工，相应报告，敬希鉴察为荷。专此致颂

党祺

总理葬事筹备委员会驻沪常务委员　林业明

主任干事　杨铨　谨启[①]

据杨杏佛复函所述，可将相关史事还原如下：

1.1926年10月17日，孙科致电筹备处林业明、杨杏佛，称："迭接陈监工报告，姚新记屡用不纯洁之砂、水、碎石及劣砖建筑墓基工程，建筑师驻厂监工均不过问制止，显有串通作弊嫌疑"，嘱林、杨等"通知吕君，饬姚新记即将劣料工程全部改造，否则停款费约，另筹办法"。

2.杨杏佛接孙科17日电后，"当即根据来电与吕建筑师严重交涉"。吕彦直面临的压力，可想而知。

3."陈监工"即陈均沛。陈均沛祖籍广东台山，1912—1918年间，先后就读于密歇根大学、纽约工程大学、哥伦比亚大学；1922—1924年，在美国建筑事务所

[①] 总理葬事筹备委员会驻沪常务委员林业明等报告[M].南京市档案馆，档号：1005-1-239.

实习；1926年9月1日，在广州中山纪念堂及纪念碑的图案设计竞赛中，获名誉第二奖，随即受聘为孙中山先生葬事筹备处监工。

1926年3月，孙中山先生葬事筹备委员会筹备处聘请建筑师郑校之出任总理陵墓第一部工程的甲方监工；9月，增聘陈均沛为甲方监工。按理，作为筹备处的职员，陈监工遇事应直接向筹备处反映，而非越级向孙科报告（郑校之没有这样做）。从杨杏佛的复函可见，陈监工反映的情况，筹备处及吕建筑师等早已知悉并积极处置。10月25日午夜至26日凌晨，杨杏佛复函孙科，称：施工存在的问题"在篠电未到前，有已遵约改良者，有尚在进行拆验者，有已定计划尚未实现者"，并就"砂""砖""水""建筑师驻厂监工""工程付款办法"等，向孙科逐一条陈。

3.业主，尤其是孙科，极力压低工程承包价到不合理的地步，以致承建商姚新记不得不就近取砂、烧砖，以降低成本。由于山上缺水，施工条件极端恶劣，因而出现了工程质量等问题。

4.据陈希平的《工程周报表》记载，以下事实不容抹杀：

（1）1926年，筹备处雇请的专职监工陈均沛仅上山15次，比之其同事郑校之、钮师愈上山18次要少3次；筹备处的两位专职监工均不驻山，其中，陈均沛曾偶尔借住万寿寺过夜。

（2）自开工之后，杨杏佛、郑校之、吕彦直、裘燮钧、徐镇藩、姚锡舟、姚裕亭等三方人员就施工中遇到的砂、砖、水、钢筋等问题均予以足够的重视并及时做出处理。

陈均沛无视9月以前三方人员严把质量关的事实，越级向孙科报告，毫无根据地臆断："建筑师驻厂监工均不过问制止，显有串通作弊嫌疑"，有违事实。

5.总理陵墓第一部工程施工条件与外部环境之恶劣，远超三方之意料，尤其是山上缺水的问题。筹备处单方面、脱离实际地要求承建商在山上凿井取水，承建商不从。最后不得不于10月23日请水利专家上山勘测，寻找水源。然而，此时距离第一部工程开工，已经过去十个半月了。

6.吕彦直克己奉公，积极配合筹备处整改，并及时报告执行情况。

（1）自1926年1月15日第一部工程开工之后，吕彦直便一直在履行建筑师的责任，陈希平的《工程周报表》可证。

（2）10月8日，林业明、杨杏佛就孙墓第一部工程用砂问题召集姚新记、裘燮钧等在彦记建筑事务所"切实交涉"，强调"不得更用劣砂"之后，吕彦直立即整改，并于10月23日致函筹备处，告知："十六日起已改用滁州砂"。

（3）按照筹备处的要求"新砖须每块经试验合格，始许运山备用"；"饬令姚新记往他方另购合格之砖，本山烧制之砖，拟一律不用"，并将已建之砖墙，"全部拆去，另用合格之砖重行建造"。

（4）10月8日，杨杏佛自粤归沪后，即与吕彦直切实交涉，请其改派裘燮钧专任常川驻山。吕彦直与裘燮钧协商后，"裘已允从十一月起专任吕君代表，每星期居山三日"。惜裘身兼数职，无法兑现承诺。10月17日，杨杏佛接孙科电后，再次与吕彦直交涉，更换驻山监工。吕彦直答应"撤回徐君另聘有经验之工程师常川驻山监工"。吕彦直原拟聘美商慎昌洋行建筑部的薛次莘工程师常川驻山监工，但"薛在沪身兼四职，辞不肯就"。不得已，吕彦直只能继续聘用徐镇藩常川驻山监工。事实上，徐镇藩并非陈均沛指责的那么不堪。相反，当南京附近发生军事冲突，筹备处的陈均沛、钮师愈等职员因避乱而离开南京躲到上海时，徐镇藩仍忠于职守，驻山监工。吕彦直再也找不到如徐镇藩般忠诚老实、任劳任怨的驻山监工。吕彦直去世后，同样没有第二人能替换徐镇藩常川驻山监工。陈均沛的指责，不攻自破。

（5）9月，因工期延误，林业明代表筹备处"与吕建筑师商定"（事实上就是通知吕彦直）"暂时停付工款，俟工程达到预定程序时再行续付"。吕彦直克己奉公，积极配合，计算出"须等全部苏石（Soochow granite）工程完竣，始应续付"。苏石即苏州花岗石。换言之，须等祭堂苏石基础工程全部完竣，业主才会给承建商续付1926年9月以后的工程款。承建商没有了工程款，建筑师也就无所谓5%的工程款提成（建筑师酬金）了。业主这一招，可谓"一剑封喉"。

1929年2月底，中山陵第一部工程终于告竣。然而，由于中茅山工地超预期的前期投入、祭堂的砖墙须推倒重建、工期延误等因，第一部工程告竣后，姚锡舟不但分文无得，反而倒贴进去14万两银子，以致不得不就此结束其建筑业生涯。吕彦直建筑师亦未能幸免，除与姚锡舟一起受罚之外，直到去世，他都没能收齐中山陵第一部工程的建筑师酬金。

九、1926年11月3日：与甲方签订广州中山纪念堂及纪念碑建筑师合同

继1925年11月3日与孙中山先生葬事筹备处签订南京中山陵建筑师合同后，1926年11月3日，吕彦直与孙中山先生广州纪念堂筹备委员会在上海签订了广州中山纪念堂及纪念碑的建筑师合同（英文文本）[①]。两份建筑师合同的签订日期正好相隔一年，签字日期都落在了"11月3日"上。

当吕彦直在广州中山纪念堂及纪念碑的建筑师合同及图纸上签字画押的那一刻，历史已经把他定格在中国建筑史的里程碑上了。32岁的吕彦直，同时出任中国国民党的两大纪念性建筑——南京中山陵与广州中山纪念堂及纪念碑的建筑师，创造了一个没有人能够重复的建筑史奇迹。

吕彦直进入了一种忘我的工作状态，他忘却了病痛，忘却了疲劳，不舍昼夜地拟定各种建筑合同（章程）、工程说明书，展开广州中山纪念堂及纪念碑的建筑设计。与此同时，还要对中山陵工程做年度总结。

十、1926年12月31日：提交中山陵工程简要报告

吕彦直是一位受过严格训练的职业建筑师，处事严谨，工作规范，工程无论大小，均一律按序编号——中山陵是吕彦直自雇后承接的第54个工程，故其工程序号为"54"，即"JOB NO.54"；广州中山纪念堂的工程序号为"60"，即"JOB NO.60"；中山纪念碑的工程序号为"61"，即"JOB NO.61"。图纸则从工程序号编号，工程完了，全部归档，以备查考、追责；每一部工程，每一道工序，事前都详细计划，事后则必有总结。1926年12月31日，吕彦直向甲方简要报告了1926年1—12月孙中山先生陵墓工程的进展情况，如下：

吕建筑师工程简要报告
（十五年一月至十二月）

孙中山先生陵墓，自十五年一月十五日开工至今，已将届一载，而工程犹未及半，中间因工料关系，发生种种纠葛，以致延误工程之进行至数月之久，实属可憾，惟亦有因时局及天时关系，致交通阻滞，材料不能及时运到之处。依现在情形观之，即不再发生意外事端，恐完工之期，已非在规定日期（十六年三月十五日）以后五六个月也。兹将本年中工程进行情形，摘要报告，并将工程内容及制图监工

[①] 孙中山先生广州纪念堂及纪念碑筹备委员会与吕彦直建筑师订立合同[A]. 广州市国家档案馆，档号：4-01/7/46-3.

等任务，略为陈述，或亦关心此项建筑者之所乐知也。

陵墓图案选定后，建筑师仅得两个月之期限以制备工作图样及工程条例，以便估价之用。此种图样之比例尺，用八分之一吋代一呎之度，此外更附比例尺较大之代表的详部图样。营造人摘定后，即依此图制为半吋比例尺之模型，俾作全体建筑的比例上之研究。全体形势既经规定，则进行诸详部之图案。此类之图案自半吋或四分之三吋经三吋之比例尺渐次放大，至于足尺之图样，然后营造人再依此制为工用图样及模型。凡雕刻装饰线脚及砌石方式等等，无一不须经此种手续，校订后始能进行筑造也。工程条例为规定材料，及说明工作方法之用。全部工程，大致可分为下列之各项：

（一）开掘工作；（二）基础工作；（三）钢骨工作；（四）花岗石工作（香港石苏州石青岛石等）；（五）大理石砌石嵌磁等工作；（六）金属工作（铜门钢门钢窗等）；（七）炼瓦工作。前五项均归营造人承包工料，铜制门窗则向美国定制，炼瓦则在广州定造。

以上为工程各部之内容。兹将本年已成工程略陈如下：

一月十五日，正式开工。此月中为营造人预备时期，开始辟山及制半吋比例尺模型。

二月至七月，此数月中除将模型确定及选定香港石、苏州石、青岛石、大理石等外，因营造人所呈三合土应用之钢条、石子、黄沙未能合格，经反复之试验及种种手续，始大致解决。而时日之虚耗无算。实际上工程只将基础中之钢条按置完竣。至七月底始开始筑造基础三合土。在七月底运到之香港石百分之五十，苏石约百分之八十。

八月，祭堂基础三合土完成，台阶东西石驳筑二呎（最高处在五十呎以上）。

九月，墓室基础三合土完成，墓室内外壁及墩脚三合土筑成数呎，东西石驳高至十五呎。

十月，墓内外壁及墩脚三合土在进行中，祭堂砖墙自八日起停止进行（因查出所用砖多未及格者。祭堂四周明沟置妥，东面石驳高至三十呎，西面石驳高及九呎，东面拥壁墙基造成阶级第一平台铺石进行中）。

十一月，墓室内外壁及墩脚三合土完成，墓顶内外两穹顶之钢条安置中，祭堂苏石基座进行中，东西两面石驳已成百分之九十，第一级台铺石及西面拥壁基础进行中。

十二月，拆毁已成砖墙，改用钢骨三合土，阶级石板安置中。

以上所述，仅包括祭堂与墓及阶台一部。台后围墙及台前阶级是为第一部工程。此外尚有大门、石碑亭、卫士室等建筑。至九月底始决定，于十月内制成工作图样及工程条例。所包括为碑亭、大门、甬道、阶级、围墙、卫士所、看守室等是为第二部工程，以完成陵墓之全体。于十一月中征求投标因标价超过预算过多，现须稍作停顿，日后将重行投标，或取他种办法进行也。

中华民国十五年十二月三十一日　彦记建筑事务所具
主任吕彦直[①]

吕彦直撰写的《工程简要报告（十五年一月至十二月）》计1262字，言简意赅，俨然一部总理陵墓第一部工程的建筑简史。其中，下列细节尤为珍贵。

1.承认工期被延误

总理陵墓第一部工程自1926年1月15日开工将近一年，但"工程犹未及半"。究其原因，一是受制于时局与天气，"致交通阻滞，材料不能及时运到"。二是"因工料关系，发生种种纠葛，以致延误工程之进行至数月之久"。预计全部工程将延至1927年秋季以后才能完成。

2.严格按照"工作图样—模型—工作图样—工用图样及模型"的程序展开设计

（1）"陵墓图案选定后，建筑师仅得两个月之期限以制备工作图样及工程条例，以便估价之用。"

（2）这批工作图样（施工图），包括从小比例尺到大比例尺的"详部图样"。营造人（姚新记营造厂）"依此图制为半时比例尺之模型"，以便建筑师"作全体建筑的比例上之研究"。模型经推敲、修改确定后，建筑师（助理建筑师）们才据以展开"诸详部之图案"的设计与绘制。

（3）详部图样"自半时或四分之三时经三时之比例尺渐次放大，至于足尺之图样"。营造人据此再制作"工用图样及模型"。"凡雕刻装饰线脚及砌石方式等等，无一不须经此种手续，校订后始能进行筑造"。

---

① 吕建筑师工程简要报告（十五年一月至十二月）[M]//孙中山先生陵墓工程报告第一册．南京：孙中山先生葬事筹备处，1927.

3.严格把关，不迁就，不苟且

（1）2—7月，在确定模型，选定石材之外，建筑师与营造人因"三合土应用之钢条、石子、黄沙"的质量问题而"发生种种纠葛"。经反复试验，营造人更换材料至建筑师认可为止，工期因此被延误了五个月。

（2）10月，祭堂砖墙因查出所用砖多未及格而停止施工。

（3）12月，"拆毁已成砖墙，改用钢骨三合土"整体浇筑。营造成本因此倍增。

4.第二部工程投标价远超预算

按照吕彦直的建筑计划，祭堂、墓室等为第一部工程，碑亭、大门、甬道、阶级、围墙、卫士所、看守室等为第二部工程。1926年11月中，第二部工程招标。第一部工程造价因高标准的质量要求而倍增的"前车之鉴"，令各营造人提高了第二部工程的投标价，并远超甲方预算，第二部工程的招投标工作因此暂停。

通读《工程简要报告（十五年一月至十二月）》全文，一个克己奉公，对自己、对工程高标准、严要求，处事认真至近乎严苛的吕彦直跃然纸上。借用严复评价吕彦直的父亲吕增祥的话说，就是"为人太过"[①]。"为人太过"者，首先辛苦的是自己，其次难免会得罪同事与合作方（营造人），但唯此才能确保工程质量。也许真正的职业建筑师就该如此。

---

① 王栻.严复集：第3册[M].北京：中华书局，1986.

第五章 1927年：筚路蓝缕

1927年，北伐战争节节胜利，4月18日，南京国民政府成立，中国进入了一个相对稳定的发展期（1927—1937年，史称"黄金十年"），各路精英，大展宏图，吕彦直亦随之率彦记建筑事务所进入了"大忙"季。

第一节 彦记业务蒸蒸日上

1926年12月31日，吕彦直写完孙中山先生陵墓工程（1926年1—12月）简要报告后，便一头扎进了广州中山纪念堂及纪念碑工作图样的设计中。

一、1927年1月29日：在上海四川路29号增设图房

1.上海四川路29号大楼是盛宣怀的房产

上海四川路29号大楼是盛宣怀的房产[1]，1921年兴建，1922年落成，1927年命名为"盛氏大楼"（Sheng Building），楼高八层，新古典主义风格，由上海当时最著名的匈牙利建筑师邬达克（L.E.Hudec）设计。邬达克，1893年生于斯洛伐克，1914年毕业于布达佩斯皇家学院建筑系，同年入伍，参加第一次世界大战。1916年，被俄人俘虏并送往西伯利亚战俘营。1918年，从西伯利亚逃到上海，一住30年，为上海设计了60多幢建筑。如今，这些建筑，多半被列入"上海市建筑遗产保护

原上海四川路29号盛氏大楼（今四川中路110号）（图源：邱力立摄影）

---

[1] 据食砚无田先生查证，上海四川路29号为盛宣怀的房产，从1927年起冠名"盛氏大楼"（Sheng Building）；1931年7月，美商普益地产公司收购盛氏大楼，改名四川大楼（Szechuen Building，又称普益大楼）；1934年起，四川路29号改门牌号为110号（今四川中路110号）。

名录",配有"上海市优秀建筑物"的标志,四川路29号盛氏大楼也不例外。

2.德商大洲公司迁址上海四川路29号3楼

德商大洲贸易公司(China International Corp.,简称大洲公司)创办于1919年,据1920—1927年的《字林报行名簿》记载,1920—1922年6月,大洲贸易公司在上海江西路51A办公。[①]1922年7月,迁至外洋泾浜黄浦滩(上海外滩)1号办公。[②]此间,朱蔚文(Zih Tuck Whai)是大洲贸易公司的"制铁机器部华经理"。[③]1923年12月,宋子文(Soong, T. V.)接掌德商大洲贸易公司华经理一职。[④]该公司亦随即迁址上海四川路29号大楼(今上海四川中路110号普益大楼)3楼。

3.四川路29号对吕彦直的职业生涯具有特殊意义

1924年6月,德国人赫门(Hagemann, H.)入职大洲公司[⑤],负责庶务部(Sundires dept)的工作,1925年3月,赫门代表宋子文,参与起草《孙中山先生陵墓建筑悬奖征求图案条例》。

1925年9月16—20日,孙中山葬事筹备委员会将收到的40余种应征图案,全部陈列在上海四川路29号3楼的大洲公司,"除家属孙宋夫人、孙哲生君及葬事筹备委员等亲到评阅外,复由委员会聘请中国画家王一亭、南洋大学校长凌鸿勋、德建筑师朴士、雕刻家李金发为评判顾问"[⑥]。

20日14:00,在四川路29号3楼的大洲公司召开孙先生家属及葬事筹备委员联席会议,列席者为宋庆龄、孙科及夫人、孔祥熙、林焕廷、叶楚伧、陈佩忍、杨杏佛等,诸君根据征求条例及评判顾问意见书详加讨论。其中,围绕吕彦直的应征图案,展开了六小时的辩论[⑦],最终决定吕彦直的应征图案获得首奖[⑧]。因此,四川路29号对吕彦直的职业生涯具有特殊的意义。

---

① 大洲贸易公司[M]//*THE NORTH-CHINA DESK HONG LIST*,July,1920.
  大洲贸易公司[M]//*THE NORTH-CHINA DESK HONG LIST*,January,1922.
② 大洲贸易公司[M]//*THE NORTH-CHINA DESK HONG LIST*,July,1922.
③ 德商大洲贸易公司启事[N]//申报,1926.
  这条资料,由食砚无田先生提供,谨致谢忱!
④ 大洲贸易公司[M]//*THE NORTH-CHINA DESK HONG LIST*,January,1924.
⑤ 大洲贸易公司[M]//*THE NORTH-CHINA DESK HONG LIST*,July,1924.
⑥ 孙中山先生陵墓图案[M].上海:民智书局,1925.
⑦ 唐越石.孙墓图案展览会访问记[N]//申报,1925-09-23(21).
⑧ 孙墓图案选定[N]//申报,1925-09-21(22).
  孙中山先生陵墓图案[M].上海:民智书局,1925.

4.彦记捷足先登

1926年11月3日，吕彦直与广州中山纪念堂及纪念碑筹委会签订建筑师合同后，仁记路25号的彦记图房明显不敷使用。

1926年年底，德商大洲贸易公司迁址四川路36号，其在四川路29号3楼的办公场所就此腾空。吕彦直闻悉，立即与29号盛氏业主联系，租用其中的两个办公室，增设图房，添置绘图桌椅，以及丁字尺、三角板、三棱比例尺、多功能模板、精密绘图仪器等一整套美制的绘图设备。

1927年1月29日春节前三天，吕彦直的办公室从仁记路25号搬到了四川路29号3楼；负责出广州中山纪念堂及纪念碑工作图样的绘图员，也随之主要集中在四川路29号3楼的彦记图房里工作；负责出南京中山陵工作图样的绘图员，则继续留在仁记路25号的彦记图房里作业，直至1927年年底。彦记建筑事务所图纸上的制图章，因此有两个或两个以上的落款地址——"上海仁记路廿五号彦记建筑事务所"和"上海四川路廿九号彦记建筑事务所"。在现存的广州中山纪念堂及纪念碑图纸右下角的制图章中，除落款为"四川路廿九号彦记建筑事务所"以外，还有落款为"东南建筑公司"者。这说明：其一，参加广州中山纪念堂及纪念碑工作图样设计、绘制的建筑师、工程师、助理建筑师（绘图员）众多。其二，当时的绘图员、建筑师、工程师等普遍兼职（裘燮钧、葛宏夫等人的履历可以佐证）。只是所有的图纸，最终必须交由吕彦直审核。绘图员则根据吕彦直的审核意见修改图纸、校对，并再次送审，直至吕彦直签字批准，方可投入使用。

二、1927年3月23日：葬事筹备处致函吕彦直，催促加快中山陵工程

1927年3月，北伐军剑指江宁，时局紧张。外加气候恶劣，连续下了半个月的雨，令陵工们无法施工，吕彦直等亦一筹莫展。葬事筹备处监查员刘梦锡极端负责，向筹备处报告："本月以来，因时局及天气不佳，工作非常迟缓。石工、木工亦时有离宁者，大约非是大局平定，难期精神振作……叙至阻碍工作，莫此为甚。"3月23日，葬事筹备处接报后，即去函吕彦直，催促其加快中山陵工程。[①]

吕彦直无法改变时局，只能一再与姚锡舟联系，请其设法加快工程进度。

---

① 葬事筹备处为工程迟缓致吕彦直函[M]//南京市档案馆，中山陵园管理处.中山陵档案史料选编.南京：江苏古籍出版社，1986：167.

三、1927年4月30日：完成广州中山纪念堂及纪念碑第一批23张总图的设计

1926年11月3日，吕彦直与广州中山纪念堂及纪念碑筹委会在上海签订建筑师合同。① 随即展开广州中山纪念堂及纪念碑工作图样（施工图）的设计。从吕彦直与筹委会的来往信函可知，第一批工作图样共有23张，已于1927年4月30日全部制就。②

当天，吕彦直致函孙中山先生广州纪念堂筹备委员会办事处，"报告：纪念堂、碑工作图样现已制就"，请筹委会确定纪念堂及纪念碑工程的招投标在粤举行抑或沪粤均可并行，以及签订合同的地点。③

然而，在接下来长达两个月的时间里，吕彦直都没有收到孙中山先生广州纪念堂筹备委员会的任何回复。

四、1927年6月：为持志大学设计新校园及校舍

恰在此时，上海持志大学校长、美国密歇根大学法学博士何世桢慕名而来，请吕彦直为持志大学规划新校园，设计校舍建筑群。

1924年12月，何世桢与弟弟何世枚一起，在上海体育会西路的灵生工业学校（1918—1924）旧址，兴办"私立持志大学"。1925年春，校课开始，"任教授者，类海上知名人士，叶楚伧先生主任国学系，孙邦藻先生主任英文系，夏晋麟先生主任政治系，童逊瑗先生主任商科"④。

何世桢、何世枚两兄弟，均为1921年东吴大学法科毕业生，同年，双双赴美留学。何世桢获美国密歇根大学法学博士，回国后出任上海大学法学教授与东吴大学法律学院刑事诉讼法教授。何世枚则入美国密歇根大学研究院，获法学博士学位，1923年回国，受聘为东吴大学法律学院刑法教授、上海大学法学教授，兼律师。何氏兄弟的法律出身背景，令持志大学的法科在当时的中国享有盛名，学生日众，致灵生工业学校旧址不敷使用。

1927年，何氏兄弟计划在沪西虹桥路、中山路之终点一块"广约百余亩"的

---

① 孙中山先生广州纪念堂及纪念碑筹备委员会与吕彦直建筑师订立合同[A]. 广州市国家档案馆，档号：4-01/7/46-3.
② 吕彦直由沪来函抄件[A]. 广州市国家档案馆，档号：4-01/7/46-1.
③ 孙中山先生广州纪念堂筹备委员会第五次会议议事录[A]. 广州市国家档案馆，档号：4-01/7/46-1.
④ 私立持志大学概况.沿革[J]//上海各大学联合会会刊，1933.

"旧购校址"上，为持志大学规划建筑一个新校园。据1928年度的《持志年刊》上刊登的《校史》记载："兹新居计划已成，建筑之期不远，行见中山路成，大启尔宇，树鸿基于百年，播人才于全国，将于是乎肇之矣。"[①]与《校史》同时刊登的还有落款为"彦记建筑事务所图案 十六年六月"的《持志大学校园平面图》与《持志大学校园效果图》。显然，《校史》所言"兹新居计划已成"之计划，为彦记建筑事务所设计。

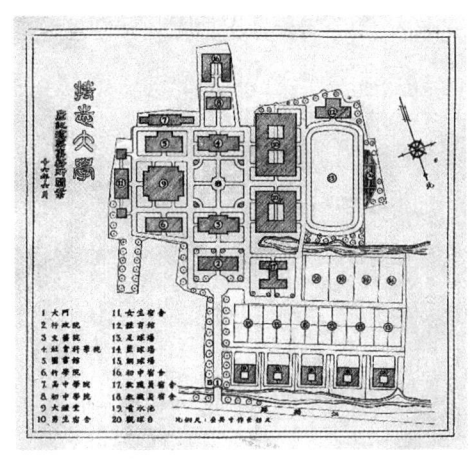

吕彦直：《持志大学校园平面图》（图源：《持志年刊》）

1.《持志大学校园平面图》

从《持志大学校园平面图》可见：持志大学校园坐南朝北，以喷水池广场为核心出十字轴——竖轴自北往南串联起大门、林荫大道、行政院、文艺院、社会科学院、初中学院、初中宿舍；横轴东侧，串联起大礼堂、图书馆、科学院、高中学院、女生宿舍；横轴西侧，串联起"日"字形男生宿舍、"口"字形男生宿舍、"工"字形教职员

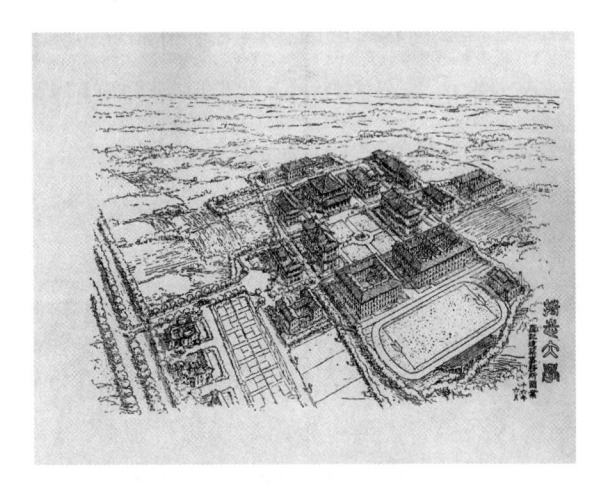

吕彦直：《持志大学校园效果图》（图源：《持志年刊》）

宿舍、足球场、篮球场、网球场；最后，以一排五幢"口"字形教职员宿舍楼抵校园之北垣。该平面图布局合理，设计规范，带有明显的美国校园烙印。如是，既迎合业主何氏兄弟的美式教育背景，也与设计师吕彦直的康校出身相符。

2.《持志大学校园效果图》

持志大学新校园的图案，是吕彦直独立完成的一个校园设计方案。吕彦直"卒业后，助美国茂斐建筑师，尝作南京金陵女子大学及北平燕京大学之设计，为中西

---

① 校史[J]//持志年刊，1928.

建筑参合之初步"①。从效果图看，持志大学建筑群带有金陵女子大学与燕京大学的影子——在西式屋身之上，覆以中式屋顶。令人惊讶的是，效果图中的持志大学大礼堂，俨然广州中山纪念堂的缩影。

3.两图均出于吕彦直之手

虽然持志大学新校园的平面图与效果图的落款为"彦记建筑事务所图案"，但有理由相信，两图均出于吕彦直之手。

其一，何世桢校长是专请名建筑师吕彦直为之规划设计新校园的。而能够担纲设计一个大学校园及其建筑群，既是一种荣誉，也是建筑师展示其才华的机会。况且，1926年6月—1929年3月18日，彦记建筑事务所只有吕彦直一位建筑学科班出身的建筑师。因此，吕彦直不太可能假手他人出持志大学的平面图与效果图。

其二，持志大学的平面图与效果图带有明显的金女大、燕大以及广州中山纪念堂的风格特征，此为"持志大学的平面图与效果图出于吕彦直之手"的直观证据。

其三，1931年度的《持志年刊》，刊登了吴海记营造厂的一份特别广告，称："本校水电路新校舍之承造者——吴海记营造厂……凡蒙委托工程，请向本厂接洽，并可代请著名建筑师设计一切。"②换言之，持志大学新校舍由著名建筑师设计。这位著名建筑师，即持志大学新校园校舍的规划设计者——已故彦记建筑事务所建筑师吕彦直。

要之，吕彦直在出任南京中山陵建筑师与广州中山纪念堂及纪念碑建筑师的同时，还于1927年6月为上海的持志大学设计了新校园与新校舍。

1929年，沪西虹桥路"广约百余亩"的持志大学新校基，被中山路所割断，致该地块不可用。校方只能"另置新基于水电路，广约五十亩"，1927年6月吕彦直为之设计的"广约百余亩"的校园校舍，因此缩减规模。由于新校址变更，至工程延至1931年春才鸠工建筑，当年建成"大礼堂一幢"，"二楼［层］教室、办公处、图书馆一所，三楼［层］寄宿舍一所，门房一所，厨房存储室一所"。孰料，新校舍甫使用，便在1932年春（"一·二八"淞沪抗战）"被日军全部焚毁。战事终了，依照旧有图样，鸠工重建"③。如今，持志大学的校园校舍，早已不复存在，代之而起的是上海外国语大学。

---

① 故吕彦直建筑师传[J]//中国建筑，1933.
② 持志年刊[J]. 1931.
③ 私立持志大学概况[J]//上海各大学联合会会刊，1933.

第二节　往返奔波，积劳成疾

1927年4月17日，孙中山先生葬事筹备处决议："上海筹备处迁并南京。"①此后，但凡与筹备处协商、出席筹委会的会议，吕彦直均须奔赴南京。

一、1927年6月27日：午后抵达中茅山视察中山陵工地，19：00在铁汤池丁宅出席筹委会第48次会议

刚刚完成持志大学新校园与校舍的规划设计，吕彦直便接到葬事筹委会第48次会议的会议通知。

6月26日晚上，吕彦直从彦记建筑事务所直奔上海北站，搭乘沪宁快车前往南京。午后，吕彦直抵达中茅山南坡的中山陵工地，与筹备处的相关人员一起视察施工进度，检查工程质量，听取驻山工程人员的意见。

19：00，筹委会在铁汤池丁宅召开了第48次会议。出席者有邓泽如、古应芬、林焕廷、叶楚伧、陈果夫、杨杏佛、戴恩赛、吕彦直、夏光宇、戴季陶。

会上讨论了八件事：

1.第一部工程的竣工日期及付款办法。

2.第二部工程的招标问题。

3.祭堂的铜门铜窗。

吕彦直向筹委会报告：由于祭堂的"铜门窗质料业已更改，应取消前次投标，另行公开投标"。筹委会采纳了吕彦直的意见。

4.吕彦直请筹委会为驻山工程人员盖临时住所。"议决：此项临时住所可以照盖，由主任干事与姚新记磋商价值，报告委员会核办。"

5.筹备陵园计划。

6.总理铜像模型。

7.筹备处办事细则。

8.结束上海办事处。②

会议结束后，吕彦直急忙赶往下关火车站，搭乘沪宁快车返回上海。

---

① 第四十四次会议记录[M]//南京市档案馆，中山陵园管理处.中山陵档案史料选编.南京：江苏古籍出版社，1986：101.
② 第四十八次会议记录[M]//南京市档案馆，中山陵园管理处.中山陵档案史料选编.南京：江苏古籍出版社，1986：105-106.

二、1927年7月16日：寄出第一批23张堂碑工作图样并连夜赴宁

1927年上半年，受广州国民政府（1925年7月1日—1926年12月5日）北迁及"广州四一五清党"的影响，孙中山先生广州纪念堂筹备委员会办事处的工作处于停顿状态。

5月，中央党部加派李济深、古应芬、林云陔、黄隆生为孙中山先生广州纪念堂筹备委员会委员。①

7月，鉴于邓泽如、古应芬②等元老均已北上南京，广东省政府主席李济深③遂接手主持孙中山先生广州纪念堂筹备委员会的工作。

7月6日10：00，李济深在广州市文德东路16号的李公馆，召开了第一次筹委会会议。会上宣读了吕彦直4月抄来函，议决：

函复吕：先将详细图案从速寄粤审查后再定办法。④

7月16日，吕彦直接到筹委会办事处落款时间为"7月8日"的复函后，立即寄出23张广州中山纪念堂及纪念碑（简称堂碑）的工作图样，并连夜搭乘沪宁快车，赶赴南京。翌日晨抵宁后，直奔筹备处，向邓泽如、古应芬两委员提交自己拟就的广州中山纪念堂及纪念碑的招投标方案，并与之商量有关招投标事宜。邓泽如、古应芬两先生认可吕彦直拟就的招投标方案，当即联名致函⑤纪念堂筹备委员会李济深、林云陔、黄隆生三先生，为吕彦直拟就的招投标方案背书。

辞别邓、古两委员后，吕彦直马不停蹄地赶往中茅山南坡，现场检查中山陵墓的施工进度，解决施工中遇到的技术难题。吕彦直嘱咐徐镇藩：严加监理，不可疏忽。

---

① 孙中山先生广州纪念堂筹备委员会抄件清册[A].广州市国家档案馆，档号：4-01/7/46-3。
② 邓泽如（1869—1934），同盟会、国民党元老。1926年6月，向中央党部提议：派专员筹办建筑广州中山纪念堂及纪念碑，是孙中山先生广州纪念堂筹备委员会的元首。1927年4月初，赴南京出席国民党部分执监员会议，支持蒋介石在南京组建国民政府，后任南京国民政府委员、海外部部长。古应芬（1873—1931），字勷勤，广东番禺（今广州）人，1902年中秀才，1904年赴日本留学，1905年在东京加入同盟会，国民党元老，1927年5月，中央党部加派古应芬等四人为孙中山先生广州纪念堂筹备委员会委员，1927年4月18日南京国民政府成立后，任常务委员兼财政部部长。
③ 李济深（1885—1959），广西梧州龙圩区人，时任国民革命军上将总参谋长、国民革命军总司令部后方留守主任，兼任广东省政府主席、广东省政府军事厅厅长、黄埔军校副校长、第四军军长等职，总揽广东党政军全权。
④ 孙中山先生广州纪念堂筹备委员会第五次会议议事录[A].广州市国家档案馆，档号：4-01/7/46-1。
⑤ 吕彦直由沪来函抄件[A].广州市国家档案馆，档号：4-01/7/46-1。

太阳下山前，徐镇藩送吕彦直乘车到下关火车站，再转乘沪宁快车返回上海。若从前晚自上海起程算起，吕彦直已经在路上连续奔忙了至少36小时，其工作的高节奏与高强度，非一般人所能承受。

返沪后，吕彦直立即拟就广州中山纪念堂、纪念碑章程。有书为证——

迳启者：接七月八日尊处复函敬悉。图样已于本月十六日寄上，请查收为荷。敝建筑师前［日］至宁晤邓泽如、古应芬两委员，商及招求投标事，已拟有具体办法。本拟来粤接洽，惟照来函，贵委员会拟先审查图样再定办法。设须敝建筑师来粤商议一切，望祈函示，是为至祷。

此致

孙中山先生广州纪念堂筹备委员会

彦记建筑事务所
吕彦直　七月十九日

附上纪念堂、纪念碑章程各一份。又抄录邓泽如古应芬两先生致纪念堂筹备委员会李、林、黄三先生函一份。[①]

从吕彦直以上复函可见：

1.广州中山纪念堂、纪念碑工作图样，已于1927年7月16日自沪寄穗孙中山先生广州纪念堂筹备委员会收。

2.前日（7月17日），吕彦直曾自上海到南京，会晤邓泽如、古应芬两委员，商及招求投标事，并已拟就具体的招投标办法。

3.吕彦直原本计划南下广东，与孙中山先生广州纪念堂筹备委员会接洽。但筹委会在1927年7月8日给吕彦直的《复函》中称："筹委会拟先审查图样再定办法"。吕彦直只好"惟照来函"，在沪等待筹委会之"函示"。遗憾的是，仅仅因为这一耽搁，吕彦直便再也没能南下广州，与筹委会"接洽"了。

4.同函，吕彦直附上了中山纪念堂、纪念碑章程各一份，以及邓泽如、古应芬两先生致纪念堂筹备委员会李济深、林云陔、黄隆生三先生函的抄件。

三、1927年8月19日：第一批堂碑图纸通过审查

继7月16日寄出23张广州中山纪念堂及纪念碑工作图样之后，吕彦直接续寄出建筑纪念堂、纪念碑章程各一份及信函。前后两个邮件均于7月30日前寄达孙中山

[①] 吕彦直由沪来函抄件[A]. 广州市国家档案馆，档号：4-01/7/46-1.

先生广州纪念堂筹备委员会办事处。

8月1日，孙中山先生广州纪念堂筹备委员会办事处向筹委会委员、广州市政委员会委员长林云陔呈文：

敬肃者：七月三十日，续接本会监工员吕彦直君来函，并将寄建筑纪念堂、纪念碑章程各一份，合将原函抄呈钧核。惟该章程二份全部均用英国文字著述，合并陈明谨上

林委员

    计抄呈原函一纸。

          孙中山先生广州纪念堂筹备委员会办事处谨启
             中华民国十六年八月一日[①]

先后就读于美国纽约州阿尔便法学院与圣理乔斯大学并获法学硕士学位的林云陔，着员花费半个多月的时间，将吕彦直寄来的建筑纪念堂章程与建筑纪念碑章程的英文文本，译成中文。

8月18日一大早，遵李济深之嘱，林云陔委员把广州中山纪念堂、纪念碑的工作图样及章程的中英文文本送达广州市工务局，委托建筑工程专家详细审核。

8月19日，广州市工务局审查通过了广州中山纪念堂及纪念碑第一批23张工作图样。局长彭回立即把审查结果呈报给筹委会主席李济深——

敬肃者：昨奉钧座发下孙中山先生广州纪念堂筹备委员会函一件，并纪念堂及纪念碑工作图样二十三纸，饬妥为审查等因，遵即按照该图样详加审查，大致尚属妥协。惟关于窗口位置似觉太少，于光线略欠充足，尚须酌量增加。奉饬前因理合具函检同奉发图样及原函送呈钧座察核，伏乞转行查照办理为叩。专肃祇颂

崇祺

  附呈纪念堂及纪念碑图样二十三纸原函乙件

            工务局局长 彭回 谨肃
             中华民国十六年八月十九日[②]

接彭回呈报后，李济深便着筹委会即与远在上海的彦记建筑事务所联系，把广州市工务局建筑专家的审查意见告知吕彦直。

---

① 吕彦直寄来工作图样二十三纸[A].广州市国家档案馆，档号：4-01/7/46-1.
② 工务局审查意见[A].广州市国家档案馆，档号：4-01/7/46-1.

吕彦直接筹委会来函后，就"酌增窗口位置"问题，专门函复筹委会。[①]可惜，这份重要的函件没有被保留下来。

四、1927年9月：增加设计堂碑工作图样

广州中山纪念堂及纪念碑的全部图纸，包括两大部分：一是总图，二是建筑详图。总图共70张，建筑详图数千张。

1927年8月19日，第一批23张广州中山纪念堂及纪念碑工作图样通过广州市工务局审查。之后，为适应工程招投标的需要，吕彦直在1927年9月增加设计了47张工作图样。

以上前后两批共70张的工作图样，就是后来所有建筑详图的设计依据——广州中山纪念堂及纪念碑总图。

说总图的第二批为47张的依据是：

1.筹委会的会议记录

1927年7月16日，吕彦直从上海寄给筹委会23张工作图样。

2.广州市工务局局长彭回给李济深的呈报

1927年8月19日，彭回向李济深呈报：23张工作图样已审查完毕。

3.广州市政府与汉口市政府及厦门市工务局的往来函

1934—1935年间，各地纷纷向广州市政府索要广州中山纪念堂及纪念碑的建筑设计图纸。毫无知识产权意识的广州当局，竟然把广州中山纪念堂及纪念碑全套共70张总图当作礼物，复制、分送给武汉、厦门等城市。在1934年1月至1935年11月广州市政府与汉口市政府及厦门市工务局的往来函中，均清楚地载明：彼此赠予及收到者，均为"广州中山纪念堂总图则全份七十张"[②]。70与23之差为47。据此可以推断，第二批总图数量为47张。

尽管70张总图的设计时间有先后，但其制图章的落款时间均统一为"1927年4月30日"。换言之，但凡落款时间为"1927年4月30日"的广州中山纪念堂及纪念碑图纸，均为70张总图之一。

整个9月，吕彦直都忙于为广州中山纪念堂及纪念碑增加设计工作图样，虽然

---

① 孙中山先生广州纪念堂筹备委员会第八次会议议事日程[A].广州市国家档案馆，档号：4-01/7/46-1.
② 汉口市索要中山纪念堂图纸函[A].广州市国家档案馆，档号：4-01/7/46-4.
"广州中山纪念堂"项目，包括广州中山纪念堂及中山纪念碑工程，图纸的称谓亦然。

有助手，但所有助手，均没有"欧美学历"，都是吕彦直的徒弟，都在彦记建筑事务所接受吕彦直的严格训练——他们绘制的工作图样，全部须由吕彦直逐一审核，提修改意见；修改后再送审、再修改、校对……循环往复，直至完美无瑕。1920年代，全世界都没有电脑，建筑设计图，全部手工绘制。广州中山纪念堂"中表西里"的庞大身躯与特殊结构，令其建筑设计的难度与强度倍增。密集而高强度的设计工作，把吕彦直累倒了，以致这47张工作图样的修改、校对与审核，直至1928年1月才最终完成。

五、1927年10月上旬：授权黄檀甫到粤与筹委会接洽

自1926年3月开始，吕彦直一直在带病工作，从腹泻开始，逐步发展为便血、腹痛。当时的中国，哪怕发达如上海者，其医疗水平和医疗条件均相对低下，以致吕彦直没能及时确诊、医治，仅以止泻止痛药对付。然而，每经历一番劳累，病情就会加重一分。9月的高强度设计工作，令吕彦直的病情又加重了。

10月初，筹委会函告吕彦直："现建筑事宜亟须实施"，望吕彦直"来粤接洽"。由于病中的吕彦直不便长途奔波，于是就授权其合伙人、彦记经理黄檀甫，携带吕拟就的招投标告白等文件，以"吕彦直建筑师代表"的身份，南下广州与筹委会接洽。有李济深致林云陔函为证——

迳启者：案查监工员吕彦直君前由沪寄来建筑纪念堂及纪念碑工作图样二十三纸、章程二份，经本委员会议决，送请贵委员发交熟悉建筑工程人员审查见复办理在案。现建筑事宜亟须实施，且吕监工员已派代表黄君到粤接洽。相应函达贵委员查照。请将上项图样章程即日送回本会以凭办理，望勿有延为荷。

此致
林委员

孙中山先生广州纪念堂筹备委员会
主席　李济深
中华民国十六年十月十三日[①]

10月30日10:00，孙中山先生广州纪念堂筹备委员会在李公馆召开第七次会议。会上，筹委会同意工务局审核图纸的意见，拟请设计师"酌增窗口位置"，以

[①] 请将堂碑图纸送回审理[A]. 广州市国家档案馆，档号：4-01/7/46-1.
李济深在落款处签字并用印，该印章与盖在广州中山纪念堂总图上的印章相同。

利采光。①同时决定登报发表吕彦直拟就的招投标告白，向全社会公开招标建筑广州中山纪念堂及纪念碑——

本委员会拟在广州市吉祥北路及粤秀山顶建造孙中山纪念堂及纪念碑等工程。欲投票者须照下列章程办理：

（一）时期　自本年十一月十日起，至十一月三十日为投票时期。投票函须用火漆封固，于本年十二月十日以前，在广州投票者交至省政府内孙中山先生广州纪念堂筹备委员会办事处，上海投票者交上海四川路二十九号彦记建筑事务所转交。本委员会于十二月三十日开会决定得票人名，登报通告。

（二）资格　凡营造家有殷实资本、曾承造建筑工程［一］次在三十万两以上愿意投票者，请将该项工程名目开具，交彦记建筑事务所转交本委员会审查核夺。

（三）投票　保证　已经审查合格之营造家，应至本委员会或彦记建筑事务所交保证金，在粤交毫洋贰千伍百元，在沪交规元壹千伍百两正；领取收据及投标条例并交手续费，在广州毫洋贰拾元，在上海洋壹拾伍元；领取图样章程，照行投标。开标之后未得标者，将图样章程交还，其保证金即行发还，其手续费无论得标与否，概不发还。

（四）决票　本委员会有权选择任何一家得标，其票价不以最低额为准。

中华民国十六年十一月一日
孙中山先生广州纪念堂筹备委员会广告②

广州中山纪念堂及纪念碑工程由此正式启动。

第三节　业界旗帜

一、1927年10月：出任中国建筑师学会副会长

吕彦直以一己之力，勇夺南京中山陵与广州中山纪念堂及纪念碑设计竞赛的头奖及设计权，令以洋行、洋建筑师占多数的中国近代建筑市场发生震动。吕彦直的名字由此成为凝聚近代中国建筑师职业群体的一面旗帜。

---

① 孙中山先生广州纪念堂筹备委员会第七次会议议事日程[A]．广州市国家档案馆，档号：4-01/7/46-1．
② 孙中山先生广州纪念堂及纪念碑工程招求投票[N]//广州民国日报，1927-11-05（2），1927-11-07（1）．
　文内的标点符号为笔者所加。

1927年，随着学成归国的中国建筑师日渐增多，中国建筑师的职业群体亦初具规模。是年，范文照离开了允元实业公司，成立上海范文照建筑师事务所，地址同样选择上海四川路29号。[①]彦记建筑事务所与范文照建筑师事务所遂同楼办公，吕、范二人的联系更加密切。范文照认为成立建筑师学会的时机已经成熟，遂与吕彦直、张光沂、庄俊、巫振英等人联手，于10月发起成立了中国最早的建筑师同业团体——上海建筑师学会。各地的中国建筑师闻讯，纷纷要求加盟，上海建筑师学会遂于翌年更名为中国建筑师学会，吕彦直荣膺副会长。

1932年11月，为发展建筑学术、提高建筑师职业化水平，中国建筑师学会创办了学术期刊《中国建筑》(*The Chinese Architect*)。范文照在创刊号上发表了《中国建筑师学会缘起》一文，详述了1922年秋，他与吕彦直等五人，在上海集议组织建筑师学会的往事（详见本书第三篇第二章）。要之，吕彦直乃发起成立中国建筑师学会的核心成员。

二、1927年10月27日：赴宁出席筹委会第52次会议并上山视察工地

吕彦直没有南下广州，但并没有停止工作。10月26日晚，吕彦直又乘沪宁快车前往南京了。翌日晨抵宁，即往浮桥路2号筹备处出席筹委会第52次会议。本次会议的议题较多，其中，前三项与吕彦直直接相关，如下：

1.第二部工程开标及商定得标人

"议决：第二部工程开标结果，决定由新金记承包，计二十七万零八十四两。该项标额由建筑师向新金记商减。"[②]换言之，新金记虽然以"二十七万零八十四两"中标，但筹委会认为这一标价还是高了，指示吕彦直代表筹委会与新金记协商削减。吕彦直肩上的担子，由是百上加斤。

2.讨论第一部工程围墙发生裂缝问题

"议决：在围墙底脚下捣三合土或水门汀桩，由建筑师决定。"据此，吕彦直向与会的杨杏佛总干事提出：待相关议题结束后，提前离席，以便前往中茅山视察工地，研究解决方案。

---

① 中国建筑师学会会员录[J]//中国建筑，1933.
范文照建筑师事务所[M]//*THE NORTH-CHINA DESK HONG LIST*, July, 1933.
② 第五十二次会议记录[M]//南京市档案馆，中山陵园管理处.中山陵档案史料选编.南京：江苏古籍出版社，1986：112.

3.确定祭堂内及陵墓应有之石刻文字

"议决：祭堂内石刻文字定为建国大纲及遗嘱二种。祭堂正面匾额定为'天地正气'四字。"① 此议决与吕彦直之祭堂原设计图案，以及《孙中山陵墓建筑图案说明》原案相一致。换言之，筹委会通过了吕彦直的全部石刻文字与匾额用字的设计方案。

时近中午，吕彦直提前离席，乘车奔中茅山工地而去。经过一年多的努力，姚新记的工人们已在中茅山上开辟了一条山路，汽车可直达中山陵工地前。

秋阳下，中山陵工地一片繁忙。吕彦直爬上175米标高处的祭堂与墓室施工工地，与徐镇藩一起，仔细检查围墙的裂缝，检查围墙周边的地质状况，找出产生裂缝的原因。最后提出分段筑墩和全部拆改重筑两个方案。筹委会最终决定采用第二种方案，全部拆改，重筑围墙。②

三、1927年11月11日：赴宁出席筹委会第53次会议并上山视察工地

10月28日返抵上海后，吕彦直立即与新金记康号联系，协商削减工程报价及签订工程承包合同等问题。新金记最终答应削减"二千两"。及后，吕彦直将接洽情况，函告筹委会主任干事夏光宇。

两周之后，筹委会又召吕彦直到南京开会了。

11月10日夜，吕彦直赶往上海北站，搭乘沪宁快车前往南京。翌日晨抵宁，即往浮桥路2号筹备处，出席筹委会第53次会议。

本次会议，主要由夏光宇主任干事报告建筑师与新金记康号接洽第二部工程价格的经过，在上海磋商订立合同的情形，以及接洽之结果。对此，与会者表示满意，并议决：通过对于吕彦直建筑师所拟合同稿之决定。吕彦直当场提出的"中文合同照英文合同修正"的意见，亦获议决。

会上还讨论了孙中山坐像石膏模型的问题。由于"此次征求成绩甚低，决发还，不给奖金、奖品，惟各致感谢之函。一面由夏先生与建筑师调查物色最良好模型之方法"③。

---

① 第五十二次会议记录[M]//南京市档案馆，中山陵园管理处.中山陵档案史料选编.南京：江苏古籍出版社，1986：112.
② 第五十五次会议记录[M]//南京市档案馆，中山陵园管理处.中山陵档案史料选编.南京：江苏古籍出版社，1986：117.
③ 第五十三次会议记录[M]//南京市档案馆，中山陵园管理处.中山陵档案史料选编.南京：江苏古籍出版社，1986：113-114.

吕彦直还是放心不下中山陵的施工。于是，在完成与自己有关的议题之后便起身告辞，乘车前往中茅山，查勘祭堂与墓室施工的最新进展。

四、1927年11月27日：出席大学院艺术教育委员会第一次会议

1.蔡元培以大学院取代教育部

晚清，朝廷管理学术及教育的机关名曰"学部"，1912年改为"教育部"。1927年4月国民政府定都南京后，北京大学原校长（1917—1927）蔡元培，主持教育行政委员会，主导教育及学术体制改革，并于10月1日在南京正式成立中华民国大学院，直接取代教育部。蔡元培认为，教育部处北京腐败空气之中，受其他各部之熏染，长部者又时有不知学术教育为何物，而专骛营私植党，声应气求，积渐腐化，遂使教育部之名等同"腐败官僚"之谓。国民政府因此而"舍教育部之名而以大学院名管理学术及教育之机关"，"以学术化代官僚化"。蔡元培认为，改造中国，重在教育；大学院努力进行的工作有三："一曰实行科学的研究与普及科学的方法"，"二曰养成劳动的习惯"，"三曰提起艺术之兴趣"[1]。

2.受聘为大学院艺术教育委员会委员

1927年9月，孙中山先生葬事筹备委员会新增蔡元培等七名委员[2]，蔡元培因此与吕彦直有了工作联系。蔡元培十分欣赏吕彦直的专业造诣、学者特质以及敬业精神，认定其为中国一流的建筑师，中国建筑师群体的领军人物，是不可多得的艺术教育专才。正在筹办成立中华民国大学院的蔡元培，有意让吕彦直发挥更大的作用。1927年10月1日大学院成立，下设一系列的专门委员会，其中的"大学院艺术教育委员会"，"专管计划全国艺术教育，及有关艺术之公共建设事宜"。该会"设委员十一人至二十人，均由大学院长函聘之"[3]。蔡元培因此函聘吕彦直为大学院艺术教育委员会委员。

1927年11月，吕彦直收到大学院院长蔡元培先生签署的聘书，受聘为"大学院艺术教育委员会委员"[4]。大学院艺术教育委员会共有委员11名，依次为：林风眠、萧友梅、吕徵、吕彦直、周峻、张静江、高鲁、张继、李金发、王代之、李重

---

[1] 蔡元培.发刊词[J]//大学院公报，1928.
[2] 葬事筹委会委员及职员[M]//南京市档案馆，中山陵园管理处.中山陵档案史料选编.南京：江苏古籍出版社，1986：12-13.
[3] 大学院艺术教育委员会组织条例[J]//大学院公报，1928.
[4] 大学院艺术教育委员会委员名录[J]//大学院公报，1928.

鼎。11人皆为业界精英，中以画家、书法家居多，音乐家、建筑师、雕塑师、天文气象学者则各有一名。吕彦直名下的"通讯处"地址为"南京中山葬事委员会"。吕彦直的工作通讯地址不是"上海四川路29号彦记建筑事务所"吗，为何写作"南京中山葬事委员会"？原来，中山陵建筑师吕彦直，同时也是"总理葬事筹备处建筑师"①。

3.出席大学院艺术教育委员会第一次会议

11月27日（星期日），上海法租界马斯南路（Rue Massenet，今思南路）98号高朋满座，大学院艺术教育委员会在此召开第一次会议。出席会议者有：大学院院长、葬事筹委会委员蔡元培（留德、留法），名画家林风眠（留法），美术家王代之（留法），大学院副院长、葬事筹委会委员、吕彦直在康校的同学及《科学》编辑部的同事杨杏佛（留美），天文气象学家高鲁（留比），字画家周峻（留法），雕塑家李金发（留法），南京中山陵与广州中山纪念堂及纪念碑建筑师吕彦直（留美），中国首位音乐博士萧友梅②（留日）。群星熠熠，满堂生辉，照亮了马斯南路98号，照亮了上海，也照亮了近代中国。

会上，讨论并议决了以下事项：

（1）讨论本会组织大纲，修改后，逐条通过。

（2）为会务进行便利起见，特设研究、编审、美术展览三个分组委员会，并通过各分会组织大纲。

（3）美术展览分会会期与会址问题。

议决：先设筹备委员会于南京，开会时定明年暑假，会址另议。

（4）通过美术展览会预算案（用费三千元，奖金二千元，共五千元）。

（5）筹办国立艺术大学案。

议决：由本会起草详细计划书，及预算案，俟下次开会时再行合议。

（6）整理全国艺术教育案。

---

① 行政院训令：令内政部：令知会同教育部议复褒扬总理葬事筹备处建筑师吕彦直因劳病故一案经予照准由（中华民国十八年六月十八日）[J]//内政公报，1929，6.
② 萧友梅（1884年1月7日—1940年12月31日），字思鹤，又名雪明，广东香山人，中国首位音乐博士，上海音乐学院创始人之一、作曲家、教育家、音乐理论家，是中国现代音乐史上开基创业的一代宗师、现代专业音乐教育的开拓者与奠基者，被誉为"中国现代音乐之父"。

议决：由本会切实调查现状后，再行研究办法。[1]

百年前，中国正从贫穷落后的农耕社会转向发达开明的工业社会，工业文明的全套制度，包括工厂制度、商业制度、教育制度、城市管理制度、医疗卫生制度、建筑师制度等，全部移植于西方。有欧美学历的中国知识精英，倡言科学救国、教育救国、实业救国，恨不能在一天之内让农耕中国"凤凰涅槃"，脱胎换骨，进入工业文明社会！蔡元培因此可以登高一呼，应者云集；大学院因此能吸引众学子，群策群力。大学院艺术教育委员会第一次会议的会议记录即为明证；吕彦直便是"筹办国立艺术大学与美术展览会"等的动议及议决者之一。

12月27日（星期二）14：00，大学院艺术教育委员会在南京成贤街大学院会议厅举行了第二次会议，讨论细化第一次会议议决的问题。蔡元培、萧友梅二人均由杨杏佛代表出席，吕彦直则因事忙而没有出席本次会议。[2]

中国科学社的创始人及首批社员中的任鸿隽、杨杏佛、周仁、吕彦直、唐钺等康奈尔大学的同学，均受聘为大学院各委员会的委员，成为中国近代科学与教育事业的开拓者。

由于经费过于庞大、事权不统一等因，大学院的改革无法获得成果。1928年10月6日，蔡元培在一片反对声浪中辞去了大学院院长的职务。1928年10月24日，国民政府裁撤大学院，恢复教育部及原有制度。

尽管大学院只存在了短短一年，但其作为与愿景，对中国近代科学与教育等各项事业，均产生了深远的影响。吕彦直成为大学院艺术教育委员会委员的这一事实，则说明吕彦直是1920年代中国建筑师的杰出代表，业界的一面旗帜，曾经与一群知识精英一起，筚路蓝缕，为中国近代的科学与教育事业奠下初基。

---

[1] 大学院艺术教育委员会第一次会议录[J]//大学院公报，1928.
[2] 大学院艺术教育委员会第二次会议录[J]//大学院公报，1928.

第六章　1928年：置生死于度外

进入1928年，吕彦直的病情加重了，然而，他没有歇息，有太多的工作等着他去做。

第一节　一再坚持

一、1928年1月16日：在上海武定路林宅出席筹委会第56次会议

本次会议的议题多与吕彦直有关，如下：

1.决定冥像之承造人及合同。

议决：冥像归高祺承造，并先由吕彦直与高祺接洽。

2.核准甬道图样。

议决：照建筑师所绘图样办理。

3.核准供水计划。

议决：将建筑师所拟计划图样交卓康成顾问审查核定。

4.碑帽图案问题。

议决：用青天白日，其四边之花纹，请建筑师拟定，再行核议。

5.核准第三期工程图样及工作说明书。

议决：照建筑师所拟计划及所绘图样办理。[①]

从以上议题与议决可见：

第一，中山陵第三期（也是最后一期）工程的工作图样及工作说明书，已于1928年1月16日前，全部设计、制备完毕，并在当日召开的筹委会第56次会议上获核准通过。

[①] 第五十六次会议记录[M]//南京市档案馆，中山陵园管理处.中山陵档案史料选编.南京：江苏古籍出版社，1986：118-119.

第二，孙中山先生卧像（冥像）的雕塑事宜，是由吕彦直与捷克雕塑家高祺具体接洽的。

第三，竖立在中山陵碑亭内的石碑碑帽上的青天白日图案，是由甲方（筹委会）决定的。作为乙方的建筑师，只是负责具体设计，出施工图。

要之，吕彦直生前已经完成了中山陵全部建筑，包括第一部、第二部、第三期工程，以及甬道（大墓道）、供水计划等的全部工作图样及工作说明书的设计与制备，不拖不欠，没有留下任何"手尾"。

二、1928年2月6—8日：为广州中山纪念堂及纪念碑签订三份合同

1.1928年2月6日，孙中山先生广州纪念堂筹备委员会（业主、甲方）与香港宏益建造厂（承包人、乙方），在上海率先签订了广州中山纪念堂及纪念碑工程的第一份合同——《建筑中山纪念碑合同》[①]。吕彦直建筑师以证人身份，用钢笔分别在合同（章程）的英文文本以及中山纪念碑图样（蓝图）上签下了自己的英文名字Lu, Yan Chih。

2.两天后，即1928年2月8日，孙中山先生广州纪念堂筹备委员会的驻沪代表，与承包人馥记营造厂、美商慎昌洋行，分别订立了《孙中山先生广州纪念堂建筑合约》[②]与《孙中山先生广州纪念堂筹备委员会与慎昌洋行订购全部钢架及工程合约》[③]。吕彦直建筑师同样以证人身份，用钢笔分别在合约（章程）的英文文本以及广州中山纪念堂的图样（蓝图）上签下了自己的英文名字Lu, Yan Chih。潇洒俊逸的英文字体，是吕彦直即时心情的真实写

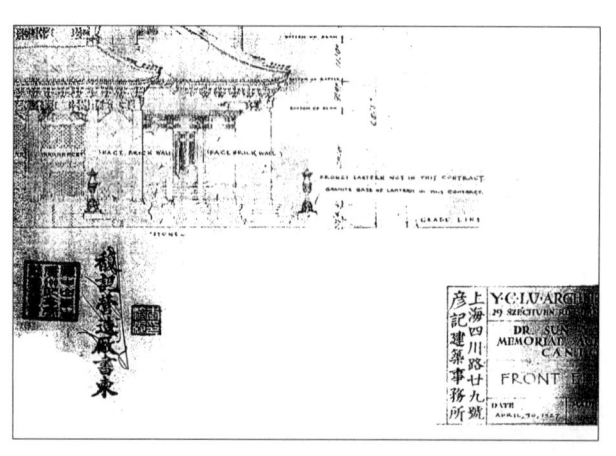

孙中山先生广州纪念堂筹备委员会与馥记营造厂以及李济深、吕彦直分别在广州中山纪念堂的设计蓝图上签字画押（图源：广州市国家档案馆藏）

---

① 孙中山先生广州纪念堂及纪念碑筹备委员会与香港宏益建造厂签订合同[A]. 广州市国家档案馆，档号：4-01/7/46-3.
② 孙中山先生广州纪念堂筹备委员会与馥记营造厂订立中山纪念堂建筑合约[A]. 广州市国家档案馆，档号：4-01/7/46-3.
③ 孙中山先生广州纪念堂筹备委员会与美商慎昌洋行订立合约[A]. 广州市国家档案馆，档号：4-01/7/46-3.

照——广州中山纪念堂及纪念碑工程即将动工，自己亲手擘画的建筑蓝图，即将变为现实！

三、1928年3月2日：上午往中山陵工地视察，16:00出席筹委会第57次会议

自1925年12月20日—1928年3月2日，吕彦直先后四次在上海、五次在南京出席了孙中山先生葬事筹备委员会的会议。

3月1日晚，吕彦直步出四川路29号盛氏大楼，乘车前往上海北站。上海北站占地面积相当于14个足球场。其中，那幢地道的新古典主义建筑风格的四层英式站房，占地面积1950平方米，总建筑面积约5000平方米，集办公、售票、候车于一体。每次走进站房，吕彦直都有一种"走进英国"的感觉，尤其欣赏大厅中央的那个英格兰乡村风格的木结构售票亭。

上海北站的客货运都十分繁忙，每天至少有十对旅客列车出发和到达，过千旅客在此上下车；棉纱、蚕茧、火柴、肥皂、时装等大量货物，以及当天出版的各种报纸，都通过沪宁铁路向各地昼夜运送。

沪宁夜快车21:30自上海开，吕彦直上车后即找位置尽快休息。翌日晨，车抵南京。吕彦直照例循"宁省小火车"、汽车等前往中茅山工地。进入1928年，中茅山工地的供水及道路交通等施工条件有了很大的改善，施工进度也跟上来了。

春寒料峭，寒风中夹带着微雨。徐镇藩陪吕彦直视察施工现场，检查工程质量，听取施工人员的意见。吕彦直嘱咐徐镇藩：继续严把工程质量关。

16:00，吕彦直赶到浮桥路2号孙中山先生葬事筹备委员会筹备处，出席筹委会第57次会议。

本次会议的议程比较多，会上，吕彦直就"定塑总理遗像案"议题，提交了王济远先生介绍日本雕塑家朝仓文夫函。[①]事情的经过是这样的——

早在1928年1月7日召开的筹委会第55次会议上，就总理造像问题曾议决："请孙哲生先生物色雕刻家办理。应塑坐像与立像各一。"[②]会后，孙科委托建筑师吕彦直具体办理物色雕刻家事宜。吕彦直照办，他看中了被誉为"东洋的罗丹"的朝

[①] 第五十七次会议记录[M]//南京市档案馆，中山陵园管理处.中山陵档案史料选编.南京：江苏古籍出版社，1986：119-121.
[②] 第五十五次会议记录[M]//南京市档案馆，中山陵园管理处.中山陵档案史料选编.南京：江苏古籍出版社，1986：117.

仓文夫。朝仓文夫（あさくら ふみお，1883—1964）是日本著名的雕塑家，1903—1907年就读于东京美术学校（东京艺术大学前身）雕塑科，毕业后创作了许多日本近代史上重要人物的雕像、胸像，以及动物雕刻，其作品深受法国著名雕塑家罗丹的影响，风格写实，手法洗练，曾多次入选日本全国性的大型美术展览并获奖。吕彦直认为朝仓文夫是为孙中山先生塑像的合适人选。为慎重起见，吕彦直请美术界名流王济远向筹委会介绍朝仓文夫。

王济远，字汝舟，祖籍安徽，1893年生于江苏，1912年毕业于江苏第二高等师范学校，擅绘芦雁，是中国前卫美术运动的活跃分子。1919年，王济远在上海加入由刘海粟创办的著名西画团体"天马会"，历任上海美专西画科主任、副校长、代理校长等职；1926年赴欧洲旅行，考察西洋美术；1927年创办"艺苑绘画研究所"，曾数次赴日考察，并于当地举办画展，其油画与水彩画，以后印象派风格而闻名。

王济远赴日考察并举办画展期间，与朝仓文夫多有交往，遂欣然接受了吕彦直的请求，书就一函，详细介绍了日本雕塑家朝仓文夫的作品与成就。

围绕王济远函，与会者展开讨论，最终议决："函请王济远先生索加藤照片，并商请朝仓文夫氏能否先塑模型一具。"[①]

散会时，杨杏佛老大哥似的送吕彦直到大门外，关切地嘱其珍重，与之握别。杨杏佛生性耿直，为人厚道，从组建科学社、创办《科学》杂志开始，杨、吕二人便意气相投，彼此欣赏。在建筑孙中山先生陵墓工程中，二人更因缘际会，合作无间，在康校同学中，一时传为佳话。然而谁也没有料到，这竟是吕彦直最后一次出席筹委会的会议。

四、1928年3月3日：面试驻粤监工

1928年3月3日晨，车抵上海北站，吕彦直感觉腹部又在隐隐作痛。

广州中山纪念堂及纪念碑的工程即将开工，彦记正在招募一名能够长驻广州中山纪念堂及纪念碑工地的工程监理。尽管感觉非常不好，但想到当天是面试日，吕彦直便坚持返回四川路29号彦记建筑事务所上班。

在面试中，吕彦直选中了1918年10月毕业于江苏省第二工校应用化学科的崔

---

① 第五十七次会议记录[M]//南京市档案馆，中山陵园管理处.中山陵档案史料选编.南京：江苏古籍出版社，1986：121.

蔚芬。崔蔚芬曾有多年的工程监理经验，言谈诚恳，表示愿意长驻广州中山纪念堂工地，尽责监理。吕彦直感到非常满意，嘱其先用一周左右的时间，通读一遍广州中山纪念堂及纪念碑的全部工作图样及工作章程，了解该工程的所有工序及关键节点，然后提出自己的工作设想，同时准备南下的行装。

当天，吕彦直还与馥记营造厂的总经理陶桂林电话联络，询问其南下施工的准备情况。陶桂林告知：馥记营造厂的工程技术人员正整装待发，即将携带打桩机、搅拌机等当时上海最先进的施工器械前往广州。吕彦直感到欣慰，并向陶桂林介绍了工程监理崔蔚芬的情况，交代了相关事宜。

结束一天工作之后，吕彦直感觉非常疲惫，腹部疼痛加剧，遂前往就医。

这个病症已经折磨吕彦直两年了——从1926年3月开始，吕彦直就出现了腹泻、便血等症状，大凡过劳，病情就加重。也许是自恃年轻，也许是无暇顾及，吕彦直总是就近问医，吃点儿止痛、止泻药，然后回家休息，待病情缓解后再回彦记事务所上班。

这次病发，比以往任何一次都严重，且有一些难以启齿的症状。为不影响事务所的同事，也为自尊，吕彦直自此深居简出，在家里边休息，边工作。

五、1928年4月20日—5月2日：设计多种华表图案

1928年4月19日15：00，筹委会在南京浮桥路2号葬事筹备处召开了第58次会议。一众党政要员出席了本次会议，他们是：林森、谭延闿、孔祥熙、林焕廷、蔡元培、于右任、叶楚伧。实际干活的筹委会主任干事夏光宇，被特别注明为"列席者"[①]。

会议的其中一个议题是"决定建造祭堂两侧华表之价格及包工人"。议决："再选华表图案，请建筑师多制式样，送处备选，再行提出讨论。"[②]

会后，夏光宇立即电告吕彦直。翌日，根据筹委会的要求，吕彦直开始在家里为祭堂两侧的华表出多种草图。彦记建筑事务所遂延伸到了古拨路55号一楼，吕彦直的助手们则往返于古拨路55号与四川路29号之间，为吕彦直传递各种图纸、文书，佐助吕彦直设计。

---

① 第五十八次会议记录[M]//南京市档案馆，中山陵园管理处.中山陵档案史料选编.南京：江苏古籍出版社，1986：122.
② 第五十八次会议记录[M]//南京市档案馆，中山陵园管理处.中山陵档案史料选编.南京：江苏古籍出版社，1986：122.

第二节　吕彦直的寓所

1920年12月，纽约茂旦事务所发生人事变动，吕彦直被调到位于上海外滩的茂旦事务所的上海分部。1921年1月，吕彦直抵达上海后，没有惊动任何亲戚，先是落脚旅馆，然后找房子租住。为方便上下班，吕彦直在相邻的法租界公寓楼里租下了一个小单元。法租界整齐划一的建筑风格，道路两旁的英国梧桐，最能勾起他的童年记忆。他喜欢画画，喜欢设计，整天埋头于图房，靠"外卖""堂食"解决一日三餐，忙起来更废寝忘食。

一、与胞姐合租古拨路55号

七岁失孤的吕彦直，从小就独立惯了。无论在年龄上还是在亲缘上，吕彦直与大姐、二姐都有隔阂，唯独与同胞的东宝姐谈得来。东宝姐嫁与罗丰禄的亲侄儿罗则琦之后，便随罗远赴美洲，长驻古巴领事馆，其间正值吕彦直留美。于是，无论是在地理上还是在心理上，姐弟俩的关系都比其他亲戚要密切。

1921年9月，罗则琦奉调回北洋政府外交部特派江苏驻沪交涉员公署，署址设在静安寺路（今南京西路）洋务局[①]。

早在1916年2月北洋政府外交部在沪设立"特派江苏驻沪交涉员公署"时，公署就在洋务局西南约1.6千米处，以"长期租赁"的方式，租下新落成的古拨路[②]3—55号中的一批别墅作宿舍，供公署官员租住。

古拨路3—55号是上海知名实业家郁岜生的产业。郁岜生（1873—1926），江苏海门曹家镇人。从小在教会学校跟神父学英语及拉丁文。17岁在上海浦东同昌纱厂谋生时，工余到一位美国籍神父处继续攻读英语，苦学数年，达到精通的程度。1901年，经神父引荐，张謇派郁岜生去英国采购纺织机器。在英期间，适逢清政府

[①] 清道光二十三年（1843）上海开埠后，上海地区对外事务悉由上海道台兼理。光绪二十五年（1899）在静安寺路（今南京西路）特设洋务局作为道台对外办事机构。1911年辛亥鼎革，沪军都督府内设交涉厅。1912年1月1日，交涉司改称驻沪通商交涉司。1913年，改北京政府外交部特派驻沪通商交涉使，为北京政府驻沪外交机关，一度又改称外交部驻沪交涉使。是年7月，上海镇守使成立，驻沪交涉使又改特派江苏交涉员。1914年1月，设上海观察使，兼理外事，5月改沪海道尹，道尹兼交涉员。1916年2月，北洋政府外交部在沪设特派江苏驻沪交涉员公署，以静安寺路（今南京西路）洋务局旧址为署址，办理一切对外事务，设秘书处、总务科、交际科、外政科。本条系笔者据上海市地方志办公室《上海通志》第十二卷《外事》改写。另据食砚无田先生提供的1905年上海地图显示，洋务局旧址在今上海市静安区南京西路688号广场一带。

[②] 古拨路是上海法租界西侧一条以法国海军上将库尔贝（Amiral Courbet）命名的一条路，全称Rue Amiral Courbet（库尔贝海军上将街），简称Route Courbet（库尔贝路，古拨路）。

南洋大臣端方赴欧考察政治，特请他当翻译。郁岂生圆满地完成了翻译和采购任务，获封为候选道和朝议大夫，并在大生纱厂任职，协助张謇兴办纺织工业。1913年，郁岂生再次奉令去英国采购纺织机器，英商邀他在远东独家经营纺机，并加入伦敦总商会。回国后，郁岂生在上海集资开设大生机器公司，专营纺机购销业务，自任公司经理，同时兼管大生纱厂厂务，负责上海银行界、外商与纱厂之间的银钱往来以及接待外国纺织专家前来考察等事务。1914年，第一次世界大战爆发后，英镑暴涨，郁岂生因经营有方，连年盈利，积累了大量财富。与此同时，上海法租界西扩至今华山路一线，郁岂生果断买下古拔路（今富民路）北段东侧的一大片土地，请建筑师为自家设计建筑了一幢有大片草地，有一个荷花池塘的花园洋房（今富民路43号）[1]，并沿自家花园洋房的西侧，规划建筑了四排共26幢联排别墅，门牌号码为古拔路3—55号。1943年汪精卫伪政权接收法租界，将古拔路更名为富民路，但3—55号的门牌号码没有变更。1997—1999年间，3—55号四排共26幢联排别墅先后被拆除，仅43号郁氏花园洋房幸存。

据经界图记载，3—55号共分四排：第一、二排有七个门牌号；第三、四排有六个门牌号码。其中，第三、四排之间的通道宽有两车道，通道尽头，便是43号郁氏花园洋房的外大门。第四排的西南角原为车房。[2]

据祖孙三代居住在古拔路53号的邱力立先生介绍，四排别墅均楼高三层，红砖墙面；每幢别墅的室内外布局均相同，坐北朝南，冬暖夏凉。正门开在南面，入门后是一片与屋身东西等宽的长方形小花园，别墅门廊竖立着两根爱奥尼式立柱，门廊连接走廊，两个面积约30平方米的长方形房间，分布在走廊两侧。走廊北端，西侧连接一道柚木雕花大楼梯，东侧（一楼、三楼）为配有抽水马桶的卫生间（二楼的两个房间内分别配有独立的卫生间）。三层共六个房间内都设有西式壁炉、热水汀（水暖器）和通冷热水的浴缸。一楼两个房间的南面均为落地百叶窗，透过百叶窗，可观赏小花园的景象；二楼两个房间的南面为阳台。全屋的厨房设在一楼大楼梯北侧，长方形，十分宽敞，"可供3—4户人家同时使用"[3]。厨房东侧安置了一

---

[1] 郁岂生的有关资料，系笔者据启扬、沈超、徐彦伦《实业家、慈善家——郁岂生教友》一文整理而成。
[2] 富民路（古拔路）3号至55号经界图[CM]//鲍士英.上海市行号路图录.上海：福利营业股份有限公司，1947.
此图由邱力立先生提供，谨致谢忱。
[3] 邱力立.觅境上海滩二十四小时[M].北京：机械工业出版社，2020：174.

台当时最先进的"Ruud牌"电热水器，负责给全屋三层共六个房间供暖。厨房北侧即为后天井，后天井西侧有一道小楼梯通往厨房上方的亭子间；亭子间顶上为晒台。别墅的后门开在后天井北垣的中央，出后门就是两车道宽的"弄堂"，弄底正对43号郁氏花园洋房（今上海华东模范中学）的外大门。以环境论，41号、55号毗邻郁氏豪宅的大片草地与带喷泉的荷花池，幽深清静，是四排别墅中位置及环境最佳者。

郁氏之所以要沿自家豪宅西侧规划建筑一个联排别墅区，目的在于"择邻"。这片联排别墅区，只租不卖，并以"长期租赁"的方式，租与北洋政府及上海政商界的高阶人士。1919年与1924年分别出任财政总长兼盐务署督办的"北洋政府高官李思浩住在古拔路51号"[①]的事实可以为证。

1921年9月，自中国驻古巴领事馆调回北洋政府外交部特派江苏驻沪交涉员公署的罗则琦，携妻子吕东宝、刚满周岁的长子罗孝华以及仆人，入住古拔路55号。房子足够宽敞，一家三口外加若干仆人居住绰绰有余。

官场讲排场，严复当年为在官场上应酬，其北京及天津的家就常备两套马车，供养两匹马及十数车夫、杂役，以备充撑场面，迎来送往。同理，罗家一方面要租下整幢别墅充撑面子（也方便自己），另一方面又要考虑省下银子去打"陈柏年案"的官司。于是，东宝姐便第一时间与胞弟洽商合租55号事宜。吕彦直欣然接受，遂于1921年10月搬进了古拔路55号一楼——一个房间为卧室，另一个房间为工作室。能与东宝姐一家同住一幢单门独户、设备齐全的西式别墅，彼此各自独立，又能互相照应，这对于单身的吕彦直来说，是再理想不过的一种居住状态。

1922年，东宝姐生二子孝莘（罗兴）；1927年，生三子孝芹（罗盘）。[②]古拔路55号一时人丁兴旺。小外甥的降生，也给吕彦直带来乐趣。孝华、孝莘、孝芹等对舅舅的工作室尤感兴趣，甚至在画板上涂鸦。吕彦直不但没有责备小外甥，还手把手地教小外甥们画画。罗兴特别黏舅舅，讨舅舅喜欢。长大后，更以舅舅为榜样，报读建筑科。1942年，罗兴在上海沪江大学建筑学科（系）毕业，从事建筑室

---

① 邱力立. 1924年，皖系军阀徐树铮在上海的那些往事[EB/OL]. [2022-06-19]. https://mp.weixin.qq.com/s/rMiJD7ApMdXv8y4t_8mw3g.
② 豫章福州罗氏族谱（新梅公宗系）[M]. 福州：中华罗氏通谱编纂委员会，1998：41-42. 本资料由中华罗氏通谱编纂委员会总编、福建省敦睦姓氏谱牒研究院院长罗训森先生提供，谨致谢忱。此外，吕东宝的四子罗孝荦生于1930年，五子罗孝萃生卒年份不详。

内外装潢设计。1949年后，罗兴从事连环画及插图创作。1950年，发表了他的处女作《资本论图解》，继而先后创作了连环画《危险的路》《深山血案》《鲁宾孙漂流记》《为祖国献身》《雪地追踪》《科楚别依》《夏伯阳》《骑白骏马的人》《战斗的青春》等一批优秀作品。1957年，作品《万水千山》获文化部二等奖。与王亦秋合作的《林海雪原》是罗兴的代表作。后任教于上海工艺美术学校，担任造形专业组教研组组长。

二、吕彦直与胞姐一家合租古拨路55号的依据

1. "特派江苏交涉公署稿纸"成铁证

1928年6月5日星期二，吕彦直出院回家，看到案几上放着一个筹委会的专用信封，拿起一看，发现是筹委会主任干事夏光宇的来函。吕彦直急切地拆看，并要马上复函。苦于手边没有彦记建筑事务所的稿纸，遂求助于东宝姐。东宝姐到夫婿案上取来一沓稿纸。吕彦直研墨铺纸，一气呵成，书就《复光宇兄函》，洋洋七页2237字。这七页稿纸中缝所印之"特派江苏交涉公署稿纸"字样，即吕彦直与东宝姐一家合租古拨路55号之铁证。

（1）吕彦直若身在彦记办公室，当不乏印有"彦记建筑事务所信笺"字样的稿纸供其应用，何须使用"特派江苏交涉公署稿纸"？只有当吕彦直不在彦记建筑事务所，手边无彦记信笺可用时，才会使用"特派江苏交涉公署稿纸"。

（2）吕彦直能第一时间用"特派江苏交涉公署稿纸"复函夏光宇的前提条件是：吕彦直必须与持有"特派江苏交涉公署稿纸"的人相关联；这个持有"特派江苏交涉公署稿纸"的人，一定是吕彦直较亲近的人。

（3）"特派江苏交涉公署"是北洋政府的驻沪外交机构。吕家是一个外交官世家，除父亲吕增祥以外，吕彦直的大哥吕彦深、大姐夫伍光建、二姐夫严璩、三姐夫罗则琦，均是曾经或现任的外交官。1928年，伍光建与严璩已经转任其他公职，不可能给吕彦直提供"特派江苏交涉公署稿纸"。1928年6月，远在南美洲长驻秘鲁及巴拿马总领事馆的吕彦深，也不可能给吕彦直提供"特派江苏交涉公署稿纸"。唯有时任北洋政府外交部特派江苏驻沪交涉员公署交涉员的罗则琦有可能为吕彦直提供"特派江苏交涉公署稿纸"。

（4）特派江苏交涉公署交涉员罗则琦带"特派江苏交涉公署稿纸"回家加班，稀松平常。吕东宝应弟弟之急需，取罗则琦案上之"特派江苏交涉公署稿纸"

予吕彦直应用，顺理成章。设若罗则琦不在特派江苏交涉公署工作，吕彦直不与吕东宝一家同住一屋，吕彦直就不可能使用"特派江苏交涉公署稿纸"复函夏光宇。

要之，吕彦直使用"特派江苏交涉公署稿纸"复函夏光宇，是吕彦直与供职于北洋政府外交部特派江苏驻沪交涉员公署的罗则琦一家同住在古拔路55号之铁证。

2.罗兴的忆述

1986年秋，黄檀甫的小儿子黄建德经人介绍，在上海复兴中路（原拉斐德路）紧贴上海大戏院西侧的老式里弄中，找到了吕彦直的外甥罗兴。罗兴称：记得黄（檀甫）叔叔，因为他经常到家里来找舅舅商量工作，为彦记建筑事务所的各种文件、图纸签字画押。有一次，黄叔叔还给舅舅送来一只小白狗做伴。小白狗一落地就往门外冲，我们几个小孩子立即尾随小狗追逐玩耍。罗兴说，这是留在他脑子里最深刻的"童年一幕"，直至老年，仍历历在目。[①]

罗兴的忆述说明：

（1）吕彦直病中居家办公。正如姚锡舟所言："病中日常深居简出，虽委托人代理，而事事仍须亲裁。"[②]彦记建筑事务所经理黄檀甫因此须经常到访吕家，与吕彦直商量工作。

（2）罗兴等几个小孩子与吕彦直同住一所房子。否则，童年罗兴不会记得经常到访并与舅舅"谈工作"的黄（檀甫）叔叔。

（3）吕彦直生病，自顾不暇，如果不是与东宝姐一家同住一所房子，是没有能力更没有时间去照顾一只小狗的。黄檀甫只会给吕彦直送去安慰，绝对不会给吕彦直送去麻烦。

（4）罗兴忆述的场景，与古拔路55号一楼的建筑布局，以及罗孝华、罗兴、罗盘三兄弟（其余两兄弟尚未出生）的年龄、动态相吻合。

3.罗兴持有吕彦直童年肖像纪念卡

据黄建德先生回忆："罗兴住在上海复兴中路上海大戏院西侧的老式里弄房子中。这条里弄的房屋外墙，是一式的清水红砖，罗兴住在弄底某号顶层，居所较宽敞。我是到他家中去拜访他的。""1986年秋季拜访罗兴时，罗兴出示了印有吕彦直童年肖像的那张纪念卡，告知这张肖像卡是'文革'抄家后的归还物品；其上

[①] 卢洁峰.吕彦直与黄檀甫——广州中山纪念堂秘闻[M].广州：花城出版社，2007：88.
[②] 刘凡.吕彦直及中山陵建造经过[M]//第三次中国近代建筑史研究讨论会论文集，1991：139.

'746'三个红铅笔数字,是抄家人员在罗家查抄物品上的编号。当时,罗兴允许我用36毫米的135胶卷翻拍这张纪念卡。纪念卡原件现在何处,不清楚。"

黄建德的忆述表明:

(1)罗兴是吕彦直童年肖像纪念卡的持有人。

(2)"文革"期间,罗兴曾被抄家;吕彦直的童年肖像纪念卡是"抄家后的归还物品"。

(3)吕彦直童年肖像纪念卡的翻拍者是黄檀甫的小儿子黄建德。吕彦直童年肖像纪念卡原件下落不明。

4.罗兴何以持有吕彦直童年肖像纪念卡

(1)严璆把吕彦直童年肖像纪念卡寄给吕东宝

1929年秋末,在南京出任司法部总务司司长的严璆,收到了迈达女士自巴黎寄来的吕彦直童年肖像纪念卡,并在其上具识(详见本书第二篇第一章)。由于吕彦直生前与东宝姐一家(罗家)同住在古拨路55号,吕东宝为吕彦直至亲,因此,为"物归原主",安慰至亲,严璆便把具识后的吕彦直童年肖像纪念卡,寄往上海古拨路55号吕东宝收。吕东宝如获至宝,将吕彦直童年肖像纪念卡,展示给孝华、罗兴、罗盘诸儿看,告知:这就是你们舅舅小时候的样子。

(2)罗家所遗

1929年3月17日上午,吕彦直在古拨路55号一楼的卧室中病故,所遗各种学历证书、获奖证书、书籍、画作、图纸等私人物品,全部由罗家保管。

1929年12月29日,张学良宣布"东北易帜",全国实现统一,北洋政府的国家机关最终撤销。12月31日,北洋政府外交部特派江苏驻沪交涉员公署(简称交涉署)撤销,"外国人注册、护照签证等事务由上海市公安局外事股办理,其他对外事务则分别由上海市政府相关处局兼办"①。罗则琦遂率全家从古拨路55号搬到了拉斐德路(今上海复兴中路)居住。

1949年,罗则琦携妻子吕东宝与长子罗孝华一起移居台北。罗家租住的居所及家当,包括吕彦直的遗物,全部留给了未去台湾的罗兴、罗盘、罗孝荦与罗孝萃四兄弟。此后,罗兴、罗盘在上海从事连环画创作,孝荦、孝萃则分别上高中与大学。

---

① 国家驻沪外事机构[M]//上海通志编委会.上海通志.上海:上海人民出版社,2005.

（3）"抄家"发还

1950年代，罗孝莘大学毕业分配去了辽宁本溪，罗孝萃也离开了上海。罗兴则在复兴中路旧宅里成家，配偶为丁翠瑛（1926年生于上海）。随后罗盘成家，配偶为张凤珍（1931年生人）[①]，搬出了复兴中路旧居。罗兴成为罗家旧宅的守护者。

1966年，罗兴被"抄家"。"抄"走的物品，包括吕彦直所遗各种学历证书、获奖证书、书籍、画作、图纸等遗物。其中，吕彦直童年肖像纪念卡的查抄登记编号为"746"。

后来，在发还的查抄物品中，罗兴找到了吕彦直的这张童年肖像纪念卡，十分小心地用墨绿色的装饰纸板作衬托，将其珍藏起来，作为对舅舅的一种纪念。

1994年10月，罗兴作古。其身后之遗物，包括吕彦直童年肖像纪念卡，理应由其后人（如果有后人），而或他的弟弟，同为连环画画家的罗盘代为收拾。罗盘于2004年作古。但愿罗家后人能看到此书，能提供吕彦直遗物的相关线索。

第三节 坦然面对

吕彦直居家养病期间，得东宝姐的关怀和照顾。哺乳期中的东宝姐，着家仆照顾吕彦直的饮食，为他清洁房间，整理内务。

1928年3月，身为南京中山陵与广州中山纪念堂及纪念碑的建筑师、大学院艺术教育委员会委员的吕彦直，尚未满34岁，事业才刚刚开始，有太多的事情等着他去做。吕彦直太想尽快治好病了，他每天都看报纸，密切关注着上海的医疗消息。4月某日，仆人告诉他：离家不足半里路的大西路头，正在筹办一所医院，好像快要开张了。仆人所说的这家医院，就是上海肺病疗养院。

一、1928年5月初：入住上海肺病疗养院

1927年11月，前上海公益局长黄涵之（1875—1961）发起创办上海肺病疗养院，联合吴稚晖、钮永建、王一亭、丁福保等14位社会名流为董事，集资买下大西路（今延安西路）2号徐姓人家的一座花园洋房，花费了半年时间，将其改造为上海肺病疗养院。

1928年5月2日，上海肺病疗养院正式开幕。黄涵之自任院长，聘丁惠康、丁名全为医务主任，谢健、王传璧大律师为法律顾问。

[①] 豫章福州罗氏族谱（新梅公宗系）[M]. 福州：中华罗氏通谱编纂委员会，1998.

上海肺病疗养院"第一层为药房、阅报室、诊察室、爱克司光室、化验室。第二层及第三层，为日光浴场与头等病房，皆附有精美浴室；病房四壁之颜色，均幽雅悦目。此外，如窗户之装置，电具之设备，无不合于卫生之原理；其光线充足，空气流通自不待言。最新设备，有新式爱克司光线机，与热流注射机等，均由德国最近运沪者，尚有大批治疗器械，则方在运程中。新药如最新发明之止血药与气管枝药，均备有大批应用。沪上医院林立，而其地址清静，宜于疗养者，殊不多见……闻该院尚拟另行建筑，谋大规模之发展云"[①]。

如今浦西第一高楼会德丰国际广场南侧裙楼毗邻中国福利会少年宫的位置，即原上海肺病疗养院旧址之所在。[②]若从古拨路55号出发，拐入福煦路（今延安中路），向西走400米，即可抵达上海肺病疗养院。换言之，上海肺病疗养院是吕彦直家门口的医院。

从《申报》上得悉上海肺病疗养院开幕的消息后，吕彦直非常高兴，立即与黄院长联系。1928年的吕彦直，已是沪上家喻户晓之名人，肺病疗养院甫开张便有名人前来求医，黄院长当求之不得。即日安排吕彦直入住头等病房，治疗、休养。

二、1928年6月5日：复函筹委会主任干事夏光宇

经过近一个月的治疗、休养，吕彦直的病情得到缓解，遂于6月5日星期二出院。到家后，吕彦直看见案几上有一封筹委会主任干事夏光宇的来函。

夏光宇，名昌炽，字光禹，民国后以字行，作光宇，江苏青浦镇人。幼习举子业，清末废科举，就读于江苏高等学堂。1910年毕业，奖为举人，授内阁中书。接受民主革命思想，加入南社，写诗明志，唱和互励。入京师大学堂深造，于1913年4月以土木工程科第一届第一名毕业，任交通部技士。旋由技士、技正、视察而为路政司考工科长，并为国际交通专门委员。其间两次赴美考察，任巴拿马万国博览

---

① 上海肺病疗养院开幕[N]//申报，1928-05-03（15）．
　这条史料由食砚无田先生提供。其中，肺病疗养院仅"费时半载有余"即筹备完毕并开幕使用的记载令笔者生疑。在远程讨论中，笔者请教无田先生：上海肺病疗养院是黄涵之新建，还是购买别人的院落楼房开办的？笔者认为一座医院不可能在半年时间里建成并投入使用，请无田先生代查一下大西路2号原屋主谁人。无田先生帮助笔者发掘出有关大西路2号原屋主的唯一一条信息（钞票飞归记[N]//申报，1926-12-26）．据此，笔者确认：大西路2号原屋主姓徐；1927年11月，黄涵之等是从徐姓人家手上买下大西路2号，并改造、装修为上海肺病疗养院的。历史研究来不得半点马虎，研究者不要放过任何一个字的信息，穷根究底，必有收获。真诚感谢食砚无田先生不吝赐助！

② 会德丰国际广场地址在上海市静安区南京西路1717号。有关上海肺病疗养院旧址所在地的信息，由食砚无田先生提供，谨致谢忱。

会中国交通部代表，出席万国工程师大会及国际水利会议的中国代表。回国后，先后出任广三铁路管理局局长、京汉铁路南段办事处处长、汉濚地务处处长、南段管理局局长，还担任郑州商埠局局长、汉口第二特区市政主任。[①]1927年4月27日，受聘为孙中山先生葬事筹备委员会主任干事。[②]

夏光宇在信中告诉吕彦直：首都建设委员会已于4月正式成立，自己也奉命在其秘书处兼职；政府拟聘请亨利·茂飞等一批外国建筑师，参与拟订南京的城市规划。同时，拟推荐吕彦直加入该委员会，故特代表市政府征求吕的意见。

如前所述，吕彦直急于回函，一抒胸臆，遂向东宝姐索要稿纸，在中缝印有"特派江苏交涉公署稿纸"字样的玉扣纸上，秉笔直书，一气呵成《复光宇兄函》，如下——

光宇我兄大鉴：

奉手书敬悉南京市府拟组织设计委员会。辱蒙推荐，并承垂询意见，不胜铭感。对于加入市府拟组之专门委员会，因弟于此事意气如所条陈，故此时不能断然允诺。兹先将鄙意分列三款陈述如次。（甲）答复尊函询及各条。（乙）对于首都建设计划之我见。（丙）私拟规划首都设计大纲草案之供献。

（甲）（1）设计委员会取两级制，当视其职责权限之规定，始可决其适宜与否。因陵园计划委员会之经验，关于规定委员会名称职权，极宜审慎，请于下（乙）款鄙见内陈述之。

（2）建筑设计专门委员会人限及组织问题，根本解决在确定其目的及事务之范围。若其目的仅在拟制首都设计总图案，则弟意以为此项任务不宜采用委员会制度。盖所设总图案者，即首都全市之具体的完整的布置设计。（General Scheme or Parts）就南京市之性质及地位情状而言，其设计虽包括事项多端，但在根本上已成一创造的美术图案。但凡美术作品，其具真实价值者，类皆出于单独的构思，如世界上之名画、名雕刻、名建筑以至名城之布置，莫非出于一个名家之精诚努力。此种名作固皆为一时代文化精神思想之结晶，但其表现必由于一人心性之理智的及情感的作用。美术作品最高贵之处，在于其思想上之精纯及情意上之诚挚，其作用全属于主观。根据此理由，则首都之总设计图，宜出于征求之一道，而决非集议式的

---

① 夏光宇，博雅人物网[EB/OL]. http://ren.bytravel.cn/history/1/xiaguangyu.html.
② 第四十五次会议记录[M]//南京市档案馆，中山陵园管理处. 中山陵档案史料选编. 南京：江苏古籍出版社，1986：102.

委员会所能奏效。悬奖竞赛固为征求办法之一，但需时需费，而因历史国情等人地关系，结果未必可观，特约津贴竞赛似较适用，或迳选聘专材全责担任创制，亦最妥之办法。因即使必用委员会制，其设计草案亦必推定一人主持也。且建筑师为美术家，艺术创制之工作可有分工，而不能合作，其性质盖如此也。（此处所言总设计为规模完整的全体布置，全属艺术性质，至于其中之局部详细计划，固为专家分工担任之事，其组织法于下款鄙见中陈述之。）

（3）外国专家，弟意以为宜限于施行时专门技术需要上聘用之。关于主观的设计工作，无聘用之必要。

以上答复尊询各条。次陈述

（乙）对于建设首都计划之我见

建设首都之手续两层，（一）成立计划全部及分部（二）筹备及实施。执行此两项任务之机关，即应须成立之各委员会。先就性质上观察之，建设首都为国家建设事业之一，其情形条件与开辟一商埠相似，非一地方之事，故其执行机关之性质为属于中央的，其委员会适用两级制。委员会名称及组织，依弟意见宜有（一）"首都建设委员会"其职权为决定计划、厘定方针、筹备经费及实施工程。其组织如市府所拟"设计委员会"。委员包括党部国府市府及有关系部长及政务官长。在实际上实施工作之责，属于市府，故此委员会当以市府为中心，盖建设委员会有临时性质（其存在期间实际上固必甚久），首都建设完成以后委员会终止而市府继续其职务。（二）"首都市政计划委员会"为专门家之委员会，其任务为负责计划市政内部各项事业。市政所应包括事项，如交通系统（街道市区布置）、交通制度（铁道电车水线航空等）、卫生设备、建筑条例、园林布置、公共建筑、工商实业等细目。此委员会为永久性质，委员皆责任职。首都之总设计成立以后，由此委员会制定其内部之详细计划。其组织大要宜为一整个的委员，应包括代表市政各项事业各一人特聘之顾问等。宜设常务委员，并就各项事业之需要附设专门技术委员会或技师以执行计划之实际工作（按此委员会之性质为 Commission 含有特设研究之意义，我国尚无相当名称）。于此两级委员会以外，有一事应须特别设置者，即中央政府及市府之各项建筑之工程是也（按吾国名词现未统一，混淆已极，建筑一语意义尤泛，今为便利起见，拟规定建筑当为 Architecture 之义，至 Construction 则宜课曰建造或建设）。其次，公共建筑将为吾国文化艺术上之重要成绩，其性质为历史的纪念的。在吾国现在建筑思想缺如、人才消乏之际，即举行盛大规模之竞赛，亦未必即求得尽美之作品。弟意不若由中央特设一建筑研究院之类，罗致建筑专材，从事精密之探讨。冀成立一中国之建筑派，以备应用于国家的纪念建筑物。此事体之重要，关系吾民族文化之价值，深愿当局有所注意焉。

依上述组织法列表如次：

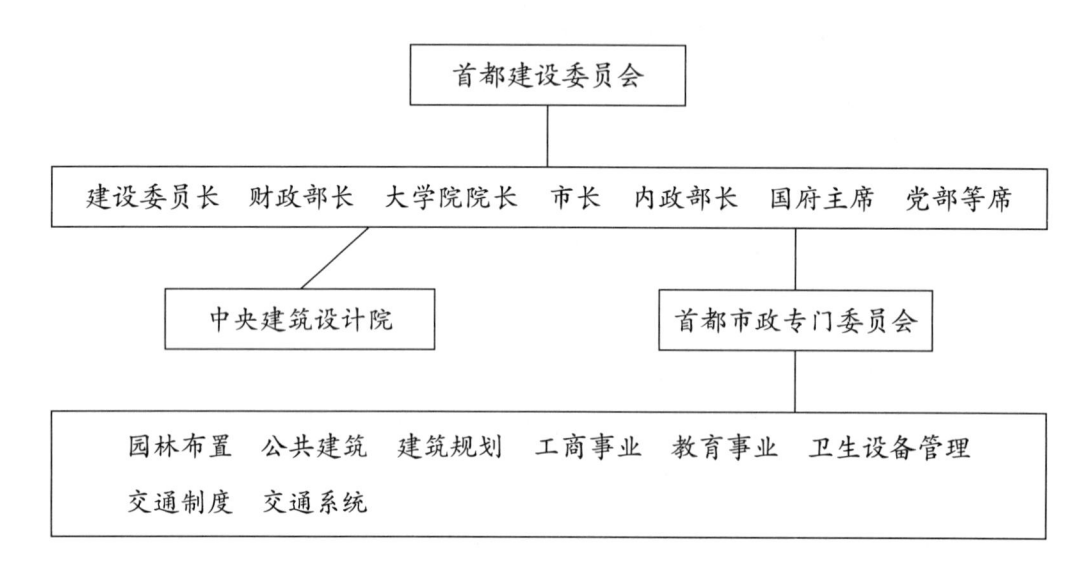

```
                         首都建设委员会
                              |
   ┌─────────┬─────────┬─────┬─────────┬─────────┐
建设委员长  财政部长  大学院院长  市长  内政部长  国府主席  党部等席
        │                                │
   中央建筑设计院                  首都市政专门委员会
                                        │
   园林布置  公共建筑  建筑规划  工商事业  教育事业  卫生设备管理
   交通制度  交通系统
```

以上为弟理想中建设首都之完善计画，其注重之点在求简捷适用而尤贵精神上之统一与和合，与市府所拟微有不同，我兄意见如何？可否请将鄙见提出市府参考应用？前阅报载建设委员会委员李宗黄有设立"市政专门委员会"之建议，未知其内容如何者。

（丙）贡献私拟规画首都设计大纲草案

统一大业完成，建设首都之务，于实现党国政策若取消不平等条约及筹备开国民会议，关系至深且钜，其计画之成立，实已刻不容缓。定都南京为总理最力之主张。在弟私衷以为此钟灵毓秀之邦，实为一国之首府，而实际上南京为弟之桑梓，故其期望首都之实现尤有情感之作用。自去岁党国奠都以来，即私自从事都市设计之研究，一年以来差有心得。自信于首都建设之途径已探得其关键，原拟草就图说至相当时机，出而遥献于当道，以供其研究参用。弟承市府不弃，咨询所及敢不竭鄙识，沥陈下情，请于市长假以匝月之期，完成鄙拟"规画首都设计大纲草案"，进献市府作为讨论张本，然后再商榷征求设计之手续。弟之此作非敢自诩独诣，实以心爱此都深逾一切，且于总理陵墓及陵园计划皆得有所贡献，故于首都设计之事，未尝一日去情，如特因我兄之推毂，蒙市长及当道之察纳，使弟一年来探索思构之设计得有实现之一日，则感激盛情于无既矣。言不尽意，余当面罄。专覆顺颂

日祉

弟吕彦直顿
十七、六、五①

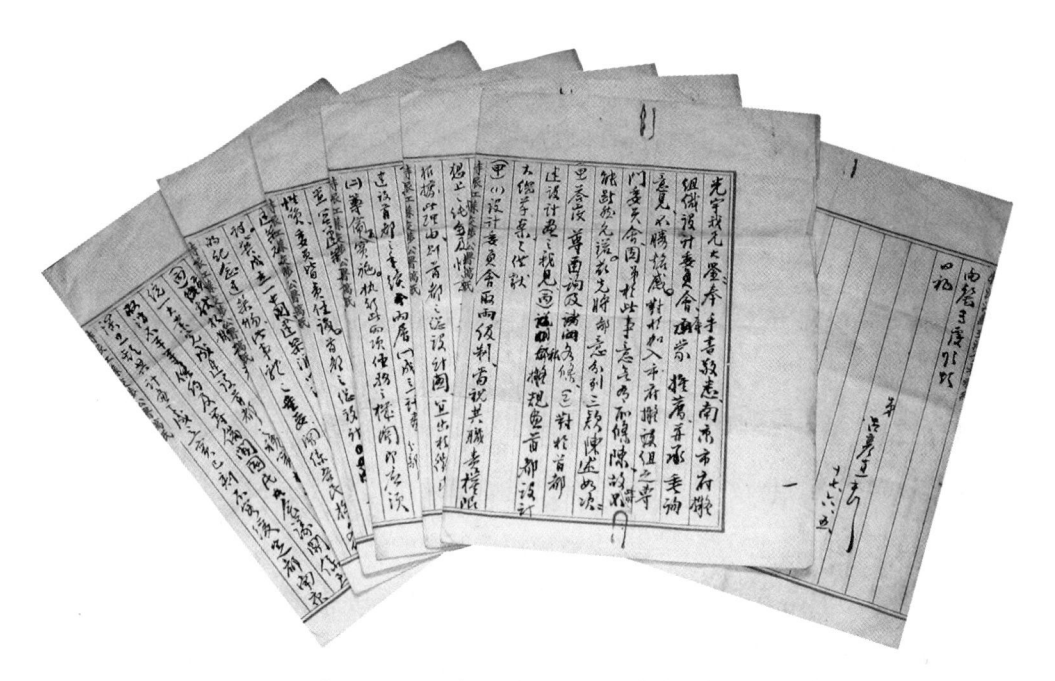

吕彦直：《复光宇兄函》手稿（图源：黄建德摄影并提供）

吕彦直生性耿直，虽与夏光宇惺惺相惜，以"光宇我兄"相称，但不曲意逢迎，直言"对于加入市府拟组之专门委员会，因弟于此事意气如所条陈，故此时不能断然允诺"。

吕彦直与南京市政府的分歧主要在于，政府拟聘请亨利·茂飞等一批外国建筑师，组成委员会，以委员会的"集议"制度，来规划南京的城市建设。而吕彦直则认为："此项任务不宜采用委员会制度。"理由是南京的城市规划，是一个美术作品，"但凡美术作品，其具真实价值者，类皆出于单独的构思"，南京的城市建设规划，虽然包括事项多端，但根本上属于创造性的"美术图案"。这个集中了"一时代文化精神思想之结晶"，必定受创造者"一人心性之理智的及情感的作用"所

---

① 吕彦直. 复光宇兄函[M]//卢洁峰. 吕彦直与黄檀甫——广州中山纪念堂秘闻. 广州：花城出版社，2007：34-39.
原件由黄檀甫哲嗣黄建德先生收藏。

左右。"美术作品最高贵之性质，在于其思想上之精纯及情意上之诚挚，其作用全属于主观"。

吕彦直的上述观点，颇受孟德斯鸠在诸如《论自然和艺术的趣味》等著作中所表达的哲学、美学与心理学观点的影响，也是其自身的创作体会。

在《复光宇兄函》中，吕彦直还表达了如下思想：

1.由于"建筑师为美术家，艺术创制之工作可有分工，而不能合作，其性质盖如此也"。因此，"首都之总设计图，宜出于征求之一道，而决非集议式的委员会所能奏效"。又鉴于悬奖竞赛需时需费，且因历史国情等人地关系，结果未必可观，故建议用"特约津贴竞赛"的办法，"或迳选聘专材全责担任创制"。

2.南京城市总体规划设计，应由中国人担任。因为只有中国人才能带着一份桑梓情感，规划设计其国家的首都。外国专家"宜限于施行时专门技术需要上聘用之"。

3.首都建设从规划到实施，应分步进行。各种机构设置，应与其职责相符。

4.建议"由中央特设一建筑研究院之类，罗致建筑专材，从事精密之探讨"，以期"成立一中国之建筑派"，"以备应用于国家的纪念建筑物"等大型建筑的设计，这是关系中华民族文化的价值之大事。希望能引起政府的高度重视。

要之，吕彦直想说服当局，直接从中国建筑师中"选聘专材全责担任创制"首都计划，而不应让（茂飞等）外国专家主持制定首都建设计划。吕彦直还请夏光宇转告南京市市长，"自去岁党国奠都以来，即私自从事都市设计之研究，一年以来差有心得"，"请于市长假以匝月之期，完成鄙拟'规画首都设计大纲草案'，进献市府作为讨论张本，然后再商榷征求设计之手续"。并特别强调，自己之所以这样做，并非"自诩独诣，实以心爱此都深逾一切"。

《复光宇兄函》言之有理，论之有据，且深情款款。只可惜在当道的潜意识中，"外国的月亮比中国的圆"。1928年10月，亨利·茂飞被聘为国民政府首都计划的首席建筑顾问。

三、1928年6月10日：授权黄檀甫南下广州向筹委会报告重要事项

吕彦直虽然因获得南京中山陵和广州中山纪念堂及纪念碑设计竞赛头奖而名重一时，却仍然是一介建筑师，须随时听命于南京孙中山葬事筹备委员会、筹备处以及孙中山先生广州纪念堂筹备委员会的召唤，出席各种会议，向两个筹委会分别汇

报工程进展等情况。截至1928年3月2日，吕彦直曾先后九次出席孙中山葬事筹备委员会的会议，向筹委会汇报中山陵的建筑施工情况。

1928年6月10日，孙中山先生广州纪念堂筹备委员会电告吕彦直建筑师，称将在本月20日召开"筹备委员会第十二次会议"，听取纪念堂工程进度的汇报，务请南来出席。吕彦直正赶写《建设首都市区计画大纲草案》，无法南下出席筹委会的会议，遂授权彦记经理黄檀甫，代表自己立即动身南下。

1928年6月20日下午，筹备委员会第十二次会议在广州如期召开。"出席者除李济深等各委员外，并有建筑师吕彦直代表黄擅［檀］甫"，"因报告关于建筑上之种种重要布置，特从上海来粤列席，闻其报告关于最新式之布置，将来全堂安置冷热水管，及反射光线电灯。此两种材料，均系采用英美建筑工程公会规定最优良之质料。而吕建筑师图则所定配置之法，则水管电灯均不外露。而应用时则冬暖夏凉，光线浓淡随人如意。堂外并有反光射灯，使黑夜时，能照见堂外附属建筑物，夜如白昼。此均依足近世伟大建筑之配置，将来实为东西首屈一指之巨厦。至现在工程之进行，均能照预定计划完成。地脚安置各种大小桩杙数千。业已竣事。现方从事于钢骨三合土等砇柱工程。水管电线等物料，不日亦登报招商投承云"①。

黄檀甫报告的纪念堂设计上之先进和建成后之辉煌，以及前期工程进度之神速，令与会者耳目一新，人心振奋。李济深对黄檀甫的报告很是满意。筹委会的多数委员也交口称赞。唯独筹委会委员、广东省建设厅厅长马超俊有不同的看法，他认为这位来自上海的广东台山同乡未免夸夸其谈，对其报告内容更是将信将疑。散会后，吩咐部属到纪念堂工地去了解具体的情况。

马超俊是老同盟会会员，曾就读于日本明治大学政治经济系，并非建筑方面的专家。但马超俊身份特殊，曾经追随孙中山出生入死干革命，历任国民党中常委、国大代表等职，眼下更是身兼"国民党广东省党部整理委员""广州特别市党部执行委员长兼宣传部部长""广东省政府委员""农工厅厅长""广东省建设厅厅长"等职。见马超俊对纪念堂工程有怀疑，部属立即拍马响应，深入施工现场探查。当得悉纪念堂地基打的是松木桩时，如获至宝，即刻向马超俊汇报。

---

① 纪念堂之宏伟与现在工程[J]//广州市市政公报，1928，297.

第四节　拼将生命化蓝图

1928年6月6日，吕彦直携带《复光宇兄函》草稿，返回彦记建筑事务所自己的办公室，先是用彦记建筑事务所的信笺，抄正《复光宇兄函》并寄出。然后开始草拟《建设首都市区计画大纲草案》。

一、1928年7月：拟就《建设首都市区计画大纲草案》

1928年7月，经过匝月之努力，吕彦直如期完成了"私拟"的、经一年多的酝酿和推敲的《建设首都市区计画大纲草案》。吕彦直把自己的知识与智慧，以及剩余的精力与生命，全部倾注于这部著作之中了。

建设首都市区计画大纲草案

夫建设根据于计划，计划必基于理想，有邃密之理想，然后有完美之计划，有完美之计划，然后其设施乃能适应乎需要，而其成绩，始具真价值。中华民国之建国也，根据三民主义之理想，及建国方略之计划，而以世界大同为其最高之概念者也。首都者，中枢之所寄寓，国脉之所渊源，树全国之模范，供世界之瞻仰，其建设计划之基本理想，当本于三民主义之精义，及建国大纲所定之规制，造成一适用美观、宏伟庄严的中央政府运用权能之地。同时尤须以增进发展都市社会之文化生活为目的。

都市计划，有理想的及实际的，两方面须兼顾并察，就平地而起新都，则可尽理想中至完善尽美之计划以从事，如北美之华盛顿是。就旧都而建新市，则必须斟酌实际情况，因势制宜，以逐步更张，如法国之巴黎是。若南京者，虽为吾国历代之故都，但其所被兵燹之祸独烈，所留之遗迹最缺，其有保存之价值者盖尠，全城三分之二，实可目之为邱墟，等诸于平地，故就今日南京状况观之，可谓其兼有法美二京初设时之情势，则规画之事，理想与实际当兼并而出之，以臻于至善。巴黎之改造也，拿破仑第三以帝王之权威，采用浩士曼之计画，积极施行，更奖励民间之建筑，不数年而巴黎成为世界最美观之都城。华盛顿京城之擘画，成于独立战争之后，出于法人朗仿之手，但其后未能完全根据当日之计划，至今二百余年后，乃知其失策，现已由国会派定艺术专会，从事纠正其舛误，以求符合于朗仿之计划。由是以观，建设都市有先定基本计划而后完全依据以施行之必要。吾国首都建设伊始，宜作详审之研究，以定精密之计画，既当师法欧美，而更须鉴其覆辙焉。

就地理之形势，政治之需要，及社会之情状而观之，南京之都市，宜划为三大部分，一曰中央政府区，二曰京市区，三曰国家公园区。中央政府区，宜就明故宫遗址布设之，依照本计划之所拟，将来南京都市全部造成之时，此处适居于中正之地位，京市区先就城中南北两部改造之，而东南两面，则拆除其城垣，以扩成为最新之市区。夫城垣为封建时代之遗物，限制都市之发展，在今日已无存在之价值，惟南京之城垣，为古迹之一种，除东南方面阻碍新计划之发展，必须拆卸外，其北面及西面，可利用以隔绝城外铁道及工为区之尘嚣，并留为历史上之遗迹。城西自下关以南、沿江辟为工业区，铁道、船坞皆使汇集于是。国家公园区，既中山陵园，拟再迤东，造成面积广袤之森林，为首都东北之屏障，各区详细布置，略如下述。

中央政府区

中央政府区，或即称国府区，位于明故宫遗址，地段既极适合，而其间残迹殆尽，尤便于从新设施，按南京形势，东北屏钟山，西北依大江，受此两方之限制，将来都市发展，必向东南方之高原，则故宫一隅，适居于中点，故定为中枢区域。又其要因也，规划此区，首在拆卸东南两面之城垣，铲平其高地，而填没城内外之濠渠，以便铺设道路，自太平门向正南划南北向之轴线，作一大经道，改直现在午朝门偏向西南之中道。自今西华门之地点，向东划东西大纬道，即中山大道一部分，惟须改正方向，分此区成南北两部，北部依建国大纲之所规定，作国民大会之址，为国民行使四权集议之地，乃全国政权之所寄也。国民大会之前，立庄严巨大的总理遗像，再前辟为极大之广场以备国家举行隆重典礼时，民众集会之用。场之东设国民美术院，其西设中央图书馆。国民大会之后，设先贤祠及历史博物馆。凡此皆可以发扬光大中华民族之文化，实国族命脉之所系也，全部之布置，成一公园，北依玄武湖，东枕富贵山，而接于中山陵园，西连于南京市，此为大纬道以北之计划。纬道以南之广袤，较北部为大，为中央政府之址，依建国大纲所规定，为中央政府执行五权宪法集中之地，乃全国治权之所出也，全部图形作长方道路布设成经纬，正中设行政院，位于大经道之中，北望国民大会，南瞩建国纪念塔。其左为立法院即检察院，其右为司法院即考试院。东南、东北、西南、西北之隅，则置行政院之各部。将来须增设之部即其他政府附属机关，皆环此而置之。国府区之西南连接南京旧市区，其东南则拟劈成首都最新之田园市。此国府区布置之大要也。

京市区

南京之现状，以下关为门户，城内则有城南城北之通称，其间纵贯南北，及横贯东西之干道，虽各有二，然皆蜿蜒曲折，全乏统系，而行政机关，则散布四方，略无连络，今欲改造南京市，急宜画立市政府行政中枢，以一统摄，而壮观者，兹拟就南北适中之处画地一方，收买其地，以作市政府之址，为全市行政总机关，号之曰市心，自此以北，地广人稀，当就其地画设宽阔整齐之街，成南京之新市区，现在之宁省铁路，则宜取消之，盖按市政经济原理，凡铁路在城中经过之附近，必成一种贫贱污秽之区，将来铁路终点，宜总集于一中央车站，此路势在淘汰之列，其路线所经过地段，乃可发展为高贵之市区。城北迤西一带，山岗之间，当布置山道，作居宅之区域。下关一隅，现仍其为交通枢纽，但其街衢，皆须放阔，从新设施，沪宁铁路终点，现可仍其旧，将来宜延长，经过沿江之未来工业区，以达于汉西门内，于此地设中央总站，实为最适中之点。车站分南北两部，将来由湘粤浙赣自南而来之铁路，皆止于车站之南部，其自沪自北及自西而来之路线，皆须经浦口，或架桥，或穿隧道江底（《建国方略》中已有此提议）以直达于中央总站之北。自中央总站向东辟横贯南全城中心之东西大道，连续国府区之大纬道，直通公园区之钟汤路，若此则中央车站之所在，诚全城市交通至便之机纽。自市府以南，现所谓城南一带，其间屋宇栉比，势必逐渐改造，先就原有连贯继续之孔道放宽改直，惟因于全市交通，及预备发展东南方最新市区计划上之需要，宜即划一斜出东南之大道，经市心而连接向西北至下关斜上之路，完成一斜贯全城之大道。得此然后南京市之交通系统以立，而市区乃有发展之期望，故此路之开辟，乃市心之划定，实改造南京市计划上根本最要之图也。秦淮河为城内惟一水道，而秽浊不堪，宜将两岸房屋拆收，铺植草木成浜河之空地，以供闹市居民游息之所。至其桥梁，则须改建而以美观为目的。通济、洪武门外，预定为最新建设之市区，其间道路自可布置整齐、建筑壮丽。依最新之市政原则，期成南京市清旷之田园市。至汉西门、西水门外沿江至下关一带，已拟定之工业区亦当设计而布置之（按《建国方略》中已主张，取消下关而发展来子州为工业区）。交通之系统既定，则依市政上经济原则，分道路为数级，曰道，曰路，曰街，曰巷等等，各依其位置重要及应用之性质而定其广狭。凡重要道路之叉点，皆画为纪念建筑地，作圆形或他种形势之空场，置立华表碑像之属，以为都市之点缀，而作道里之标识。通衢大道之上，皆

按最适当方法，铺设电车轨线，城内四隅，尤须留出空地多处，以备布设市内公园之用，城内不宜驻兵，兵营军校，皆移设江滨幕府山一带，现在西华门之电灯厂及城南之制造局，则须移置于城西工业区。

国家公园

国家公园，包括现规画中之中山陵园，拟再圈入玄武湖一带，并迤西更植广袤之深林，作京城东面之屏藩，中山陵园之设计，大致以中山陵墓为中心，包括钟山之全部，南部则废止钟汤路，其中就天然之形势，经营布置，以成规模宏大之森林野园，其间附设模范村，为改进农民生活之楷模，有植物及天文台学术机关，为国家文化事业附设于此者，此外则拟有烈士墓之规定，及纪念总理之丰碑，其余明陵及灵谷寺等名胜遗迹，则皆保存而整理之，按此为总理陵墓之所在，使民众日常参谒游观于其地，感念遗教之长存，以不忘奋发砥砺而努力吾人之天职，得不愧为兴国之国民，则其设计宜有深刻之意义，又岂徒以资吾人游息享乐而已哉。

建筑之格式

民治国家之真精神，在集个人之努力，求供大多数之享受，故公众之建设，务宜宏伟而壮丽，私人之起居，宜尚简约，而整饰首都之建设于市区路线布置既定以后，则当从事于公众建筑之设计，及民间建筑之指导。夫建筑者，美术之表现于宫室者也，在欧西以建筑为诸艺术之母，以其为人类宣达审美意趣之最大作品，而包涵其他一切艺术于其中，一代有一代之形式，一国有一国之体制，中国之建筑式，亦世界中建筑式之一也。凡建筑式之形成、必根据于其构造之原则。中国宫室之构造制度，仅具一种之原理，其变化则属于比例及装饰，然因于其体式之单纯，布置之均整，常具一种庄严之气韵，在世界建筑中占一特殊之地位。西人之观光北平宫殿者，常叹为奇伟之至，盖有以也。故中国之建筑式为重要之国粹。有保存发展之必要。惟中国文化，向不以建筑为重，仅列公事之一门，非士夫所屑研探。彼宫殿之辉煌，不过帝主表示尊严，恣其优游之用，且靡费国币，而森严谨密，徒使一人之享受，宜为民众所漠视。至于寺宇之建筑，则常因自然环境之优美，往往极其庄严玄妙之现象。但考其建筑之原理，则与宫殿之体制，略无殊异。今者国体更新，治理异于昔时，其应用之公共建筑，为吾民建设精神之主要的表示，必当采取中国特有之建筑式，加以详密之研究，以艺术思想设图案，用科学原理行构造，然后中国之建筑，乃可作进步之发展，而在国府区域以内，尤须注意于建筑上之和谐纯一，及其纪念性质，形式与精神，相辅而为用，形式为精神之表现，而精神亦由形式而振生，有发扬蹈厉之精神，必须有雄伟庄严之形式，有灿烂绮丽之形式，而后有尚武进取之精神。故国府建筑之图案，实民国建设上关系至大之一端，亦吾人对于世界文化上所应有之供献也。

建设实施之步骤

厘定以上所拟之草案，虽出于理想者为多，而于实情未尝无相当之观察，夫首都之建设，必须有根本改革之基本计划，至今日而益彰矣。首都为全国政治之中心，在足以代表吾族之文化，觇验吾民族之能力，其建设实为全国民众之事业，为全国民众之责任，工程虽极浩大，要非一地方之问题，是宜由国家经营，关于计画之实施，应由中央厘定完整之方案，以便逐次进行，此则属于行政院范围之事，非此草案所得而及，但对于进行之程序，与人事之轻重先后，其大较有可言者，首都市计画之根本在道路，则筹设道路，自为先务。然在旧市中辟画新路线，困难至多，盖无在而不发生居民反抗之阻力。但此种反抗，自在人烟稠密建筑栉比之区域。今宜先就城北荒僻之处，力行经营，设法引诱首都新增人口，以展发新市区。同时并将东南方之林园市，积极擘画，则城内旧市之商务，受东南西北之吸收，不难使其日就衰颓，及其已呈残败之象，再进而改造之，以容纳首都有加无已之人

《建设首都市区计画大纲草案》手稿（图源：黄建德摄影并提供）

口，而一改其旧观。斯时全城之形势，乃可呈现其整齐壮丽之象，南京市之计画，于是全部完成，而绚烂璀灿之首善国都，于此实现矣。[①]

在这篇4163字（含标点符号）的《建设首都市区计画大纲草案》中，吕彦直设计了一幅"树全国之模范、供世界之瞻仰"的中国首都的理想蓝图。其中关于按使用功能划分城市区域的观点，关于旧城改造的步骤与方法，科学而先进，于今中国城市的规划布局与更新，仍然具有现实指导意义。

在《草案》中，除了一系列城市规划和设计上的专业技术观点以外，吕彦直还表达了如下思想：

1. "中国之建筑式、亦世界中建筑式之一"。中国宫室的构造制度，体式单纯，布置均整，常具一种庄严的气韵，在世界建筑中占一特殊之地位，是重要的国粹，有保存和发展的必要。

2. "惟中国文化，向不以建筑为重"，士夫不屑研究，"彼宫殿之辉煌，不过帝主表示尊严，恣其优游之用，且靡费国帑，而森严谨密，徒使一人之享受，宜为民众所漠视"。

3. 城市规划，应"就天然之形势，经营布置"。应有森林、水面；应广植花木，美化环境，以便市民休闲、游乐在其中。

4. "公共建筑，为吾民建设精神之主要的表示，必当采取中国特有之建筑式，加以详密之研究，以艺术思想设图案，用科学原理行构造"。

5. 城市建设，必须注意建筑上的和谐纯一，及其纪念性质。务求形式与精神相辅相成。"有发扬蹈厉之精神，必须有雄伟庄严之形式，有灿烂绮丽之形式，而后有尚武进取之精神。"以具有深刻意义的纪念性建筑物，教育和激励世人及其后代。

吕彦直在《建设首都市区计画大纲草案》中所阐述的城市规划理念及建筑思想，当是吕彦直自身建筑设计实践的切身体会与经验总结。

二、1928年7月27日前：提议加开夜工，加快工程进度

经匝月之奋斗，《建设首都市区计画大纲草案》终于脱稿，吕彦直的病情也再度加重。1928年7月27日，筹委会第60次会议召开之前，吕彦直告知夏光宇，自己不能前往南京出席会议了。就中山陵工程赶工问题，吕彦直提出用日夜开工的办法

---

① 吕彦直《建设首都市区计画大纲草案》手稿由黄檀甫哲嗣黄建德先生藏。

来解决。夏光宇认为吕彦直的建议可行并据以敲定中山陵第一、二期工程各部分完工的具体日期。①

三、1928年8月初：再次住院治疗并坚持工作

1928年8月初，吕彦直再次住进上海肺病疗养院。此时，该院所有购自德国的医疗设备皆已到位，经全面检查，确诊吕彦直患肠癌并手术切除。手术很成功。然而，在后续的检查中，发现癌细胞已经转移到了肝脏。吕彦直置生死于度外，以超常的意志与毅力，在上海肺病疗养院的头等病房中，边治病边工作——修改手稿，为南京出首都都市两区规划图。"当医生诊断他的瘫痪不能救治的时候，他在医院积极工作，绘成几种计划"②。吕彦直为何如此拼命？

1.接受国民政府首都建设委员会的意见，修改《建设首都市区计画大纲草案》

1929年10月，在国民政府首都建设委员会秘书处编印的《首都建设》第一期上，发表了吕彦直遗著《规划首都都市区图案大纲草案》③（简称"遗著"）。

对比吕彦直的《建设首都市区计画大纲草案》手稿（简称"手稿"）可见：

（1）"手稿"计4163字（含标点符号），"遗著"计5077字（含标点符号）。后者比前者大幅增加了914字。

（2）"遗著"比"手稿"增加了大量的"党国"字样和政党色彩。其中最突出者，莫过于把"国家公园"，改为"党国公园"。此外，还增加了"双十字路""青天白日之十二光芒射出重路十二""民生塔"等内容。

（3）增加了第七部分"建设经费之大略预算"。

从上述修改与补充反推，1928年8月，吕彦直接到了在首都建设委员会秘书处工作的夏光宇的回复。夏光宇转达了首都建设委员会的意见，请吕彦直按照当局的意旨对"手稿"做出修改与补充。同为建筑专家的夏光宇，甚至有可能为吕彦直提出具体的修改意见。夏光宇的回复，意味着首都建设委员会有可能接受吕彦直于7月提交的首都规划草案并付诸实施，这无疑予吕彦直以极大的鼓舞。于是，吕彦直便按照夏光宇的指示，把4163字的《建设首都市区计画大纲草案》补充修改为5077字的《规划首都都市区图案大纲草案》，还特别增加了第七部分"建设经费之大略

---

① 第六十次会议记录[M]//南京市档案馆，中山陵园管理处.中山陵档案史料选编.南京：江苏古籍出版社，1986：125.
② 梁得所.编者余谈[J]//良友，1929，40：2.
③ 吕彦直.规划首都都市区图案大纲草案[J]//首都建设，1929，1.

预算"——设若没有付诸实施的可能，何必增加第七部分？又何必按照甲方意旨增补相关内容？

2.设计、绘制《规划首都都市两区图案》与《国民政府建筑设计鸟瞰图》

由于修改后的《规划首都都市区图案大纲草案》有望被首都建设委员会采纳并付诸实施，于是，吕彦直就在医院的病房里为《规划首都都市区图案大纲草案》配套设计——在可以预期的有限人生中，拼将生命化蓝图，为南京市绘就一幅"绚烂璀灿之首善国都"的城市规划图。

1929年10月，为配合国民政府首都建设委员会秘书处编印之吕彦直遗著《规划首都都市区图案大纲草案》的发表，《良友》画报以专版发表了《规划首都都市两区图案》《国民政府建筑设计鸟瞰图》[①]。前者正上方的题记为："吕彦直先生最后遗作　规划首都都市两区图案"；后者左上角的题记为："国民政府建筑设计鸟瞰图　吕彦直建筑师遗作　彦记建筑事务所绘制"。

吕彦直：《规划首都都市两区图案》（图源：《良友》）　　吕彦直：《国民政府建筑设计鸟瞰图》（图源：《良友》）

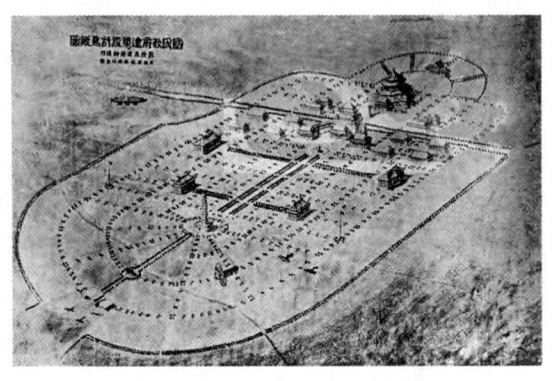

建筑师从来都是按照甲方的意旨展开设计的。《规划首都都市两区图案》上的"党国公园"，以及《国民政府建筑设计鸟瞰图》上的"双十字路""青天白日之十二光芒射出重路十二"等，均与1929年10月《首都建设》第一期上发表的吕彦直遗著《规划首都都市区图案大纲草案》的内容对应相符。由此推断：

（1）前述吕彦直的《建设首都市区计画大纲草案》手稿，是吕彦直在没有甲方意旨干扰的情况下所"私拟"的本色草案，最能代表吕彦直的建筑思想与城市规划理念。

---

① 吕彦直.规划首都都市两区图案、国民政府建筑设计鸟瞰图[J]//良友，1929，40.

（2）后者的吕彦直遗著《规划首都都市区图案大纲草案》，虽没有手稿可以比对，但有两图可为佐证，当是首都建设委员会授意之作，同样出于吕彦直之手。

上述补充、修改《规划首都都市区图案大纲草案》以及为之出规划设计图的工作量巨大，身体健康的建筑师尚且不能一蹴而就，何况沉疴在身、靠镇痛针镇痛的吕彦直。于是，此番工作一直持续到1929年2月。

四、1928年8月15日：签订广州中山纪念堂的电器、卫生器具及救火设备工程合同

在上海肺病疗养院治疗期间，吕彦直一直坚持工作，事事亲裁。当得悉孙中山先生广州纪念堂筹备委员会驻沪代表要与上海慎昌洋行总行以及上海亚洲机器公司签订相关工程合同时，吕彦直立即提议：将签字地点设在大西路2号的庭院内。大家都为吕彦直建筑师的精神所感动。

大西路2号原本就是徐姓大户的一处花园洋房，其几何图形的西式庭院大气而疏朗。

1928年8月15日星期三上午，吕彦直换了一套常服，从头等病房移步到庭院花棚下恭候，花棚里桌椅齐备。未几，孙中山先生广州纪念堂筹备委员会（甲方）的代表与上海慎昌洋行总行（乙方）以及上海亚洲机器公司（乙方）的代表先后到达，见吕彦直精神矍铄，与平日无异，大家都感到相当欣慰。

吕彦直仔细阅读了《孙中山先生广州纪念堂筹备委员会与上海慎昌总行立电器装置合约》[①]《在纪念堂内装置卫生器具工程及救火设备工程合同》[②]的英文文本，表示完全同意。为避免纷争，吕彦直建议：在中译本的文末，加上"此约如有异议，以英文本为标准"一语。甲乙双方均认可，遂在两份合同（章程）与图样（蓝图）上签字画押。告辞时，吕彦直与甲乙双方互道珍重。

五、1928年9月1日：上了《密勒氏评论报》的"中国名人录"

《密勒氏评论报》向以客观、准确著称，具有较大的国际影响力。该报辟有一个"中国名人录"（Who's Who in China），每周介绍1—2位中国名人。

1928年8月下旬，吕彦直住院治病的消息，在内部悄然传开。敏感的《密勒氏

[①] 筹委会与慎昌洋行签订电器装置合约（译文）[A]. 广州市国家档案馆，档号：4-01/7/46-3.
[②] 筹委会与上海亚洲机器公司签订在纪念堂内装置卫生器具工程及救火设备工程合同（译文）[A]. 广州市国家档案馆，档号：4-01/7/46-3.

评论报》，立即派记者到上海肺病疗养院专访吕彦直。记者走进病房，被眼前的景象镇住了——只见窗台前摆放着一张绘图桌，丁字尺、三角板、圆规、铅笔等绘图工具一应俱全，旁边还有一摞图纸……这是病房吗？

"Am I in the right place?"（我走错门了？）记者自语道。

"Yep, you are."（不，你没走错门。）吕彦直回答说。

二人遂直接以英文交谈。西文记者的到访，令吕彦直感到了一种特别的关怀与安慰。是的，再坚强的人，也需要关怀与安慰。

吕彦直向记者介绍了自己的情况，从祖籍（ancestral home）南京说起，回顾了自己的留学与国外工作经历，以及回国后三次获奖的事实。

吕彦直还向记者介绍了南京中山陵与广州中山纪念堂及纪念碑的建筑特色与工程造价。

记者为眼前这位中国建筑师一直致力于中国建筑的专门研究，为赋予其一种现代风格而不懈努力的执着与热情所感染；为他以设计、绘图的方式与死神抢时间，与绝症做斗争的大无畏精神所感动。

Mr.Yen chih-lu（吕彦直字古愚）（图源：《密勒氏评论报》"中国名人录"）

1928年9月1日，《密勒氏评论报》在"中国名人录"中发表了*Mr.Yen chih-lu*（吕彦直字古愚）一文，介绍了吕彦直的履历及主要成就，原文及译文如下：

1.原文

Mr.Yen chih-lu（吕彦直字古愚）

Mr. Yen chih-lu architect, was born in 1894 in Tientsin, his ancestral home Nanking. He was graduated from Tsing Hua College in 1913 and went to America on a government scholarship. In 1918 he received the degree of Bachelor of Architecture from Cornell University. From 1918 to 1921 he was employed in the office of Murphy and Dana, Architects, of New York, during which time, he was responsible for the designing of the Ginling College Group at Nanking, which of the first few successful adaptations of Chinese architecture to modern purposes. In 1921 he returned to Shanghai and started an office with some friends in practicing his profession and won a competition for the design of the Shanghai Bankers' Association Building. In 1925 he started his own office and won a competition for the design of the Memorial Hall and Tomb for Dr. Sun Yat-sen to be erected on Purple Hill in Nanking, and was subsequently appointed architect of the work which was started on January 1926 and whole work will cost about one million and a half taels when completed. In 1926, he won another competition for a Memorial Auditorium and a Monument to Dr. Sun Yat-sen, both to be erected in Canton, which together will cost one million and a half taels. All of these designs are conceived in Chinese style and worked out in modern methods. Mr. Lu has been making a special study of Chinese architecture and is striving for its development into a living style. His office in Shanghai is at 29 Szechuen Road.

2.译文

吕彦直先生（吕彦直字古愚）

建筑师吕彦直先生，1894年出生于天津，祖籍南京。1913年毕业于清华学院，获政府奖学金赴美深造。1918年，他获得了康奈尔大学建筑学学士学位。1918年至1921年，他受雇于纽约的茂飞与旦纳建筑师事务所，在此期间，他负责设计了南京金陵学院建筑群，这是中国建筑现代化改造项目最早的几个成功案例之一。1921年，他回到上海，与几位朋友一起开办事务所，从事其职业，并在上海银行公会大楼的设计竞赛中获胜。1925年，他创办了自己的事务所，并在南京紫金山孙中山先生纪念馆和陵墓的设计竞赛中获胜，随后被任命为该项工程的建筑师。该工程于1926年1月开工，全部工程完成后将耗资约150万两。1926年，他又赢得了另一项竞赛——在广州建造孙中山先生纪念堂和纪念碑，这两座建筑的总造价为150万两。所有这些设计都是以中国风格构思并以现代方法构造的。吕先生一直致力于中国建筑的专门研究，正努力赋予其一种现代风格。他在上海的事务所位于四川路29号。

《密勒氏评论报》此文，成为日后几乎所有介绍吕彦直生平事迹文告的蓝本。

六、1928年9月26日：电催泉州石匠蒋源成来沪磋商合同条件

送走《密勒氏评论报》记者后，吕彦直继续在病房中修改、完善多种图案。吕彦直认为，《规划首都都市两区图案》《国民政府建筑设计鸟瞰图》本质上是美术图案；中国首都的都市区，一定要由中国建筑师设计。

为方便吕彦直工作，黄涵之院长特别为吕彦直在病房中安装了一部电话。那年头，电话可是稀罕物。

1928年9月25日14：00，筹委会召开第61次会议。会后，夏光宇电话告知吕彦直："会议议决，华表工程归泉州石匠蒋源成承包，由建筑师电催该石匠来沪磋商合同条件。"①吕彦直照办。

七、1928年9月27日：授权裘燮钧南下解释松木桩问题

1928年6月20日，广东省建设厅厅长马超俊得悉纪念堂用松木桩打地基后，先后成立"审查委员会""纪念堂打松木桩研究委员会"，对纪念堂用松木桩打地基一事展开专项研究，召开大小会议不下数十次。为显示义愤，马超俊还亲自捉刀，向广东省政府提出"取缔纪念堂用木桩打地基"的议案，责令承建方立即停工，接受调查。

9—10月的《广州民国日报》《现象报》等各大报纸，围绕"纪念堂打松木桩"一事展开了跟踪报道，危言耸听，沸沸扬扬。1928年9月7日《广州民国日报》率先刊登消息：《总理纪念堂竟用松木打桩》。文中煞有介事地称：纪念堂已于本年2月兴工，"一切基础，已用木桩打妥，并用三合土敷盖，故其桩木质料如何，无从查考"。言下之意：建设方仓促完工，有意掩盖用木桩打地基的问题。报道还称："纪念堂地基所用之木桩，俱属松木，可以证实。惟查松木一种，为最易招白蚁侵蚀，凡粤人有常识者，断不用此种松木为建筑之材料。"记者还透露，目前，当局"正召集本省具有工程经验的人员，共同讨论，务求补救于今日，勿贻后患于无穷"②。广东省政府接纳了马超俊的议案，发出通告，责令纪念堂停工。

事态严重，9月27日，吕彦直一面授权裘燮均工程师南下广州，代表自己向筹委会以及广东省政府解释纪念堂地基打松木桩的理由，另一面则直接向孙中山葬事筹委会委员孙科报告纪念堂被责令停工一事。孙科接报后，立即电询马超俊中山纪念堂近况。

9月30日，裘燮钧工程师抵达广州，以吕彦直建筑师全权代表的身份，向纪念堂筹委会与广东省建设厅解释松木桩的问题，告知：纪念堂地基所用之木桩，均系美国奥利近（俄勒冈）省之红松木。并非粤地之松木；其最大者为十寸，十寸四十

---

① 第六十一次会议记录[M]//南京市档案馆，中山陵园管理处.中山陵档案史料选编.南京：江苏古籍出版社，1986：127.
② 总理纪念堂竟用松木打桩[N]//广州民国日报，1928-09-07.

尺长。最小者为六寸，六寸十二尺长。①

裘燮钧工程师还向当局详细解释了纪念堂不停工的理由——

（一）纪念堂工程，并未因省政府通告而停止进行。盖用松木打桩一事，系概照吕建筑师原定计划。在图案上注明，兼经纪念堂筹备委员会审查核准，然后登报投票，然后由馥记投得承造，订明合约照计划办理。计自开工以来，业已半载，一切工程进行，历照合同办理，从未变更。

（二）近来此项打桩问题之发生，系因贵省建设厅一方工程人员，对于松桩事发生疑虑。遂有松桩易为白蚁侵蚀，危险堪虞的提议。然此可谓杞人忧天之谈。查松桩浸入地层水下，既不虞腐烂，又不能为白蚁所侵蚀。加以桩木之上做铁筋三合土为基础，计划时泥土之负重，只许每方尺二千磅。其工程之稳固周到可知。又纪念堂所填泥土，自桩面上计有五尺至七尺半之深度。按据白蚁专家所言，坚土二尺以下，绝无白蚁生存。故该项松桩不能为蚁所蚀，可无疑义。

（三）松桩用于建筑，已有多年之历史。如近来菲律宾拆去六百年之建筑物，发现木桩仍完好无损，是松桩适用于建筑，永久而经济至为显明。此外，如香港及上海的伟大建筑，莫不用松木打桩。经历中外建筑师之审核，明察周详。否则非议之来，当不止发生于今日广州一隅已也。更查前者广州电灯厂机楼之建筑，亦采用松木打桩。粤人多能记忆。该工程为慎昌洋行所计划。迄今事隔多年，未尝稍变。此可为明证者又一例也。②

在10月3日这一天，马超俊一方面在《广州民国日报》上刊登消息，谴责"总理纪念堂尚未遵令停工"，并称："审查委员会特于今日开会提出讨论。"另一方面则复电孙科。10月5日，《广州民国日报》报道了马超俊复电孙科一事——

德宣路中山纪念堂，日前因松木桩问题拟设法改换一案，曾令该堂停工等情，现为孙哲生氏闻悉，昨特致电建设厅长马超俊询及该堂现在情形。马厅长昨即电复云：南京中山葬事筹备处转孙哲生先生，感〔27日〕电敬悉，中山纪念堂，并未停工，请释远注，余函详。江（三日）印。

马超俊电文中的"感电敬悉"四字，说明孙科是在9月27日电询马超俊，而非记者所称之"孙哲生氏闻悉，昨特致电建设厅长马超俊询及该堂现在情形。马厅长

---

① 总理纪念堂用松木打桩之异议[N]//现象报，1928-09-07.
② 建筑纪念堂工程师关于用松木桩之谈话[N]//现象报，1928-10-08.

昨即电复"。

有趣的是，《广州民国日报》在发表"马厅长复电孙科"报道的同时，刊登了《纪念堂绝对不适用松木桩》的长文，一副"死鸭子嘴硬"的样子。

八、1928年11—12月：生命不息，工作不已

上海肺病疗养院的医疗照顾十分周全，极大地减轻了吕彦直的病痛。助手们会把图纸与文件送到疗养院来请吕彦直审核、签章。筹委会主任干事夏光宇等也会电话联系吕彦直。因此，吕彦直虽然住院治疗，但一直处于工作状态中——为南京中山陵，为广州中山纪念堂及纪念碑审核施工图；为首都都市两区出规划图；联络承建商，传达贯彻筹委会的议决⋯⋯

12月1日，筹委会召开第63次会议，主要讨论移灵问题。议决：陵墓第一、第二部工程、甬道工程、陵墓拱卫处房屋等工程，"均应于十八年二月底以前一律完竣"[①]。

吕彦直随即电话转告姚锡舟等各承建商。各方反馈："工程进展顺利，请吕建筑师放心。"

在医生护士的精心照料下，在同事和朋友们的关怀中，凭着置生死于度外的勇气与心态，吕彦直在上海肺病疗养院踏入了1929年。

---

① 第六十三次会议记录[M]//南京市档案馆，中山陵园管理处.中山陵档案史料选编.南京：江苏古籍出版社，1986：132.

第四篇
陨　落

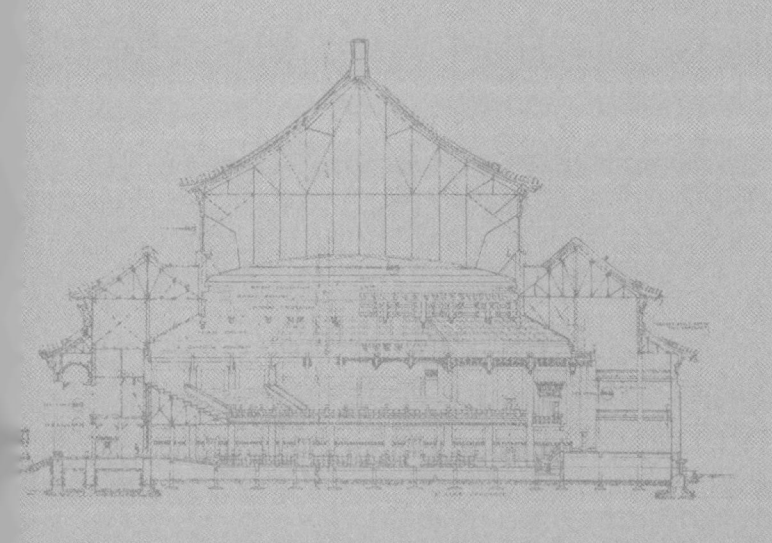

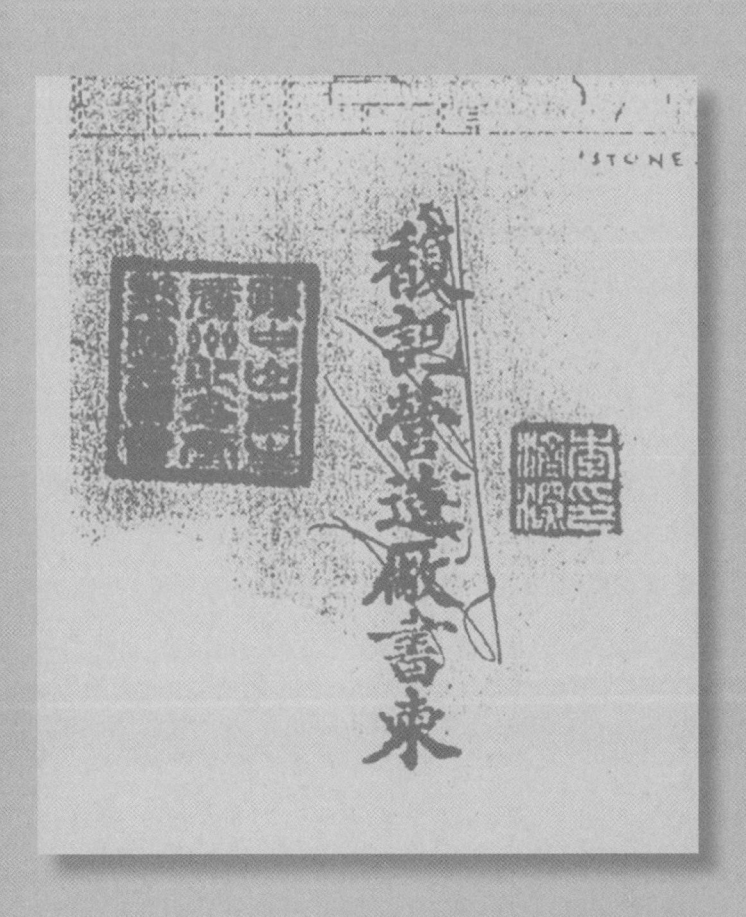

第一章　1929年：英年早逝

第一节　最后的日子

上海肺病疗养院非常安静，丁惠康医生采用当时最先进的德国医疗设备与药物为吕彦直手术与治疗，护理工作也相当周全。进入1929年，吕彦直因需要继续完善《规划首都都市区图案大纲草案》《规划首都都市两区图案》《国民政府建筑设计鸟瞰图》而继续留在肺病疗养院头等病房里边治疗，边工作。

一、1929年1月15日：缺席广州中山纪念堂奠基及纪念碑立石典礼

1月初，吕彦直接到了广州中山纪念堂筹委会的邀请函，邀请其出席1月15日在广州举行的广州中山纪念堂奠基及纪念碑立石典礼。吕彦直感到十分欣慰——广州中山纪念堂及纪念碑的主体建筑将加快施工了。[①]与1926年3月12日的孙中山陵墓奠基礼一样，吕彦直同样请彦记经理黄檀甫代表自己出席。

1929年1月15日，未满31岁的黄檀甫，以"吕彦直建筑师代表"的身份，出席了广州中山纪念堂奠基及纪念碑立石典礼。黄檀甫值此机会结识了广东政商界之高层，为其日后在广东的发展奠定了基础。

二、1929年2月28日：重任达成

1929年2月初，中山陵的核心建筑——祭堂与墓室工程已完竣，门窗上古铜色；祭堂前的平台铺石工程尚未完工。筹委会要求承建商必须在2月底前全部完成第一部工程以及第二部工程中的甬道（大墓道）、马路等工程；在3月底全部完成第二部工程。[②]

2月10日是农历春节，所有参加建筑中山陵第一、第二部工程的工人、工程监

[①] 中山纪念碑已于1928年3月6日开工，中山纪念堂已于1928年3月22日开工。
[②] 第六十五次会议记录[M]//南京市档案馆，中山陵园管理处.中山陵档案史料选编.南京：江苏古籍出版社，1986：137-138.

理等都没有回家过年，全部留在工地上赶工。吕彦直也没有返回古拨路55号过年，一为留在上海肺病疗养院继续边治疗边工作，二则不想因自己生病而影响东宝姐一家人过年的心情。

第一部工程以及第二部工程中的大墓道及环陵路等工程，终于在2月28日元宵节前全部完竣；第二部工程的其余部分，亦将在3月底之前完竣。消息传来，吕彦直倍感欣慰。与此同时，他的《规划首都都市区图案大纲草案》《规划首都都市两区图案》《国民政府建筑设计鸟瞰图》也全部修改完毕了。他告诉丁惠康医生：自己的工作已经完成，该回家休息了。

丁惠康医生为吕彦直制定了居家治疗方案，每天派护士上门为吕彦直司药，打针。

三、1929年3月1日：返回古拨路55号寓所

1.出院回家

3月1日星期五早晨，吕彦直的助手们如约而至。在上海肺病疗养院的头等病房里，吕彦直把修改完毕的《规划首都都市区图案大纲草案》《规划首都都市两区图案》《国民政府建筑设计鸟瞰图》交给助手们，郑重其事地说："请把这些图案和文件复制多套，除留底存档外，呈送首都建设委员会秘书处夏光宇先生收。""稍后，我将出院，继续在家里办公。因此，凡画好的工作图样，请随时送来给我审核，不要耽搁。"助手们点头应允，他们知道这些图纸和文件的分量，也熟悉吕彦直"马上办"的作风与习惯。

走出病房后，助手们禁不住小声地说道："先生的精神不错！""他正在为事务所争取下一个大项目！"

助手们离开后，吕彦直请护士帮他雇车，把绘图桌椅及工具等运回家。到家后，仆人们三下五除二，眨眼工夫就把绘图桌椅等搬进屋里安置好了。

闻悉弟弟要回家，东宝姐早就让家仆打扫好他的卧室与工作室了。

回到房间，但见窗明几净，井井有条，吕彦直非常开心。他向东宝姐和仆人们道谢。几个小外甥也围上来了，吕彦直感到十分温暖。在家里，他有更多的时间教七岁的罗兴与四岁的罗盘画画了。

2.延请中医

肝癌乃不治之症，1920年代，医界还无所谓"换肝术"。对于病人来说，只

要有一线生机,都会尽量争取,吕彦直也不例外。经推荐,吕彦直延请名中医陆仲安[①]为其诊治。陆医生"始投参蓍,二剂大效"。然而,未及服用第三剂,吕彦直的"病象转变,大便不通,只能从剖割之大肠裂口排泄而出"[②]。

3.立遗嘱

吕彦直从小寄人篱下,为了挣点儿零花钱,每天夜里就去巴黎歌剧院广场替看歌剧的人士擦拭汽车。回国后立即住读五城中学堂。中学毕业后又直接考取庚款生,住读清华学堂及康奈尔大学。其间,除了个人奋斗,自食其力,没有得到任何的家庭资助。

大学毕业后,吕彦直入职纽约茂旦事务所,稍有积蓄,但并不富裕。1921年1月回到上海后,除了养活自己之外,还要接济两个没有正式工作的弟弟。1922年8月在上海银行公会大楼的设计竞赛中获奖,但标书是以东南建筑公司具名的,吕彦直是否拿到了奖金,不得而知。1924年7月15日脱离东南建筑公司后,暂借仁记路25号真裕公司为通信处。1925年9月20日,吕彦直在孙墓设计竞赛中胜出,赢得2000元的头奖奖金。然而,这笔钱马上就用于开办彦记建筑事务所了。

孙墓工程足够大,外界都以为吕彦直这回发大财了,其实不然。由于孙墓工程的一再拖延,彦记无法按时收到工程款提成(建筑师酬金),以致事务所资金周转困难。吕彦直试图制售中山陵祭堂模型以渡过难关,但三次在筹委会会议上提出申请,均遭筹委会的实际否定。幸得其他工程项目(JOB NO.55—JOB NO.59)补充,彦记才免于"断炊"。

此间,吕彦直已经开始生病,治病是需要花钱的。1928年,彦记的财务状况有所好转,但吕彦直的病情也同时加重了。一再住院,以及最后延请中医,并每天请护士上门司药、打针等,几乎耗尽了吕彦直的积蓄。当然,中山陵与广州中山纪念堂及纪念碑尚有大笔建筑设计费及工程款提成(建筑师酬金)未到账。但所有这些收入,都是"将来时"了。

特殊的人生经历,把吕彦直磨炼成为一位沉着、勇毅而坚强的人。他十分清楚,大限将至,要尽量在生前把自己的事情处理好,不要给别人留下麻烦。他请仆

---

① 陆仲安(1882—1949),北京人(一说"江苏南京人"),精内科,先后执业于北京、上海等地,善用黄芪,有"陆黄芪"之称。曾任上海神州医学总会常务委员、上海中西疗养院董事。孙中山先生患病,曾延其诊治。
② 疑始.吕彦直病笃[N]//晶报,1929-3-21(3).

人们替自己把家里的书籍、图纸、获奖证书等私人文件分类整理包扎好，并一一交代予东宝姐。东宝姐哽咽了，吕彦直安慰她说："离家20年之后，能与东宝姐重逢并同住八年，得东宝姐照顾，已经十分满足。未来所有的建筑设计费及建筑师酬金，就请东宝姐代我收下，并与彦红（三弟）、季刚（四弟）三人平分[①]；书籍、画具等则留给侄儿们使用，其他私人文件也留给侄儿们作纪念。"

恰在此时，在南京政府供职的严璩，因事滞留上海，闻讯"即往古愚古拨路居舍"为吕彦直"延请律师，布置后事"[②]。在律师的见证下，吕彦直立下遗嘱。

1929年8月，上海《良友》画报社的梁得所编辑到四川路29号原彦记建筑事务所[③]采访吕彦直的生前事迹，"曾见他亲笔的遗嘱，勉其同事继其建设之志"[④]。

面对将至之"大限"，在生命的倒计时，吕彦直不以己悲，不以死惧，不待别人安慰，反而"勉其同事继其建设之志"，这是何等高尚的人格，需要何等坚强的意志与非凡的毅力！

四、1929年3月15日：审核最后一批图纸

吕彦直一生勤勉不懈，惜时如金，在生命最后的半个多月里，除了处理存放在家里的书籍、图纸、获奖证书等私人文件之外，还坚持工作，借助工作与病痛及死神斗争。然而，每当一阵紧张的工作之后，吕彦直都会感到一种无法抗拒的虚脱，他没有对任何人诉说，而是坦然面对——该奋斗的奋斗过了，该赢得的赢得了，该留下的也留下了，无负此生，没有遗憾。

护士每天定时上门给吕彦直司药、打针。疼痛得厉害时，再请护士加打一针"吗啡"。

3月15日下午，彦记的伙计送来最后一批广州中山纪念堂的待审工作图样。工作就是吕彦直最好的镇痛剂与兴奋剂。在古拨路55号寓所的工作室里，吕彦直审核完了广州中山纪念堂的最后一批施工图，其中包括设计编号为60-143的《玻璃天花、藻井详图》与设计编号为60-155的《正南门厅售票窗大样图》[⑤]。

---

① 1918年12月，吕彦深回国探亲，与生母章氏好姐同住北京严寓。之后，吕、严两家再也没有提起章氏好姐了。笔者推断，1919年，吕彦深在严复的高压以及章氏好姐的协助下，最终同意娶严复的侄女严琦为妻（详见本书第三篇第二章）。考虑到长子的责任，吕彦深有可能携妻子与寡母章氏好姐一起返回巴拿马领事馆。
② 疑始.吕彦直病笃[N]//晶报，1929-3-21（3）.
③ 1929年3月18日吕彦直去世后，彦记建筑事务所即改为"李锦沛建筑事务所"，详下。
④ 梁得所.编者余谈[J]//良友，1929，40：2.
⑤ 卢洁峰.广州中山纪念堂钩沉[M].广州：广东人民出版社，2003：428-429.

五、1929年3月17日上午：溘然长逝

吕彦直是个"拼命三郎"，凡事竭尽全力。在学校，他不断地超前学习，进入职场则废寝忘食，尤其是在31—35岁这四年中，往往不舍昼夜地埋头于高强度的建筑设计中；日夜连轴转地往返于沪宁，奔波于中山陵建筑工地，参加筹委会的会议，与承建商协商解决各种问题，"私拟"《建设首都市区计画大纲草案》……长期超负荷的工作，终于压垮了他的身体。

3月16日早晨，东宝姐下楼到弟弟的房间，看看弟弟有什么需要。吕彦直说，没有什么需要，昨晚忙了一夜，现在只想好好睡觉。护士来了，照例给吕彦直司药、打针。

3月17日星期天早晨，东宝姐照例去看望弟弟，发现他已处于昏迷状态，遂打电话给丁惠康医生。丁医生带着护士赶来施救，惜无力回天，吕彦直再也没有醒过来。

由于事前吕彦直已经写下遗嘱，把自己的病情以及后事的处理等向东宝姐交代清楚。姐弟俩亦已商定：秉承家传，丧事从简，且不惊动他人。因此，东宝姐表现得相当镇静，她强忍着失去胞弟的悲痛，着家仆分头办事：一人到警局报死亡户口，领取死亡证明书；另一人则与古拨路西北约1000米处的万国殡仪馆[①]（今胶州路207号）联系收殓事宜。

1929年3月18日，吕彦直的遗体在万国殡仪馆火化，吕彦直往生了。

3月19日上午，待一切都料理停当之后，吕东宝才打电话告知彦记建筑事务所的同仁，并着家仆把吕彦直审核完毕的广州中山纪念堂最后一批施工图，以及吕彦直写给彦记建筑事务所同仁的遗嘱，送达四川路29号3楼彦记建筑事务所。

第二节 虽死犹生

彦记建筑事务所的同仁接报后，感到震惊——15日下午送图纸给吕彦直时，见他还挺精神的，怎么突然间就赍志而殁？但无论如何，大家还是面对现实，裘燮钧当即向中国工程学会总会报告吕彦直病逝之噩耗；大家伙合计草拟讣告。3月20日，彦记建筑事务所向各大新闻单位发出吕彦直逝世的讣告。

[①] 1924年，美国人斯高塔，在上海创办万国殡仪馆，这是上海第一家殡仪馆。（参见石红英.上海殡葬史[EB/OL]//殡葬文化微信公众号[2020-07-02]. https://baijiahao.baidu.com/s?id=1671061126543399133&wfr=spider&for=pc.）

一、1929年3月21日：沪上中西各报同时发出讣告

1.中文发布

1929年3月21日，上海《申报》和《上海民国日报》等沪上各报，同时发布了吕彦直病逝的消息——

工程师吕彦直逝世

总理陵墓之设计者　建设时期失一良材

名工程师吕彦直，于前年设计紫金山总理陵墓图案获得首奖。忽于本月十八日患肠癰逝世，年仅三十六岁。吕字古愚，江宁人，而生于天津。民国二年由清华卒业，派送赴美留学，卒业于康耐尔大学。富于美术思想，专心于工程研究。民国十年在美时，曾担任南京金陵大学新式房屋设计工程。是年返国，设事务所于上海。上海银行公会会所工程之设计，亦出其手。其后则于设计总理陵墓建筑获首选，而担任建筑工程。继而复为广东总理纪念堂纪念碑设计，皆以世界之最新之建筑方法，兼采中国华丽之建筑方式熔合而成，而君竟不及睹此所建筑之完成而逝，甚可悲也。[①]

吕彦直克己奉公，自律自持，即便沉疴在身，仍然保持积极、乐观的形象，有尊严地活着，直至生命的最后一刻。因此，彦记的同仁，但凡见到病中的吕彦直，都认为"他很精神"，"没有问题"。正因为如此，《工程师吕彦直逝世》通稿中才会有"名工程师吕彦直……忽于本月十八日患肠癰逝世"之说。一个"忽"字，道尽一切。

2.西文发布

1929年3月20日下午，每天发稿两次的国闻通讯社，抢得先机，以1928年9月1日《密勒氏评论报》"中国名人录"中之 *Mr.Yen chih-lu*（吕彦直字古愚）一文为蓝本，并把该文吕彦直受雇于茂旦事务所的时间，更正为"1919—1921年"，率先发出了吕彦直建筑师病逝的英文讣告。

1929年3月21日，《字林西报》（*THE NORTH-CHINA DAILY NEWS*）立即跟进，引用国闻通讯社的吕彦直讣告，发表了 DEATH OF CHINESE ARCHITECT（中国建筑师之死）一文——

---

① 工程师吕彦直逝世[N]//申报，1929-03-21（2）.
　《上海民国日报》等其他中文报纸的报道，内容大体相同。

（1）原文

DEATH OF CHINESE ARCHITECT

Mr.Lu Yen-chi Designer of the Sun Yat-sen Tomb at Nanking

The Kuo Wen news agency announces with deep regret the death of Mr. Lu Yen-chi on Monday last in Shanghai. Mr. Lu was a noted Chinese architect; it was he who won the first prize for the design of the Memorial Hall and Tomb at Nanking for the late Dr. Sun Yat-sen.

Deceased came of a Nanking family, but was born in Tientsin in 1894. With the Tsin Hua scholarship he was sent to America in 1913, where he took his B.A. degree at Cornell University. From 1919 to 1921 he was employed in the firm of Murphy & Dana architects of New York ,during which time he was responsible for the designing of the Ginling College Group at Nanking, which is one of the first few successful adaptations of Chinese architecture to modern purposes.

In 1921 Mr. Lu returned to Shanghai and won a comretition for the design of the Shanghai Bankers Association Building and in 1925 he received his first prize in the competition for a design for the tom of the late Kuomintang leader. Again, in 1926,he was victorious in another competition for the Memorial Auditorium and the Monument for the late Dr. Sun in Canton.

Articles on both these monuments with pictures appeared recently in the "North-China Daily News"

（2）译文

中国建筑师之死

南京中山陵设计师吕彦直

国文通讯社沉痛宣告吕彦直先生于本周一在上海逝世。吕先生是一位著名的中国建筑师，他为已故的孙中山先生设计的位于南京的纪念堂和陵墓荣获设计竞赛第一名。

逝者出身于南京世家，1894年出生于天津。1913年，他获得清华奖学金公派赴美国深造，后来在康奈尔大学获得建筑学学士学位。1919年至1921年，他受雇于纽约的茂飞&旦纳建筑师事务所，在此期间，他负责设计了南京金陵学院建筑群，这是中国建筑现代化改造项目最早的几个成功案例之一。

1921年，吕先生回到上海，赢得了上海银行公会大楼的设计竞赛。1925年，他在已故国民党领袖的陵墓设计竞赛中获得了第一名。1926年，他又在已故的孙中山先生的广州纪念堂和纪念碑的设计竞赛中获胜。

近日，《字林西报》刊登了有关这两座纪念碑的文章和图片。

二、吕彦直去世于哪一天

1.《密勒氏评论报》（*THE CHINA WEEKLY REVIEW*）的"17日上午说"

1929年3月23日星期六，《密勒氏评论报》在"人类大事件"栏目中，发表了吕彦直逝世的消息——

（1）原文

Y.C.LU architect for Dr. Sen Yat-sen's Memorial Hall and Tomb in Nanking and Memorial Auditorium and a Monument in Canton, died at his home, 55 Rue Amiral Courbet on the morning of March 17 .Mr. Lu was 36 years old and unmarried. Mr. Lu had been suffering from cancer for about a year.

（2）译文

3月17日上午，南京中山陵和广州中山纪念堂及纪念碑的建筑师吕彦直，在库尔贝街［古拨路］55号的家中去世。吕先生36岁，未婚。吕先生因于癌症之痛苦已经有一年左右的时间了。

七个月前，《密勒氏评论报》的记者曾在上海肺病疗养院的头等病房里专访过吕彦直，由此而与吕彦直建立了互信与友谊，同时也与吕彦直的主治医生丁惠康、吕彦直的胞姐吕东宝建立了联系。是故，该报记者对吕彦直去世的时间、地点和原因，当比旁人有更为详尽而确切的了解；其所发布的消息亦比其他各报要可靠而准确。

由于仅仅半年多以前（1928年9月1日），《密勒氏评论报》在"中国名人录"上已经详细介绍过吕彦直的出身、履历与事迹，因此，当吕彦直去世后，该报便省略了相关介绍，直接把"吕彦直去世"的短消息，归入"人类大事件"栏目中。该消息虽短（译文计76字），却包含了其他各报所没有的独家信息——

（1）吕彦直家住"库尔贝街［古拨路］55号"。

（2）3月17日上午，吕彦直在家中去世。

（3）吕彦直"未婚"。

（4）"吕先生困于癌症之痛苦已经有一年左右的时间了"。

从以上四点可见，这是一则具备新闻全要素的短消息，字里行间充满人文关怀。透过这则短消息可见：

（1）这位记者与吕彦直有过深入的交谈与交往，了解吕彦直的家庭情况与私生活细节。

（2）3月20日，记者得悉吕彦直病逝的消息后，立即与丁惠康医生取得联系，确认吕彦直的病逝时间为1929年3月17日上午，而非含糊的"本周一"或"三月十八日"。

《密勒氏评论报》是周报，逢周六出报，受制于出报日期，《密勒氏评论报》没能与沪上各报同步于3月21日发布吕彦直去世的消息。然而，当3月23日出报时，该报即把"吕彦直先生去世"定性为"人类大事件"，以前所未有的高度，刷新了人们对吕彦直建筑师的历史贡献之认知。

2.《字林星期周刊》（THE NORTH-CHINA HERALD）的"18日说"

1929年3月23日星期六，《字林星期周刊》（THE NORTH-CHINA HERALD），以OBITUARY Mr. Lu Yen-chi（吕彦直先生讣告）为题，全文转载了国闻通讯社发布的《吕彦直先生讣告》，其行文与3月21日《字林西报》的DEATH OF CHINESE ARCHITECT（中国建筑师之死）一文大体相同。所不同者，在于对吕彦直逝世日期的表述——

The Kuo Wen news agency announces with deep regret the death of Mr. Lu Yen-chi on March 18 in Shanghai.（国文通讯社沉痛宣告吕彦直先生于3月18日在上海逝世）

这句话远比3月21日《字林西报》的The Kuo Wen news agency announces with deep regret the death of Mr. Lu Yen-chi on Monday last in Shanghai.（国文通讯社沉痛宣告吕彦直先生于本周一在上海逝世）来得清晰、明白。

3.为何会有"18日说"

事实上，"18日说"源自《工程师吕彦直逝世》的通稿，通稿则出自彦记建筑事务所同仁之手。通稿于3月20日上午发出，国闻通讯社获悉后，凭借其每天发布两次新闻的优势，抢先于20日下午发布了"18日说"，其他中西各报则最快在21日见报，"吕彦直于3月18日病逝"遂成"定说"。《密勒氏评论报》的记者不用二手资料，直接采访了丁惠康医生与吕东宝，确认吕彦直的去世时间为"3月17日上午"，并将之视为"人类大事件"，于3月23日在《密勒氏评论报》上郑重发布。

既然吕彦直去世的确切时间为17日上午，为何彦记同仁要将之改为"18日"？由于所有当事人均已作古，且没有留下任何旁证材料，仅可做如下推断——

"7"是中国人忌讳的一个数字，"7"往往与死事相关联。元宵节才过去17天就死人，这对于彦记建筑事务所来说，实在太不吉利，这一年的生意还要不要做呢？设若把"17"改为"18"，那就吉利多了。况且，17日上午11时（11：00以前都可以称作"morning"上午）与18日零时（0：00是新一天的计时开始）之间，相差仅13个小时。因此，彦记的同仁们，或者就是吕彦直的合伙人黄檀甫，就在文员撰写的《工程师吕彦直逝世》通稿中，将吕彦直的去世时间按照"3月18日"进行发布。

鉴于"18日说"已广为流传，写入各种文献；"17日上午说"虽然比"18日说"更为确切，但毕竟无关宏旨。是故，在厘清两说的来龙去脉之后，依旧"从俗"，沿用"18日说"。

三、同业团体纪念吕彦直

1.1929年3月，中国工程学会特刊率先发表《建筑师吕彦直君逝世》一文

由于彦记建筑事务所的工程师裘燮钧，时任中国工程学会总会"基金监"一职，是总会的主要干部，因此，第一时间向中国工程学会总会报告了吕彦直去世的噩耗。此外，广州中山纪念堂的结构工程师冯宝龄，时任中国工程学会上海分会的会计。裘、冯二人均是吕彦直的同事、校友与好友。二人对吕彦直的逝世均感到痛心与惋惜，提议把即将出版的《中国工程学会会员通讯录》，改为中国工程学会会务特刊，并在最短的时间内，把过往对吕彦直的了解与闻说，合作一书，急就《建筑师吕彦直君逝世》一文，发表在中国工程学会会务特刊《中国工程学会会员通讯录》上。文中"君平居寡好，劬学成疾，困于医药者四年，卒于十八年三月十八日，以肝肠生癌逝世，年止三十六岁"等具体情节，非吕彦直身边之同事裘燮钧不得而知。又，"闻者莫不为中国艺术界、工程界惜此才也"一语，实乃裘燮钧、冯宝龄等中国工程学会同志们之肺腑之言。至于吕彦直为"山东东平人"等，则为急就章所留下之讹误。《建筑师吕彦直君逝世》一文，遂成为以后诸文之蓝本（详见本书第一篇第一章，此略）。

2.1929年4月，中国工程学会会刊《工程》刊登"本会会员吕彦直先生遗像"及《生平简介》

为表达对吕彦直逝世的哀悼与纪念，1929年4月，中国工程学会会刊《工程》1929年第四卷第三期刊登了"本会会员吕彦直先生遗像"及《生平简介》。该简介与1929年3月中国工程学会特刊率先发表的《建筑师吕彦直君逝世》一文同（此略）。中国工程学会在不到一个月的时间内，两次刊登吕彦直的生平事迹，发布吕彦直的讣告，业界同人悲痛与哀悼之情，跃然纸上。是的，才华横溢的吕彦直英年早逝，对于中国工程界、中国建筑界，乃至整个中华民族来说都是一个无法弥补的损失。

3.1929年11月《科学》第十四卷第三期刊登《吕古愚略传》以示纪念

作为吕彦直"老东家"的中国科学社，也在1929年11月《科学》第十四卷第三期刊登《吕古愚略传》，以示纪念。此文与1929年3月中国工程学会特刊上率先发表的《建筑师吕彦直君逝世》一文基本相同，可贵的是，编者对吕彦直的留美时间、毕业及回国年份等做出了重要修正（详见本书第一篇第一章，此略）。

4.1933年7月第一卷第一期《中国建筑》刊登《故吕彦直建筑师传》以示纪念

《中国建筑》是中国建筑师学会的会刊，1933年1月创刊，之后停顿了半年，于7月发表第一卷第一期。本期，编者策划了一个纪念吕彦直建筑师的专题，刊登了《吕彦直君的遗像》《故吕彦直建筑师传》《广州中山纪念堂设计经过》《广州中山纪念堂建筑概述》，发表了吕彦直手绘的广州中山纪念堂彩色油画，以及吕彦直设计的广州中山纪念堂立面图、侧面图与剖面图，借以表达对吕彦直的怀念与敬意。其中，《故吕彦直建筑师传》以1929年3月中国工程学会特刊上率先发表的《建筑师吕彦直君逝世》一文为蓝本，所改动者，一是跟随《科学》1929年11月1日发表的《吕古愚略传》，把吕彦直"十一年回国"，改为"十年回国"。二是将"卒业后，助美国茂斐建筑师，尝作南京金陵女子大学之设计"，增改为"卒业后，助美国茂斐建筑师，尝作南京金陵女子大学及北平燕京大学之设计"，从而充实了前述。

四、荣典与褒扬

吕彦直的突然去世，令孙中山葬事筹委会筹备处全体人员感到震惊与哀伤。他们中的一些人，为自己以往忽视建筑师的健康问题而感到内疚。

1. 给予吕彦直"在祭堂奠基室内刻碑志记"之荣典

1929年4月3日下午，筹委会召开第66次会议，议决给予吕彦直"在祭堂奠基室内刻碑志记"①之荣典。

然而，由于忙于"总理奉安大典"，以及孙中山葬事筹备委员会改组为"总理陵园管理委员会"等因，为吕彦直"在祭堂奠基室内刻碑志记"一事，延至1930年5月才有下文。1930年5月28日，在总理陵园管理委员会第17次会议上，"核准吕故建筑师纪念碑式样"，决议：以与"奠基石一样"大小的规格，在奠基室内为吕彦直建立一块纪念碑；纪念碑上雕塑吕彦直的遗像；遗像下所刻文字定为"总理陵墓建筑师吕彦直监理陵工积劳病故，总理陵园管理委员会于十九年五月二十八日决议立石纪念"。②

吕彦直的这块大理石纪念碑，高约0.8米、宽约0.5米、厚约0.2米，碑中吕彦直的半身浮雕像，出于捷克雕刻家高琦（孙中山墓圹卧像的作者）之手；浮雕像下面所刻碑文为于右任先生亲笔题书。

这方吕彦直纪念碑，原来镶嵌在中山陵祭堂西南角奠基室内的东墙脚下。现在的说法是"该石碑毁于日寇占领南京期间"。但据2007年5月吕彦直的侄女忆述，1945年9月，抗战胜利回到南京后，她随父亲（吕彦直的大哥吕彦深）到紫金山拜谒中山陵时，还专门到奠基室去看过吕彦直的纪念碑。吕彦直的纪念碑，应是在1950年代被撬毁的。

按照墓葬成规，吕彦直的骨灰，理应埋葬在这块纪念碑底下；这块纪念碑，就是吕彦直的墓碑。让吕彦直魂归中山陵，是对中山陵建筑师吕彦直的最好纪念。

2. 国民政府第31次国务会议决议明令褒扬吕彦直建筑师

1929年5月下旬，筹备处向国民政府呈函，称：孙中山葬事筹备处"建筑师吕彦直操劳过度，患病不起，兹为纪念功绩并奖励专门人才起见，经会议决请明令褒扬"③。

6月3日，行政院院长谭延闿，令内政部与教育部会同处理此事。后经国民政府

---

① 第六十六次会议记录[M]//南京市档案馆，中山陵园管理处.中山陵档案史料选编.南京：江苏古籍出版社，1986：141-142.
② 第十七次委员会议记录[M]//南京市档案馆，中山陵园管理处.中山陵档案史料选编.南京：江苏古籍出版社，1986：550.
③ 教育部、内政部会呈：呈行政院：奉办孙中山先生葬事筹备处函请褒扬建筑师吕彦直一案拟具办法祈鉴核转陈由（中华民国十八年六月三日）[J]//内政公报，1929.

第31次国务会议决议：明令褒扬吕彦直建筑师。[①]

6月11日，国民政府遂在《国民政府公报》第189号上，颁发褒扬令，令称：

总理葬事筹备处建筑师吕彦直，学识优长，勇于任事，此次筹建总理陵墓计划图样，昕夕勤劳，适届工程甫竣之时，遽尔病逝。追念劳勋，惋惜殊深，应予褒扬，并给营葬费二千元，以示优遇。此令

6月19日，行政院发布第2015号训令，"令内政，教育部：明令褒扬建筑师吕彦直"。

6月22日，行政院发布第2044号训令，饬财政部拨给吕彦直建筑师营葬费2000元，以示优遇。[②]

国民政府在国务会议上专门讨论并决定褒扬一位建筑师，且层层下达训令，督导执行，这在中国历史上还是头一回。当然，与吕彦直去世这一"人类大事件"相比，此举并不为过，且理所当然。

第三节 彦记建筑事务所易主

吕彦直以一己之力，单挑南京中山陵与广州中山纪念堂及纪念碑两大中山纪念建筑之建筑师重担，创造了中国建筑史上一个空前绝后的奇迹，并为此而付出了年轻的生命。吕彦直身后，留下了丰厚的有形与无形的遗产。

一、李锦沛加盟

1925年9月22日，吕彦直在孙中山陵墓图案设计竞赛中赢得首奖及设计权后，立即成立了彦记建筑事务所[③]，真裕公司的老板黄檀甫转而加盟彦记，成为彦记建筑事务所的经理。据报道，吕彦直在遗嘱上"勉其同事继其建设之志"[④]，以确保彦记建筑事务所的正常运作，确保南京中山陵与广州中山纪念堂建筑工程的最终完竣。

黄檀甫比吕彦直小四岁，1929年3月27日，吕彦直去世后的第十天，是黄檀甫31岁的生日。少年在英国利物浦一家杂货店当学徒的经历，塑造了黄檀甫的商业头脑。吕彦直去世后，彦记建筑事务所经理黄檀甫成为彦记的主任（总管），彦记建

[①] 行政院训令：令内政部：令知会同教育部议复褒扬总理葬事筹备处建筑师吕彦直因劳病故一案经予照准由（中华民国十八年六月十八日）[J]//内政公报，1929.
[②] 训令：第二○四四号（十八年六月二十二日）：令内政，教育部：为饬拨建筑师吕彦直营葬费由[J]//行政院公报：第59号.
[③] 吕彦直建筑师启事[N]//申报，1925-09-22（1）.
[④] 梁得所.编者余谈[J]//良友，1929，40：2.

筑事务所"乃由黄檀甫氏主持,聘建筑师李锦沛继续工作"[1]。

李锦沛,字世楼,广东台山人,1900年出生于美国纽约,出身于Beaux Arts, Pratt Institu:e, New York, Columbia Univ[2]。李锦沛的学历比较"丰富",其本人并未在《中国建筑师学会会员录》中填报过任何学位。1923年,李锦沛"被美国基督教青年会全国协会派遣到中国,担任驻华青年会办事处副建筑师,协助主任建筑师阿瑟·阿当姆森(Arthur Q Adamson)的设计工作,先后负责设计了保定、济南、南京、宁波、南昌、成都、福州、武昌等地的基督教青年会会堂"[3]。

李锦沛建筑师事务所 Lee, Poy G.(图源:*THE NORTH-CHINA DESK HONG LIST*, January, 1929.)

1927年,美国基督教青年会驻上海办事处因经费不足而撤销其属下的建筑处。建筑处撤销后,李锦沛成立了李锦沛建筑师事务所。1929年4月前,李锦沛建筑师事务所设在上海北京路96号,其麾下有张克斌等五名员工。[4]

1928年,李锦沛以美国基督教青年会驻上海办事处建筑师的身份,邀请范文照

---

[1] 董大酉.广州中山纪念堂[J]//中国建筑,1933.
[2] 中国建筑师学会会员录[J]//中国建筑,1933.
[3] 黄元炤.李锦沛:在"现代主义"基础上的"装饰艺术"[J]//世界建筑导报,2012, 146:34.
[4] 李锦沛建筑师事务所Lee, Poy G. [M]//*THE NORTH-CHINA DESK HONG LIST*, January, 1929.

建筑师与之合作设计八仙桥青年会大楼。范文照建筑师事务所设在四川路29号盛氏大楼内，与彦记建筑事务所相邻，李锦沛由此而结识了彦记经理黄檀甫。由于李、黄同为广东台山人，故言谈投契。

二、"继承吕建筑师工作案"

1929年4月3日下午，筹委会召开第66次会议，出席会议者有胡汉民、谭延闿、林森、林业明、杨杏佛、叶楚伧六位委员；家属代表为孙科；夏光宇、郑洪年、吴铁城列席了会议。这是吕彦直建筑师病逝后，筹委会召开的第一次会议。本次会议共有三个议题，其中，第二个议题为"继承吕建筑师工作案"。

议决：

A.函复彦记，承认用彦记事务所的名义，继续执行总理陵墓工程建筑师任务。

B.关于工作图样、工作说明书及放大比例与照实体大小各种详图之制备、材料之选定、工程之监督，以及解决工程上一切问题，均应由彦记之建筑师李锦沛负完全责任。

C.关于吕彦直荣典，准在祭堂奠基室内刻碑志记。[①]

从筹委会议决之A、B两点可见：

1.吕彦直去世后，黄檀甫聘李锦沛为彦记的建筑师，并去函筹委会，询问吕彦直去世后，彦记能否继续执行总理陵墓工程建筑师的任务。

2.筹委会"承认用彦记事务所的名义，继续执行总理陵墓工程建筑师任务"。李锦沛要以"彦记之建筑师"的身份继续完成该项工程的后续任务。

三、"彦沛记"

1.更名

1929年4月4日，李锦沛得悉筹委会"继承吕建筑师工作案"的议决后，带领五名员工（无欧美学历的张克斌建筑师、两名工程师、一名助理、一名文员），入驻四川路29号彦记建筑事务所，并在"彦记建筑事务所"的"彦"字后，加上了一个"沛"字，称作"彦沛记建筑事务所"，后又将彦记建筑事务所更名为李锦沛建筑师事务所。有1929年7月《字林报行名簿》为证。[②]

---

① 第六十六次会议记录[M]//南京市档案馆，中山陵园管理处.中山陵档案史料选编.南京：江苏古籍出版社，1986：141-142.
② 李锦沛建筑师事务所Lee, Poy G. [M]//*THE NORTH-CHINA DESK HONG LIST*, July, 1929.

李锦沛建筑师事务所 Lee, Poy G.（图源：THE NORTH-CHINA DESK HONG LIST, July, 1929.）

2. 李锦沛接手第三期工程监理工作

1929年3月底，中山陵的核心建筑——第一、第二部工程已经完竣；中山陵第三期（即最后一期）工程的工作图样及工作说明书，已于1928年1月16日前全部设计、制备完毕，并在当日召开的筹委会第56次会议上获核准通过。[①]要之，李锦沛接手者，只是第三期工程的监理工作。

1929年6月1日奉安大典之后，孙中山先生葬事筹备委员会（简称筹委会）改组为总理陵园管理委员会。吕彦直原为"孙中山葬事筹备处建筑师"，李锦沛以"彦沛记建筑事务所"的名义，向总理陵园管理委员会提出任命"彦沛记"（李锦沛）为总理陵园管理委员会"顾问建筑师"的请求。

四、"不能予以顾问名义"

1929年7月25日，在总理陵园管理委员会第二次会议上，胡汉民、刘纪文、叶楚伧、孔祥熙、吴铁城、林业明诸委员就"彦沛记事务所因担任陵园图案设计，请求本会任为顾问建筑师案"展开讨论，并一致决议："不能予以顾问名

---

① 第五十六次会议记录[M]//南京市档案馆，中山陵园管理处.中山陵档案史料选编.南京：江苏古籍出版社，1986：118-119.

义。"①

1929年9月11日，陵管会在第六次会议上，把李锦沛纳入"园林设计委员会"九名委员之中。②

五、1929年11月27日：陵管会决定"停止彦沛记特约设计图案"

1929年11月27日15：00，陵管会召开第九次委员会议，出席委员有孔祥熙、叶楚伧、林森、林业明、吴铁城、古应芬、孙科。列席者有夏光宇、马湘。会上，就"添聘建筑师案"展开讨论。最终决议："停止彦沛记特约设计图案。续商取销约函办法，酌给酬劳。"同时"委黄玉瑜为专任建筑师，月薪四百元，自十九年一月起，以一年为期"③。

黄玉瑜，1902年生于广东开平蚬冈镇龙盘里（后迁入中兴里），童年跟随长辈前往美国生活、读书，17岁进入波士顿古力治与沙特克建筑师事务所工作，并先后在塔夫茨学院（Tufts College）和麻省理工学院（M.I.T.）建筑系学习。1925年，黄玉瑜获得麻省理工学院建筑学学士学位。毕业后长期在波士顿工作，参与了包括华盛顿D.C.的华盛顿大厦、哈佛大学哈佛医学院万德比特宿舍和费边大厦，以及纽约康奈尔医院等重要地标性及公共性建筑的建筑设计。1918年一战期间，黄玉瑜应征前往弗吉尼亚州尤斯蒂斯军营服务，从事军事工程建造至1919年。1929年，黄玉瑜应南京市工务局局长林逸民等人的邀请，携家人回到南京，受聘为南京首都建设委员会国都设计技术专员办事处技正，协助美国建筑师茂飞（Henry K. Murphy）等人制订南京《首都计划》，他与首都建设委员会荐任技师朱神康合作参加了首都中央政治区图案竞赛，获第三奖（第一、二名空缺），该图案最终入选《首都计划》，为南京城市规划和现代中国建筑的发展做出了重要

---

① 第二次会议记录（一九二九年七月二十五日）[M]//南京市档案馆，中山陵园管理处.中山陵档案史料选编.南京：江苏古籍出版社，1986：524.
② 第六次会议记录（一九二九年九月十一日）[M]//南京市档案馆，中山陵园管理处.中山陵档案史料选编.南京：江苏古籍出版社，1986：530.
1929年11月27日，陵管会决定"停止彦沛记特约设计图案"后，不久便将李锦沛从9月11日才委任的"园林设计委员会委员"名单中除名。
③ 第九次委员会议记录（一九二九年十一月二十七日）[M]//南京市档案馆，中山陵园管理处.中山陵档案史料选编.南京：江苏古籍出版社，1986：535.

的贡献[1]。

六、彦记老员工的坚持

裘燮钧、徐镇藩、崔蔚芬、葛宏夫等彦记老员工都没有加入李氏事务所，只承认之前与吕彦直签订的工作合同，并继续他们各自在中山陵与广州中山纪念堂的工作，直至中山陵与广州中山纪念堂落成。

其他兼职的助理建筑师（绘图员），则以计件方式，继续以"四川路29号彦记建筑事务所"的名义，绘制广州中山纪念堂及纪念碑的施工图、大样图。

1931年年初，葛宏夫入职上海市市中心区域建设委员会建筑师办事处，任助理建筑师。12月，葛宏夫向实业部声请登记为土木科工业技副，需要以往工作单位开具"合法的经验证明"。但最终葛宏夫的声请因缺乏"合法的经验证明"而没有获得批准。[2]

七、李锦沛建筑师事务所

1929年11月之后，李氏事务所的员工从原来的五人，猛增到了九人；1930年，再增至16人。1930年2月以后，黄檀甫正式成为李锦沛建筑师事务所的经理。[3]与此同时，卓文扬、庄允昌也加入了李锦沛建筑师事务所，继续他俩"绘图员"的角色。[4]1930年年底，庄允昌离开了李氏事务所，转入董大酉建筑师事务所工作；卓文扬则断断续续地延至1934年年底才离开李锦沛建筑师事务所。[5]

---

[1] 1931年，黄玉瑜回到广东。作为南京国民政府实业部与广州市工务局的登记建筑师，黄玉瑜负责广东信托公司建筑设计业务，经手设计了岭南大学女学部（现中山大学广寒宫）、孙逸仙博士纪念医院新楼、华安合群保寿两广分公司、农林上路自宅等一系列功能合理、风格多样的新式建筑。与此同时，黄玉瑜还积极投身建筑教育事业，先后担任岭南大学土木系教授，以及勷勤大学、中山大学建筑系教授等职，发表了系列论文和演讲，为岭南建筑教育做出了重要贡献。抗战爆发，黄玉瑜随中山大学建筑系驻留云南澄江期间，加入中央雷允飞机制造厂，为中美空军提供维修服务及后勤支援。黄玉瑜负责云南瑞丽厂区的建筑设计工作，并在该厂毁于战火后，率技术人员前往云南保山勘测选址。1942年5月4日，日军轰炸保山，黄玉瑜不幸中弹殉国。有关黄玉瑜建筑师的生平事迹，系笔者根据广东省江门开平市蚬冈镇人民政府《爱国华侨黄玉瑜——从建筑界精英到抗日英雄的传奇人生》一文整理。

[2] 实业部训令：工字第三二八三号（中华民国二十年十二月十五日）[J]//实业公报，1931.

[3] 李锦沛建筑师事务所Lee, Poy G. [M]//*THE NORTH-CHINA DESK HONG LIST*，July，1930.

[4] 李锦沛建筑师事务所Lee, Poy G. [M]//*THE NORTH-CHINA DESK HONG LIST*，July，1930.

[5] 李锦沛建筑师事务所Lee, Poy G. [M]//*THE NORTH-CHINA DESK HONG LIST*，July，1934.

李锦沛建筑师事务所 Lee, Poy G.（图源：*THE NORTH-CHINA DESK HONG LIST*, July，1930.）

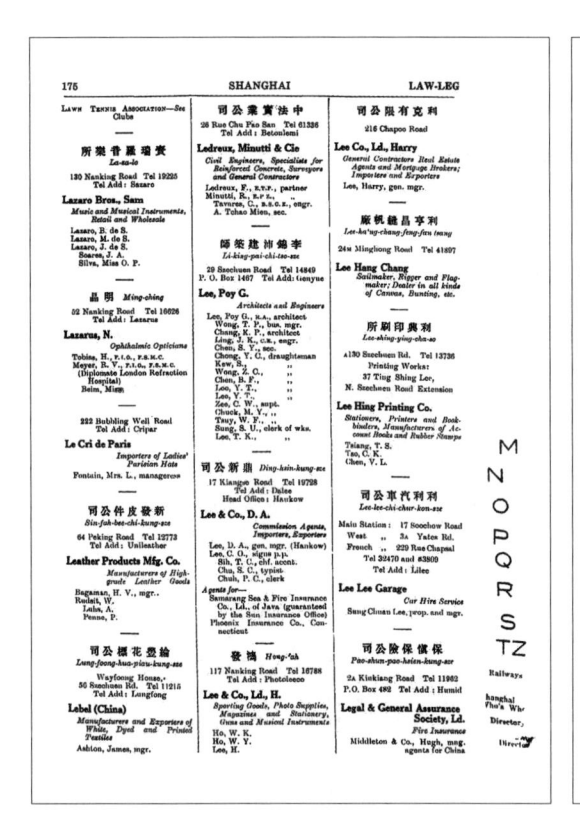

1930年12月15日，上海《时事新报》刊登了一则《广州总理纪念塔行将落成》的消息，称：

> 广州总理纪念塔，翼然踞于观音山之巅，系已故建筑师吕彦直计划。吕君逝世后由黄檀甫李锦沛二君合办之彦沛记建筑事务所继续设计。塔高一百二十尺，上镌总理遗嘱全文，石阶凡七百级，登塔鸟瞰，纪念堂全景任望，其间有宽阔甬道通达，造价总计十三万八千六百两，系香港宏益公司承造。图示最近工作，不日将告落成。十九年十一月廿四日摄景。

这则消息，除陈述"广州总理纪念塔行将落成"这一事实之外，主要为说明：（广州总理纪念塔在）"吕君逝世后由黄檀甫李锦沛二君合办之彦沛记事务所继续设计。"但查1920—1940年代上海的《字林报行名簿》《行路图》，均未见有"彦记建筑事务所""彦沛记事务所"的名字。从1929年7月开始，上海四川路29号只有"李锦沛建筑师事务所"的记录。[①]

八、《字林西报》的专题报道

1931年10月10日《字林西报》有这样一篇专题报道。

1.原文

SUN YAT-SEN MEMORIAL AUDITORIUM

［图片说明］Dedicated to the memory of the founder of the Chinese Republic, this magnificent structure, which has just been completed, will formally be opened to-day in Canton, the home of the revolutionary movement. It will be the largest auditorium in the Far East and will be capable of seating 5000 persons. The designer was the late Mr. Y. C. Lu, of Messrs. Y. C. Lu & Poy G. Lee, Architects, Shanghai.

NEW MEMORIAL FOR DR.SUN

Dedication of Huge Auditorium To Take Place in Canton To-day

Built at a cost exceeding one and a half million taels and capable of accommodating no fewer than five thousand people, the huge and magnificent memorial auditorium for the late Dr. Sun Yat-sen in Canton will be formally dedicated by Mr. Sun Fo to-day on the occasion of the Double Tenth Celebration (China's National Holiday), thus marking another milestone in the history of Chinese nationalism.

North and south have their memorials to the man who founded this vast Republic. At Nanking on the slopes of the Purple Mountain stands the beautiful mausoleum of the late Kuomintang leader. In Canton, the home of the Chinese revolutionary movement, with memorial and civic centre combined, the southern monument is now complete and it stands amid more sophisticated but none the less beautiful surroundings fronting Central Park.

The designer was the late Mr. Y. C. Lu of Messrs. Y. C. Lu and Poy G. Lee, architects, of Shanghai, who was proclaimed winner of the competition which was open to architects throughout the entire to country.

Most Commodius in East

Begun in March, 1928, this memorial, build in the form of an octagon and symbolizing

---

[①] 李锦沛建筑师事务所Lee, Poy G. [M]//*THE NORTH-CHINA DESK HONG LIST*,July,1929.

the "Three People's Principles" and "Five Powers" construction programme of Dr. Sun, is occupied by an auditorium capable of seating, comfortably, five thousand persons, which makes it the most commodius building of its kind in the Far East.

Placed in a setting of lawn and shrubbery, the new Sun Yat-sen Memorial Auditorium will, when completed, present an appearance of rich colouring, fine proportions and imposing design. The frst glance will reveal a gleaming blue glazed tile roof, somewhat simiar in inspiration to that crowning the Temple of Heaven or the Fo-Hsiang Temple in Peking, but octagonal in form and resting on groups of pillars in traditional Chinese scarlet.

It will be noticed that throughout the design and fabric, the science of the west has been brought into harmony with the aesthetic ideals of the east. Thus the pillars, which form one of the principal features of all Chinese buildings of note and treditionally made from teak painted in vivid red, are here composed of artifieial stone, into which the scarlet pigment has been introduced.

No Visible Supports

Ceiling decoration, which likewise plays so large a part in the scheme of Chinese temples or memorials, finds its place here too, but, again, instead of hand-eoloured wooden beams being used, tinted artificial stone is requisitioned. The windows of delicately traceried fretwork alone, are of wood, following the time-honeured style of the country.

In front of the auditorium on the east and west sides, are erected two wrought-iron flagpoles, 80 feet high. In the centre stands a bronze statue of Dr. Sun in heroic proportions. This looks over an immense forecourt which, lighted up by flood lighting at night, has standing room for 100,000 people.

Bronze bells hang from the curving eaves. The floor within the auditorium is to be of multicoloured art mosaic, while the gallery running in a circle round the inside of the dome, is finished with a balustrade of finely wrought artifcial stone. A ball of gold gleams as a finial at the apex of the roof. This point is 160 feet from the ground, while the cross span of the dome is no less than 140 feet, the entire road resting on cantilevers, not a single column or support of any kind being visible within the spacious auditorium.

Memorial Monument

Over a million and a half taels are to be spent on the erection and completion of this imposing structure, the scheme of which includes the laying out of 120 mow of rising ground, lawns and carriage drives surround the main building and, after traversing these, the visitor reaches a long flight of steps which lead to the eminence known as Goddess Hill, or Kuan-yin shan, on the summit of which is being constructed a memorial monument for the deaceased leader.

The latter, reminiscent of the pagoda of alder days and constructed of imperishable granite, will be flood-lighted at night, as will be the main auditorium. Minor pavilions also included in the scheme will house a lecture hall and a museum of Dr. Sun's relics. The section of Canton in which the memorial is situated is undergoing extensive remodelling, two new roads being laid out as part of the ground plan of the memorial. A fine view of the entire City of Rams, to the mouth of the Pearl River, as far as the Bocca Tigris Forts, is obtained from the top of the great commemorative monument.

Civie Centre

A memorial service will be held each week in honour of the deceased leader, but the auditorium will aslo be put to more secular uses, the intention being to utilize the spacious hall as a civic centre in which lectures may be given and dances and other social gatherings held.

Shanghai has taken a leading the part in the construction of the memorial hall. As stated, the late Mr. Y. C. Lu, considered to be one of the most brilliant Chinese architects of the day, was the designer. His colleagues, Mr. T. P. Wong and Mr. Poy G. Lee R.A., architects, supervised the architectural designs; following his demise Mr. W[F]. G. Tsuy, C.E. and Mr. C. H. Chiu, C.E., superintended construction; the general contractors were Messrs. Voh Kee & Co., Shanghai; the electrical contractors were Messrs. Andersen, Meyer & Co., the heating and plumbing arrangements were in the hands of the Asia Union Engineering Co., of this port; and what is of considerable interest 400 Shanghai work-men were sent especially to Canton to carry out the work, while all the structural steel used in construction was supplied by Messrs. Andersen. Meyer & Co.

Great credit is due to Messrs. T. P.Wong and Poy G. Lee, architects, Mr. W. F. Tsuy and C.H.Chiu, engineers, on the successful completion of this handsome piece of work as the death of Mr. Y. C. Lu two years ago shifted all the responsibility on to their shoulders and, indeed, they have not failed to "carry on" the dream and vision of a great architect that is now a monument perpetuated in concrete and stone dedicated to the name of Dr. Sun.

2.译文

孙中山纪念堂

[图片说明]这座刚刚竣工的宏伟的建筑是为了纪念中华民国的缔造者。今天将在革命运动的发源地广州正式开放。它将是远东最大的礼堂，可容纳5000人。设计师是已故的吕彦直先生，他是上海吕彦直与李锦沛建筑师事务所的合伙人。

孙博士的新纪念堂
今天在广州举行大礼堂落成典礼

这座位于广州的宏伟纪念堂是为纪念已故的孙中山先生修建的，造价超过150万两，可容纳不少于5000人，它将于今天双十节（中华民国国庆日）之际，由孙科先生主持落成典礼，这是中国民族主义历史上的又一个里程碑。

北方和南方都有纪念这位建立了这个幅员辽阔的共和国的人的纪念性建筑。在南京紫金山的山坡上矗立着这位已故国民党领导人的美丽陵墓。在中国革命运动的发源地广州，纪念堂和市民中心结合在一起，南方纪念堂现在已经完工，它矗立在中央公园前面①的更复杂但同样美丽的环境中。

设计师是已故的吕彦直先生，他是上海吕彦直与李锦沛建筑师事务所的合伙人，他赢得了这项向全国建筑师开放的设计竞赛的冠军。

东方最宽敞

这座八角形的纪念堂，象征着孙先生的"三民主义"和"五权"建设计划，于1928年3月开工，有一个能舒适地容纳5000人的礼堂，是远东同类建筑中最宽敞的一座。

新建的中山纪念堂位于草坪和灌木丛中，建成后将呈现出色彩丰富、比例精致、设计气势恢宏的外观。第一眼就能看到闪闪发光的蓝色琉璃瓦屋顶。与北京天坛或佛祖庙的顶部有点相似，但形状是八角形的，坐落在中国传统的猩红色柱子上。

---

① 广州中山纪念堂位于中央公园背面，而非"中央公园前面"。

人们会注意到，在整个设计和结构中，西方的科学已经与东方的审美理想融为一体。因此，所有构成中国著名建筑主要特征之一的柱子，传统上是用柚木制成的，漆成鲜艳的红色，而在这里则是用人造石制成的，并在人造石中加入了鲜红色的颜料。

堂中不见一柱

天花板装饰，在中国寺庙或纪念堂的设计中同样扮演着重要的角色，它在这里也找到了自己的位置，但同样，它没有使用手工雕刻的木梁，而是征用了有色的人造石。窗户上只有精致的格扇是木制的，遵循着这个国家历史悠久的风格。

礼堂前的东西两侧，竖立着两根80英尺高的锻铁旗杆。在中央矗立着一尊壮观的孙博士铜像。从这里可以看到一个巨大的前院，晚上用泛光灯照明，可以容纳10万人。

铜钟挂在弯曲的屋檐上。礼堂内的地板采用五彩缤纷的艺术马赛克。楼座被一道精雕细琢的人造石弧形栏杆所环绕。在屋顶，一个金球作为顶端的装饰闪闪发光。这一点距离地面160英尺，而穹顶的横向跨度不小于140英尺，整个楼座都靠悬臂支撑，在宽敞的礼堂内看不到任何一根柱子或任何支撑物。

纪念碑

这座宏伟的建筑将花费超过150万两来建造和完成。其方案包括在主楼周围铺设120亩的地台、草坪和车道。在穿过这些地方之后，游客将到达一段长长的台阶，台阶通往被称为"女神山"的高地，或曰观音山，在山顶上，正在为这位已故领导人建筑一座纪念碑。

后者让人想起阿尔德时代的宝塔，由不朽的花岗岩建造，晚上将被泛光灯照亮，纪念堂亦然。该计划还包括一些小型展馆，其中包括一个演讲厅和一个孙博士文物博物馆。纪念堂所在的广州地区正在进行大规模改造，两条新道路正在作为纪念堂平面图的一部分进行规划。从这座伟大的纪念碑的顶部可以俯瞰整个羊城的美景，直至珠江口与虎门要塞。

市民中心

为了纪念这位已故领导人，这里每周都会举行一场纪念会，但礼堂也将被用于更多的世俗用途，目的是利用宽敞的大厅作为市民中心，在那里可以进行演讲，举行舞会和其他社交集会。

上海在纪念堂的建设中发挥了主要作用。如前所述，已故的吕彦直先生被认为是当时中国最杰出的建筑师之一，他就是设计师。他的同事，黄檀甫先生和建筑师李锦沛先生，监督建筑设计；在他去世后，工程师崔蔚芬先生，及工程师裘燮钧先生，监督建造；总承包商为上海馥记公司；电气承包商是慎昌洋行，供暖和管道安装由亚洲联合工程公司负责，值得一提的是，400名上海工人被特地派往广州执行这项工作，而建筑中使用的所有钢结构，均由慎昌洋行提供。

黄檀甫和李锦沛建筑师事务所，崔蔚芬和裘燮钧等工程师们功不可没，因为两年前吕彦直先生去世后，所有的责任都转移到了他们的肩上，他们成功地完成了这件漂亮的作品。事实上，他们并没有辜负一位伟大建筑师的梦想和愿景，如今，它成为一座用混凝土和石头建造的献给孙博士的丰碑。

3.相关史实

（1）《孙博士的新纪念堂 今日广州大礼堂的奉献》（简称《新纪念堂》）一文，是1931年10月10日广州中山纪念堂开幕当天，沪穗各报中唯一一篇长篇专题报道。事发地广州的《广州民国日报》当天只发表了一则300字的消息。

（2）吕彦直是彦记建筑事务所的唯一创建人与建筑师。

（3）广州中山纪念堂"造价超过150万两（Built at a cost exceeding one and a half million taels）"[①]。150万元（广东毫元）是广州中山纪念堂的得标价，由于黄冠章用"中山纪念堂的剩余建筑材料"建筑了一座占地面积近万平方米的私家豪宅"对山园"[②]，因此，广州中山纪念堂的建筑费"共由库拨支过3 707 000元"[③]，是其得标造价的2.47倍。

（4）广州中山纪念堂及纪念碑的70张总图以及绝大部分建筑详图，早于吕彦直生前绘定，吕彦直是广州中山纪念堂及纪念碑建筑设计图纸的原创者。

（5）广州中山纪念堂的八角亭屋顶及全堂的钢结构，全部由慎昌洋行建筑部的李铿与冯宝龄两位结构工程师负责设计、绘图，并由慎昌洋行承造。

（6）"在他去世后，工程师崔蔚芬先生，及工程师裘燮钧先生，监督建造"的这

[①] 当时的币制不统一，上海用"上海规元"，广东用"广东毫元"，上海规元的币值略高于广东毫元，外人不容易弄清楚，于是一律称作"两"。
[②] 卢洁峰.广州西村深藏一座"对山园"[N]//信息时报，2011-07-03（C6）.
[③] 广东省财政厅. 中山纪念堂全部工程完成及修理中山纪念堂工程预算[A]. 广州市国家档案馆，档号：4-01/7/46-7.

一事实，为吕彦直生前与崔、裘签订的工作合同使然。常川驻粤、自始至终监督广州中山纪念堂及纪念碑建造的是崔蔚芬工程师；裘燮钧工程师则定期来粤视察、监理。

（7）至1931年10月10日中山纪念堂开幕前，李锦沛有否来过广州不得而知；黄檀甫偶尔来粤则必定兼顾其他事情。但二人均没能及时发现并解决中山纪念堂会场的巨大回声问题。

事实上，因甲方经费支绌（被黄冠章大量贪污），广州中山纪念堂后期工程使用了劣等材料，以致落成仅五年多的中山纪念堂"堂内天面"（屋顶），"每逢大雨即周围漏水，近且发现白蚁。若不从速修理，恐不出五年内，全堂即有倒塌之虞"[①]。孰功孰过，自有公论。

九、李铿、冯宝龄发表长文

1932年，李铿与冯宝龄合作撰写了《广州中山纪念堂工程设计》一文，发表在《工程》1932年9月第七卷第三号上。该文开门见山，满怀敬意地郑重申明："广州中山纪念堂，为近代我国伟大建筑之一，出于已故名建筑师吕彦直先生之硕划，规模宏大，布置堂皇，洵足表扬国艺，追念先哲，诚建筑工程界之奇绩。"文末则再次强调："本堂全部建筑，为已故名建筑师吕彦直先生规划，由彦记建筑公司绘图监造。一部分工程由慎昌洋行建筑部设计绘图，著者主任其事。"[②]

十、真裕地产公司

1932年7月，黄檀甫重拾"真裕公司"招牌，将其升格为"真裕地产公司"，自任总经理，同时聘李锦沛为真裕地产公司的建筑师。[③]未几，李锦沛的得力助手张克斌及两名工程师，同时受聘于真裕地产公司。[④]李锦沛建筑师事务所遂与真裕地产公司联体，平分秋色。

如此这般，真裕地产公司与李锦沛建筑师事务所在四川路29号原彦记建筑事务所的办公室与图房，一直运作到1935年与1936年。[⑤]1936年1月—1937年6月，真

---

① 中山纪念堂全部工程完成及修理预算书[A].广州市国家档案馆，档号：4-01/7/46-7.
② 李铿，冯宝龄.广州中山纪念堂工程设计[J]//工程，1932，3：275-295.
③ 真裕公司Gen Yue & Co. [M]//*THE NORTH-CHINA DESK HONG LIST*，July，1932.
④ 真裕公司Gen Yue & Co. [M]//*THE NORTH-CHINA DESK HONG LIST*，January，1933.
⑤ 真裕公司Gen Yue & Co. [M]//*THE NORTH-CHINA DESK HONG LIST*，January，1935.
李锦沛建筑师事务所Lee, Poy G., *THE NORTH-CHINA DESK HONG LIST*，January，1936.
从1934年起，四川路29号改门牌号码为"四川路110号"（今四川中路110号），真裕地产公司与李锦沛建筑师事务所在《字林报行名簿》上刊登的地址亦随之改为"四川路110号"。

裕地产公司搬到江西路349号营业。①1938年，再搬到爱德华七世大道（AV Edwand VII，今上海延安东路）147号营业。②1938年1月，李氏事务所搬到巨籁达路（Rue Ratard，今上海巨鹿路）850号营业。③1939年7月，李氏事务所与真裕地产公司双双搬到江西路353号④广东银行大楼401室合并办公。

1944年2月12日，《东方日报》头条发表了《工商要闻：前日改组成立之真裕地产公司》的报道，如下：

真裕地产公司成立已有二十余年之久，系由我国著名建筑师李锦沛与黄檀甫等合伙经营，过去营业非常发达，如建筑南京国父陵墓，及广州市中山纪念堂等，均为我国近代之伟大建筑，此外，尚有各银行大厦，如浙江建筑银行，广东银行等，

真裕公司 Gen Yue & Co.（图源：*THE NORTH-CHINA DESK HONG LIST*，July，1932.）

---

① 真裕公司Gen Yue & Co. [M]//*THE NORTH-CHINA DESK HONG LIST*，January，1936.
　真裕公司Gen Yue & Co. [M]//*THE NORTH-CHINA DESK HONG LIST*，July，1936.
　真裕公司Gen Yue & Co. [M]//*THE NORTH-CHINA DESK HONG LIST*，January，1937.
② 真裕公司Gen Yue & Co. [M]//*THE NORTH-CHINA DESK HONG LIST*，July，1938.
③ 李锦沛建筑师事务所Lee, Poy G. [M]//*THE NORTH-CHINA DESK HONG LIST*，January，1938.
　李锦沛建筑师事务所Lee, Poy G. [M]//*THE NORTH-CHINA DESK HONG LIST*，July，1938.
④ 李锦沛建筑师事务所Lee, Poy G. [M]//*THE NORTH-CHINA DESK HONG LIST*，July，1939.
　真裕公司Gen Yue & Co. [M]//*THE NORTH-CHINA DESK HONG LIST*，January，1940.

无不出自该公司之手。现为适应潮流起见，乃由本市金融、实业界巨子梁冠榴〔广东银行经理〕、张慰如〔国信银行总经理〕、卢兴原、黄汉樑〔中国银行董事长兼总经理〕、黄鸿钧、梅晦庐等二十六人联名发起，改组为股份有限公司，于一月十六日，假座新新酒楼召开首次筹备会议，决定公司资本定为中储券五千万元，计分为五百万股，每股十元，均由全体发起人认足，并不向外公开招募。当时，推定梁冠榴、黄檀甫、黄汉彦〔中国内衣厂总经理〕、范稚圭〔上海银行副经理〕、卞毓英〔上海银行副经理〕等五人为筹备委员，由梁冠榴任筹备主任，设筹备处于江西路三五三号广东银行大楼四〇一室……①

2月10日14：00，真裕地产股份有限公司再次假座新新酒楼，召开创立会，与会者除前述名流之外，还有张迭生（光中染织厂总经理）、沈长庚（中国商业银行总经理）、潘炳臣（迁泰银行总经理）、梅亦强（均益行经理）、胡国□（中国企业公司总经理）、李锦沛（名建筑师）、赵鼎元（信诚钱庄经理）、劳敬修（长城保险公司董事）等一批新成员，"会后续开第一次董监会议，推梁冠榴、黄汉樑、黄汉彦、范稚圭、黄檀甫等五人为常务董事，并请黄檀甫为总经理，该公司业务为田地房产之经租，及代理买卖，暨建筑打样，现该公司一切手续，业经经济局核准，闻可于三月初旬，上市流通云"②。

---

① 工商要闻：前日改组成立之真裕地产公司[N]//东方日报，1944-02-12（1）.
② 工商要闻：前日改组成立之真裕地产公司[N]//东方日报，1944-02-12（1）.

第二章　吕彦直的遗产

吕彦直的遗产包括无形遗产与有形遗产两大部分。吕彦直的无形遗产主要包括吕彦直的"总理陵墓工程建筑师"（南京中山陵建筑师）、"孙中山葬事筹备处建筑师"、广州中山纪念堂及纪念碑建筑师的荣誉与名分，以及吕彦直的建筑思想。

第一节　吕彦直的有形遗产

吕彦直身后之有形遗产，主要包括四大部分：

一、彦记建筑事务所

1925年9月21日星期一，《申报》刊登了《孙墓图案选定》的消息，通报吕彦直获得孙墓图案头奖。吕彦直当即决定成立彦记建筑事务所，并主任其事。遂于翌日的上海《申报》头版刊登广告，宣布成立彦记建筑事务所。真裕公司老板黄檀甫则加盟彦记，任彦记建筑事务所经理。半年后，吕彦直聘康校同学、东南建筑公司同事裘燮钧为彦记建筑事务所工程师。吕、黄、裘遂成为彦记建筑事务所的核心团队。

二、彦记建筑事务所的办公、作业设备

1.彦记建筑事务所的办公及野外测绘设备。

2.彦记建筑事务所图房的全套美制绘图桌椅、绘图设备。

三、吕彦直建筑师的图文资料

1.工程编号1—61以及持志大学校园规划及校园建筑群的建筑设计图纸。其中，最重要的是工程编号为"54"的南京中山陵与工程编号为"60""61"的广州中山纪念堂及纪念碑的建筑设计图纸。

2.承包人拍摄的中山陵与中山纪念堂纪念碑两大工程各阶段的现场施工照片。

3.吕彦直与两个筹委会及各要员的往来函及相关著述的手稿、抄件。

4.南京中山陵与广州中山纪念堂及纪念碑的建筑师合同，工程说明书等建筑师文件、建筑模型等。

5.吕彦直的画作、铜版雕刻、锌版雕刻，以及中外文图书资料等。

四、建筑设计费、建筑师酬金

1.中山陵的建筑设计费、建筑师酬金。

2.广州中山纪念堂及纪念碑的建筑设计费、建筑师酬金。

3.财政部发给的2000元营葬费。

第二节 吕彦直有形遗产的去向

一、彦记建筑事务所的去向

1929年3月18日吕彦直去世后，彦记建筑事务所易主，李锦沛率队入驻彦记建筑事务所，以李锦沛建筑师事务所取代彦记建筑事务所（详见本书第四篇第一章第三节）。黄檀甫则成为李锦沛建筑师事务所的经理。[①]

二、彦记建筑事务所办公、作业设备的去向

如前所述，1929年3月18日吕彦直病逝后，黄檀甫聘李锦沛为彦记建筑事务所的建筑师。当4月3日筹委会议决"继承吕建筑师工作案"之后，李锦沛即带领五名员工（本土建筑师张克斌、两名工程师、一名助理、一名文员），入驻四川路29号彦记建筑事务所，后将彦记建筑事务所更名为李锦沛建筑师事务所。彦记建筑事务所的办公设备，野外测绘作业设备，图房的全套美制绘图桌椅、绘图设备等吕彦直遗产，遂归李锦沛建筑师事务所使用。

三、建筑设计费、建筑师酬金的去向

1.1929年11月前的有限领取

1929年3月底，中山陵第一、第二部工程完竣后，甲方理应向彦记建筑事务所支付建筑设计费及建筑师酬金。是故中山陵第一、第二部工程的建筑设计费及建筑师酬金到账后，裘燮钧、徐镇藩、葛宏夫、卓文扬等一众吕彦直的助手，以及吕彦直名下，应分得相应的一份。

---

① 李锦沛建筑师事务所Lee, Poy G. [M]//*THE NORTH-CHINA DESK HONG LIST*，July, 1929.
李锦沛建筑师事务所Lee, Poy G. [M]//*THE NORTH-CHINA DESK HONG LIST*，July, 1930.

其中，吕彦直名下的中山陵第一、第二部工程的建筑设计费与建筑师酬金，应按吕彦直的遗嘱，为吕东宝、吕彦红与吕季刚所领取并平分；国民政府奖励吕彦直的2000元营葬费，则毫无疑问由吕彦直的兄弟与胞姐领受。

2.1929年12月后的无限期拖欠

自从1929年11月27日陵管会第九次委员会议决议："停止彦沛记特约设计图案"之后，吕彦直及其助手们的中山陵第三期工程，以及广州中山纪念堂纪念碑的建筑设计费便被长期拖欠。1936年10月，裘燮钧、葛宏夫、庄允昌等工程师不得不以前"彦记建筑事务所"的名义，函达中山纪念堂纪念碑建筑管理委员会，催收尚欠的"堂、碑设计费大洋七千二百二十二元三角三分；港纸一千一百五十六元三毫四先；美金一百六十六元三毫九先"[①]。

与此同时，李锦沛与黄檀甫的事业均走向巅峰——李锦沛的建筑设计生意兴隆，李氏事务所因此而一度拥有17名员工。黄檀甫则由于协助陈济棠的军需处处长黄冠章少将，"利用广州中山纪念堂的剩余材料"，在广州增埗建造一座占地面积上万平方米、后来竟然可以容纳广州杂技团并供该团30—40户人家居住的皇家园林式的超级别墅"对山园"[②]有功而荣任广东省建设厅技正。1936年年初，黄檀甫再次应邀由沪赴粤，出任西村士敏土厂总经理。西村士敏土厂是陈济棠治粤期间广东工业的龙头大厂，黄檀甫能坐上该厂总经理的位置，一则说明其确有过人之处，二则说明陈济棠、黄冠章对其信任有加。

四、吕彦直建筑师图文资料的去向

1."一切图样及说明书皆为建筑师所有物"

建筑师所出施工图，底图（蜡纸图）保存在其建筑事务所内，副本（蓝图）则交给承包人使用。工程完竣，承包人须将蓝图交还建筑师。吕彦直在《孙中山先生祭堂坟墓工程说明书》之"三、图样与说明书"中特别强调："一切图样及说明书皆为建筑师所有物，在工程完竣时并于末期付款证书未发以前，承包人应即捡还建

---

① 中山纪念堂纪念碑建筑管理委员会1936年11月1日第二次全体委员会会议记录[A].广州市国家档案馆，档号：4-01/7/46-6.
② 卢洁峰.广州西村深藏一座"对山园"[N]//信息时报，2011-07-03（C6）.

筑师之事务所。"[1]

按照吕彦直建筑师生前所订立的这一规定，则无论是1929年3月底全部完竣的中山陵第一、二部工程，还是1931年10月10日完竣的中山陵第三期工程，以及1931年1月20日全部落成的中山纪念碑与1931年10月10日落成的广州中山纪念堂工程[2]，其施工图均应由其承包人"在工程完竣时并于末期付款证书未发以前"，"即捡还建筑师之事务所"。

由于真裕地产公司与李锦沛建筑师事务所，使用四川路29号原彦记建筑事务所的办公室与图房至1935年与1936年。[3]因此，理论上说，南京中山陵与广州中山纪念堂及纪念碑的底图与蓝图，全部收存于上海四川路29号3楼（1934年起，四川路29号改为四川路110号）原彦记建筑事务所内。

2.总图的去向

事实上，无论是南京中山陵还是广州中山纪念堂及纪念碑，其总图（指一整套母图）都等量地分别掌握在业主（甲方）、建筑师（乙方）与承包人（乙方）手上。在总图之下，建筑师再出各部分的建筑详图，诸如各部分之三视图、剖面图、大样图（足样图）等。中山陵业主如何处置其总图，不得而知。广州中山纪念堂及纪念碑的业主则将总图当作礼物，赠送给汉口、厦门等城市（详见本书第三篇第五章），直至散失殆尽。是故，本节只就乙方图纸的去向展开叙述。

自1924年7月15日自雇直至1925年9月22日登报成立彦记建筑事务所之前，吕彦直共承接并设计过53个小工程，所有工程均按先后顺序编号，其图纸亦随之编号归档。中山陵是吕彦直自雇之后所承接的第54个工程，其工程编号为"JOB NO.54"[4]，其图纸设计编号即以"54"开头。广州中山纪念堂及纪念碑的工程编号则分别为"JOB NO.60"与"JOB NO.61"，其图纸的设计编号以"60"与"61"开头。

---

[1] 孙中山先生祭堂坟墓工程说明书译文[M]//孙中山先生陵墓工程报告第一册.南京：孙中山先生葬事筹备处，1927.
总理陵墓第一部工程说明书译文[M]//总理陵园管理委员会报告.南京：京华印书馆，1931.
1931年版的译本，更改了1927年版译本的标题，内文也略有修改。
[2] 广州中山纪念堂的"外门亭"因缺乏资金而延至1933年才建筑并落成。
[3] 真裕公司Gen Yue & Co. [M]//*THE NORTH-CHINA DESK HONG LIST*，January，1935.
李锦沛建筑师事务所Lee, Poy G. [M]//*THE NORTH-CHINA DESK HONG LIST*，January, 1936.
从1934年起，四川路29号改门牌号码为"四川路110号"（今四川中路110号），真裕地产公司与李锦沛建筑师事务所在《字林报行名簿》上刊登的地址亦随之改为"四川路110号"。
[4] 中山陵第一部工程说明书（英文）[A].南京市档案馆，档号：1005-1-276.

南京中山陵的总图共有多少张？不得而知；其全部图纸的数量，亦不得而知。

据档案记载，广州中山纪念堂及纪念碑的总图共有70张[①]，但其全部图纸的数量，则同样不得而知。

3.1956年，黄檀甫捐出中山陵图纸等物

1935年冬，黄檀甫携夫人迁入新落成的占地面积26亩的虹桥路276号花园洋房，同时将吕彦直留下的原彦记建筑事务所的图纸等遗产遗物，全部搬进一个大房间存放。黄檀甫深知吕彦直遗产遗物的价值。

据黄檀甫后人说：1956年，黄檀甫把南京中山陵的设计图纸、设计文件，以及南京中山陵奠基典礼上展出的中山陵木模型等一批国宝级的珍贵图纸资料及文物等，捐献给了政府当局。

4.1960年，广州中山纪念堂及纪念碑的图纸被卖到废品站

1959年，黄檀甫因言获罪入狱，黄家的生活艰难到了极点。黄妻开始变卖家里的银餐具、布匹，以及用四个1米×1米×1.5米的洋松大木箱装载的《四库全书》（家里拥有一套《四库全书》是当时上海上流社会的身份象征）等物品。1960年年初，黄妻把彦记建筑事务所的部分图纸，分次拿到上海五原路废品收购站去变卖。广州中山纪念堂及纪念碑的图纸就在其中。五原路废品站位于乌鲁木齐路与常熟路之间，四周是高级住宅区，收购站常能收到绝顶的好货。

5.1960年，上海市档案局受托以200元买下流落废品站的堂、碑图纸

1960年某日，上海市档案局的一位老职员路过五原路废品站，发现了黄家卖出的这批珍贵图纸，立即报告局领导。后来，上海市档案局受广州市档案局的委托，以200元的价钱（在当时是一笔大额款项）买下了这批图纸，并寄到广州市档案局收藏。这批中山纪念堂及纪念碑建筑设计图纸计有400多张，在1963年的广州中山纪念堂大维修中，维修方向广州市档案局要去了50多张，且没有归还。

"文化大革命"时，这批中山纪念堂及纪念碑图纸，与广州市档案局其他重要的档案资料一起，被转移到了从化县吕田镇一个偏僻的山洞里保存，图纸因此受潮、霉变、风化、破损。如今，幸存的353张广州中山纪念堂及纪念碑建筑设计图纸，已从当初的"废品"，晋升为广州市国家档案馆的"镇馆之宝"。

[①] 汉口市索要中山纪念堂图纸函[A].广州市档案馆，档号：4-01/7/46-4.
"广州中山纪念堂"项目，包括广州中山纪念堂及中山纪念碑工程，图纸的称谓亦然。

除广州市国家档案馆所藏的353张图纸之外，还有五张蓝图保存于广州中山纪念堂管理处。其中一张是1927年4月30日绘制的中山纪念堂的侧视图，其余四张是互不关联的分图和局部大样图，分别绘制于1928年4月23日、1931年5月18日和8月29日。这五张图纸都是用优质蓝图纸晒制的，纸质远比现今普遍使用的蓝图纸要好。与前述广州市国家档案馆所藏相关图纸不同的是，这五张图纸保存得相当完好，应是1963年中山纪念堂大维修时，维修方从广州市档案局借出的50多张图纸中的"幸存者"。

6.裘燮钧、葛宏夫等各自拿回了部分图纸

1956年黄檀甫捐出的278张中山陵建筑设计图纸，与1960年黄妻卖与五原路废品站的400多张广州中山纪念堂及纪念碑图纸，应该就是黄檀甫保存的陵、堂图纸的主要部分。

据统计显示，广州市国家档案馆所藏广州中山纪念堂及纪念碑图纸合共353张。其中，229张为蜡纸图（硫酸纸图），占总数的85%；77张为蓝图，占总数的22%；另有47张为绢本图，占总数的13%。蜡纸图、蓝图和绢本图三者之间，有相当一部分是重复的。若扣除重复的"副本"，这批图纸实际只有200余张，只是原建筑设计图纸中的一小部分。

检查黄家捐出及卖出的前后两批约700张图纸的制图章，发现极少有裘燮钧与葛宏夫的签名，尤其是在广州中山纪念堂及纪念碑图纸的制图章中，完全看不到有裘燮钧与葛宏夫的签名。显然，这与当年裘燮钧与葛宏夫所承担的建筑设计及绘图任务不相符。因此，有理由推断：1929年12月彦记解散，以及1931年1月、10月中山纪念碑、中山纪念堂先后落成时，裘燮钧工程师与葛宏夫等吕彦直的助手们，先后取回了自己绘制的那一部分建筑设计图纸。

7.黄檀甫后人奉母命捐出部分彦记遗物

1986年秋，适值孙中山先生诞辰120周年，黄檀甫后人奉母亲黄振球女士之命，把彦记建筑事务所的一批遗物，捐给南京博物院，其中包括：

（1）吕彦直在中山陵的建筑设计中使用过的野外测量仪，德国造的计算尺、重锤。

（2）吕彦直亲手雕刻的五块铜板和两块锌板的建筑图案。

（3）承包人拍摄的中山陵与中山纪念堂及纪念碑的建筑施工照片。

（4）孙中山的西班牙卫士使用过的特大遮阳伞。

（5）1926年3月12日黄檀甫代表吕彦直在中山陵奠基典礼上的发言手稿。

黄振球女士无疑是开明之士；黄檀甫后人奉母命捐出部分吕彦直遗产遗物之举，诚属难得。期望有朝一日，南京博物院能为吕彦直建筑师做一个专题展览，展出这些珍贵的吕彦直遗产遗物。

第三节　读图笔记

藏于广州市国家档案馆的中山纪念堂及纪念碑图纸，主要为总平面图、地址图、基础平面图，纪念堂、纪念碑的三视图，铜像台座、舞台孙中山遗嘱石碑、舞台、楼面、八角屋架、钢梁、钢桁架、八角顶珠、外门亭、堂内各部位、华表、喷水池、旗杆、宫灯、灯柱等三视图，以及舞台帷幕图、水图、电图等。然而，据广东省考古专家麦英豪先生称，在这批图纸中，缺失了最重要的桩基础图，以及大部分的技术数据。

由于长期得不到妥善的保管，因此，这批图纸有相当一部分已经消蓝、霉变、风化，图纸上的大部分数据已经丢失。2001年，经多次申请，笔者有幸阅读了中山纪念堂及纪念碑图纸的缩微胶片及部分实图。在阅读与研究中，笔者找到了部分答案。

一、47张绢本图为吕彦直亲手绘制

绢本（绢帛）具有透、韧、薄等特质，是最细腻的书画材料，为古代书画的首选载体。由于绢本较于普通的纸本更易保存，且千年不坏，因此，诸如《清明上河图》等中国传世名画，都是用绢本绘制的。1920—1930年代的一些中国建筑师，有用绢本绘制设计图以长期保存的习惯。

2001年，据一位看过中山纪念堂绢本图的工程技术人员说，绢本图描绘得精细极了。有一张绢本图描绘的是堂体的外立面，其中，八角屋顶用钢笔描绘；泰山砖外立面用铅笔描绘；设计者几乎将每一块泰山砖和琉璃瓦都描绘了出来。

然而，在笔者调阅到的一张绢本《广州中山纪念堂基础图》上，竟看不见任何文字和图形线段。据说，广州市档案馆所藏47张中山纪念堂绢本图中，有相当一部分的状况都是如此。

吕彦直认为，建筑设计属于美术创作；建筑师本质上是美术家。因此，他把广

州中山纪念堂及纪念碑的图案,看作美术作品。于是,在有助手为之出施工图的前提下,吕彦直就腾出时间,用绢本绘制了一整套70张广州中山纪念堂及纪念碑的总图,用作长期保存。现存广州市国家档案馆的47张绢本图,占吕彦直绘制的70张绢本总图中的67%。既然吕彦直能为广州中山纪念堂精心绘制一套绢本总图,那么,他为南京中山陵精心绘制一套绢本总图,亦在情理之中。

二、蓝图上的签章

1.制图章

图纸的右下角都有一个制图章,又名落款章。在这个表格式的图章里,标有图纸名称、设计编号、设计单位、设计师(绘图师)名字、设计(绘制)日期等内容。现在的建筑设计图,都是在电脑上制作的,制图章更为设计软件所预设。而吕彦直所在的那个时代,不但所有图纸都是手工绘制,而且连每张图纸上的制图章,也都是手工现画的。

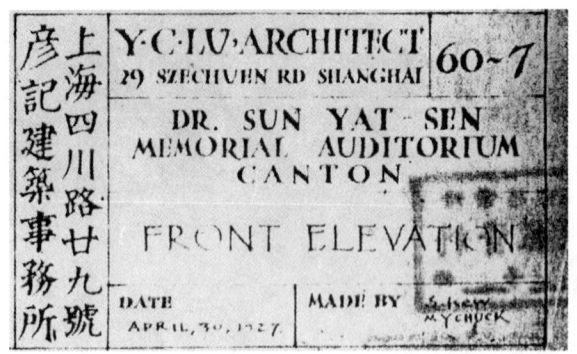

广州中山纪念堂图纸制图章(彦记建筑事务所1927年4月30日绘制,图纸编号:60-7)(图源:广州市国家档案馆藏)

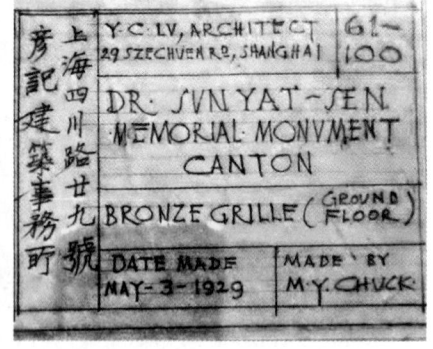

中山纪念碑图纸制图章(彦记建筑事务所1929年3月5日绘制,图纸编号:61-100)(图源:黄建德提供)

2.甲乙双方的签字画押

除制图章外,在一些落款为"1927年4月30日"的中山纪念堂蓝图的空白处,还盖有三个印章和一个钢笔英文签名。比如,在一张设计日期为"1927年4月30日"的《基础平面图》的左上方,有如下印章与签名:

左边第一个是2.5厘米×2.4厘米的方形阳刻印章,上刻"孙中山先生广州纪念堂筹备委员会"字样。在这方印章的右侧,有一个7厘米×1.3厘米的阳刻无框印章,上书:"馥记营造厂书柬"字样。再右侧还有一方1.3厘米×1.3厘米的印章,上书"李济深印"四字,是李济深先生的私章。钢笔英文签字则叠加在了"馥记营造厂书柬"字样之上,它是以"L"字开头的吕彦直英文签名。

在设计编号为"60-7"的《正立面图》蓝图,以及设计编号为"60-9"的《背立面图》蓝图上,都盖有前述的三个印章和一个钢笔英文签名。所有盖有三个印章和一个钢笔英文签名的蓝图,都是当日甲、乙双方签订合同(章程)时所签用的广州中山纪念堂总图。

按照建筑界的惯例,订立建筑合同或合约时,业主(甲方)和承包人(乙方)都要在建筑设计图纸上签字画押。此外,甲、乙双方的证人也都要在图纸上签字画押。正是依据前述三张蓝图上的签章,笔者还原了1928年2月6日、2月8日,吕彦直以建筑师的身份,在《建筑中山纪念碑合同》《孙中山先生广州纪念堂建筑合约》与《孙中山先生广州纪念堂筹备委员会与慎昌洋行订购全部钢架及工程合约》(章程)的英文文本及图样(蓝图)上,用钢笔签下自己的英文名字Lu, Yan Chih的历史现场(详见本书第三篇第六章)。有档案为证——

广州中山纪念堂总图上的签章(图源:广州市国家档案馆藏)

孙中山先生广州纪念堂全部工程完全依照彦记建筑事务所制备及业主与承包人双方签定之图样与章程,并受建筑师之监督得其完满之承认。[①]

三、部分图纸列表

为方便读者研究,特将笔者在阅读中山纪念堂及纪念碑图纸缩微胶片和部分实图时的笔记分列如下:

题名	设计编号	设计师	设计(绘制)日期	阅读笔记
中山纪念堂地址图	D-202	广州市工务局	1926年3月20日	蓝图。这份《中山纪念堂地址图》,是吕彦直应征广州中山纪念堂及纪念碑设计图案时,在"建筑孙总理纪念堂委员会"上海办事处交纳保证金后领取的,是吕彦直建筑师的遗物
广州中山纪念堂总地盘图	60-1	吕彦直	1927年4月30日	蓝图

---

① 孙中山先生广州纪念堂筹备委员会与馥记营造厂订立中山纪念堂建筑合约[A]. 广州市国家档案馆,档号:4-01/7/46-3.

（续表）

题名	设计编号	设计师	设计（绘制）日期	阅读笔记
平面图及总体细节	60-1	吕彦直	1927年4月30日	蓝图，此图与上图共用"60-1"的设计编号；集中山纪念堂平面图及华表、铜像基座、旗杆之三视图于一身
基础平面图	60-2	吕彦直	1927年4月30日	蓝图，图上有甲乙双方签订建筑合同（章程）时留下的三个印章和一个钢笔英文签名
基础平面图	60-2	吕彦直	1927年4月30日	绢质图（即绢本图）。1.该图与上图一模一样，只是少了三个印章和一个钢笔英文签名。2.该图的线段已基本消失，仅隐约可见木桩地基上框架式结构的线段
礼堂平面图	60-3	吕彦直	1927年4月30日	蓝图。此图的关键数据已经消蓝
礼堂半天花平面图 走廊半天花平面图	60-5	吕彦直	1927年4月30日	蓝图。此图清晰地呈现出了中山纪念堂的"希腊十字平面"
正立面图	60-7	吕彦直	1927年4月30日	缩微卡片上标注为"绢质图"。由于该图中下部有三个印章和一个钢笔英文签名。因此，这是一张甲乙双方签订建筑合同时所签章确认的建筑设计蓝图，而非用于收藏的绢本图。换言之，另有一张60-7的绢本图藏于档案馆
侧立面图	60-8	吕彦直	1927年4月30日	缩微卡片上标注为"绢质图"，实际情况同上
背立面图	60-9	吕彦直	1927年4月30日	缩微卡片上标注为"绢质图"，实际情况同上。1.图中下部有三个印章和一个英文签名。2.背立面有东、西两后门。门下各有一道钢筋混凝土楼梯，楼梯扶手为钢管。3.背立面的墙裙顶花与周边的墙裙顶花相同。4.另有一张60-9的绢本图藏于档案馆
剖面图	60-11	吕彦直	1927年4月30日	蓝图
纪念碑设计图	61-1	吕彦直	1927年4月30日	蜡纸图。这是纪念碑最早的设计图，比例尺是1Inch：30Feet
纪念碑南、东、西立面图	61-3	吕彦直	1927年4月30日	蓝图
纪念碑北立面、东西向、南北向横截面图	61-4	吕彦直	1927年4月30日	蓝图
基础梁大样图	C-6	吕彦直	1928年5月5日	蓝图，图纸已基本消蓝，所幸还看得见设计日期
钢筋砼柱尺寸构造表	C-7	吕彦直		蓝图，这是一份极其重要的文件，惜原图已消蓝
墙脚台阶平面详图	60-21	吕彦直	1928年3月13日	蜡纸图

(续表)

题名	设计编号	设计师	设计（绘制）日期	阅读笔记
外墙裙顶花纹立样	60-26	吕彦直	1928年1月18日	蜡纸图。从实图看，设计者是用铅笔绘图的；制图章是每次绘图时手工现绘的，而非在图纸上盖印。该图制图章上的地址依然是"上海四川路29号"，但不是"彦记建筑事务所"，而是别的一个名字（由于字迹模糊，故看不清楚），有可能是同楼的"范文照建筑师事务所"。这张图的设计编号为"60-26"，编号在上图"60-21"之后，但"设计日期"却在上图之前近两个月。结合前述的制图章落款情况判断：吕彦直把标有设计编号的设计任务，交给本所及外所的绘图员分头绘制。由于工作进度各不相同，故而出现了设计编号与设计日期先后倒序的情况
正门厅外门及"遗嘱"详图	60-51	吕彦直	1928年	蜡纸图。"遗嘱"有多个设计方案。这是早期设计的一个方案。碑石为横放长方形，上有具体字样。字体为空心隶书，标准而工整。末了有"敬录"二字。实际上，后来"敬录"者并没有留下自己的名字
正门厅至二楼观众厅处剖面详图	60-52	吕彦直	1928年	蜡纸图
北后门处详图	60-59	吕彦直	1928年8月	蜡纸图。1.门上有密集的中国城门大门钉与一对兽头门环。2.标明北后门两道楼梯为混凝土所浇筑。3.这两道楼梯，已于1963年大修时被拆除
正面端柱柱头花饰详图	60-61A	吕彦直	1928年3月31日	蜡纸图，与实物相同。此图与图"60-59""60-47""60-49"在"设计编号"和"设计日期"上互为倒序。原因同前
舞台口花纹线索立、剖详图	60-63	吕彦直	1929年	蜡纸图，花纹线条流畅，图案精美
"天下为公"牌子详图	60-92	吕彦直	1929年	蜡纸图
天花结构平面图	S-97	吕彦直	1929年	蓝图。1.此图的设计编号以S开头，而非以60开头。2.其制图章比常见的"彦记建筑事务所"的制图章长两倍。3.该图涉及八角屋顶的钢结构设计。因此，有理由推断：该图出于慎昌洋行建筑部李铿、冯宝龄工程师之手。可惜，该图已消蓝，丢失了几乎所有的数据
玻璃天花、藻井详图	60-143	吕彦直	1929年3月8日	蜡纸图
正南门厅售票窗大样图	60-155	吕彦直	1929年3月15日	蜡纸图。1.售票窗开在格扇下方。2.制图章的格式和字体均不同于以往，显然是另一位绘图员所绘画。3.这个售票窗一定是后来甲方要求增加的。因为在吕彦直所设计的中山纪念堂正立面图上，所有格扇窗都是完整的，并没有售票窗这一缺口。4.实际建造时，并没有在格扇上洞开售票窗

（续表）

题名	设计编号	设计师	设计（绘制）日期	阅读笔记
孙中山遗嘱处详图	60-160	吕彦直	1929年	1."遗嘱"石碑前设计有与舞台口同样的汉白玉栏杆。2.同图另一方案上还设计有三级石阶。3.由于缺乏具体的落款日期，因此，不能确认此图是否绘于吕彦直生前。但可以确认的是：落款时间在1929年3月18日之后的广州中山纪念堂及纪念碑的建筑详图，均为吕彦直的助手根据吕彦直建筑师生前绘定的总图及建筑详图所绘制或重绘的。是故，以下在"设计师"一栏，仍署名为"吕彦直"
孙中山像处平面详图	60-183	吕彦直	1929年12月7日	蜡纸图
遗嘱处花纹立样图	60-190A	吕彦直	1929年	蜡纸图
遗嘱处花纹立样图	60-190C	吕彦直	1929年	蜡纸图。仅一处"遗嘱"石碑边框的"花纹立样"就出两图，其精益求精的精神令后人叹服
纪念堂至纪念碑处总平面图	62-264	吕彦直	1929年	蜡纸图。1.现今纪念堂的绿化地块基本如图所示。2.图上的外门亭叫"牌亭"。3.围绕外门亭的，是东西走向的长约300米，宽约15米的草地。外门亭四周的这一草地，是中山纪念堂庭院的一部分。惜现已改造为马路和人行道。4.此图没有标出喷水池的位置
广州纪念堂铁栅草图	顺序号：342	吕彦直	1929年	蜡纸图。从图上看：1.外门亭又叫"门楼"。2.纪念堂堂体后面原为一个小花园，而不是后来附加的"后台化妆室"。3.此图没有标出外门亭两旁的喷水池位置。4.铁栅已画出具体的图样，包括①铁栅走向。②铁栅上的顶花样式。③铁栅、间隔墩柱、柱头瓦顶的正、剖面图。5.原设计的围墙，就是通透式的铁栅围墙。1963年建筑方设计的铁栅围墙，只是照抄而已，并且，铁栅头上的顶花样式，不及原设计的灵巧。6.原设计在纪念堂范界东西两边的铁栅围墙上，各开有三道侧门
外门亭平、立、剖面图	60-235	吕彦直	1930年9月	蜡纸图。设计图上指定：门亭用"上海泰山面砖""香港石""广州裕华琉璃瓦""颜色人造石"
外门亭屋面R.E结构图	60-235	吕彦直	1930年9月9日	蜡纸图
纪念堂内台后遗嘱碑图	60-241	吕彦直	1931年	蜡纸图。从这张图纸上看到：1.吕彦直原设计的横放遗嘱碑石，被改为竖放长方形。2.这张图上标出了三个候选立视图。现在采用的是第三个设计图样。3.据《广州民国日报》记载，直至1931年10月10日纪念堂主体建筑落成时，舞台后壁上还没有砌筑《遗嘱》石碑。《遗嘱》是书写在一块大白布上，悬挂于舞台后部中央的。《遗嘱》石碑的建筑时间与外门亭的建筑时间相当，约在1933年间
纪念堂内吊灯详图	60-244	吕彦直	1931年	蜡纸图。"吊灯"即"宫灯"

（续表）

题名	设计编号	设计师	设计（绘制）日期	阅读笔记
演讲用台、椅详图	60-245	吕彦直	1931年	蜡纸图。1.主席椅是清代大"太师椅"。2.演讲用台，一为长方形大条桌，台脚、台边各处均有与堂内装饰图案相协调的图案。另一为立式西式演讲台，设计有放置演讲稿用的斜桌板，还有灯光照明。3.演讲台正面画有国民党党徽
遗嘱牌立、剖面图	60-252	吕彦直	1931年	蜡纸图
遗嘱牌立、剖面图	60-525	吕彦直	1931年	蜡纸图。从这个图样可见：1.遗嘱牌（碑）两旁设国旗旗杆座。2.牌（碑）下有三级石阶，俯视线条如堂外两旗杆座石阶对称的一半

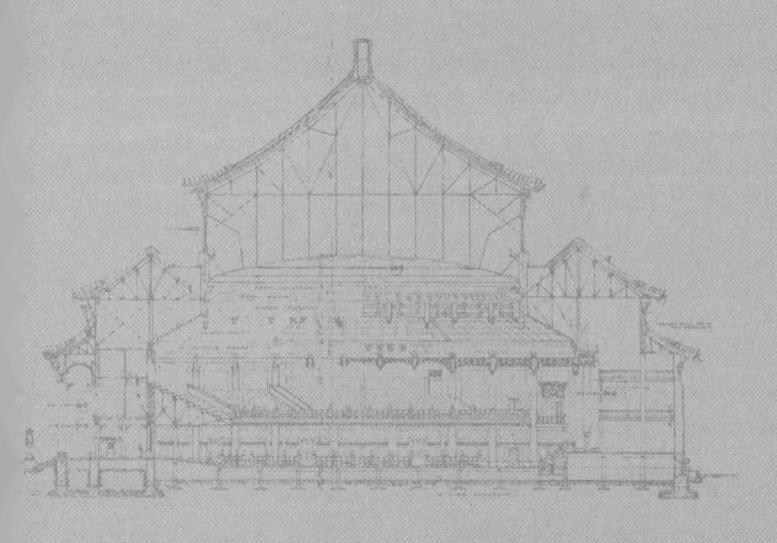

第五篇
杰 作

第一章　第一个夺冠作品：上海银行公会大楼

1928年9月1日，《密勒氏评论报》（*THE CHINA WEEKLY REVIEW*）在"中国名人录"（Who's Who in China）栏目中发表了 *Mr.Yen chih-lu*（吕彦直字古愚）一文，介绍了吕彦直的履历及主要成就。这篇专栏文章采写并发表于吕彦直生前，其信息来源可靠。文称：吕彦直"在上海银行公会大楼的设计竞赛中获胜"。

这是一条十分重要的信息，是吕彦直就上海银行公会大楼建筑设计"著作权"问题的首次公开声明。

第一节　上海银行公会在原址翻造新厦

一、上海银行公会招投建屋图样通告

1918年7月8日，上海银行公会正式成立，10月19日举行开幕典礼，会员银行有中国、交通、盐业、浙江兴业、浙江实业、上海商业储蓄、中孚、聚兴诚、四明、中华、广东、金城，共12家银行。会址设在香港路4号（今59号），后因会务发展，于1922年在原址翻造新厦。[1]7月4日，上海银行公会在《申报》上刊登了《上海银行公会招投建屋图样通告》，如下：

本公司拟自建新屋一所，惟沪上打样家林立，各有优长，似难选择，兹特登报公开，以期完美，凡有意打样者，请向香港路四号本公会索取地图及建筑说明，限八月三十一号前送齐，以便采取，其不取者，由本公会通函发还。[2]

从这则《通告》可见：

---

[1] 黄浦区志：银行同业组织[EB/OL].http://www.shtong.gov.cn/dfz_web/DFZ/Info?idnode=62378&tableName=userobject1a&id=19469.

[2] 上海银行公会招投建屋图样通告[N]//申报，1922-07-04（1）.
为寻找这则广告，笔者曾遍翻1922年5—8月的《申报》，由于身处地下室，戴着双层口罩，大脑供氧不足，以致看走眼，苦寻不得。广东省立中山图书馆特藏部管理员姚少丽见状，主动伸出援手，最终帮助我找到了这则广告，谨致谢忱。

1. 1922年的上海，建筑业兴旺发达，"打样家林立"，同业之间的竞争非常激烈。上海银行公会采用了业界流行的公开招投标方法，以选择翻造新厦的最佳设计方案。

2. 业主（招标方）为设计方定下了建筑要求——"凡有意打样者，请向香港路四号本公会索取地图及建筑说明"。

二、踊跃应征

虽无法找到当日业主为"打样者"定下的建筑要求文献，但从后来建成的上海银行公会大楼反推，可见招标方要求竞标者设计的大楼"共有六层楼及地库。第一层作为该会办公之用；第二层至第五层为出租，作写字间之用；第六层为该会俱乐部之用。全屋纯用最新式之建筑法构造，凡热水管、升降机等均备"[①]。此外，屋顶还须设置花园。显然，甲方要求建筑的是一座西式的现代办公大楼。

吕彦直所在的东南建筑公司参加了这次竞标。当时，东南建筑公司的业绩与名望远不及允元实业公司。在上海银行公会大楼的竞标中，业界都看好允元实业公司。

1922年8月26日，《申报》第15版报道了银行公会投标造屋近闻，称"元[允]元实业公司颇有希望"——

上海银行公会为建筑新会所事，已在本报宣布招人投标，其地址即现在会所原址。新屋计建六层，限定投标价格为二十万元，择一最满意者，委以建造，故中外各大建筑公司，刻正在暗中竞争。闻华人所组织之上海元[允]元实业公司，竞争最力，因该公司所有主干职员，均由欧美学成建筑学，经实地练习，然后回国者，学识既好，经验又富，如南京东南大学齐孟芳纪念图书馆之全部图样与工程，及本埠著名之大来洋房，其中所有电器建筑，四川路大礼堂，并最近花旗银行一部分房屋之改建等，均为该公司所承办，故此次银行公会招建新屋，将来投标结果，大约该公司最有希望，并闻新屋六层建筑后，另有屋顶花园，并于最高一层作俱乐部，以供银行界人之休息，其余五层，四层则出租各大商行为办事室，最下一层为该会办公室云。

三、"东南"爆冷，吕彦直是上海银行公会大楼的负责建筑师

8月31日，上海银行工会大楼"招工投标"截止。上海银行公会共收到18家本

---

① 上海银行公会拟建新屋图[N]//申报，1922-10-5（14）.

埠著名的中外建筑行家的竞标图样。9月7日，上海银行公会专为开标一事举行会议，规定：打样姓名用白纸粘贴，使无中外之分；为了不搞混，图样使用号码编号。在盛竹书主席的提议下，大家推举兴业、浙江、盐业、中孚、四明、中华、金城、东莱、大陆九家银行代表为审查员，挑出最好的标书。

经过两星期详细审查，上海银行公会于9月26日14：00开会，讨论建筑图样的事情。经过各银行会员投票，东南建筑公司得17票，通和洋行得四票。东南建筑公司胜出。[①] 上海银行公会遂委托东南建筑公司的总工程师过养默出任"上海银行工会建筑师"，负责上海香港路4号（今59号）上海银行公会大楼的设计，上海银行公会大楼的建筑设计，遂系于过养默名下。

吕彦直是东南建筑公司唯一一位科班出身的建筑师，承担了上海银行公会大楼竞标图样的主要建筑设计任务，是该项目的负责建筑师——有上海市档案馆所藏之上海银行公会大楼正立面图及屋顶平面图等建筑设计图纸为证。据查阅过这批图纸的赖德霖先生称："在图签清楚完整的屋顶平面图上，可以看到审批人（app'd by）Y. C. Lu，即吕彦直（Lu, Yen-Chin）的签字，说明吕是该项目的负责建筑师。"[②]

1922年，上海滩"打样家林立"，"欧美学成建筑学，经实地练习，然后回国者，学识既好，经验又富"的建筑师比比皆是，吕彦直承担主要设计任务的上海银行公会大楼图样（设计方案），能在"18家本埠著名的中外建筑行家的竞标图样"中胜出，诚属不易。这是吕彦直职业生涯中第一件承担主要设计任务的获奖、中标作品。就建筑样式而言，上海银行公会大楼是一座吕彦直曾经谴责过的"买办式"建筑。然而，谴责归谴责，事实上所有建筑师都必须按照业主、甲方既定的招标要求展开设计。

过养默是孔祥熙、孙中山、蒋介石的表连襟，又是受上海银行公会委托的"上海银行工会建筑师"。在上海滩搞建筑，除了要有本事、有本钱以外，还必须要有靠山。中国工程学会上海分部深谙此理。为借助过养默的家庭背景与政商关系，密切该部与上海银行公会的关系，遂于1925年12月26日18：30，"假香港路四号银行公会俱乐部开会员眷属联欢大会，到八十余人，由分部部长徐恩曾主席，首聚餐，

---

① 朱伟.上海银行公会及其大楼简述[J]//都会遗踪，2019（1）：121-125.
② 赖德霖.阅读吕彦直[J].读书，2004（8）.

席次主席致词，略谓我人刻在此屋内聚首，极可纪念欢欣，因此屋为本埠著名大建筑之一，而建筑工程师为本会会员过养默、裘燮钧诸君。计划电气者为本会会员周琦君、许□，暖气等者亦为本会会员朱树怡君"①。致词者完全没有提及同为中国工程学会上海分部会员的上海银行公会大楼"负责建筑师"吕彦直的名字，这显然有失公允。每天读报的吕彦直，肯定会读到这一报道，个中缘由，他比任何人都清楚。

第二节　上海银行公会大楼的吕氏烙印

上海银行公会大楼是一幢以新古典主义建筑风格装饰的钢筋混凝土结构的现代办公大楼，坐南朝北，平面类长方形，面宽约18米，进深约35米，"全屋共占地八千余方尺（英尺）［700余平方米］，共有六层楼及地库。第一层作为该会办公之用；第二层至第五层为出租，作写字间之用；第六层为该会俱乐部之用。全屋纯用最新式之建筑法构造，凡热水管、升降机等均备"②。总建筑面积为2850平方米。尽管前述中国工程学会上海分部部长徐恩曾的致词完全没有提及吕彦直的名字，但上海档案馆所藏之上海银行公会大楼建筑设计图纸的图签则坐实了吕彦直为该项目"负责建筑师"的事实。

查过养默不多的建筑设计作品，不见其有古典装饰的痕迹；裘燮钧则是一位结构工程师，无涉古典装饰。在过、裘、吕三人中，只有吕彦直在康奈尔大学建筑学院留学期间接受过"学院派"古典装饰课程的教育与训练。吕彦直的"设计作业'洗礼池'和'剧院前厅'，就凸显了他对古典美学风格、美学原则的偏好与熟练驾驭。其中，'洗礼池'更获得劳卜（LOEB）比赛的二等奖"③。在上海银行公会大楼的设计中，吕彦直充分展示了他的古典装饰偏好与"学院派"技艺。如今，这座百年建筑，虽历经风霜雨雪，遭受各种破坏（后来者还在其上加盖了两层楼），但基本结构还在，室内外近半装饰，尤其是一些重要的古典装饰细节还在，堪称"吕氏烙印"，彰显了吕彦直独特的建筑意匠、审美志趣与鲜明的艺术个性。

---

① 中国工程学会联欢大会记[N]//申报，1925-12-28（10）.
② 上海银行公会拟建新屋图[N]//申报，1922-10-05（14）.
③ 薛颖. 美国布扎教育对中国第一代建筑师的影响——以康奈尔大学吕彦直、杨锡宗为例[J]//南方建筑，2020，1：23.

上海银行公会新会所（图源：1926年《银行周报》）

上海银行公会大楼列柱的柱头饰及檐部细节（图源：黄之庆摄影）

上海银行公会大楼壁端柱凹槽以水平半球面收束（图源：自媒体）

上海银行公会大楼的盾牌饰现状（图源："黄浦最上海"微信公众号）

上海银行公会大楼的窗间饰现状（图源："黄浦最上海"微信公众号）

上海银行公会大楼正门门框的壁端柱装饰（图源：黄之庆摄影）

上海银行公会大楼的过廊弧形天棚现状（图源：黄之庆摄影）

273

上海银行公会大楼门厅现状（图源：黄之庆摄影）

上海银行公会中央大厅的弧形顶棚（图源：黄浦区档案馆提供）

上海银行公会大楼的楼梯现状（图源：黄之庆摄影）

上海银行公会大楼天井现状（图源：黄之庆摄影）

上海银行公会大楼经理室的西方古典装饰（图源：黄之庆摄影）

上海银行公会大楼会议室的日式装饰（图源：黄之庆摄影）

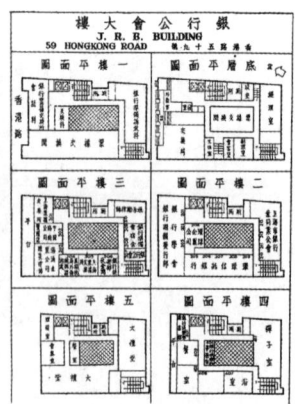

上海银行公会大楼平面图（图源：1947年《上海市行号路图录》，黄之庆提供）

一、风格独特的复合柱式

上海银行公会大楼正立面有一个由六根两层楼高的古典列柱（包括两根壁端柱）组成的古典列柱门廊。多数人称之为"科林斯柱式"，郑时龄先生却认为这是上海近代建筑中不多见的"古罗马风格的复合柱式的实例"[①]。

柱式的选择，代表着风格的选择。在上海银行公会大楼的设计中，吕彦直选择了西方古典建筑五种基础柱式中最复杂的复合柱式（Compósita），它是爱奥尼柱式（Ionic）和科林斯柱式（Corinthian）的混合体。由于二者的柱身同有平齿凹槽，因此，所"复合"者，主要在于其柱头饰。复合柱的柱头饰，既有爱奥尼式的涡卷，又有科林斯式的莨苕叶。难得的是，吕彦直没有照抄教科书上的样式，而是着力于加工与创新，如下：

1.对平齿凹槽的加工与创新

一是加宽平齿。二是加深槽体。三是在每一条截面为半圆的凹槽下端，各以一个水平位的半球面作收束，一系列水平位的半球面，承接着一系列竖向的平齿凹槽线条，仿若五线谱上的音符，赋予无声之列柱以可视之"乐谱"，堪称神来之笔。

2.对柱头饰的加工与创新

一是加厚莨苕叶，尤其是加厚莨苕叶的末端，加深其向外翻垂的曲线，以强化其立体质感。二是把爱奥尼式涡卷的卷心挑起，作螺旋尖端状。再把顶板花的花蕊挑起，同样作螺旋尖端状。三是加宽顶板的四个方角，同时加深四角之间的弧度，让四个方角随爱奥尼式涡卷一起向外伸展。仅此一二改动，即令古老的柱头饰顿形生动。

二、模数化的装饰设计

上海银行公会大楼是吕彦直职业生涯中第一个承担主要设计任务的竞标项目，他仿佛要使出浑身解数，把所学到的全部专业知识与专业技能都用在这座大楼上，中以模数化的装饰设计为最。

1.立柱与花环

列柱门廊的两根复合式立柱与两根壁端柱上方，各配置了一个用树叶扎成的花环；花环下粗上细，凸显其立体质感，并以两条生动的饰带结顶。除门廊的六根复合式立柱（含两根壁端柱）之外，在其余各层的同一竖向位置上，对应设计为简化

---

① 郑时龄.上海近代建筑风格[M].上海：上海教育出版社，1999：226.

的壁柱。其中，四至五层的六根简化壁柱还配以复合式柱头饰与花环。

在大楼正门的门框两侧，同样以平齿凹槽的壁端柱装饰之。这个平齿凹槽端壁柱门框是用厚铜板打造的，门扇则是以铜皮包裹木板制作的。如今，门扇上的铜皮已被盗剥殆尽，唯平齿凹槽端壁柱铜门框岿然不动，基本完好。继这个端壁柱门框之后，是大楼二进大门的门框，其上用两根简化了齿槽的壁柱装饰之，壁柱上方，同样各饰有一个小花环。

"立柱+花环"的这一模数化搭配，一直推广到室内装饰中。至2016年，一楼南侧原经理室的室内装饰仍保持完好，四壁透顶的柚木墙面上，雕刻有12根带平齿凹槽与柱头饰的柚木壁柱；柱头饰上方各雕刻了一个花环，花环上方是由檐口方头、莨苕叶排列组成的檐部装饰带，精致而考究。

除经理室之外，一楼中央大厅四壁，同样间以带复合式柱头饰的壁柱。区别只在于这些壁柱不是用柚木雕刻的，而是用云石砌筑的，且简化了齿槽。林立的壁柱，精致的柱头饰，让人仿佛置身于一个古罗马殿堂。

在把西方古典建筑元素推广到室内装饰的同时，吕彦直不忘加入东方古典建筑元素。在大楼的另一个会议厅中，吕彦直模仿日本榻榻米格子门的样式，以柚木方格装饰四壁，令入室者如坐"和"风。显然，在这个日式会议厅里，壁柱被方格子替代了，但建筑师却巧妙地在方格子上方，以一条"小花环+微列柱+檐口方头"的檐部装饰带，融东西方建筑元素为一体，使这一日式会议厅既有其鲜明的东洋个性，又不失其与西洋风格之联系。吕彦直的大匠风范，于此可见一端。

2.立柱拱门

受限于场地与建筑经费，上海银行公会大楼不可能建造一个高大宽敞的大堂，但吕彦直还是千方百计地为大楼设计了一个充满古典气息的门厅。门厅南北长约7米，东西宽约3.5米；六道简约的古罗马立柱拱门分列东西两侧。其中，西侧的三道拱门通向同一个办公室——"交换科"；东侧的三道拱门则分别通向"外勤室""役室"及电梯间（详见上海银行公会大楼平面图）。

吕彦直的模数化装饰设计极具连续性，在门厅与中央大厅之间的过廊的东西两头，各设置了一道立柱拱门——以两根壁端柱作立柱，支撑着一道隔断墙，墙上装饰着一个圆拱；圆拱与拱底过梁之间，是一个顶格的简化式的花环。与之对应的是过廊南北墙面上的四个简化式的花环。

3.弧拱

上海银行公会大楼计有大小三道弧拱。第一道弧拱，出现在门厅的南口。吕彦直以一道弧拱梁横跨在门厅的南口上，形成一个开敞式的门厅南口。开敞式的门厅南口，正对着中央大厅的正门，门上的装饰已被破坏殆尽。可以想见，中央大厅门框上同样以壁端柱及花环装饰之。

第二道弧拱出现在门厅与中央大厅之间的过廊上方；第三道弧拱则出现在中央大厅上方（详下）。

4.绶带式花穗与茛苕叶饰带

在正立面壁端柱两外侧的窗间墙，以及顶层七个水平竖窗的窗顶墙上，均装饰有精美的绶带式花穗。

二层檐部的装饰带特别考究，只见建筑师自上而下，由大而小，依次布置了三条茛苕叶饰带；在第一条与第二条茛苕叶饰带之间，依次布置了一条以微型盾牌组成，另一条以檐口方头组成的饰带；其中部的"上海银行公会"石匾，同样以茛苕叶包边。

除檐部充分运用茛苕叶装饰之外，大楼正门的石门套，也以茛苕叶包边，大有一"叶"呵成之势。

此外，在大楼正立面东侧门的两侧门墙上，各伸出了一只紧握火炬的"手"——火炬式壁灯。

精美的横向檐部与竖向的复合式立柱；黑色的平齿凹槽壁端柱大门与环绕中央大厅、经理室的古典壁柱、柱头饰、花环；排列着立柱拱门的门厅与无处不在的古典装饰，令整幢大楼自然透出一种端庄而高贵的古典神韵。

三、留出天井自然采光、通风

1.天井赋予一层以上四个立面的建筑单元以自然采光与自然通风功能

一座建筑，外观固然重要，但更为重要的是其使用功能，能让使用者感到方便、舒适，才是最好的建筑。上海银行公会大楼平面类长方形，其中庭用作一楼的中央大厅；中央大厅以上留空，以形成大楼之长方形天井。吕彦直在一座占地面积700余平方米的六层高（地库除外）的建筑的中部，留出一个长方形天井，以便东南西北四个立面的建筑单元都能获得自然采光与自然通风的功能，让每一位使用者都感到方便、舒适。这种天井结构，与吕彦直在康奈尔大学寄宿的卡斯卡迪拉男生宿舍楼的天井结构相近，不排除吕彦直在设计上海银行公会大楼时有所借鉴。

2.弧拱玻璃顶棚赋予中央大厅、过廊自然采光功能

吕彦直借鉴巴黎卢浮宫弧拱玻璃顶棚的样式，利用长方形天井，设计了两个弧拱玻璃顶棚。一个位于门厅与中央大厅之间的过廊上方，作东西走向；另一个则位于中央大厅上方，作南北走向。二者正好构成一个"T"字。

过廊上方的弧拱玻璃顶棚，正对中央大厅入口处。在自然光的照射下，中央大厅门前一片亮堂。大匠之"大"，于此可见一斑。

中央大厅为银行公会的票据交换处，上海银行公会大楼的核心办公区。其弧拱玻璃顶棚的宽度，是过廊上方弧拱玻璃顶棚宽度的三倍。宽大的弧拱玻璃顶棚，赋予整个中央大厅以自然采光功能。吕彦直这种最大限度地利用自然光（自然力）的设计理念，贯穿于他的全部设计作品中，广州中山纪念堂八角形走廊以及观众大厅的自然采光设计（详见本书第三篇第五章），即为明证。

四、化笨重为轻巧，予"凝固"以灵动

吕彦直的作品不算多，但每一件作品都贯穿了一个设计宗旨：化笨重为轻巧，予"凝固"以灵动。无论是南京金陵女子大学建筑群、超大体量的广州中山纪念堂，还是南京中山陵的祭堂与孙墓的分置，皆可为证。继南京金女大之后的上海银行公会大楼，当然不例外。

1.阶梯式的侧立面设计

上海银行公会大楼的侧立面是五段式的——一至二层为第一段，三层为第二段，四至五层为第三段，六层为第四段，天台电梯屋、楼梯屋为第五段。其中，第一段包括上海银行公会大楼的全部占地面积，二至五段则自北往南阶梯式地逐段后退。上海银行公会大楼侧立面的这一阶梯式设计，寓意"步步高升"，深得一众竞标审查员之赞许。后来，吕彦直把这一阶梯式的设计手法，运用到广州中山纪念堂堂体东南与西南转角的窗式设计中——让三扇竖窗，顺应窗内的楼梯作阶梯状排列。

2.灵动的盾牌

上海银行公会大楼的正立面，充满了古典装饰元素，古罗马风格的复合式列柱门廊，二层以上的嵌入式立柱，水平排列的竖窗，赋予整个正立面以明快的竖向线条。为"画龙点睛"，吕彦直在挑檐上面第三层顶部正中，设置了一个长宽均一

倍于其下方"上海银行公会"匾额的石匾，在石匾中部，设置了一个用两头有涡卷、中间有"佩环"、下部有外飘花穗的"双臂"环抱的上宽下窄、棱体包边的鹅蛋形盾牌，其形象既坚不可摧，又灵动可人。盾牌石匾东西两外侧，各塑有一组涡卷形山花——以山花簇拥盾牌石匾，坚强而不失柔美。这个惟妙惟肖的盾牌饰，俨然成为上海银行公会的形象代表，它昭告天下：上海银行公会是所有会员与客户的坚强后盾。事实上，这个惟妙惟肖的盾牌饰，就是上海银行公会大楼的一枚标志性的徽章。[1]之后的南京中山陵祭堂正立面中部的"天地正气"额，以及广州中山纪念堂主立面中部的"天下为公"匾，均可看作上海银行公会大楼这一"盾牌饰"之变身。

　　从1922年9月开始，吕彦直全力以赴地投入上海银行公会大楼的建筑设计中，修改、审批相关建筑详图，足尺大样图……

　　1923年5月，上海银行公会大楼正式动工，"此屋由淡水路赵新泰营造厂承建"[2]，美国慎昌洋行也参与其中。

---

[1] 1994年2月15日，上海银行公会大楼被公布为"上海市优秀历史建筑"。遗憾的是，该建筑没有得到应有的保护与恰当的利用。
[2] 上海银行公会新屋[J]//图画时报，1926.
上海银行公会新屋于1925年夏落成，1926年2月17日11：00举行开幕礼。

第二章　第二个夺冠作品：南京中山陵

吕彦直的外甥罗兴尝言："每座建筑，就像建筑师本人，建筑物是建筑师的人格化；中山陵就像我舅舅，庄严肃穆，大气端庄。"是的，中山陵就是吕彦直的人格化，是吕彦直精神境界、学养天赋的直观表达。

康奈尔大学建筑学院的美式布扎建筑教育与训练，深刻地影响了吕彦直的职业生涯；西方"建筑是艺术"的观念，已在他心中生根开花；他把每一个建筑图案都当作美术作品去经营，把所有的思想都通过美术图案去表达。他说："但凡美术作品，其具真实价值者，类皆出于单独的构思。"[1]吕彦直设计的中山陵建筑图案之所以能够获得头奖，其基本理由就在于该建筑图案"融汇中国古代与西方建筑之精神，庄严简朴，别创新格，墓地全局适成一警钟形，寓意深远"[2]。

中山陵全图（图源：《金陵古迹名胜影集》）　　中山陵航拍图（图源：吴靖摄影）

---

[1] 吕彦直.复光宇兄函[M]//卢洁峰.吕彦直与黄檀甫——广州中山纪念堂秘闻.广州：花城出版社，2007：35-36.
[2] 总理陵管会关于陵墓建筑图案说明[M]//南京市档案馆，中山陵园管理处.中山陵档案史料选编.南京：江苏古籍出版社，1986：154.

一、牌坊与匾额的呼应

牌坊，又称"牌楼"，是我国古代常用的一种建筑形式，一般用于颂扬功德，表彰圣贤，多建于陵墓、祠堂、衙署、庙宇前的入口，以及通衢大道上。匾额则是中华民族特有的一种传统文化符号，它融汉语言、汉字书法、中国传统建筑、雕刻于一体。广泛应用在宫殿、牌坊、寺庙、商号、民宅等建筑的显赫位置。匾额上的文字大多出自博学鸿儒之手，简约而深邃，字字珠玑。看匾额上的文字，就可知题匾者的文化功底及精神修养；观建筑物上的匾额，就可知该建筑物的文化含量和历史价值。因此，匾额又是中国传统建筑物上特有的文化标志。

吕彦直既然以中国样式设计中山陵墓，那么牌坊、匾额这些传统的中国建筑形式与元素便不可或缺。于是，在中山陵入口处的墓道起点上，吕彦直设计了一座高11米，宽17.3米，三间四柱三楼的石牌坊。牌坊中门横楣上之石匾，镌刻有孙中山手书"博爱"二字，石牌坊因此得名"博爱坊"。孙中山的警语题词甚多，随便摘取一个都可以堂而皇之地镌刻于石匾上，吕彦直何以只作"博爱"选？原因其一，"博爱"是孙中山思想的亮点；石匾是牌坊的焦点。以孙中山手书之"博爱"二字镌刻在中山陵入口处的牌坊石匾上，最能彰显孙中山精神。其二是取"博爱"二字入石匾，实为与整个陵墓平面图案的构思、文化语境相呼应。

通观中山陵的全部匾额可见，在选取匾额词语时，吕彦直是很有一番研究的。比如，以"博爱"匾镶嵌于陵园入口处的牌坊上；以"天下为公"匾镶嵌于陵门正上方；以"天地正气"额[①]镶嵌在祭堂重檐博脊上；以"民族""民生""民权"匾分别镶嵌于祭堂的三樘拱门的额坊上。布局考究，章法严谨，其先后次序不容错乱——最高处之祭堂重檐博脊上的"天地正气"额，与最低处之墓道起点牌坊上的"博爱"匾相呼应；陵门上的"天下为公"匾，则与祭堂三樘拱门额坊上的"民族""民生""民权"匾相因果。

中山陵墓道起点上的"博爱坊"

---

① 匾额也可细分为"匾"和"额"两种。即横者为"匾"，竖者为"额"。

陵门上的"天下为公"匾　　　　　　祭堂的"天地正气"额与"民族""民生""民权"匾

二、中山堡垒

有学者认为，中山陵的核心建筑"祭堂"，是碑亭的变体。[①]从研究者对青莲寺的研究中，或许可以推测，吕彦直在设计中山陵祭堂时，有可能参考了山西泽州青莲寺藏经阁的样式。青莲寺藏经阁建于唐代，是一座两层楼阁，采用九脊顶，清代曾有较大改造，一二层东西两侧墙体包了砖。其中，正立面重檐歇山的下檐，被一层东西两侧凸出的砖墙所切断；三开间的格扇墙面因此后退，从而在整体上形成虚面效果。这一格局，与吕彦直设计的中山陵祭堂重檐歇山的下檐为角堡所切断的情形相似。

吕彦直把青莲寺藏经阁的一层砖墙，裂解、变体为堡垒——"堂之四角，各如堡垒"[②]。堡垒是用于防守和作战的坚固建筑物。在祭堂四角筑就堡垒，大有以四角堡垒保卫孙中山陵寝之意。更重要的是，四角堡垒含有"中山精神堡垒"之隐喻——既然"革命尚未成功"，那就仍须继续战斗。为名实相符，吕彦直采用钢筋混凝土整体浇筑祭堂地基、墙体、立柱、梁坊和屋顶，使祭堂固若金汤，堪比堡垒。

来到中山陵，俯仰之间，可感觉其简朴坚雅的外形，透出庄重大气之神韵；沉稳敦厚的风格，折射出坚忍不拔之精神。正如葬事筹备委员会聘请的评审专家王一亭所言："形势及气魄极似中山先生之气概与精神。"[③]

[①] 杨秉德. 中国近代中西建筑文化交融史[M]. 武汉：湖北教育出版社，2003：307.
[②] 吕彦直. 孙中山陵墓建筑图案说明[M]//孙中山先生陵墓图案. 上海：民智书局，1925.
[③] 孙中山先生陵墓图案[M]. 上海：民智书局，1925.

事实上，祭堂不但有物质堡垒之形，更兼具精神堡垒之意，是吕彦直将中山学说、中山精神融于中山建筑之中的建筑思想的充分展现。且看祭堂的内外布置——

祭堂正面石额高悬孙中山手书之"天地正气"四字；三樘拱门上的额坊分别镶嵌"民族""民权""民生"匾；祭堂内东西两侧的护壁上，镌刻有孙中山先生手书之《建国大纲》全文；祭堂北面的护壁左面原刻有蒋介石所题书的《总理校训》和胡汉民所题书的《总理遗嘱》；右面则刻有谭延闿所题书的《总理告诫党员演说词》；祭堂北面通往墓室的门额上，镌刻有孙中山先生早年为黄花岗七十二烈士墓所题书的"浩气长存"四字。除著述题书之外，祭堂内穹隆顶则"砌磁，作青天白日之饰，而堂之地面，则铺红色炼砖，以符满地红之征象。"墓室的"穹隆顶亦饰以青天白日之砌磁"[①]。要之，无论堂顶地面，堂之四壁，堂之正面，均满布中山手迹和中山符号。

既然祭堂之四角筑就堡垒，既然其"形势及气魄极似中山先生之气概与精神"，既然堂之内外，满布中山手迹、中山符号，既然"革命尚未成功"，那么，祭堂就是一座名副其实的中山堡垒了。

山西泽州青莲寺藏经阁（图源："爱塔传奇"微信公众号）

祭堂与墓室之木模型（图源：黄建德提供）

"堂之四角，各如堡垒"

---

① 吕彦直.孙中山陵墓建筑图案说明[M]//孙中山先生陵墓图案.上海：民智书局，1925.

祭堂之西立面 　　　　　　　　　　仰观祭堂

祭堂穹顶"青天白日满地红"砌磁 　　　祭堂的叠涩檐、石斗栱及回字形云纹

三、中西结合，去帝王化

1.中西结合

《孙中山先生陵墓建筑悬奖征求图案条例》规定："祭堂虽拟采用中国式，惟为永久计，一切建筑均用坚固石料与铁筋三合土，不可用砖木之类。"[①]铁筋三合土（钢筋混凝土）是从西方引进的建筑材料。筹委会的这一要求，包含有"用西式的建筑材料和技术，建造中国式的祭堂"之意。吕彦直对此心领神会。

为了使中山陵成为中国式的永久性大型纪念性建筑，吕彦直采用了当时最新的西方建筑技术与建筑材料，用钢筋混凝土整体浇筑祭堂、墓室、墓圹、碑亭、陵门、牌坊，乃至392级石台阶、大小不同的十个平台。然后再按中国样式包裹花岗岩、大理石、砖块、琉璃瓦，雕刻、塑造中国式图案……进而在中国近代建筑史

---

① 孙中山先生陵墓图案[M].上海：民智书局，1925.

上，开创了"使用西方先进的建筑技术和建筑材料，构造中国样式的大型纪念性建筑"之先河。

2.去帝王化

建筑师吕彦直非常清楚，陵墓是帝王之专属。为解决"以帝王之陵墓，安葬一位以推翻帝制为己任的孙中山先生"这一矛盾，吕彦直决定在不违背甲方预设条件的前提下，为中山陵做去帝王化之处理——

（1）炼瓦的颜色，"俱用国旗之蓝油色为定"[①]。以"国旗蓝"取代"帝王黄"。

（2）用回字形云纹取代屋脊上的所有吻兽，以示新旧之别。

（3）变封闭式的帝王专属区为开放式的公众纪念空间，以打破王陵畛域。

（4）以大钟提示墓主的嘱托。

要之，吕彦直建筑师在其职责范围之内，已为中山陵的去帝王化，尽了最大的努力。

[①] 孙中山广州纪念堂筹委会与裕华真记陶业有限公司订立买卖成约[A].广州市国家档案馆，档号：4-01/7/46-3.
炼瓦"俱用国旗之蓝油色为定"一条，应为吕彦直建筑师所规定。由于裕华真记陶业有限公司同时承担了南京中山陵与广州中山纪念堂的全部炼瓦供货，因此，这份《买卖成约》所言之炼瓦"俱用国旗之蓝油色为定"等语，同样适用于中山陵。

第三章 第三个夺冠作品：广州中山纪念堂及纪念碑

1926年9月1日，吕彦直设计的广州中山纪念堂及纪念碑图案，在设计竞赛中获得首奖，这是吕彦直继上海银行公会大楼、南京中山陵之后的第三个夺冠作品。与南京中山陵不同，广州中山纪念堂的建筑档案大部分散失，尤其是散失了《广州中山纪念堂及纪念碑建筑图案说明书》，以致人们难以溯源，确知广州中山纪念堂及纪念碑的设计范本和设计理念。

第一节 广州中山纪念堂的设计范本

一、甲方的要求

1926年2月23日—8月3日，建筑中山纪念堂委员会在《广州民国日报》等各大报上连续五个半月间隔刊登《悬赏征求建筑孙中山先生纪念堂及纪念碑图案》的方案。该方案对广州中山纪念堂及纪念碑的建筑设计有如下特定的要求：

1.布局："纪念碑在山顶，纪念堂在山脚"，"堂与纪念碑两大建筑物之间，须有精神上之联络，使互相表现其美观"。

2.形式："纪念堂及纪念碑图案不拘采用何种形式，总以庄严固丽而能暗合孙总理生平伟大建设之意味者为佳"。

3.功能："纪念堂为民众聚会及演讲之用"，"纪念碑刻孙总理遗嘱及第二次代表大会接受总理遗嘱议决案"。

4.容积及技术要求：纪念堂"座位以能容五千人为最低限度。计划时须注意堂内声浪之传达及视线之适合，以臻美善"。

5.建筑费用："全部建筑总额定为广东通用毫银一百万元，约伸大洋八十万元"。

从上述要求可见，甲方虽然宣称"纪念堂及纪念碑图案不拘采用何种形式"，但一座起码能容5000个座位的"庄严固丽而能暗合孙总理生平伟大建设之意味"的、用于民众聚会及演讲的纪念堂，显然不是传统的中国建筑形式所能胜任的，哪怕宏大如太和殿者。

太和殿是中国现存规模最大，规格最高的木结构大殿。该殿建成于明永乐十八年，即1420年，后屡遭焚毁，并多次重建，今殿为清康熙三十四年，即1695年重建。太和殿东西长60.13米，南北宽33.35米，面积为2005.34平方米；殿内有72根直径1米的原木殿柱（顶梁柱的直径为1.06米）；太和殿高44.64米，其中，建筑本身的高度为26.10米，下檐柱头位置至屋顶的高度为18.54米。这个高达18.54米的大屋顶，是靠层层叠叠的举架托起的，每一层举架只能托举（抬升）1.2—1.5米的高度。

太和殿无疑是中国建筑的杰出代表，它代表着一种中国建筑的模式（构图）。然而，从上述数据可见，太和殿无法满足广州中山纪念堂的功能使用要求。换言之，广州中山纪念堂的建筑设计，无法沿用哪怕最高等级的太和殿般的中国建筑模式（构图）。与之"须有精神上之联络"的纪念碑的建筑设计，当然须与纪念堂保持一致。

二、哥伦比亚大学图书馆对吕彦直的影响

哥伦比亚大学图书馆位于纽约曼哈顿哥伦比亚大学晨边高地校区内，建于1895—1897年间，由大学校长塞思·洛（Seth Low）资助建筑，图书馆建成后，塞思校长为纪念他的父亲阿比尔·阿伯特·洛（Abiel Abbot Low），将该图书馆命名为洛氏图书馆（Low Library）。[①]

哥伦比亚大学图书馆采用新古典主义风格设计，融合了罗马万神殿的许多元素，钢筋混凝土结构，楼高四层计41米，坐北朝南，希腊十字平面，其"十"字等臂的最大宽度为59米；"十"字等臂簇拥着中央的八角鼓（八角形圈梁）及其上直径32米的圆穹顶；主立面有一个以十根高11米，直径1.2米的爱奥尼式列柱组成的门廊，门廊上的饰带镌刻着"哥伦比亚大学图书馆"字样，其上方楣板则刻有描述图书馆成立的文字；门廊北侧为一楼的前厅和一道八角形走廊，八角形走廊环绕一个中央圆厅；门廊南侧连接三组大台阶（洛氏台阶），雕塑《母校》（Alma Mater）

---

① 本书沿用"哥伦比亚大学图书馆"的本名，以及《科学》，1915年第一卷第十期插图有关"哥伦比亚大学图书馆"的称谓。

立于其中。哥伦比亚大学图书馆自建成后便成为哥大的象征[①]，其设计师是19世纪后期的美国布扎建筑师（Beaux-Arts architect）查尔斯·福伦·麦金（Charles Follen McKim）。麦金在1894年罗马成立的美国建筑学院中发挥了重要作用，一生获奖无数，1877年麦金当选为美国建筑师学会院士，1909年被追授美国建筑师学会金勋章。

康奈尔大学建筑学院是美国布扎建筑教育的一个重要阵地，吕彦直的老师不可能不提及美式布扎建筑教育的前辈查尔斯·福伦·麦金，不可能不引用麦金的经典作品哥伦比亚大学图书馆为教学案例。因此，吕彦直对哥伦比亚大学图书馆并不陌生。1915年，正在康奈尔大学建筑学院上一年级的吕彦直，出任《科学》编辑部编辑员中的图画员，负责为每一期《科学》杂志选图和配图，在《科学》1915年第一卷第十期上，吕彦直选用了哥伦比亚大学图书馆的照片，并配发了一段较长的说明文字。哥伦比亚大学图书馆的经典设计，尤其是图书馆入口处庄重的爱奥尼式列柱门廊，确实给吕彦直留下了深刻的印象。1919年1月—1920年12月，吕彦直在纽约麦迪逊大道331号十层的茂飞&旦纳建筑师事务所工作期间，完全有可能信步到附近的曼哈顿上城晨边高地参观哥伦比亚大学图书馆，实地考察其建筑细部。上海银行公会大楼正立面古典列柱的齿槽，就采用了哥伦比亚大学图书馆门廊列柱的平齿凹槽样式。可见，吕彦直以哥伦比亚大学图书馆的经典设计为广州中山纪念堂图案的范本，其来有自。

三、广州中山纪念堂与哥伦比亚大学图书馆的关联

当然，逻辑推论必须获得实证支撑。为此，不妨比较广州中山纪念堂与哥伦比亚大学图书馆的平面与立面，从中找出答案。

1.二者均为希腊十字平面构图

严格的美式布扎建筑教育与训练，赋予吕彦直以"学院派"的烙印。学院派注重建筑的形式与风格，强调建筑的艺术性，在建筑设计中，将艺术造型"置顶"，建筑空间的布局则被纳入若干种固定的构图模式中。比如希腊十字平面，其中央穹顶与四面筒形拱成等臂的集中式形制，被普遍运用于教堂、纪念堂、图书馆等大型

[①] 1954年哥伦比亚大学百年纪念邮票就是以哥伦比亚大学图书馆为其形象代表的。1934年，当更大的巴特勒图书馆完工后，哥伦比亚大学图书馆便被改建为大学的行政办公室。1967年，哥伦比亚大学图书馆被指定为纽约市的地标，1987年又被指定为国家历史地标。

公共建筑中。广州中山纪念堂"座位以能容五千人为最低限度"的这一个甲方要求，无疑是促使吕彦直采用希腊十字平面的一个决定性因素。于是，吕彦直所熟知的哥伦比亚大学图书馆的希腊十字平面，就成为广州中山纪念堂的范本。1926年3—7月间吕彦直参赛并获首奖的《孙中山先生纪念堂图案》之《平面图》（效果），1927年4月30日彦记建筑事务所绘制的60-5《礼堂半天花平面图，走廊半天花平面图》与61-1《广州中山纪念堂总地盘图》等诸图的希腊十字平面构图，可以为证；卫星地图同证——哥伦比亚大学图书馆与广州中山纪念堂，二者均为希腊十字平面构图。

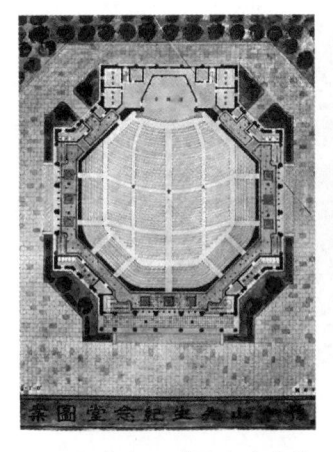

吕彦直：《孙中山先生纪念堂平面图》（效果）（图源：民国文献）

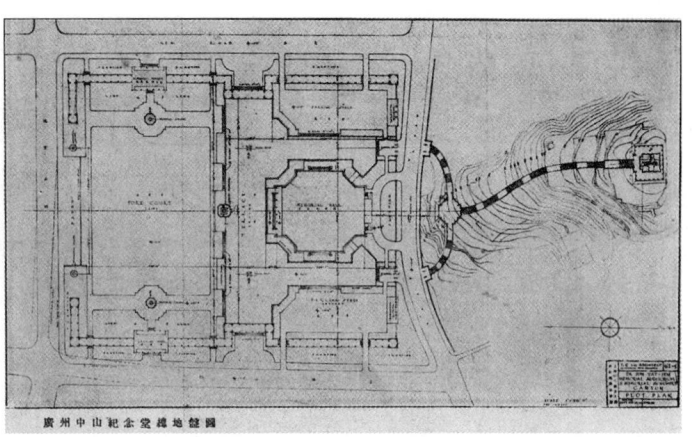

《广州中山纪念堂总地盘图》（彦记建筑事务所1927年4月30日绘制，图纸编号：61-1）（图源：《中国建筑》，广东省立中山图书馆特藏部提供）

哥伦比亚大学图书馆的卫星俯视图

广州中山纪念堂的卫星俯视图

2.二者的立面均为三段式

哥伦比亚大学图书馆与广州中山纪念堂的立面均为三段式,从纵向看,二者均由台基(台阶)、屋身与屋顶三部分组成,即所谓"纵三段"。从横向看,则二者均由一个主立面与两个副立面所组成,即所谓"横三段"。

3.二者的主立面均有一个列柱门廊

哥伦比亚大学图书馆的主立面,有一个以十根高11米,直径1.2米的爱奥尼式列柱组成的门廊。广州中山纪念堂的主立面,则有一个由两排共16根高约8米,直径0.923米[①]的红色列柱所组成的门廊。

哥伦比亚大学图书馆(图源:《科学》)　　广州中山纪念堂的主立面

4.二者均有三组台阶,塑像皆立于其中

哥伦比亚大学图书馆列柱门廊南侧连接三组大台阶(洛氏台阶),第二组台阶宽41—43米;第三组台阶(最南侧),宽99—100米;雕塑《母校》(Alma Mater)立于第二组台阶中。

广州中山纪念堂南面虽然没有与哥伦比亚大学图书馆南面同等落差的一片低地,但吕彦直还是设法在广州中山纪念堂列柱门廊南侧构筑了三组大台阶,其中,第三组台阶横向分作四段,总宽约120余米,孙中山先生塑像立于其中。

5.二者均以八角形走廊合抱中央圆厅/会堂

哥伦比亚大学图书馆列柱门廊北侧为一楼的前厅及八角形走廊,八角形走廊合抱一个中央圆厅,中央圆厅的直径为30米。

广州中山纪念堂列柱门廊北侧,同样为一楼的前厅和八角形走廊,"会堂与走廊间以砖墙相隔,形成八角",其直径为48.16米。就"八角形走廊合抱中央圆厅/

---

① 广州中山纪念堂正立面立柱周长2.895米,以圆周率3.14求得其直径约为0.922米。

会堂"而言，广州中山纪念堂无疑承袭了哥伦比亚大学图书馆的这一平面构图。但就空间跨度而言，吕彦直则创造了一个大于哥伦比亚大学图书馆中央圆厅直径18.16米的大跨空间。由此而产生的设计与建筑难度，当然远超哥伦比亚大学图书馆。

要之，就平面与立面的直观判断，哥伦比亚大学图书馆无疑是广州中山纪念堂的设计范本。当然，吕彦直并没有简单"就范"，而是博采众长，吸收了诸如罗马剧场、圣索菲亚大教堂的竖向勒拱窗、苏丹楼座，以及中国古塔、古殿、古城楼等诸多经典元素，最终成就了独一无二的经典——广州中山纪念堂。

第二节 广州中山纪念堂的工程设计

在吕彦直35年的人生历程中，有十年是在欧美渡过的，其在康奈尔大学接受的美式布扎建筑教育，以及其后在纽约茂旦事务所的职业训练，奠定了他的西式设计基础与中式装饰风格。上海银行工会大楼的建筑图案，是吕彦直西式（新古典主义风格）设计的完美展现；南京中山陵与广州中山纪念堂的建筑图案，则体现了吕彦直的中式装饰风格。当然，要让西式建筑穿一件中式外衣，并非易事。对于吕彦直的建筑设计，梁思成曾经有过一个犀利的评说——

> 国都定鼎南京，第一处中国式重要建筑，便是总理陵墓。我们对于已故设计人吕彦直先生当时的努力，虽然十分敬佩，但觉得他对于中国建筑实堪隔漠。享殿[①]除去外表上仿佛为中国的形式外，他对于中国旧法，无论在布局，构架，或详部上，实在缺乏了解，以致在权衡比例上有种种显著的错误。推求其原因，只在设计人对于中国旧式建筑，见得太少，对于旧法，未曾熟谙，犹如作文者读书太少，写字人未见过大家碑帖，所以纵使天韵高超，也未能成品。[②]

梁思成的辛辣评说，恰恰证明：无论是南京中山陵，还是广州中山纪念堂，均非"中国旧法"，其本质上都是一种西式设计。李铿（Lee K.）与冯宝龄（Vong P.L.）的实录，可为佐证。

一、李铿与冯宝龄的实录

据1919年5月1日编辑的《中国工程学会会员录》记载，李铿，字又彭，1896年10月6日，出生于江苏南翔北市一个米行家庭。李铿的永居地址即"江苏南翔北市

---

① "享殿"即供奉灵位、祭祀亡灵的大殿，此处指中山陵祭堂。
② 梁思成.梁思成全集：第6卷[M].北京：中国建筑工业出版社，2001：235.

李恒丰米行"。

1916年，李铿以优异的成绩在南洋公学毕业，获理学学士学位（B.S.）。随即与薛次莘、王成志、许坤、裘维裕五位同学，以及唐山工业专门学校的茅以升、黄寿恒（往届），北洋大学的燕树棠等合共十位精英才俊，获公派前往美国大学的研究生院深造。1917年6月26日，李铿以一篇题为 A Study of the Analysis of Weights of Details in Bridges（桥梁细部重量分析研究）的论文，获授康奈尔大学土木工程硕士学位（M.C.E.）。[1]

毕业后，李铿先在N.Y. Sfate Rys. Co.实习半年，继而在N.Y. Central B. B. Co.（纽约中路公司）实习一年半。在美实习期间，李铿加入了中国工程学会，成为该会最早一批会员，在会员登记表上排名第六。[2]

留学回国后，李铿入职美商慎昌洋行[3]建筑部，居住在上海小南门东桥家浜97号。[4]冯宝龄与李铿同为美商慎昌洋行建筑部的结构工程师。李铿是吕彦直的校友、同学；李、冯、吕三人同为中国工程学会的会员。[5]

吕彦直是受过严格训练的职业建筑师，知道深浅，敬畏专业。当1927年4月30日广州中山纪念堂及纪念碑总图设计完成后，吕彦直便把广州中山纪念堂的全部钢结构工程分包给慎昌洋行建筑部。1928年2月8日，慎昌洋行与孙中山先生广州纪念堂筹备委员会签订《孙中山先生广州纪念堂筹备委员会与慎昌洋行订购全部钢架及工程合约》[6]，李铿与冯宝龄遂负责广州中山纪念堂全部钢结构工程施工图的设计与绘制。1931年10月广州中山纪念堂落成后，李铿与冯宝龄应中国工程学会会刊《工程》编辑部之约，合作撰写了《广州中山纪念堂工程设计》一文（下称"李冯文"），以翔实的数据（含图示）与清晰的文字，完整地报告了广州中山纪念堂的工程设计。在吕彦直撰写之《广州中山纪念堂及纪念碑建筑图案说明书》散失的情况下，李冯文就成为我们识读广州中山纪念堂的重要依据。

---

[1] 康奈尔大学官方出版物（1917—1918）.
[2] 中国工程学会会员录[J]//中国工程学会会报，1919.
[3] 当时，美商慎昌洋行位于上海圆明园路。
[4] 中国工程学会会员录[J]//中国工程学会会报，1919.
[5] 中国工程学会会员通讯录[J]. 1929.
[6] 孙中山先生广州纪念堂筹备委员会与美商慎昌洋行订立合约[A]. 广州市国家档案馆，档号：4-01/7/46-3.

广州中山纪念堂工程设计

李铿　冯宝龄

广州中山纪念堂,为近代我国伟大建筑之一,出于已故名建筑师吕彦直先生之硕划,规模宏大,布置堂皇,洵足表扬国艺,追念先哲,诚建筑工程界之奇绩。本编所载只限工程构造,至于建筑一项,非属本编范围,故不赘述。

堂屋基地及建筑大概

堂居广东省城之北,为旧总统府原址,中央公园位于前,观音山麓峙于后,左通吉祥路,后达纪念路,堂面正南,光线充足,环景幽秀,交通便捷。堂之外观,式仿古殿,偏屋列于四边,居中者为会堂,堂宽207英尺,长234英尺,高160英尺。由南面正门而进,两边走廊,计有三层,通达三面。有扶梯四,可达看楼。会堂与走廊间以砖墙相隔,形成八角,对径计158英尺,上盖五彩玻璃天幔,离地板计77英尺。再上即八角屋顶,顶下四周,备有钢窗,堂中光线,皆由此射入。讲台位于北部,与正门相对,地位宽大,阔96英尺,深26英尺。会堂中间无柱子。看楼建筑系肱杆式,前面临空,惟后部近砖墙处有钢柱十。上部亦无柱子,故视线广大,堂厅可容三千人,看楼可容二千人。

工程材料及计算方式

凡设计建筑工程者,对于材料之选择,必先考其特性之适合,然后根据"永久""经济"及"易于建造"三原则,周密配置,如是则造价廉而工程固,本堂工程材料,亦本斯要旨而择定焉。按本堂工程复杂,用料浩大,选用一料焉,必求克尽坚力;如堂之底脚,用钢骨三合土造成,下打以洋松木桩;地板、楼板及屋顶板,皆用钢骨三合土;梁之大者用全钢,小者用钢骨三合土;看楼大料以及臂架,皆用钢制,全部屋架,亦用钢料,以期重量轻,物质固而易于装置也。因此,本堂工程材料,除桩为木料外,其余均无木制者,虽精细之托架,难造之几斗,无不用钢骨三合土造成,以期垂久。

全部工程之设计,凡系钢料者,均照美国钢料工程建筑会(American Institute of Steel Constructions)所定之规则计算之。凡系钢骨三合土者,均照上海公共租界工部局所定之规则计算之,今将各部所定之保安活载重量列如下:

会堂地板　每英方尺　112英磅

看楼地板　每英方尺　112英磅

讲台地板	每英方尺	112英磅
走廊地板	每英方尺	112英磅
扶梯地板	每英方尺	100英磅
屋顶板	每英方尺	25英磅

屋架横风力（Horizontal Wind Pressure）每英方尺40英磅

底脚设计

计划底脚之先，必须预定地土之保安载重量；惟各地地质结构不同，其载重量因之亦异，而该量之检定，更非经多年之试验及经历不可，欲求准确，尤非易事。凡地土下无坚固之石层者，苟求建筑物设计之经济，则不免有下沉之虞；其沉量虽随地而异，然下沉则一也。只观上海一隅，近年所建之高大房屋，其计划不可谓不精，然遍查全境，几至无屋不沉；有沉数寸者，有沉尺余者，足征屋之下沉，实不可免，只求各部沉量之均等可耳。惟欲求其均等，则须于设计时审察各部之重量，按房屋重量，共分两种：一曰物料死重量；一曰计算梁板时所假定之活重量。各部底脚大小，应与各部之死重量，及相当时有之活重量，成正比例。若如是则底脚即有下沉，其沉量当可均等。凡设计底脚者，必须注意及此也。

本堂地毗观音山，地质较上海为佳，其保安载重量，当较上海所规定者为大。本工程所用为每英方尺2000英磅。桩木保安载重量，以桩木与泥土之阻力以每英方尺300英磅计算之。本堂因构造复杂，各部重量参差甚大，底脚尺寸及桩木大小，亦因之不等。桩木之最大者为十寸方洋松木长四十英尺，其次为八寸方洋松木长三十英尺，再次为六寸方洋松木长二十四英尺，最小者为六寸方洋松木长十二英尺。兹将各桩木之保安载重量开列如下：

十寸方四十英尺长之木桩	保安载重量	40 000英磅
八寸方三十英尺长之木桩	保安载重量	24 000英磅
六寸方二十四英尺长之木桩	保安载重量	14 400英磅
六寸方十二英尺长之木桩	保安载重量	7200英磅

全部底脚均用钢骨水泥造成，在墙下者为接连式，余为单独式，底脚载重最大者在第四十一及第四十二号柱下。此柱上支八角屋顶，屋架最大钢料，即置此柱头。柱为长方形，阔二英尺十一寸，长十六英尺，用一寸方钢骨计七十二根，载重1 704 000英磅约760吨。底脚阔15英尺，长23英尺，厚四英尺六寸，下有十寸方四十

英尺长之洋松木桩四十根。

底脚底面，低于地平面下四英尺又五英寸，木桩之上端与此面平。广州地形甚低，故地下水面甚高；该处地下水面，约在地面下三英尺左右，木桩之上端在地面下四英尺五寸，故全身常在水中，白蚁等不能化生；盖此等虫类，不能在水中生存，木桩之能为永久建筑料者，胥赖于此。

看楼下之钢柱十根，其底脚亦系单独式。看楼臂架后端，因有向上支力，故用拉条数条向下拉住。此类拉条最大者，为一英寸半圆钢条，钩于底脚钢骨内，赖底脚及砖墙之重，压住向上支力，故此处底脚大料，除应支持向下之重量外，又须支持向上之拉力。

看楼设计

看楼全部除楼板外，皆以钢料构成，钢料系美国Bethelhem钢厂出品，共用一百余吨。沿会堂三面，在砖墙外约九尺许，立钢柱凡十。其两旁之四柱，分架横梁各一，长约五十九英尺又九寸，高约五英尺。正面入口处之两柱，架钢架一具，高约九英尺又三寸，长约五十九英尺又九寸。其余四柱，分列左右两角，上架钢架两具，高约七英尺又六寸，长约四十二英尺。与前部之钢架及两旁之横梁相连。臂架共十九具，长短大小各异，其中部均架于钢架上。较长之一端，空悬于堂中，其后端则用钢条拉系于墙内，伸入钢骨三合土底脚，借砖墙及底脚之重，以均其悬空部分。下弦（Bottom Chord）连以支杆，用以支撑钢网平顶。上弦（Top Chord）上造钢骨三合土楼板，拾级而上，即成看楼。看楼之下端，连以扶手，成半圆形，其对径为127英尺又六英寸，扶手中心离演讲台129英尺。看楼建筑，除近墙之十柱外，场内全无障碍物。至设计时之死载重量，兹特附述如下：

钢骨三合土楼板	每平方英尺	24英磅
楼面粉刷	每平方英尺	6英磅
平顶粉刷	每平方英尺	10英磅
钢料	每平方英尺	5英磅

看楼建筑工程完毕后，即雇在场工人三百人，及当地兵士七百人，荷枪实弹，站立于最前悬空部，不时跳跃，以试其是否坚固，结果颇称满意。兹将各部用料分列如下表［从略］。

屋顶设计

本堂屋顶可分为两部：（一）四周偏屋屋顶（二）会堂中部之八角屋顶。两部均用钢架，横以水流铁桁条，其上铺以钢骨三合土屋板，板上再铺绿色之琉璃瓦。屋面成弯弓形，四周饰以华丽之钢骨三合土托架。两部屋顶连以大钢架四具，合全部为一。

前后偏屋屋顶之设计，较为简易。屋顶分两级，下级以钢骨三合土造成，上级为钢架；其式系普通之三角架，一端架于边墙钢骨三合土梁上；一端架于八角屋顶下部之大钢架上。屋顶凹凸异常，故桁条装置接榫计算，亦因而繁复。

两旁偏屋屋顶与前后屋顶稍异。屋顶中部有尖形之气楼，与凹面之屋顶相接成不规则之曲线，及奇形之三角度，是以设计与绘图尤多困难。

中部八角屋顶，高出偏屋顶尖离地约160英尺，面亦弯弓形，以大小钢架二十四具接成。屋顶八周有钢柱，立在下部大钢架上。大钢架纵横各二，成四方形，再于四角间连以钢梁，面成八角。大钢架长约107英尺八寸二分，高约19英尺，与铁路桥梁架相仿。此为全屋最重要之钢架，上载中部屋顶，旁支偏屋架，下系平顶钢料。四大钢架，离地约六十英尺，以钢骨三合土二英尺十一寸阔十二英尺长之大柱支撑之。柱计四个，嵌在砖墙中，故在表面观察，如此巨大屋顶之下，不见一柱竖立也。兹将设计屋顶死载重量如下：

瓦	每平方英尺	25英磅
屋板	每平方英尺	24英磅
灰泥	每平方英尺	6英磅
钢架	每平方英尺	5英磅

屋顶钢料分列如下：

按该屋顶中部奇高而宽阔，形成八角，屋面多凹线，于设计绘图，殊增困难，且屋面倾斜异常，载瓦极重，故屋板之构造，必须轻巧坚固而易于装置。以上数点，曾经详加研究而得下列之图样及公式，兹特分别说明于后。

（一）八角屋顶钢架交接处

八角屋顶共有大小钢架二十四具，大若八具，小者十六具。小者分架于大者之上，大者复会聚于屋尖。此屋尖交接处之设计，较普通之钢架为困难。所载之重量，虽可计算，但实际上能否均分于各部，当视钢料之置配适当与否为准。八角屋

顶交接之设计，详载第七图。其造法先用板，角铁，及弯曲钢板等制成一八角星式之中心物，其中灌以生铁，而成屋架接笋，用此接笋而连接各钢架于一处。钢架与接笋相连皆用镙丝，因各架交角甚小之故，且便于工作。其上部再连以钢板，遂成尖形。

（二）钢骨三合土屋板之构造

屋面板为钢骨水泥三合土制成，每块规定阔为一英尺半，长约六英尺十英寸半，厚为一英寸。两旁有2"×3½"筋两条，四周均有接笋。三合土成份，为一份水泥，二份黄沙，四份小青石之和合。此项屋面板，均于使用前三星期预为制就。

工程价格

本堂工程总价，共计上海规银壹佰壹拾余万两。今将各项工程价格分列于下（表内价格均以上海规银计算）：

房屋工程约	规 1 220 000
电线电灯工程等约	规 75 000
卫生工程	规 33 750
家具及台上账蓬等约	规 50 000

本堂所用之工程材料分列如下：

钢料	约600吨
三合土钢骨	约450吨
水泥三合土	约1200立方（每立方为一百立方呎）
木桩　十英寸方四十英尺长	约222根
八英寸方三十英尺长	约136根
六英寸方廿四英尺长	约1351根
六英寸方十二英尺长	约238根

本堂全部建筑，为已故名建筑师吕彦直先生规划，由彦记建筑公司绘图监造。一部分工程由慎昌洋行建筑部设计绘图，著者主任其事。

全部房屋工程，由陶馥记营造厂承造。其中钢料柱架工程，由慎昌洋行承造及竖立。房屋卫生工程，由亚洲机器公司承办及装置。电线电灯工程由慎昌洋行承办及装置，并此附注。

本编内大部照片及价格等，由彦记建筑公司经理黄檀甫及崔蔚芬两先生供给，图样由慎昌洋行供给，大兴建筑事务所代绘，特此志谢。[①]

通读全文，广州中山纪念堂的西式里子，一览无余。

1.把集中式的希腊十字平面与中国古殿的外观融为一体——"堂之外观，式仿古殿，偏屋［等臂］列于四边，居中者为会堂"。

2.以"铁路桥梁架"的材料与架设技术，构建大跨空间——"会堂中间无柱子"：

（1）堂宽63.09米，长71.32米，高48.77米。

（2）南进正门后，为八角形走廊，设扶梯四道，通达三层。

（3）会堂与走廊间以砖墙相隔，形成八角，其对径计48.16米。

3.以悬臂式钢架构建"看楼"，以复式结构增加座位——"看楼建筑系肱杆式［悬臂式］，前面临空"，"上部亦无柱子，故视线广大，堂厅可容三千人，看楼可容二千人"。

4.借鉴圣索菲亚大教堂竖向勒拱窗的设计理念，在"八角屋顶"立面环设钢窗，达至自然采光——（会堂）上盖五彩玻璃天墁（天花吊顶），离地板计23.47米。天墁之上为八角屋顶，"顶下四周，备有钢窗，堂中光线，皆由此射入"。

要之，正是借助西式设计及西方先进的建筑技术和建筑材料，吕彦直才创造出一个"对径计48.16米"，复式的可容纳5000名观众的，"会堂中间无柱子"的广州中山纪念堂，一个堂体占地面积2.24倍于紫禁城太和殿的中国近代建筑史上的奇迹。

二、会堂设计

李冯文把广州中山纪念堂工程设计的大要讲清楚了，需补充者，为广州中山纪念堂的会堂设计。广州中山纪念堂的使用功能，集中在会堂内。然而，建筑说明文件的散失，以及1963年、1998年的大维修与大改造，极大地改变了会堂原貌，以致今人难以确知建筑师的原设计意图。幸而1931年10月10日《广州民国日报》的一篇新闻报道如实地记录下了广州中山纪念堂的建筑特色及使用功能——广州中山纪念堂"外仿古代宫廷，内仿西洋舞台，上下两层，可容五千余人。原定计划可作礼堂

[①] 李铿，冯宝龄.广州中山纪念堂工程设计[J]//工程，1932.
原文有多幅插图和设计图，限于篇幅，从略。

及演戏、电影、跳舞场之用"[①]。

换言之，会堂设计包括一个"西洋舞台"，一个"上下两层，可容五千余人"的观众大厅。这个观众大厅是多功能的，"原定计划可作礼堂及演戏、电影、跳舞场之用"。

1.以罗马剧场为蓝本，创新设计观众大厅

根据维特鲁威所述，罗马剧场观众席的平面为内小外大的两个圆形扇面；两个扇面的截面均为阶梯形；其中，大扇面居于高阶段，小扇面则居于低阶段，即位于剧场的中部；扇面上平均分布着放射线状的通道。[②]

吕彦直的创意在于：

（1）将罗马剧场阶梯形的大扇面，拆分为上下两层的观众席。其中，下层着地，其截面为阶梯形；上层悬空——以悬臂式钢架创造出一座悬空的、截面为阶梯形的扇面"看楼"（楼座）。

（2）令罗马剧场的小扇面，去阶梯化，将其改为平坦的多功能中央大厅——安排活动座椅，即为礼堂；撤销活动座椅就成为一个大舞厅。吕彦直设计之前卫，可见一斑。

（3）在观众席扇面上平均分布放射线状的钢筋混凝土结构的渠式通道，以确保5000名观众可以在五分钟之内全部撤离观众大厅。

2.以东西方诸元素装饰"西洋舞台"[③]

广州中山纪念堂不仅有一个源于罗马剧场意匠的观众大厅，还有一个以东西方诸元素装饰的"西洋舞台"，它的设计和建造均十分考究。

（1）舞台上的东、西两侧，各有一道钢筋混凝土结构的转折式楼梯；楼梯通达舞台两侧有铁花围栏的阁楼休息厅。

（2）舞台后墙正中，镶嵌了一块意大利云石石碑，上镌孙中山先生头像与《总理遗嘱》。仅就这一块遗嘱石碑，吕彦直就先后设计了至少四个以上的方案——落款时间为1928年，图纸编号为60-51的《正门厅外门及遗嘱详图》显示，

---

① 中山纪念堂今晨开幕，国难方殷决将游艺停止，下午开放任由民众参观[N]//广州民国日报，1931-10-10（3）.
② 维特鲁威.建筑十书[M].高履泰，译.北京：知识产权出版社，2001：139-143.
③ 时人之所以称之为"西洋舞台"，是因为这个舞台无论是建筑规模还是建筑形式，均完全有别于中国的传统舞台——戏台；它是当时中国，乃至亚洲最大的一个西式舞台。

碑石为横放长方形，上有"遗嘱"字样，字体为空心隶书，标准而工整，末了有"敬录"二字[①]。落款时间为1929年，图纸编号为60-160的《孙中山遗嘱处详图》显示，遗嘱石碑前设计有与舞台口同样的意大利云石栏杆（望柱），同图有三个可供选择的设计方案，其中一个方案在意大利云石栏杆前设置三级石阶。[②]此外，就"遗嘱"边框的花纹，吕彦直再出《遗嘱处花纹立样图》60-190A与60-190C两图[③]。如今，遗嘱石碑前，既没有意大利云石栏杆，也没有三级石阶。不知是当时没有建筑，还是后来被拆毁。

（3）舞台口前有一个下沉式的西式乐池；舞台口东、西两侧，各有一道以意大利云石护栏（含栏板栏杆）围护的上下舞台的石阶梯；这两道意大利云石护栏落地后，各自反向合抱下沉式的乐池，仿如给下沉式乐池镶嵌了一个镂空的梯形"镜框"；"镜框"令舞台在视觉上向前伸展，优美而大气。[④]

（4）舞台东、西两侧外立面上，各有一座"苏丹楼座"悬空壁立。苏丹（سلطان, Sulṭān），伊斯兰教历史上一个类似总督的官职；苏丹楼座是拜占庭式建筑的代表作圣索菲亚大教堂内专为苏丹举行非公开宗教活动而设计的独立楼座，吕彦直借鉴其意匠，在广州中山纪念堂舞台两外侧布置了两个经改造的"苏丹楼座"。前述舞台上东、西两侧的阁楼休息厅，可通向这两个"苏丹楼座"。这两个看不见舞台的"楼座"是干什么用的？

广州中山纪念堂的内景：观众大厅、八角形彩色玻璃天花顶、藻井、殿柱、舞台、苏丹楼座、意大利云石栏杆围绕的下沉式乐池、看楼（楼座）。（图源：耶鲁大学神学院图书馆藏）

事实上，舞台两侧的"苏

---

① 吕彦直：《正门厅外门及"遗嘱"详图》，图纸编号：60-51，1928.
卢洁峰.广州中山纪念堂钩沉[M].广州：广东人民出版社，2003：426.
② 吕彦直：《孙中山遗嘱处详图》，图纸编号：60-160，1929.
卢洁峰.广州中山纪念堂钩沉[M].广州：广东人民出版社，2003：429.
③ 吕彦直：《遗嘱处花纹立样图》，图纸编号：60-190A、60-190C，1929.
卢洁峰.广州中山纪念堂钩沉[M].广州：广东人民出版社，2003：429-430.
④ 吕彦直：《舞台口花纹线索立、剖详图》，图纸编号：60-63，1929.
卢洁峰.广州中山纪念堂钩沉[M].广州：广东人民出版社，2003：427.

丹楼座"，纯为美术装饰，其底板及护栏是"看楼"底板与护栏的延伸，二者共同"合抱"舞台。如果说围绕下沉式乐池的梯形"镜框"在视觉上加大了舞台的竖向纵深，那么，"苏丹楼座"就在视觉上拓展了舞台的横向宽幅。吕彦直装饰手法之高妙，可见一斑。

十分可惜，在1998年的大维修中，为在舞台上架设大型消防喷淋设备而拆除了东阁楼休息厅，改造了西阁楼休息厅；为了扩大舞台而拆除了舞台口东、西两侧石阶梯的意大利云石护栏，用一个"升降舞台"覆盖了下沉式乐池；舞台东、西两侧外立面上的"苏丹楼座"，也被彻底铲除了。

三、堂址向西平行移动二十余丈

在广州中山纪念堂及纪念碑落成之前，广州是没有一条工业文明社会的城市中轴线的。当然，有关构思确实产生过。

（一）"二大"主席团提出了广州城市中轴线的构思

1926年1月4日，国民党第二次全国代表大会通过了建筑"接受总理遗嘱纪念碑"（今中山纪念碑）的决议。5日10：30，参加大会的180余位代表，齐集大东门中央党部（清末广东省谘议局，今广东革命历史博物馆），分乘30多辆汽车，出发前往观音山（今越秀山）脚，然后步行鱼贯登山，至11：00举行奠基礼。建碑地点在山之最高处，该处原有一座古庙——观音阁。典礼甚为庄严——

首先，在"基上置国旗党旗，各代表环向而立，奏军乐"。接着，由中国国民党主席汪精卫"读总理遗嘱，向国旗党旗行三鞠躬"。继而"由大会主席团汪精卫、丁惟汾、谭平山、谭延闿、邓泽如、恩克巴图六人，亲手举石安放行奠基礼。随后，汪氏就建碑的理由和计划向大家发表了演说"[①]。要点如下：

1."二大"主席团建议并承办了"建立本党接受总理遗嘱纪念碑"一事。

2."接受总理遗嘱纪念碑"之所以选址观音山之观音座所在地，是因为"经测绘师测量，（观音座）实为此山中心点，最高峻最平正之处，所以选为建碑地址，观览全城，实觉无有更善于此者"——

（1）"由此下望有红棉之处，即为前日之总统府"。

（2）"由此步行下去，又为广州文化上名胜之地，如菊坡精舍、学海堂，尤为著名"。

---

① 全国代表大会之第二日[N]//广州民国日报，1926-1-6（11）.

（3）"由此南望不远，即见第一公园（中央公园），将来将第一公园扩张，直与此山相连，便成一极大公园"。

从城市规划的角度看，汪氏所描绘的这座居于广州市中心之南北走向的"极大公园"，就是广州的城市中轴线。

（二）吕彦直是打造广州城市中轴线的第一人

1926年9月1日，吕彦直设计的广州中山纪念堂及纪念碑图案，在设计竞赛中获得首奖，随后，吕氏被筹委会聘为广州中山纪念堂及纪念碑建筑师。吕彦直把在康奈尔大学建筑学院（大四）学到的城市规划知识，运用到了广州中山纪念堂及纪念碑的建筑设计上，把中山纪念堂纪念碑的建筑设计与广州市的城市规划联系起来。

按照业主提供的用地条件，广州中山纪念堂与中山纪念碑原本不在同一条轴线上，广州中山纪念堂原来的建筑地点，在今纪念堂东附楼正前方。登山路线则从东附楼背后的九龙街开始，自东而西直达山顶今中山纪念碑处。1927年秋—1928年春，吕彦直再三函请筹委会"把纪念堂堂址向西平行移动二十余丈"，使山下的纪念堂与山顶的纪念碑尽可能（因应地质条件）靠近在同一条轴线上，以壮观瞻。

堂址向西平行移动二十余丈，就意味着筹委会（业主）要增加拆迁一个堂身位的民居。所涉业户闻之，纷纷抗议，称"建筑师此举只为增加自己的收益"。

筹委会不乏专业人士，其背后更有广州市工务局等专业团队作技术支撑。1928年4月，筹委会采纳了吕彦直建筑师的意见，"将纪念堂自东向西平行移动二十余丈"（约70多米），其身后的登山线路也随之整体向西移动70多米。此时，纪念碑的开掘地基工程已开工多时，"更改登山路线"就意味着要加大承建商的建筑成本。于是，承建商便向业主提出"更改登山路线"的工程费用问题。[①]

凡此因增加拆迁民居面积，增加拆迁费用；因"更改登山路线"，增加工程费等问题，都无改吕彦直建筑师坚持"将纪念堂自东向西平行移动二十余丈"的规划与主张。正因为吕彦直的这一正确规划，山脚下的广州中山纪念堂与山顶上的中山纪念碑才靠近在了同一条轴线上，广州城市中轴线才由此发端。可见，吕彦直实为打造广州城市中轴线之第一人。

---

① 《孙中山先生广州纪念堂筹备委员会建筑纪念堂、纪念碑需款概数及黄隆生司库报告截至民国十八年四月底支付各方的金额数目》细项[A]. 广州市国家档案馆，档号：4-01/7/46-3（115-118）.

第三节 广州中山纪念堂的中式外衣

如前所述，大学时代，吕彦直深受学院派古典装饰的影响。1915—1916学年，康奈尔大学建筑学院邀请了八位建筑界的杰出人士前来举办专题讲座，装饰师萨姆纳·罗宾逊位列其中。罗宾逊的专题讲授，触发了吕彦直对装饰建筑的兴趣。与此同时，从查尔斯·福伦·麦金的经典作品中，吕彦直看到了装饰建筑的重要性。之后，更付诸实践——在亨利·茂飞麾下，他用中国宫殿的建筑元素去装饰南京金陵女子大学建筑群，100号、200号、300号楼屋檐下的错位斗栱，恰好证明吕彦直把屋檐下的斗栱，仅仅理解为一条"装饰带"；在上海银行公会大楼的图案中，他极尽新古典主义风格的元素去装饰这座现代化的办公大楼；在中茅山南坡，他借助天然之形势，把中山陵的平面图案装饰成为"中山符号"[①]；在广州中山纪念堂的图案设计中，他以古塔、古殿、古城楼等中国样式装饰之，使这座西式建筑，穿上一件中式外衣。

一、古塔

塔是佛教建筑物，在汉代与佛教一起自印度传入中国，并逐步演变为中国传统建筑形式之一。中国古塔，最早是方形的，后来发展变化为六角形、八角形、圆形等多种形状，塔身的层数，则必为奇数，最高为13层。

平面为八角形的古塔，结构最稳定，也最为普遍。中国佛教徒为了强调宝塔的宗教意图，往往在塔顶竖立"刹杆"，环绕"刹杆"，层层向下垂挂铃铛，名曰"风铎"。

吕彦直设计的广州中山纪念堂外观，具有中国古塔形制的四大特征——平面为八角形的塔身、奇数的塔层、强调宗教意图的刹杆、比喻诵经的风铎。

中国古塔，就是亭子的叠加。下一层的亭子尖顶，被叠加进上一层的亭子里去了，结果，一座古塔就以最高处的一个亭子结顶。广州中山纪念堂的最大特征，就在于它以一个八角亭结顶。从落款时间为1927年4月30日，图纸编号为60-7、60-9的广州中山纪念堂《正立面图》与《背立面图》可见：

1.八角亭主立面以下次第伸展的重檐，可以理解为两重亭檐——两个亭子的叠加。

2.堂体东南、西南转角的屋脊弧线，正好与重檐的下檐东、西戗脊的延伸线重

---

① 卢洁峰."中山"符号[M].广州：广东人民出版社，2011.

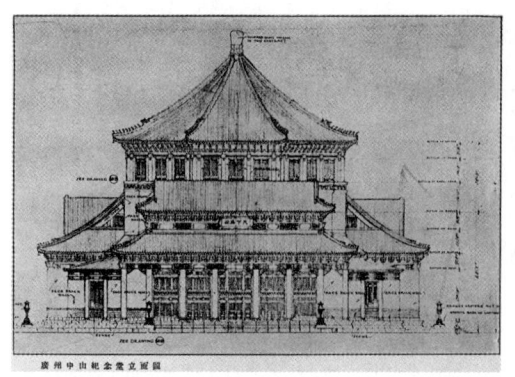

《广州中山纪念堂立面图》（彦记建筑事务所1927年4月30日绘制，图纸编号：60-7）（图源：《中国建筑》，广东省立中山图书馆特藏部提供）

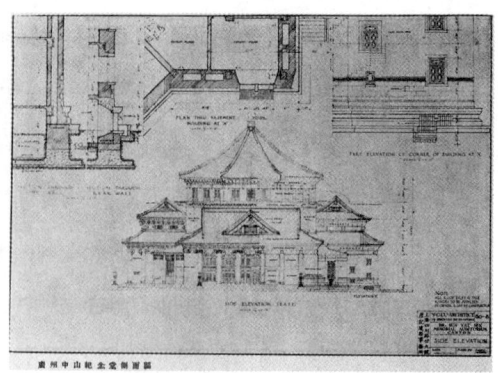

《广州中山纪念堂侧立面图》（彦记建筑事务所1927年4月30日绘制，图纸编号：60-8）（图源：《中国建筑》，广东省立中山图书馆特藏部提供）

合，进而构成了"古塔"的第一层塔状弧线。

3.东、西"偏屋"十字歇山屋顶的垂脊加戗脊的侧视图弧线，正好与八角亭屋顶中部的两条角脊的延伸线重合并达至宝顶①，进而构成了"古塔"的第二层塔状弧线。

4.从宝顶（正立面）发出的四条角脊，直接构成了第三层塔状弧线。

于是，一座秩序分明，比例均衡，线条流畅，风姿优美的古塔，便巍巍然矗立在了世人面前。

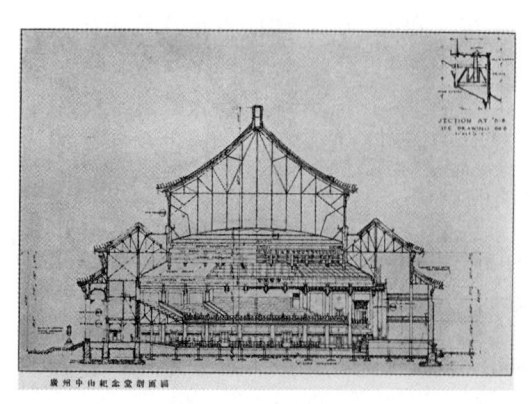

《广州中山纪念堂剖面图》（彦记建筑事务所1927年4月30日绘制，图纸编号：60-11）（图源：《中国建筑》，广东省立中山图书馆特藏部提供）

吕彦直之所以要用中国古塔的样式去装饰广州中山纪念堂，在于他十分注重建筑语汇要与建筑物本身的"语境"相协调这一设计原则；强调要用最贴切的建筑语汇，去表达该建筑物的兴筑意图。

中华民族历来有兴建宝塔纪念先人的传统。早在南京中山陵祭堂的装饰中，吕彦直就已经加入了中国古塔的元素——在祭堂的歇山屋檐下，融进了中国宝塔塔层檐下的"叠齿叠

---

① 广州中山纪念堂八角亭的"宝顶"，为刹杆的变体。

几"石作法，砌筑了两层叠涩式牙砖（石）。此举不但可以叠涩的牙砖（石）取代斗栱的力学作用，而且还可在并非"塔"的祭堂中，融进独具纪念意义的"塔"的建筑元素，使祭堂的纪念寓意顿显深邃。诚如吕彦直所言："公共建筑，为吾民建设精神之主要的表示，必当采取中国特有之建筑式，加以详密之研究，以艺术思想设图案，用科学原理行构造。"①

中山陵祭堂歇山屋檐下的叠涩牙砖（石）装饰带，或许就是吕彦直以中国古塔的样式装饰广州中山纪念堂之前缘

二、古殿

中国古建，等级森严，歇山顶的建筑等级原本低于庑殿顶。但到了宋、元时期，歇山顶已相当流行，一些建筑物的单檐庑殿式主殿开始改为重檐歇山式，明代时重檐歇山更超越单檐庑殿，成为仅次于重檐庑殿的最高等级建筑样式。于是，正殿或正门大多采用重檐歇山顶。广州中山纪念堂的主立面及东、西两副立面，均采用"古殿"装饰。

1.主立面采用重檐歇山顶

在广州中山纪念堂七开间的主立面，吕彦直以双排共16根红色殿柱（列柱），托起了一个蓝色的重檐歇山顶，进而构成一座自成一体的"古殿"。"古殿"的天花，由三排七组共96个藻井所组成。这96个藻井的图案，不是传统手绘的，而是用意大利最名贵的马赛克拼成的，逾90年而历久弥新。为强调"古殿"的意匠，吕彦直在第二至第六开间的每一组藻井的中央，各悬挂一盏古铜色的宫灯，雍容华贵，古色古香。巧的是，这

殿柱门廊平顶的藻井与宫灯

---

① 吕彦直.规划首都都市区图案大纲草案[J]//首都建设，1929，1.

座重檐歇山古殿,既是广州中山纪念堂极具标志性的入口门廊,又与其后上方的八角亭共同组成一个中国古塔的主立面。

2.东西"偏屋"(副立面、侧立面)采用十字歇山屋顶

如此,既不脱离"古殿"的形制,又避免与主立面的重檐歇山雷同,令"古殿"的形象丰满充实。从落款时间为1927年4月30日,图纸编号为60-8的《侧立面图》可见:

广州中山纪念堂侧立面现状

(1)十字歇山屋顶居中的山面及垂脊所构成的三角形,与其后上方八角亭的一个亭角正好成上下套叠关系;与南北立面的重檐歇山的山面及垂脊所构成的两个三角形,共同簇拥着八角亭,进而形成了一种排比美、对称美。

(2)十字歇山屋檐下六根嵌入式红色殿柱以及互为左右的红色格扇门窗,则与其后上方的三个山面中的红色殿柱、红色格扇窗户,以及再上方的八角亭的红色亭柱、红色格扇窗户[①],共同形成了一种彼此关联,互为呼应的形式美、秩序美。

3.巧用格扇

格扇是中国古建筑的重要组成部分,其精致的格心部分,既有通风、透光的实用功能,又有较强的装饰效果。吕彦直看准了这个"亮点",选择其中最好看的"三菱六碗菱花"图案并简化其线条,用夸张的手法,将其大面积地铺展在广州中山纪念堂屋身的东、南、西三

吕彦直把中国古老的格扇与西式活动窗户完美地结合在一起

个立面上。这些与嵌入式红色殿柱等高并互为依傍的格扇门窗,使广州中山纪念堂

[①] 1960年代之后,这一系列窗户的原装格心,已被更换为普通的窗框。

广州中山纪念堂西南角阶梯状的格心长窗

这个庞然大物，立显轻盈，美轮美奂。

除三大立面的格扇门窗外，吕彦直还在堂体东南、西南两夹角的屋檐下，各设置了一组三扇并列作阶梯状的格心长窗。这两组阶梯状的格心长窗，既与内里贴墙而过的西式楼梯的梯级相匹配，又不与四周规正的格扇窗相雷同，堪称神来之笔。

之所以称吕彦直巧用格扇，还在于他把中国古老的格扇与西式活动窗户完美地结合在一起，把原本连体的格扇与格心，改造为合则为一体，分则为门窗的门窗联合体，并在格心背面加装了一道活动的、与格心窗同大的西式玻璃窗，这道西式玻璃窗的作用明显优胜于古老的窗户纸——需要通风时，把玻璃窗打开；需要挡风避寒时，则将其关闭。而不论开启或关闭，都不会影响外立面的景观，煞是神奇。

三、古城楼

吕彦直仿佛对城堡情有独钟，除了把中山陵祭堂的四角设计为堡垒以外，还赋予广州中山纪念堂的背立面一座古城楼。从落款时间为1927年4月30日，图纸编号为60-8的《侧立面图》，图纸编号为60-9的《背立面图》，以及落款时间为1928年8月，图纸编号为60-59的《北后门处详图》可见：广州中山纪念堂的背立面，同样有一个重檐歇山屋顶，但其下没有了殿柱门廊，取而代之的是城墙。北城墙上有

广州中山纪念堂原背立面带圆头门钉的"城门"现状

"城楼"东立面的城堡式石框方窗及增建后之现状

两道带圆头大门钉和一对兽头门环的城门；东西两侧城墙上则各有四个城堡石框小方窗。重檐屋顶、城墙、城门及石框小方窗，共同组成了一座"古城楼"[1]。广州中山纪念堂坐落在越秀山南麓，省城广州的北城墙就在越秀山上，用一座古城楼去装饰广州中山纪念堂的背立面，使之与山上的北城墙相协调、相呼应，非大匠而不能为之。

1963年广州中山纪念堂大修时，在广州中山纪念堂的背立面增建了一个简陋的后台化妆室。后来，又在化妆室西侧增建了一个"贵宾室"，把吕彦直设计的"古城楼"全掩盖了。

四、外门亭

吕彦直追求完美，即便是对已经获奖的作品，也在不断地修改、完善。其中，吕彦直对广州中山纪念堂及纪念碑总平面图的修改主要有两处：

一是建议将堂址向西移动一个堂体位约70米，并于1928年4月绘出新平面图，以使山脚下的广州中山纪念堂堂体与越秀山顶的中山纪念碑，靠近在同一中轴线上，同时拓展大片绿地园林，以壮其气势。筹委会采纳了吕彦直的建议，确定堂址向西移动"二十余丈"——"按四月变更之新图，将中线移至偏西二十余丈"[2]。

二是对广州中山纪念堂庭院南侧入口处的修改，先是把牌坊改为石级踏步，再是把石级踏步改为"外门亭"。

从1926年9月1日吕彦直获得首奖的《孙中山先生纪念堂及纪念碑图案》之《总

---

[1] 卢洁峰.广州中山纪念堂钩沉[M].广州：广东人民出版社，2003：424，426-427.
[2] 德宣路住户代表呈为建筑中山纪念堂请免收割粤秀街坊巷民业[A].广州市国家档案馆，档号：4-01/7/46-2.

《平面图》与《效果图》中可见，吕彦直在广州中山纪念堂庭院南侧入口处，设置了一座牌坊。1927年4月，吕彦直将这座牌坊简化为石级踏步，1927年4月30日卓文扬（M.Y.CHUCK）绘制的广州中山纪念堂《平面图及总体细节》（图纸编号：60-1）可证。之后又觉得入口处仅有石级台阶不足以铺垫，于是，就把南京中山陵的碑亭，"搬"到石级踏步的位置上，扩展其东、西两翼，将之变体为外门亭。外门亭最早的出图时间，应在1928年4月，即前述"四月变更之新图"中的一张。外门亭的设计既不拘一格，又别出心裁——

1.打破等级，中西结合

外门亭有一个主立面与两个副立面，主立面为歇山顶，副立面则为庑殿顶。换言之，最高等级的庑殿顶，屈居于第二等级的歇山顶之下。歇山顶与庑殿顶均覆以蓝色琉璃瓦，檐下饰以斗栱，乍一看"纯中国风格"。然而，歇山顶与庑殿顶包裹的却是一大二小共三个西式筒形拱；三个筒形拱毗连成拱廊。以梁思成的眼光，这当然不合"中国旧法"。但就吕彦直的审美立场而言，则无论等级，不分中外，只求美观。

2.小中见大，不拘一格

外门亭长约19米，宽约六米，高约十米，屋身由12根方柱与东西南北大小八道拱门所组成。所有拱券均按明清制式，用花岗岩石雕凿砌筑。其中，南北立面两道大拱券上的卷叶纹饰，与中山纪念碑拱券的卷叶纹饰如出一辙。

与庞大的广州中山纪念堂堂体相比，外门亭体量忒小，除了12根方柱，几乎没有墙体。于是吕彦直就倾力装饰这12根方柱——柱身均砌与纪念堂屋身一样的米黄色上海泰山石砖；柱础则全部饰以花岗岩石须弥座。须弥座源自印度，是安置大佛

广州中山纪念堂外门亭的正（南）立面　　　　广州中山纪念堂外门亭的北立面

广州中山纪念堂（图源：THE CHINA MONTHLY November 1945.）

与菩萨像的台座。吕彦直不受"旧法"所限，不拘一格地赋予外门亭12根方柱以须弥座，使之与堂体红色殿柱的须弥座，以及庭院华表的须弥座等量齐观。外门亭于是而"不是殿堂胜似殿堂"。

吕彦直匠心独运，不但把外门亭设计成广州中山纪念堂这一宏大"乐章"的"序曲"或"前奏"，而且还利用透视关系，让外门亭与广州中山纪念堂及纪念碑"同框"——当你站在外门亭正中的穹顶下，便可收广州中山纪念堂及纪念碑于一瞬。[1]

在落款时间为1929年，图纸编号为60-49的《外门亭平、立面详图》[2]上，外门亭的八道拱门，均装设格扇门扉，以与纪念堂屋身上的格扇门窗相呼应，与中山纪念碑圆拱门的门扉样式相匹配。

如前所述，吕彦直审图签字至1929年3月15日，其中一张图纸的编号为60-155，图名为《正南门厅售票窗大样图》[3]。以此类推，图纸编号为60-49的《外门亭平、立面详图》，则一定成图于1929年3月15日之前。换言之，广州中山纪念堂的外门亭，为吕彦直生前所设计。现存的外门亭施工图则于1930年6—9月间，由庄允昌等至少三位助理建筑师（绘图员）所绘制。[4]

外门亭曾有过多种称谓——在《中山纪念堂全部工程完成及修理预算书》和《广州中山纪念堂、纪念碑建筑各费除支付外尚欠数目表》上，称作"牌亭"[5]——因地处"牌坊"位置而得名；在林云陔关于中山纪念堂纪念碑的《建筑经过》上，称作"碑亭"[6]——因其主立面与南京中山陵碑亭相似而得名；1963年

---

[1] *The Sun Yat-sen Memorial Hall in Canton*[J]//THE CHINA MONTHLY, November, 1945.
[2] 卢洁峰. 广州中山纪念堂钩沉[M]. 广州：广东人民出版社，2003：426.
[3] 卢洁峰. 广州中山纪念堂钩沉[M]. 广州：广东人民出版社，2003：428-429.
[4] 卢洁峰. 广州中山纪念堂钩沉[M]. 广州：广东人民出版社，2003：430.
[5] 中山纪念堂全部工程完成及修理中山纪念堂工程预算[A]. 广州市国家档案馆，档号：4-01/7/46-7.
[6] 林云陔报告建筑纪念堂碑经过[N]//广州民国日报，1931-10-12.

广州中山纪念堂全景

大修时,称作"仪门"[①];现在干脆称作"门楼""南门楼"了。应该指出,"仪门"是明清官署、邸宅大门内的第二重正门。因此,称广州中山纪念堂的外门亭为"仪门"是不准确的。又由于广州中山纪念堂的"外门亭"是南京中山陵碑亭的变体,与"门楼"无关,因此,把广州中山纪念堂的外门亭称作"门楼""南门楼"也是不妥的。

外门亭曾遭受人为破坏。1963年大修理建铁栅围墙时,外门亭东、西两翼的短垣被拆除;两小拱门外侧须弥座上的精美雕刻,被拦腰凿平铲光了一段。1970年代中期扩建东风路时,外门亭前的广场被割作马路,外门亭被迫直接站在了马路边;由三个筒形拱毗连而成的拱廊,竟然变成了人行道上的"骑楼"。

五、广州中山纪念堂施工实况

如果说李铿与冯宝龄合作撰写的《广州中山纪念堂工程设计》一文,是失传的《广州中山纪念堂及纪念碑建筑图案说明书》之补充,那么,崔蔚芬撰写的《广州中山纪念堂施工实况》一文,则是同样失传的《广州中山纪念堂及纪念碑工程说明书》的执行报告。

崔蔚芬是吕彦直的得力助手,常川广州,负责监造中山纪念堂及纪念碑。自1928年4月—1931年10月,崔蔚芬"监造该堂工程,自始至终,故其全文,字字均

---

① 广州市设计院1962年.中山纪念堂施工方案修理项目及造法说明[A].广州市设计院档案科.

系经验之谈"[1]。

广州中山纪念堂施工实况

崔蔚芬

广州中山纪念堂，建筑范围甚广。纪念堂而外，有门亭、铜像座、华表、旗杆、大平台、停车场、工人室及办公厅等。全部工程，占地共约百亩，于民国十七年四月兴工，今除门亭、工人室及办公厅尚在建中外，其余均已完工。兹将纪念堂之施工概况摘述于次。

工料之采办

本堂全部工作人员，均由上海选雇，按照工程进行状况，往返更调。建筑材料亦大部自外埠采办，用料繁夥，运输艰困。故均须按照施工程序，预将策划，俾所需工料得应时到达。下表所列为本建筑应用之重要材料，及其用途与采办处。一切装器及设品，如电灯卫生器具等从略。

材料名称	通途	采办处
1. 意大利云石	铺地，栏杆，及柱墩	意大利
2. 青色大理石	四周外墙护壁	辽宁
3. 花岗石	房屋落脚，石阶，华表，及铜像座	香港
4. 面砖	四周外墙面	上海泰山公司
5. 马赛克	大门平顶及走廊铺地	上海中国制瓷公司
6. 青色水泥	砌墙及一切水泥三合土	龙潭中国泰山水泥公司
7. 白色水泥	颜色人造石	美国
8. 颜料粉	仝上	德孚洋行
9. 金色马赛克	屋面结顶	法国
10. 琉璃瓦	全部屋面	广州裕华公司
11. 普通砖	一切砖墙	广州市
12. 黄砂及石子	水泥三合土	仝上
13. 石灰	内部粉刷	仝上
14. 石膏	内部粉刷	上海
15. 松木	桩木	美国
16. 柚木	一切门窗	新加坡
17. 檀木	木地板	仝上
18. 矫音纸板	大会堂内平顶及墙面	美国
19. 铺地胶	看楼地板	上海恒大洋行

---

[1] 编辑者言[J]//工程，1932.

(续表)

材料名称	通途	采办处
20. 锁及铰链	门及窗	美国
21. 其他五金	同上	上海瑞厂工厂
22. 铅条花玻璃	大会堂内天窗	上海亚细亚玻璃公司
23. 二分厚玻璃	全部门及窗	英国
24. 钢料	钢架及钢骨三合土	上海慎昌洋行
25. 铜料	古铜气窗，踏步口，及凡水等	美国
26. 钢丝网	平顶	美国

大会堂内钢骨水泥地板之施工

凡巨大建筑，其下无坚实石层者，难免下沉，惟下沉须求其平均，此当为计划工程者所公认，惟亦为主持实地工作者所宜注意。如本堂大会堂内钢骨水泥地板，其所负载重，几全为活重量，可信其绝少下沉之机会，而其四周砖墙等建筑，载重数层，所负之死重量极巨，难免有下沉之虑。此二者底脚，欲求其平均下沉，似属不可能，故在本工程进行时，该处地板，不与四周工程同时进行，而待全部纪念堂造成时，始补行建造。使该四周工程，得先期下沉，而减少二者底脚间下沉之不均。

底脚工程

底脚打桩，系利用锅炉汽力，及铁锤打桩架施工。本工程共利用锅炉二只，及打桩架三只，同时进行工作。打桩铁锤三具，一重二千磅，一重三千磅，系用以打六吋方木桩者。一重四千磅，系用以打八吋方及十吋方木桩者。

打桩时之平水，及桩之位置，最须注意。务求打入之木桩，深浅适度，地位准确。其平水符号，宜志于邻近固定建物上，或远离打桩处所特立之平水桩上。因打桩时土地震动，附近所立之平水桩，易被抛起，而失准确。木桩之地位，在未打桩前，按图样所示地位，插小样桩，经校对确后，始根据样桩地位进行打桩工作。惟该项样桩，或因受打桩时之震动，或因工作时之扰及，每易走动，故仍须时时加以校对。

铁锤打桩之下堕距离，规定不得过六吋，使桩木不致因受过重压力，而受损伤及有歪斜等弊。又每打同一尺寸之木桩，均用同一重量之铁锤，及同一之下坠距离，藉此以比较各部泥土之松软。本堂之建筑地址，因北近观音山，故北部土质，极为坚硬，木桩多有不能全部打入者。南部则土质软松，桩木亦较易下沉。于以知虽在同一地面建筑，土质亦每有不同，益见计划工程之匪易也。

木桩打入时，其端均使高出所规定之桩面平水少许，俾得将桩端被压毛部分锯去，使现坚平之桩面，此坚平之面，须露出碎砖底脚面约半吋，使其端嵌入钢筋三合土底脚，而受直接压力。

在遇泥土坚硬部分，至桩木打至不能再复沉入泥土时（斯时铁锤遇桩木有反跳现象）即不再打，而将剩余之未入土部分锯去。否则，桩既无下沉可能，一味强打，则桩身势必受过重压迫，而致倾斜或开裂，桩之载重力反将受损矣。

底脚木桩锯平，及碎砖底脚铺妥排坚后，在碎砖面涂一极薄层之水泥灰浆，俾得将底脚大料等之地位，完全用墨线明白弹出，既易于校对，复可得极准确之工作。

钢骨水泥底脚大料，因须与底板（Footing Slab）同时做成，故所撑大料壳子板，其底与地面悬空。其间支撑物，不宜用木料，应预做水泥三合土块备用。

底脚工程，须在地下水平线以下工作，故在底脚工程进行之先，在工场四隅，预为开掘较深之水塘，使附近地下之水流，集中于该塘，而日夜以唧机抽出，泄之于马路沟渠，如此可使工作地面常保干燥。

骨架工程

继底脚而后之工作，为钢骨三合土，及钢架等骨架工程。全部屋面及看楼，均系钢架构成，由外埠造妥后运送本工场安装。其余柱，大料，及楼板等，均用1：2：4钢骨三合土造成。

钢骨三合土柱　钢骨三合土柱之钢筋，及木壳立妥后（一）逐一用线锤悬于长木杆，校正其直度。（二）柱壳四角，用钉及铁丝攀住，柱内钢筋，使其保持在正中地位。（三）于灌注三合土前，将柱子木壳所现隙缝，完全嵌补完密。（四）清除壳内垃圾，及将木板完全用水淋湿。（五）于离柱底五六尺高处，灌注三合土。每柱（指每层楼而言）于同日内，至少分二次灌成。因设在离柱底太高之处灌三合土，则石子因质重，将离水泥浆，而先下，致所灌三合土，不能得匀和之结果。

钢骨三合土大料，及楼板，因载重上有连带关系，故在灌三合土时，二者均限定同时做成。撑楼板壳子时，其底板使互稍离开，于灌三合土之前一日，用水淋湿，使板涨密。其不能紧密之隙缝，均用白铁皮修补。盖如底板中无开离，而又不

予完全淋湿时，则在三合土铺下后，底板将吸收三合土中之水分发涨，其板遂上拱，而使尚未干硬之三合土楼板生裂缝矣。

一切电线管，卫生管，落水管，电灯盒及钢网平顶所需之吊铁等，均于未灌大料及楼板三合土时，预为埋设妥当。

水泥三合土，系用机器拌车拌成后，用小车输送工作处所。场内共装设拌车二架，每车工作人数三十至四十名，每日可做水泥三合土约十五方（每方等于一百立方呎）。

全部钢架，陆续由上海慎昌洋行运至广州安装。以其计划复杂，运输艰难，工程颇受延缓。看楼下之钢大料（Plate girder）二只，长六十呎，高六呎，系整件运来，极为笨重。计到达广州后，由广九车站运至工场，费时竟至二星期之久。又大屋顶钢架，离地八十余呎，中间空无依凭，更须建立极复杂之临时桥架（Scaffolding），以进行工作。综计钢架工程，阅时凡一年有半。

装设钢架　承载钢架之钢骨三合土柱等，于三合土灌至离钢架底约二呎处，即进行埋置钢架螺钉脚（Anchor bolt）。工作如下：

（1）慎确测志钢架底板（Bearing Plate）之平水，及中线，于承载钢架之三合土柱壳子板上。

（2）做与钢架底板同尺寸之木板一方，上以墨线划出十字中线。并凿与钢架底板相同地位之螺钉眼于上。眼中即悬置应埋之螺钉脚。

（3）将此板架钉于三合土柱之壳子板，使其平水及中线，完全与所志于该柱壳子板上者相合。

（4）钉脚上端四围，裹以长约尺许之竹管。于灌三合土时，将此管频频移动，俾后易于除去。竹管除去后。钉之周围，遂具空隙，故如钉脚之位置，稍有不符时，可将其偏移借正。

（5）螺钉脚装妥后，即徐徐灌三合土，至离钢架底板一吋处为止。待三合土干硬后，再用水泥浆窝置钢架底板。预备接装钢架。

安装钢架　先将底梁（Bottom Chord）架装于两端埋有螺脚之支撑柱。中间加以适当之木撑，使底樑完全水平。然后依次装架其他部分。其接筍处之钉眼，用螺丝钉暂行接入绞紧。

钢架装妥后，在帽钉（Rivet）工作未完成时，架底撑头不可移去，否则钢架因本身重量下垂，其接笋处之暂用螺钉，遂受重压而难更易，致帽钉工作受其困阻。

查验帽钉　钢架所受之压力，完全由帽钉传递，故帽钉工作，在钢架工程上，最占重要。其优劣依下二法测定之：

（1）帽钉时，钉头经敲打易碎裂者，其质劣，须更换。

（2）帽钉打成后，以小铁锤轻敲其头，如声铿然者，工作佳。如声哑者，则此钉松，而不受压力，系因用钉太短，或工作不妥所致，必去之。

颜色人造石

纪念堂之内外装饰，如圆柱，花梁，护墙，栏杆，及全部屋檐等，悉为颜色人造石粉成。盖取其耐久不变，永无腐坏等之优点也。

颜色人造石，为白色水泥，白石屑，及颜料粉之适量混合物。粉成后，加以数次磨光而成，为纪念堂建筑中重要工程之一。

因欲人造石，颜色明显，所采用之白石屑，宜为粉碎者，否则，如用较大之石屑，则一轻磨光之后，石粒显露于外，即不能得明显之颜色。

所采用之颜料粉，于采办之先，宜经试用，以混合于水泥中，经久露不变色者为合。

粉人造石之处，第一度先以水淋湿，粉极薄之水泥黄砂浆作底，其面愈毛愈佳。第二度以水淋湿后，以水泥灰浆分层粉至所须之厚度，至离将粉之人造石面二分处为合。每层所粉之水泥浆，不得厚过半寸，其面并须划毛。第三度粉人造石层。在将粉时，先以极浓之水泥浆水，在底上刷过。所粉之人造石层，勿令厚过二分，盖过厚，则本层重量增加，而有垂离底层之虑。将来极易脱壳或碎裂。新粉成之人造石，勿宜曝露于日光下，因其易致燥裂。

人造石粉成后，约阅廿四小时，即可加以初度磨光。磨后以同色之颜料水泥浆，浆粉之。至少须阅一星期后，可加以第二度磨光，及浆粉。然后经长久日期后，加以第三度磨光。

普通人造石工作，以第三次磨光为末度。但磨光次数愈多，则工作愈光洁精细。最后一度磨光时期，以离初度磨光时愈久愈佳。盖久则水泥混合物愈坚硬，磨时不易起毛痕及裂斑，而可得光细之结果也。

人造石工作之较为复杂及难造者，为栏杆，花梁，及屋檐等工程，均系预先分件做成后，装配于实地，俾可减少工人在桥架上工作之困难及危险，并可得较整齐之工作。但在工作进行之先，须在实地将尺寸及曲势等，精确量出，方可分件配裂。设稍有差误，则全工皆弃也。

屋檐工程

屋檐全为人造石粉造，其构造及装配如第四图。（一）先做成钢骨三合土底架如甲图。（二）次将桁条粉人造石层，及磨光之如乙图。（三）架装预先做成之人造石椽子，及盖造钢骨三合土屋面如丙图。（四）装设预先做成之人造石几斗如丁图。（五）最后粉人造石花梁。全部屋檐即告完成如戊图。

屋面工程

全部屋面均盖钢骨三合土板，上铺蓝色之琉璃瓦。大屋面之结顶，则为金色马赛克所造成。

钢骨三合土屋面板，大部为预先分块制成（式样参观本刊第七卷第三号纪念堂工程设计）。该项屋面板，在浇制时，每边附入约三呎长之白铁丝，中距一呎，用以缚扎屋面之圆瓦筒。屋脊斜沟及近屋檐等处部分之屋面，其三合土板，均于各该地位，撑至木壳浇成，并于每距一呎中处，埋入三分圆之钢枝，用以阻琉璃瓦器之斜倾。

铺设屋面瓦，先自瓦脊地位开始，脊底做水泥三合土基，基面做出瓦脊应有之曲势。然后用水泥灰浆，砌筑天狗及瓦脊。

底瓦，及筒瓦遂行铺置。因屋面斜曲之处甚多，其每行之宽度，及地位，于未铺瓦前，预为排定，用墨线在屋面划出，免瓦行有歪斜之虑。屋面斜沟等处，需用之斜瓦，其所需之尺寸，及块数，均先行实地量出，做就样板定制。盖琉璃瓦片，质料非若普通红瓦之易于割截，其有特别形式者。必预为定造也。

内部工程

内部工作，大都于屋面告成后，始积极进行。一切木门窗，古铜花窗，及大理石装饰等，均由上海造成后，运粤装设。

钢网平顶　堂内平顶，皆用六分水槽铁（Channel）及有筋钢网构成。水槽铁中距至多十二吋，用十二号白铁丝，或涂过柏油之分半圆铁条，悬附于钢架，及钢骨三合土楼板等。同时更用涂透柏油之木撑撑实，使其无上下弹动之可能。用钢网平顶之优点有三：（一）不患虫蚀，（二）质轻，（三）所附之粉刷，可保永久干燥，极适宜于油漆。但工作稍不合法，即易使粉刷龟裂，监工者极宜注意之。

内部粉刷，除一部为人造石外，余均为石膏粉刷。计分三度工作：第一度为石灰黄砂及麻筋之混合物，约粉三分厚，使之紧附于被粉之墙，或平顶上，而将其面划毛，待其干硬后，再用同样之材料粉第二度。此层约粉半吋至一吋厚，其面须十分平直。第三度为石膏粉，及石灰浆之适量混合物。粉约半分至一分厚，并用钢板括至十分光平。所用第一及第二度粉刷材料，于应用前一月，将石灰化浆滤过后，与黄砂及麻筋混合堆置备用。粉刷用之石灰浆，如不经滤过手续，则粉刷间含有未化净之石灰，日后必致有起泡之弊，如用新化成之石灰浆粉刷，则其面多起燥纹，而不得良好之工作。

人工核计

纪念堂于民国十七年四月开工，二十年十月十日落成，为时共三年半之久。工作人数平均每日在二百人以上。上列第五图，为工作期间工人人数之增减情形。

本堂建筑费，共约规元壹百肆拾万两。工作人数之总额，照上图计算，约共二十九万三千余工。故本工程内，每人工一工，合占造价规元 ＄4.77[1]。

崔蔚芬此文，把我们带回到1928—1931年广州中山纪念堂建筑工地的历史现场，文中所记录的诸多施工细节、工序、工艺流程、技术要领，为后来的管理者、修缮者提供了不可多得的文献依据。

第四节　中山纪念碑

中山纪念碑屹立于粤秀山（即越秀山、观音山）的最高处，坐北朝南。纪念碑由百步梯、地台、碑体三部分组成。

一、百步梯

百步梯是中山纪念碑的一个重要的组成部分，自广州中山纪念堂堂体背后起，上达于山顶的纪念碑地台；地台广场前梯宽五米，余部梯宽四米；石级、石博及大小平台，全部用钢筋混凝土浇筑毛坯，外包"四寸厚铺路花岗石"，并用香港花岗岩石块，沿梯身两外侧砌筑石护坡，石护坡工程费为"每百平方英尺一百零一两"[2]。

---

[1] 崔蔚芬.广州中山纪念堂施工实况[J]//工程，1932.
[2] 孙中山先生广州纪念碑合同译文[A].广州市国家档案馆，档号：4-01/7/46-3.
孙中山先生广州纪念堂及纪念碑筹备委员会与香港宏益建造厂签订合同[A].广州市国家档案馆，档号：4-01/7/46-3.

1929年8月2日，百步梯施工现场（图源：南京博物院藏，卢洁峰翻拍）

1929年8月4日，百步梯钢筋混凝土毛坯及花岗岩石护坡施工现场（图源：南京博物院藏，卢洁峰翻拍）

百步梯八角形大平台正对广州中山纪念堂

中山纪念碑正面

中山纪念碑东北面（图源：耶鲁大学神学院图书馆藏）

百步梯两旁的四角亭路灯与水磨石椅子

　　百步梯平面近似"人"字形。"人"字"两腿"分岔处，正好跨越一个山坡，坡顶辟有一个长约14.3米，宽约14.1米，面积约为202平方米的大平台。该平台用"四寸厚铺路花岗石"铺设，绕以花岗岩石栏杆，平面呈八角形，与其正前方的纪念堂希腊十字平面相呼应。

　　"人"字的两"脚尖"（百步梯东梯脚、西梯脚），分别与中山纪念堂东附楼与西附楼相对。由梯脚上达八角大平台处，单向有台阶四组共138级（双向为八组276级）。八角大平台之上有台阶十组，计360级。整座"人"字形百步梯，共有台阶18组，计636级。每组台阶之间，均有一个15—25平方米不等的花岗岩石小平台，自大平台始，大小平台两侧，间隔安放对应的两张四个座位的水磨石椅子，供拾级者歇息。由于年深月久，历经破坏，如今百步梯两旁，仅剩下八张四个座位的水磨石椅子了。

　　除水磨石椅子外，沿梯还竖立了36支四角亭路灯。这些路灯与纪念堂庭院内的路灯同款，高约4.5米，方基座、灯杆、四角亭屋身（用于镶嵌玻璃的灯箱）、四角亭顶都是铁铸件。其中，墨绿色的四角亭子顶，与广州中山纪念堂蓝色的八角亭屋顶相呼应。

查广州中山纪念堂的正立面图（60-7）、侧立面图（60-8）、背立面图（60-9），均可见其四周布置有矮小的路灯。这些路灯的样式，与日本神社门前或庭院内的路灯同。日本神社或庭院内的路灯主要有两种形式，一是用石材打造的四角盔顶山基座（或以短圆柱代）的无杆玻璃灯箱；二是用木材制造的悬山顶平基座的有杆玻璃灯箱。吕彦直在中山纪念堂的三视图中采用的是前者，在施工图中则改用了后者，并加以创新，如下：

1.变木制的悬山顶玻璃灯箱为铁铸的四角亭玻璃灯箱，变灯箱底座分散式的"雀替"支承体为集中式的十字"雀替"支承体。

2.变木制的灯杆为铸铁灯杆，同时倍增杆长，在灯杆底部加装一个正方形的铸铁基座。

与上海银行公会大楼的建筑设计一样，在广州中山纪念堂及纪念碑的路灯设计中，吕彦直再一次吸收了日本古典建筑元素。吕彦直之所以会在自己的作品中吸收日式建筑元素，除了康校的教育与训练使然之外，还应与其儿时所受家庭教育有关——其父是大清国驻东京使署外交官，回国后难免会给孩子们讲日本故事；把东洋生活方式引进家里。吕彦直因此而对日本文化产生亲和感。加之在纽约茂旦事务所设计南京金陵女子大学时，全部"借助东京帝国博物馆出版的精美紫禁城照片和测绘图"[①]，这就更加激起了他对日本建筑界以及日式建筑的兴趣，进而为在上海银行公会大楼、广州中山纪念堂及纪念碑的建筑设计中吸收日式元素打下基础。

二、地台

越秀山顶原为观音阁所在地。观音阁建于明朝永乐三年，即1405年，俗称"绿瓦庙""观音庙"。该庙依山三进，曾经辉煌一时，越秀山因此得名"观音山"。观音庙衰败于清末民初。迨1928年，观音庙已摇摇欲坠，被孙科称为"烂庙"。观音庙东面至振武楼（今伍廷芳墓园）处，有许多窝棚，麇集着不少流民乞丐；观音阁四周，还有炮台、大炮等兵家遗物。1928年3月6日中山纪念碑动工时，承建商为

---

① 茂飞.中国建筑的适应性[M]//郭伟杰.筑业中国.卢伟，冷天，译.北京：文化发展出版社，2021：58.

此而专门上报筹委会，请求协助遣散观音庙一带的流民乞丐，搬迁观音庙四周的大炮等物。

要在越秀山山顶建筑一座大型的中山纪念碑，必须打造一个坚固的地基。由于地处山顶，故纪念碑地基采用开掘法打造。开掘地基的工程费为"每立方英尺二.二两"①。

中山纪念碑地基工程施工现场（图源：南京博物院藏，卢洁峰翻拍）

在开掘地基的同时，围绕地基垒筑一个高约5.5米的地台。地台上底平面近似"凸"字，其中，大矩形东西长约19米，南北宽约16米；小矩形东西长约9米，南北宽约1.7米，总面积约319平方米，绕以石栏杆，形成一个地台广场，纪念碑就坐落在这个地台广场的中央。

地台广场四周边坡以香港花岗岩石砌筑石护坡。由于地台广场的平面与纪念碑的平面形状相同，因此，有理由把纪念碑的地台看作中山纪念碑的大基座。

1929年12月10日，纪念碑钢筋混凝土工程全部落成（图源：南京博物院藏，卢洁峰翻拍）

1930年9月5日，地台石护坡筑成（图源：南京博物院藏，卢洁峰翻拍）

---

① 孙中山先生广州纪念碑合同译文[A].广州市国家档案馆，档号：4-01/7/46-3.
孙中山先生广州纪念堂及纪念碑筹备委员会与香港宏益建造厂签订合同[A].广州市国家档案馆，档号：4-01/7/46-3.

三、碑体

1.基座

中山纪念碑碑高37米，碑体分为基座、转换平台与碑身三部分。基座平面近似"凸"字形——在大正方体南面附加一个小长方体的门廊。门廊正中是一道拱门，其门扉样式与纪念堂外门亭各拱门门扉的原设计样式相同；纪念碑拱门的拱券及卷叶纹饰，与纪念堂外门亭之大拱门同。建筑师借助美术形式，使山脚下的纪念堂与山顶上的纪念碑产生"精神上之联络，使互相表现其美观"。

中山纪念碑基座正面

基座正面右下方的基石上，砌筑着刻有李济深题书的奠基石，上有"中华民国十八年一月十五日为孙中山先生纪念碑经始筹备建筑委员李济深等立石"字样。基座东侧基石上用正楷字体浅浅地刻着两行小字："建筑师吕彦直　承造人林佐"。

基座实为纪念碑的首层，首层空间平面作"十"字状，"十"字下（南）端为纪念碑入口处约12平方米的门厅；"十"字上（北）端为登碑的楼梯口；"十"字的横杠为首层大厅，面积约50平方米。大厅东、西两头，两张翡翠绿的水磨石中式长椅，分置南北。纪念碑首层四壁，原镶嵌有40幅祝贺广州中山纪念堂开幕和中山纪念碑落成的题词碑刻，落款分别为：

胡汉民、萧佛成、邓泽如、古应芬、陈济棠、邹鲁、蒋光鼐、林云陔、刘纪文、刘芦隐、李扬、胡毅、林直勉、广东革命纪念会、中国国民党广东省执行委员

中山纪念碑基座侧面、雕花栏板及羊头塑像　　中山纪念碑基座东侧的碑铭

会、中国国民党中央执行委员会西南执行部、中国国民党汉口特别市党部、察哈尔省党务执委会、中国国民党澳洲总支部、中国国民党驻加拿大总支部、中国国民党河南省党务指导委员会、四川党务指导委员会、中国国民党河北省党务指导委员会、广东省政府、广西省政府、福建省政府、湖南省政府、浙江省政府、山东省政府、河南省政府、安徽省政府、中国国民党驻墨总支部、中国国民党驻印度总支部、中国国民党缅甸总支部、中国国民党驻古巴总支部。①如今，中山纪念碑内"室徒四壁"。

2. 转换平台

在基座与碑身之间，设置了一个转换平台。小平台四面，绕以花岗岩石栏板栏杆，其样式与纪念堂孙中山铜像基座平台四周的栏板栏杆相同。栏板下方的装饰带，均匀地分布着向外突出的26只石羊头塑像，与广州中山纪念堂庭院两侧华表顶端原设计的石羊塑像相呼应，寓意碑立羊城。

3. 碑身

中山纪念碑的碑身以古埃及方尖碑为范本，所不同者，一是碑身比方尖碑宽大，且自下而上收分；二是碑身下部方柱体的四角，加筑弧形翼展，收美观及坚固之效；碑顶正立面为平顶，侧立面为金字塔式尖顶。②碑身正面镌刻《总理遗嘱》。

中山纪念碑内共有13层，二层以上的楼道为钢筋混凝土构筑的斜坡，每层转换处设置若干级阶梯，沿梯、坡绕以钢铁栅栏。随着碑体的向上收分，至11—13层处转换为钢板螺旋形楼梯，其样式与英国伦敦圣保罗大教堂登顶钢板螺旋形楼梯同。

中山纪念碑首层厅堂　　　　　　　中山纪念碑首层东厅的翡翠绿水磨石中式长椅

① 总理逝世八周年纪念刊[J]. 广州：中国国民党中央执行委员会西南执行部，1934.
② 吕彦直：《纪念碑设计图》，图纸编号：61-1，1927-04-30[M]//卢洁峰. 广州中山纪念堂钩沉. 广州：广东人民出版社，2003：422.

纪念碑内部仰视图 　　　通往碑顶的　中山纪念碑碑刻
　　　　　　　　　　　钢板螺旋形楼梯

碑顶内最上层的平面面积约为6.25平方米。纪念碑的建筑质量堪称一流，虽历经近百年的风吹雨打及人为破坏，至今仍保持完好。

4.碑刻

碑体正面镶嵌着一整块高七米，宽四米，面积约28平方米的香港花岗岩石，上刻《总理遗嘱》，古隶书体，字体工整而苍劲。勒石者为梁俊生，勒石工程费为210元。梁俊生为碑刻名家，广州中山纪念堂及纪念碑的所有碑刻，全部出自梁俊生之手。[①]

《总理遗嘱》石碑之下，是一块长约0.8米、宽约四米的石碑，上刻"中华民国十五年一月四日　中国国民党接受总理遗嘱决议案　中国国民党第二次全国代表大会谨以至诚接受总理遗嘱并努力以履行之"56个正楷大字。

1926年1月4日，国民党"二大"通过的《谨以至诚接受总理遗嘱并努力实行之》决议案中明确规定：在粤秀山上建筑接受总理遗嘱纪念碑（两天后改称"中国国民党总理孙先生纪念碑"），"碑刻孙中山总理遗嘱及第二次全国代表大会接受遗嘱议决案　由谭组安先生书丹"。谭组安（即谭组庵），名延闿，国民党四大书法家之一，工楷书。

《总理遗嘱》石碑之上，原来镶嵌着孙中山的同乡、忠实战友和得力助手，中国民主革命第一烈士陆皓东所设计的中国国民党党徽石雕。1950年代，该党徽石雕被凿除，代以八角形石块。

[①] 广州中山纪念堂、纪念碑建筑各费除支付外尚欠数目表（计至二十年九月十日）[A].广州市国家档案馆，档号：4-01/7/46-4.
卢洁峰.广州中山纪念堂钩沉[M].广州：广东人民出版社，2003：183.

5.建筑临时木码头卸运巨型碑石

关于中山纪念碑建筑过程的记载，十分罕见。唯一间接的记录是1929年9月26日《广州民国日报》上一则关于《中山纪念碑石派员赴港运省，工运费为二千元》的消息——

中山纪念碑石派员赴港运省，工运费为二千元

吾粤为革命策源地，孙总理为革命元勋，应当有永远长远之纪念，以资唤起民众。故在粤秀山顶建筑中山纪念碑一座，以垂永久。经已兴工数月。惟此项工程浩大，虽加紧工作，仍未告工竣。至该碑之石，高凡四十五英尺，横二十五英尺，殊形伟大。该石采自香港九龙者。建筑纪念碑之办事人杨西岩、庄光第等，以地盘已经整妥，亟须从速安放此石碑，定于日间派员赴港将之运省。但以该石如此巨大，对于输运上，颇多艰辛，乃招投运石工程，得为某公司所投得，底价运费为二千元。由港运至抵粤秀山脚，须再开一大道，始可将该石运至山顶，且汽车亦不能为力，须用人工运上，故工值如是大昂云。①

由此可知，纪念碑上用来镌刻《总理遗嘱》的那块花岗岩石，比斧凿后成就的碑石要大整整一倍多。以一英尺等于0.304米计算，则这块碑石原本长13.68米、宽7.6米，面积为104平方米。以当时的技术条件看，要把这块巨石从香港九龙的石山上开凿出来，然后装船运抵广州，本身就很不容易。

中山纪念碑、百步梯等所用花岗岩石，全部采自香港九龙，并以船只水运至广州。鉴于运石量巨大、《总理遗嘱》碑石巨大，1928年8月，宏益公司向广州市政府呈文，申请起卸中山纪念碑石料的湾泊码头。后经市政府财政局指定其在米埠堤边湾泊船只。由于米埠堤边原有码头水浅，石船不能湾泊，于是宏益公司便向市政府提出"在米埠堤边建筑临时木码头"的申请。②

1928年9月10日，广州市市政厅批准了宏益公司关于在米埠堤边建筑临时木码头的请求。于是，一座长约12.16米，宽约3.65米，"专为起卸纪念碑石料而设，不作他用"的"伸出海心"的临时木码头，便在米埠堤边对出的珠江江心筑起。③

---

① 中山纪念碑石派员赴港运省[N]//广州民国日报，1929-09-26.
② 孙中山先生广州纪念堂筹备委员会向市工务局呈报："呈第二七七号"[A]. 广州市国家档案馆，档号：4-01/7/46-2.
③ 关于建筑中山纪念碑在米埠堤边建筑木码头办法案[A]. 广州市国家档案馆，档号：4-01/7/46-3.

孙中山先生广州纪念碑宏益工场民国十七年六月廿四日自建汽车运输路（图源：南京博物院藏，卢洁峰翻拍）

1928年，宏益公司自建的汽车运输路成为越秀山的"登山大道"（图源：《广州市第一次展览会》会刊封面，广东省立中山图书馆特藏部提供）

前述纪念碑的巨石在米埗堤边上岸后，还要设法运抵越秀山脚。这一段路程是怎样走过来的，没有任何记载。只知道巨石运抵越秀山脚后，"须再开一大道，始可将该石运至山顶，且汽车亦不能为力，须用人工运上"[①]。其中的辛劳艰苦，非今人所能想象。

"登山大道"即1928年6月宏益公司为运输中山纪念碑碑石而自建的"汽车运输路"，该路西起自大北门（今广州市越秀公园西门前），东北至五层楼团城西侧的古城墙（今广州市人民防空办公室门前），穿过城墙后，向西南折拐160°，拓展上观音山顶。如今广州市越秀公园西门至广州市人民防空办公室门前的这段镇海路，以及通往纪念碑的道路，就是由宏益公司为建筑中山纪念碑而开辟、建筑的。

6.卓康成提议在纪念碑内建筑升降机、向世界各国征集纪念碑基石

卓康成是继"中国铁路之父"詹天佑之后中国近代工程师的优秀代表之一，然而，他的履历与事迹同样被湮灭了大半个世纪。

（1）《密勒氏评论报》的记载

1930年1月25日《密勒氏评论报》在 Who's Who in China 栏目上发表了记者对卓

[①] 中山纪念碑石派员赴港运省[N]//广州民国日报，1929-09-26.

康成的专访文章，译文如下——

卓康成（H.S. Chuck）先生，文学学士，土木工程师（Cho K'ang-cheng）

1883年，卓先生出生于广东省中山县。12岁时，他和哥哥一起去了檀香山，就读于圣路易斯学院，后来又就读于瓦胡学院，1906年他从该校毕业。随后，他返回中国。1907年，他返回檀香山，接着去了美国。1913年，他加入了上海黄浦水利委员会，担任水文部门的助理工程师。1914年3月，他从港口辞职，加入川汉铁路，担任初级助理工程师。后来，他去了湖北大冶矿山，担任总工程师，负责所有新的工作。1917年，他加入了美商裕中公司①的株钦铁路项目②，担任高级助理工程师和柳州府与桂林之间的勘测队长。第二年，他在汉口组织了太平洋贸易公司（Pacific Trading Co.）③，1918年至1921年担任该公司总经理，1922年至1925年担任总工程师。1926年1月，他与太平洋贸易公司达成协议，以他的名义接管了该公司的工程部门，并组建了卓康成工程公司（the H.S. Chuck Engineering Corporation），他是该公司的总经理和总工程师。除了为卓康成工程公司工作之外，他还曾担任汉口第二特别行政区市政建筑师。1922年至1925年，他出任湖北国际饥荒救济委员会（即华洋义赈会湖北分会）总工程师。1927年1月，国民政府迁都武汉后，卓先生加入了交通部公路司。之后，卓先生接到广东省政府公路管理部门的邀请，并于6月出任广东建设厅公路处处长一职。卓先生还在广东省政府担任以下重要职位：广东政治会议善后委员会顾问、广东省建设委员会委员，广东省公路税务委员会主席。卓先生最近被任命为粤汉铁路株韶段④的局长兼总工程师。

1936年，上海《密勒氏评论报》发行的《中国名人录（第五集）》，将上文缩编为H.S.Chuck (Cho Kang-cheng)卓康成一文。两文均回避了卓康成在美国哪家大学接受高等教育的问题。

---

① Siems-Carey =The Siems-Carey Company=美商裕中公司。1916年，美国广益公司授权美商裕中公司（The Siems-Carey Company，或译"开瑞公司"），与北京政府签订一项合同，取得在中国勘定、建造和经营蒸汽铁路共1500英里的权利。
② 1917年5月，交通总长许世英代表中国政府与美商裕中公司签订了委托其承造铁路的合同，规定裕中公司在中国境内承造包括五个项目总长约2413.5千米的铁路。株钦铁路项目（湖南至广西）即其中之一。正是在这一背景下，卓康成加入了株钦铁路项目，担任高级助理工程师和柳州府与桂林之间的勘测队长。由于当时战事频仍，土匪骚扰不断，勘测工作异常艰辛，工程技术人员甚至有被土匪绑票等生命危险。
③ Pacific Trading Co. 的中文名字为"隆昌公司"。
④ "株韶段"即粤汉铁路湖南株洲至广东韶关段。

（2）经济部土木技师登记表上的记载

1946年3月25日，卓康成在呈请南京国民政府经济部补发土木技师执照的登记表上，用毛笔填写了如下信息：

卓康成，六十三岁，男，广东中山，士丹佛大学，美国，土木工程，1907—1911年；康奈尔大学，美国，土木工程，1911—1912年①。

（3）康奈尔大学官方出版物的记载

查康奈尔大学官方出版物（1912—1913），得悉1912年9月25日星期三，卓康成被康奈尔大学授予土木工程师（Civil Engineers）学位。

基于以上记载及康奈尔大学的学分制与相关规定，可以推断：1911年夏，卓康成在士丹佛大学获得文学学士（A.B.）学位后，立即持相关学历与学分证明，报读当时中国学子趋之若鹜的康奈尔大学土木工程学院，通过入学考试后，从土木工程学院四年制本科班的三年级读起——土木工程学院规定：文学学士可以从其四年制本科班的三年级读起，只要拿到该班三年级、四年级的全部学分，即可毕业并获授土木工程师（C.E）学位。

入学后，卓康成发奋读书，用一年（并非一个学年）的时间完成了土木工程学院四年制本科班三年级、四年级的全部课业，并于1912年9月25日星期三，获康奈尔大学授予土木工程师（C.E）学位。

1913年，卓康成学成回国，先后在上海、湖北等地工作。1927年6月任广东建设厅公路处处长。②

1928年，身兼广东政治会议善后委员会顾问、广东省建设委员会委员的卓康成，出任中山纪念堂工程监理员，代表甲方监理中山纪念堂工程。他向筹委会建议："向各行省及各国政府索取纪念碑基石，并在碑内添置升降机。"③

鉴于卓康成的专业资格与其显要的社会地位，筹委会高度重视他的提议，并郑重其事地专函吕彦直，询问其能否对纪念碑的设计进行修改——基石杂用向各行省

---

① 卓康成履历[A]//南京国民政府经济部档案，1946，台北"中央研究院"近代史研究所档案馆藏.
  本史料由唐越先生惠予，谨致谢忱.
② 广东建设厅公路处行知各县局嗣后办理路政务须分报该管公路分处备案令[J]//广东东路公路年报，1926-1927.
③ 孙中山先生广州纪念堂筹备委员会第十二次会议议事录[A].广州市国家档案馆，档号：4-01/7/46-2.

及各国政府索取来的各式石材及碑内增添升降机。

吕建筑师专门函复筹委会，详细说明"关于卓监理员建议向各行省及各国政府索取基石，并在碑内添置升降机各点困难情形"，并"请予核夺"①。筹委会接受了吕彦直的意见，没有向各省及各国索取纪念碑基石，更没有在碑内增添升降机。

1929年12月5日，中山纪念碑单体钢筋混凝土工程完竣，1929年12月7日，《广州民国日报》刊登了纪念碑完工的消息——

总理纪念碑即全部竣工

本市粤秀山总理纪念碑兴工以来，已历年余。因其工程浩大，故非经长时间不能落成。但因合同所订限期，业已届满，该公司特加工赶建，已于昨五日落成，一俟粉饰完妥，即全部竣工，即可拆棚举行成立礼云。②

7. 戴季陶动议开辟纪念堂西北两马路，割断堂碑天然联系

山顶上的中山纪念碑与山脚下的广州中山纪念堂"借天然之形势"，共同构成了一个"前堂后碑"的建筑整体。然而好景不长，1930年2月间，时任中山大学校长的戴季陶，偕同新任建管会委员的林直勉等前往察看中山纪念堂建筑工程。戴季陶动议在纪念堂的西、北两边开辟马路，林直勉等附和，并绘声绘色地陈述开辟两马路，尤其是北马路的"重要意义"。还提议以"纪念路"名之。戴季陶即时予以"击赏"。"林直勉遂于建管会常务会议时提出讨论，决议通过，遂定堂后之路为纪念北路，其西边则名为纪念西路。将由建管会函请市厅速行派员测勘，克期兴工，俾早观厥成"③。

有道是"人贵言重"，广州中山纪念堂与中山纪念碑的天然联系，就这样被"贵人"们的"金口"给咬断了。如今，在广州中山纪念堂与百步梯之间，横亘着一条两车道的"应元路"。过了"应元路"才得以上百步梯。山脚下的广州中山纪念堂和山顶上的中山纪念碑，因此而分属于两个不同的公园，以致多数人只知山脚下的广州中山纪念堂，而不知山顶上的中山纪念碑，甚至连官方推介的"广州经典一日游"也没有提及中山纪念碑。

---

① 孙中山先生广州纪念堂筹备委员会第十二次会议议事录[A].广州市国家档案馆，档号：4-01/7/46-2.
② 总理纪念碑即全部竣工[N]//广州民国日报，1929-12-07.
③ 建筑纪念堂西北马路案[A].广州市国家档案馆，档号：4-01/7/46-5.

第四章　为中国近现代建筑奠基

直至1920年代中期，西洋建筑师仍然是中国建筑市场的主力军，他们把西方建筑样式移入中国；中国营造者则积极模仿或照搬西方建筑样式，以致"买办式"的建筑无处不在，"这些建筑正在毁坏我们较大的城市和乡村"[1]。吕彦直不满于这一现状，决心"发挥〔我的〕作用"，并"与无处不在的'买办式'建筑做斗争"[2]。南京中山陵与广州中山纪念堂的设计方案，就是这种"斗争"的结果。吕彦直由是成为"与无处不在的'买办式'建筑做斗争"，对中国建筑做现代化改造之中国建筑师第一人——中国近现代建筑的奠基人。

一、生逢其时，天降大任，时代符号

通观吕彦直的一生，可以用12个字加以概括，即"生逢其时，天降大任，时代符号"。

吕彦直生逢中国从农业社会转向工业社会的转型期，受惠于这一转型期，也贡献于这一转型期。他立于时代潮头，率先加入中国最早的现代科学学术团体"科学社"，为中国科学社设计社徽；率先把科学的原理应用于对古老的中国建筑之改造，把"格物致知，利用厚生"的宗旨付诸实践；他和中国科学社的同仁，扛起了向国人输送科学知识，以科学知识为工具，对积贫积弱的农业中国进行工业化改造的历史大任。

吕彦直的作品，无论是金陵女子大学建筑群、上海银行公会大楼，还是南京中山陵与广州中山纪念堂及纪念碑，均为时代的符号。就金陵女子大学建筑群而言，在茂飞看来，让西式建筑穿一件中国外衣，是为适应中国人的民族感情；金陵女子

---

[1] 吕彦直的辞职信[M]//Cody, Jeffrey William, Ph. D.: *HENRY K. MURPHY, AN AMERICAN ARCHITECT IN CHINA, 1914-1935*. Cornell University, 1989.

[2] 吕彦直的辞职信[M]//Cody, Jeffrey William, Ph. D.: *HENRY K. MURPHY, AN AMERICAN ARCHITECT IN CHINA, 1914-1935*. Cornell University, 1989.

大学建筑群是一种"适应性建筑"。吕彦直则不这么认为。诚如时人所言"1919—1921年，他受雇于纽约的茂飞&旦纳建筑师事务所，在此期间，他负责设计了南京金陵学院建筑群，这是中国建筑现代化改造项目最早的几个成功案例之一。（From 1919 to 1921 he was employed in the firm of Murphy & Dana architects of New York ,during which time he was responsible for the designing of the Ginling College Group at Nanking, which is one of the first few successful adaptations of Chinese architecture to modern purposes.）"[1]，"吕先生一直致力于中国建筑的专门研究，正努力赋予其一种现代风格。（Mr. Lu has been making a special study of Chinese architecture and is striving for its development into a living style.）"[2]

总理陵墓建筑及广东总理纪念堂纪念碑设计，"皆以世界之最新之建筑方法，兼采中国华丽之建筑方式熔合而成"[3]。

用吕彦直自己的话说，就是"以艺术思想设图案，用科学原理行构造"[4]——以西方先进的建筑技术与建筑材料，对中国建筑作现代化改造。南京中山陵与广州中山纪念堂，就是吕彦直对中国建筑作现代化改造的大胆实践与成功案例。

当然，二者并非完美无缺，南京中山陵为迎合甲方的要求而涉嫌以皇陵形制去安葬一位以埋葬帝制为己任的中华民国缔造者；广州中山纪念堂则为追求外形的美观而造成了八角亭屋顶下巨大的空间浪费。诚然，后来者大可不必苛求前人。只要把南京中山陵与广州中山纪念堂放回到1920年代中国农业社会与西方工业社会对接，中西方文化激烈碰撞，民族主义思潮涌动的时代背景下，就可以看出，二者不过是时代的符号。作为时代中人的建筑师，只是准确地把握了时代的脉搏，用两大中山纪念建筑去记录时代，标志时代而已。

二、冀成立一中国之建筑派

吕彦直的最大愿望，就是"冀成立一中国之建筑派"。他曾向当局进言："由中央特设一建筑研究院之类，罗致建筑专材，从事精密之探讨。冀成立一中国之建筑派，以备应用于国家的纪念建筑物。此事体之重要，关系吾民族文化之价值，深

---

[1] DEATH OF CHINESE ARCHITECT[N]//North China Daily News，March 21，1929.
[2] Mr. Yen chih-lu（吕彦直字古愚）[N]//THE CHINA WEEKLY REVIEW，September 1,1928.
[3] 工程师吕彦直逝世[N]//申报，1929-03-21（15）.
[4] 吕彦直.规划首都都市区图案大纲草案[J]//首都建设，1929，1.

愿当局有所注意焉。"[①]

南京中山陵与广州中山纪念堂及纪念碑的建筑设计，并非吕彦直对中国建筑作现代化改造之终结，相反，仅仅是其开始。十分可惜，吕彦直的生命在未满35岁时戛然而止，以致其对中国建筑作现代化改造之作品，全部定格在了"中国固有式"的"大屋顶"之下。

设若上苍假以天年，吕彦直一定不会止步于"大屋顶"，一定会继续"致力于中国建筑的专门研究"，"努力赋予其一种现代风格"，如同吕彦直的康校同学、中国建筑师学会的同志、南京中山陵与广州中山纪念堂及纪念碑设计竞赛的第二名和第三名获奖者杨锡宗与范文照建筑师后来在1930—1940年代的建筑设计实践一样，吕彦直一定会和这些业界精英一道，共同努力，直至"成立一中国之建筑派"。

三、燃烧自己，照亮夜空

1929年3月17日上午，吕彦直在上海古拨路55号寓所中病逝时，距离他的35岁生日尚差四个月又十天。当人们惊叹吕彦直在南京中山陵与广州中山纪念堂及纪念碑的建筑设计中所取得的辉煌成就时，可曾知道他为此经历了多少磨难，付出了多少心血？

从紫竹林呱呱坠地，到幼年失孤；从在巴黎歌剧院前广场替人擦拭汽车，到住读北京五城中学堂；从在清华园定期甄别中脱颖而出，到负笈远西，入读康奈尔大学；从西布利学院，到建筑学院；从节衣缩食入股科学社，到投身于《科学》编辑事业；从纽约茂旦事务所到上海分部，从洋行到华行，从受雇到自雇；从在上海银行公会大楼的招标设计竞赛中胜出，到接连在南京中山陵、广州中山纪念堂及纪念碑图案设计竞赛中夺魁；从沪宁铁路上海站到南京站，再到中茅山；从"总理陵墓工程建筑师""孙中山葬事筹备处建筑师"，到受聘为大学院艺术教育委员会委员；从彦记建筑事务所到上海肺病疗养院……该奋斗的，吕彦直都奋斗过了。

吕彦直"平居寡好"，毕生的时间和精力都用在了学习与工作上了，以致"劬学成疾，困于医药者四年"[②]。然而，正是在这四年中，吕彦直接连在南京中山陵与广州中山纪念堂及纪念碑的设计竞赛中夺魁。事实上，吕彦直是因为设计南京中

---

① 吕彦直.复光宇兄函[M]//卢洁峰.吕彦直与黄檀甫——广州中山纪念堂秘闻.广州：花城出版社，2007：37.
② 建筑师吕彦直君逝世[J]//中国工程学会会员通讯录，1929.

山陵透支健康而得病的。为了追求自己的理想，吕彦直不惜牺牲自己的健康，为中国近现代建筑奠基，即便是在生命的最后阶段，仍然忘我地工作；他以南京中山陵、广州中山纪念堂及纪念碑两大中山纪念性建筑昭告天下：对中国建筑实行现代化改造是可行而必要的，西方的科学技术完全可与东方的审美理想融为一体；他就像一颗流星，疾速地燃烧自己，以其绚丽的光辉，照亮茫茫夜空。

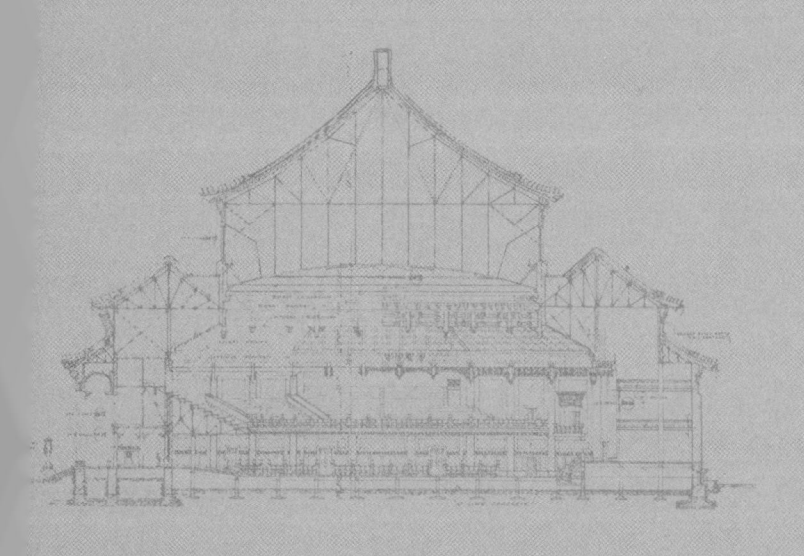

第六篇
附　录

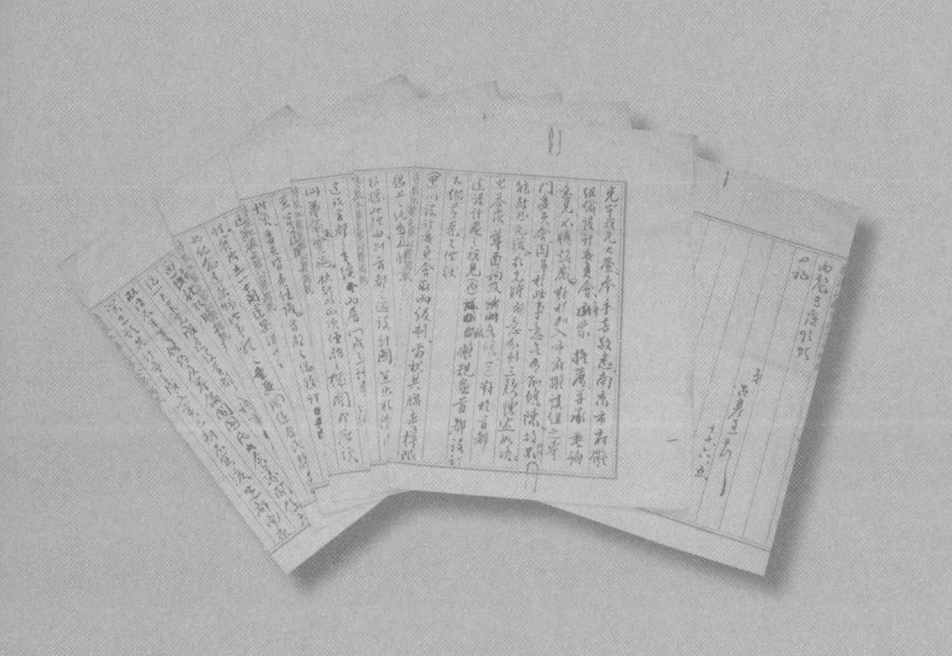

附录一

吕彦直的父亲吕增祥

卢洁峰

吕彦直（1894—1929），字古愚，小名渤生，南京中山陵和广州中山纪念堂及纪念碑的建筑师。在很长一段时间内，关于吕彦直的资料是极其缺乏的。1990年代，广州某大报竟然要前往南京中国第二历史档案馆，才能找到一张吕彦直的照片。至于吕彦直的家世、早年的求学经历，以及其婚姻状况等，则鲜为人知，以致被建筑史学界称作"悬案"（高介华语）。笔者是从研究吕彦直的父亲吕增祥开始，逐步解开这一悬案的。

一、效力北洋水师营务处

1879年10月31日，己卯正科江南省乡试题名放榜，滁州廪生吕增祥（字秋樵），在全体145名中举者中，名列第67位。[①]恰在此时，直隶总督、北洋通商大臣李鸿章在天津设立北洋水师营务处，经营海军。吕增祥遂以举人身份入李鸿章幕，在北洋水师营务处办事。吕增祥工作勤奋，被誉为"畿辅三循吏"之一。[②]

北洋水师营务处位于今天津市和平区合江路以东的区域内。从1899年的《天津城厢保甲全图》中可见，水师营务处设在两幢三层高的西式办公大楼里，北临海河（旧称白河）的一个拐弯位，东邻新海关及招商局，西邻铁路公司和一道大浮桥，

---

① 己卯正科江南省乡试题名全录[N]//申报，1879-10-31（2）.
  光绪.滁州志：第6卷[M].合肥：黄山书社，2007：285.
  乡试于八月举行，亦曰秋闱，分三场进行，以初九、十二、十五日为正场，考生于每场正场前一日入场，后一日出场，一个月后放榜。
② 王栻.严复集：第3册[M].北京：中华书局，1986：347.

南面紫竹林。紫竹林又称紫竹庵，始建于1689年，是海河西岸的一座村庙，位于今天津市和平区吉林路与承德道交叉口西侧。1861年6月，紫竹林以及所在村子被划入法国租界。由于其地处法租界的中心，紫竹林庙内的"会讯公所"又一度成为天津九国租界的一个协调中心，因此，"紫竹林"便成为天津法租界的一个代称，北洋水师营务处亦因此而被时人通称作"紫竹林水师营务处"。北洋水师营务处东南以下为英租界。在英租界内，共有13幢与水师营务处一模一样的西式办公大楼[①]。换言之，在1890年代前后，紫竹林一带是一个高端办公楼聚集区。

  清代，在缺官员及其家属、家丁、主要幕客等都住在衙署里。由于北洋水师的官制及管理制度均参照自英、德海军，因此，北洋水师营务处的官员，凡单身者，均住在营务处大楼（衙署）内；带家眷者则须住在办公楼以外的紫竹林租界区内。1885年6月22日，郑孝胥抵达天津并到北洋水师营务处见吕秋樵、罗丰禄。[②]见面后，罗丰禄即邀请郑孝胥把放在客栈的行李拿过来，直接住到他的居所里。罗丰禄的居所是一座临大河的洋楼，"极轩豁"[③]。这座临大河、"极轩豁"的洋楼，正是北洋水师营务处之所在。从这一细节可见，在营务处工作的吕增祥带家眷，只能住在紫竹林租界区内。吕增祥在营务处领的是固定薪俸，因此，家庭负担重，不大可能在紫竹林租界区内购置住房。又从严复、伍光建在紫竹林的住宅均于1900年义和团运动中"失陷"[④]的记载推断，北洋水师营务处在紫竹林内有一个住宅区，而或紫竹林内有一批住房是专供营务处带家眷的官员租住的。

  1882年4月，李鸿章因丁忧回籍，奏由淮军将领张树声署理直隶总督兼北洋大臣。张树声接任不久，藩属国朝鲜就发生了"壬午兵变"。日本发兵干预。中国驻日公使黎庶昌电告北洋大臣张树声，张树声果断处置，数日内，由北洋海军提督丁汝昌率"威远"军舰，及招商局"镇东""日新""拱北"等轮船，将吴长庆部五营近三千人马，自山东渡海入朝。登陆后，吴长庆、丁汝昌以及马建忠、袁世凯等人，迅速查明情况，抢在日本人之前，先占王宫，缉拿主要凶手，设计扣押肇事主谋大院君李罡应，并立即用军舰将其解付中国，一举平息了朝鲜内乱，使日人干涉朝鲜的计划落空。

---

① 山阴冯启鹍.《天津城厢保甲全图》[CM].1899年（清光绪二十五年）.
② 劳祖德.郑孝胥日记[M].北京：中华书局，1993：59.
③ 劳祖德.郑孝胥日记[M].北京：中华书局，1993：59.
④ 吕增祥.致严复函[M]//贾长华，李钢成.严复与天津.天津：百花文艺出版社，2008：173.

事后，李鸿章奉上谕，查明援护朝鲜出力员弁，并遵旨拟奖开单呈览。1882年10月13日，朝廷发下上谕：此次朝鲜乱军生变，"张树声相机度执，督率有方，着赏加太子少保衔"①。同时获奖励的还有李鸿章、吴长庆、丁汝昌、马建忠、袁世凯等一批"援护朝鲜出力员弁"，吕增祥亦名列其中。张树声的谋臣、直隶知县何嗣焜在本次援护朝鲜行动中立功，升迁"发省"，其留下的实缺即由同样在本次援护朝鲜行动中立功的吕增祥补上，并赏加五品衔，有书为证：

知县何嗣焜着免补本班②，以直隶州不论双单月分发省，分前先补用举人吕增祥，着以知县留于直隶归候补班前先补用，并赏加五品衔。③

官秩七品的吕增祥，一下子被"赏加五品衔"，可见其在协助张树声督率、度执本次平乱行动中，表现突出，功劳不小。

实任直隶州（天津）知县后，吕增祥工作更加勤奋，报端常有他的消息。清代，在缺官员及其家属、家丁、主要幕客等都住在衙署，吕增祥也不例外，吕氏因此而形成了在哪里任职，就把家安置在哪里的居住模式。

1885年5月，李鸿章专为吕增祥的序补转正问题，给朝廷上一片，并获皇上朱批，如下：

再道府州县劳绩保归候补班人员，应自到省之日起察看一年甄别等因。兹查有候补知县吕增祥到省一年期满，例应甄别。据藩臬两司具详前来臣查该员办事慎勤，堪胜烦缺之任，俟有应补缺出，照例序补。除履历册咨部外，理合附片陈明。伏乞圣鉴谨奏。军机大臣奉旨："吏部知道。"钦此。④

事实上，自1879年10月中举后，吕增祥只是以举人身份入李鸿章幕，在北洋水师营务处效力，并未进入知县的"候补班"，遑论"正班"。1882年10月，吕增祥因在协助北洋大臣张树声督率、度执援护朝鲜的行动中有特殊贡献而"以知县留于直隶归候补班前先补用"。换言之，吕增祥是在实任天津知县后才"归候补班"的。此后，一直以"候补班"的身份担任天津知县的职务至1885年5月，李鸿章为

---

① 本馆自己接到电音[N]//申报，1882-10-18（1）.
② 清代候选官员，均由吏部按其本人出身资格及资历的不同，归入不同的选班。如进士出身者归入进士班，捐纳官员归入捐班，俸满推升官员归入俸满班等，各有定制。凡据候选官员本身资格和资历所应归入之选班，即为其本班。光绪《大清会典事例·吏部》："凡有本班可归者，仍归本班铨选。"
③ 本馆自己接到电音[N]//申报，1882-10-18（1）.
④ 李鸿章片[N]//京报，第一千一百二十六号.

其申请序补并获朱批之后，才转为"正班"。可怜的是，这个来之不易的转正，还不能立即兑现，须等"有应补缺出"，才能"照例序补"。可见其仕途之坎坷艰难。难怪1884年8月初，吕增祥与宦游到津的倪鸿，在酒楼上有杜陵之吐。①

1885年5月，吕增祥结束了两年半"天津知县"的工作后，以"五品衔直隶候补知县"的官秩，重返北洋水师营务处效力。②吕家亦随之搬回紫竹林。

二、使日参赞官

天朝大国唯我独尊，视四夷为"邦"而非"国"，故不屑于进入"国际大家庭"。直至1861年，清朝才成立"专办外国事务"的总理各国事务衙门。又延至1875年，才陆续向海外派出常驻公使。

为让驻外公使的工作能收"指掌之效"，清廷把参赞官、随员、翻译的选调权交给公使，由公使自行招募随从下属，组成幕僚团队。1890年10月，出使日本大臣李经方，奏调出使日本随员。根据传统用人"规矩"和李鸿章所授机宜，李经方首选在北洋水师营务处供职八年、曾在援护朝鲜中获"劳绩保奖"、有天津知县工作经验、风雅好文且系安徽乡党的吕增祥为其使日参赞官。

吕增祥终于等来了一个"鬼使③"差事——大清国驻日本东京使署参赞。参赞是公使的主要助理人，掌理机要文书与调查报告等。公使离职或不能履行职务时，一般都由参赞以临时代办的名义代理使馆事务。以晚清壅滞的官场和吕增祥久候乏缺的经历看，能随李经方使日并位至参赞，诚属不易。使日三年，是吕增祥人生和事业的巅峰阶段。

据晚清军机处档案记载，吕增祥随李经方出使日本的时间是1891年1月11日至1893年12月26日。④另据《申报》记载，李经方一行，是在1891年1月20日出发前往日本的。⑤

（一）东京使署的业务骨干

1891年，中国驻东京大使馆的随员均不熟悉外交事务，以致具有北洋水师营务

---

① 吕增祥.题之有幸[N]//申报，1884-08-12（9）.
② 劳祖德.郑孝胥日记[M].北京：中华书局，1993.
③ 当时中国人通称外国人为"鬼"，"鬼使"即出使外国的差使。
④ 卢洁峰.隐藏在一份奏折中的历史真相——吕彦直父亲使日时间的确定[J]//文史纵横，2016，1：107-110.
⑤ 星传指东[N]//申报，1891-01-21（2）.
富姿雪色[N]//申报，1891-02-06（2）.

处、天津知县等十来年工作经验的吕增祥，成了大使馆的业务骨干，工作繁忙。为减轻吕增祥的工作负担，1891年5月，李经方奏调郑孝胥到东京使署协助工作。

在大使馆处理文牍业务，须懂日语。为此，郑孝胥即从东语翻译"一琴"学习日语。由此推断，吕增祥至少懂一些日文。1880年代，西学东渐，大量的日造新词从日本回译进中国；很多西文书籍也转译自日文。京津地区的士大夫因此而兴起了一股"东语"学习热。李鸿章的侄女婿孙宝瑄，就定时去上课，自费学东语。[①]在北洋水师营务处工作的吕增祥，当不甘人后。1898年9月13日，吕增祥在天津李氏花园设宴招待日本前首相伊藤博文，与"彼都人士诗酒往还，颇相浃洽"[②]一节，是吕增祥懂日文之佐证。

当时，使署（又称公署，大清国驻日本国大使馆）的工作人员，凡携家眷者，均用自己的工资收入，在使署附近租房居住。单身随员则居住在使署内。吕增祥携家眷，自租房住，故常邀单身同事到家里观览藏书画册和盆景，端午节还请他们吃他家做的煎粽。公务之余，同事之间或说碑帖，或评时政，互换诗文，切磋评判，亦师亦友。

（二）接待北洋舰队

1891年7月与1892年7月，北洋舰队曾先后两次出访日本，"东洋耀武"。其中的第一次，历时匝月，受到日本朝野尤其是军界的高度重视和"热烈"欢迎，极大地满足了天朝的虚荣心。太平军出身、以军功晋身北洋水师提督（军门）的丁汝昌，访日期间，威风与龌龊同显，自大与愚昧并见。

1891年7月8日，北洋舰队一行六艘军舰自北洋驶至东洋，泊于横滨。丁汝昌、刘步蟾[③]等头领自横滨登岸，前往东京。吕增祥负责接风洗尘，安排饮宴。晚宴上，刘步蟾见识了吕增祥等外交官的文辞风采，翌日，即带一把纸扇到东京大使馆，嘱外交官题书其上。吕增祥恭临汉隶三绝之一的《娄寿碑》于刘步蟾的纸扇上。郑孝胥提笔缀后，盛赞吕增祥的书法在汉隶大家黄小松、钱辛楣之间。

7月10日傍晚，郑孝胥参加一个中日两国官员的聚会。"华、日合约四十余

[①] 孙宝瑄.忘山庐日记[M].上海：上海古籍出版社，1989.
[②] 日相入都[N]//申报，1898-09-21（2）.
[③] 刘步蟾（1852—1895），毕业于福建船政学堂，1875年被送往英国学习枪炮、水雷等技，时任北洋水师右翼总兵，1891年7月与丁汝昌一起访问日本，考察日本海军。

人。丁禹廷在坐，备诸丑亵，使人不堪"[1]。

丁禹廷，丁汝昌是也。肩负考察日本海军之国家使命的北洋水师提督丁汝昌，到日本后竟在与日本官员聚会的外交场合上与日本娼妓厮混，至"备诸丑亵，使人不堪"，实有失国格。

7月11日，这一天，李经方钦差原本要到横滨约德国公使登中国军舰观览。由于安排不周，至无法按计划执行。李钦差大怒。

李经方钦差发怒三天之后，外交官们最终在横滨港张罗了一场登舰活动。来宾有近400人。傲慢的德国公使最后到。

（三）代钦差理事

1891年7月30日，李经方电请开缺，请假回籍穿孝。行前，郑孝胥由书记官升任为筑地、大阪副理事官，吕增祥连续两晚与郑长谈，传授、交流工作经验。

8月2日，万寿圣节（皇帝的诞辰日），全国上下均须为皇帝祝寿，驻外使馆也不例外。由于李经方刚刚丧母，吕增祥就代为执行拜牌典礼。令外交官们难堪的是，"各国公使来贺者甚稀"。大清势颓，鲜有附会者。

10月10日晨，吕增祥偕东京使署同仁下横滨，慰问刚刚丧偶的英文翻译伍光建。伍光建是严复的学生。东京与横滨之间通火车，大清的外交官都是乘火车往返于其间的。

10月13日，郑孝胥向吕增祥提议：收集中国在日本设大使馆以来的案件，将其交涉与处理的过程摘编成一本书，"考其得失，究其情事，略附按语于后"。吕增祥兴奋地说："此书若成，真有用之学也。"

10月14日，"秋樵邀同至上野观雕工会"。吕增祥以及大清国的外交官们对所驻国日本的各种新鲜事物充满好奇，对明治维新后期日本社会所发生的巨大变化和进步，无不觉新鲜，无不感兴趣。故凡有工业、农业、园艺、美术等展览会，必往之参观。日本明治维新以来的现代化事实，打开了他们的眼界，更引起他们深思。

使日近年，吕增祥已完全进入外交官状态，长于樽俎国际，迎来送往，尤善以诗文与日人交流文化。11月14日晚，吕增祥与同事们同车赴亚细亚秋季协会于红叶馆，互换名片者有重野安绎、冈千仞、公岛诚一郎、寺田弘宇、川盛三郎等。日本的外务大臣榎本武扬、我方的大使汪凤藻钦差也与会。

---

[1] 劳祖德.郑孝胥日记[M].北京：中华书局，1993.

（四）"中国能改为民主乎？"

11月28日午后，郑孝胥学英语，然后与同事赴音乐会。散归时，外交官瀚生说："中国国家好自尊大，皆自欺耳，外国人笑之久矣。"郑氏问："中国能改为民主乎？"对曰："不能。""君臣上下乃数千年相承之礼。中国以亿兆人而奉一人，皇帝之贵，不亦宜乎。"夜，郑氏到秋樵处"坐久之"①。

这段外交官观看音乐会后的对话十分有趣。早在1891年，外交官郑孝胥就已发出"中国能改为民主乎"之问。同行的外交官瀚生做出否定的回答。理由是，只要相承数千年的君臣上下之礼不变，只要"以亿兆人而奉一人"的制度不变，中国就不可能改为民主国家。当晚，郑孝胥到吕增祥家中"坐久之"。郑孝胥有没有与吕增祥继续探讨"中国能改为民主乎？"不得而知。然而，面对日本明治维新以来的政治改革与社会进步，对比仍以老大自居、自欺的老朽大清帝国，郑孝胥、吕增祥等使日知识精英，不可能没有自己的思索与判断。

12月9日，外面又下雨了，吕增祥在使署内给大家讲金陵旧史，听者"相与慨叹"。郑孝胥更"约秋樵每月作二会，以谈诣解其忧思，秋樵曰诺"。

（五）接待北洋兵船管驾邓世昌

1892年7月3日，"北洋兵船管驾邓世昌正卿、林颖启讱季来"，吕增祥与郑孝胥"合宴之于西厅"②。

1892年7月，丁汝昌率北洋舰队再次访日。除我方驻日使臣忙于礼节应酬之外，已不见日人对北洋舰队的来访再感兴趣了。③北洋舰队前后两次访日，相隔仅一年，何以日方的态度即判若冰炭？答案只有一个：1891年7月，戒心、敌意俱有的日方，之所以要"顶礼"款待丁汝昌一行，只为侦察、搜集我北洋舰队战力等情报。待虚实在握之后，日方便不屑一顾了。

（六）隆冬斗诗

斗转星移，转瞬便进入1893年了。

2月5日，隆冬腊月，东京公署的外交官们正无以为乐。郑孝胥与吕增祥交谈后，提议作闽中阄诗，择二字"寄、天"为第一唱。

2月7日，钦差（汪凤藻大使）取阅第一唱卷，并于翌日出"艺、眉"为第二

---

① 劳祖德.郑孝胥日记[M].北京：中华书局，1993.
② 劳祖德.郑孝胥日记[M].北京：中华书局，1993.
③ 星传苌崎[N]//申报，1892-07-07（2）.

唱。钦差命题，谁甘人后？于是乎，"第二唱为车轮战"，使署上下，轮番上阵，各出联句，斗才斗艺。一时间，整个东京使署，成了诗的天下。

2月12日，作"虎、痴"为第三唱。如是一而再，再而三，外交官们以诗"发难"，彼此挑战，互为欣赏，盎盎然，直唱到2月16日除夕前。百数十年前东京使署的那个"诗天下"，晚清外交官的"隆冬斗诗"，令笔者钦羡神往！

这些科举出身的外交官，烂熟于经史子集，热衷于琴棋书画，竞逐于访碑临帖。虽身居樽俎国际之位，但精神却依旧停留在传统士大夫的涵养追求上。

1894年1月10日，吕增祥一行使日期满，离开东京，抵达神户，准备乘船回国。

1894年1月11日，吕增祥一行在神户登船返回中国[①]。军机处档之汪凤藻《随员期满请奖折》中所言吕增祥等员的使日时间"均自光绪十六年十二月二十到洋之日起，连闰扣至十九年十一月十九日止"（1891年1月11日至1893年12月26日）[②]，只是朝廷给这些使员确定的使日计薪起止日期，而非其使日的实际起行和返归日期。从吕增祥逾期半月才迟迟登船返国这一举动似可推想：吕氏对明治维新、成功转轨现代化的日本，多少有些留恋；对辛苦三年所积累的驻外参赞官工作经验，更不舍就此抛弃。

三、回国后的际遇

（一）外放临城

吕增祥回国后，仍然返回出国前的驻地紫竹林，租房居住等待分配工作。

进入1894年，中国的国际环境日益恶劣。按理，那些曾经派驻国外的外交官员，正当其用。然而，朝廷见不及此。吕增祥并没有因为使日获"劳绩保奖"而被重用。相反，外放到太行山东麓一个山区小县——临城[③]去当知州。此地太行万叠，出门见山，贫瘠荒凉。把一个经过三年外交历练的参赞官放于此地，确非人尽

---

① 劳祖德.郑孝胥日记[M].北京：中华书局，1993.
② 汪凤藻.随员期满请奖折[A].台北"故宫博物院"，军机处档，1903-03-24（清光绪二十九年二月二十六日），档号：130810.
卢洁峰.隐藏在一份奏折中的历史真相——吕彦直父亲使日时间的确定[J]// 文史纵横，2016，1：107-110.
③ 以往几乎所有涉及严复、吕增祥、吕彦直的记载，都把河北省（直隶）的临城县，讹传为"山东临城县"。事实上，河北省临城县位于石家庄与邢台之间的太行山东麓。而山东的"临城"则只是一条村庄，而非一个县城。临城村位于临沂市平邑县境内。河北临城县在西北，山东临城村在东南，二者直线距离相隔约400千米，风马牛不相及。关键是清朝不会跨省任命地方官员。

其才。用吴汝纶的话说,清廷"时事日棘,非长才不足宏济,如执事辈,明习外国利害,屈在州县,以为失所,况又寘之褊小下县,使百无一使,直是用之不尽其材,故应处之海疆要津,略可展所蕴蓄"①。

(二)协助严复翻译《天演论》

在临城任职两年后,吕增祥再也坐不住了,除书信各方之外,更多次返回天津,谋求调回直隶。每至天津,均住在大狮子胡同的"严公馆",协助严复翻译《天演论》②。

要把英文学术专著翻译为中国的文言文,非有进士、举人等级的文辞修养而不可以为之。严复懂得敬畏,且十分小心,在未定稿之前,先与自己的亲家、北洋同僚、外交官、文辞高手吕增祥切磋、修改,请吕增祥把关。待吕增祥校订好,确认信达雅之后,才送吴汝纶,请其指正并作序。

1897年3月初,吕增祥受严复之托,携《天演论》译稿,自天津到保定交与吴汝纶。③

1897年12月18日,《天演论》在《国闻汇编》第二册上发表。④《天演论》发表后,在中国学界引起轰动,成为1898年戊戌变法的重要思想武器。

1901年仲春,南京富文书局本《天演论》石印发行,封面题为:"侯官严几道先生述　赫胥黎天演论　吕增祥署检"⑤。题书者为吕增祥⑥。"严几道先生述","吕增祥署检",再清楚不过地表明了吕增祥为《天演论》的翻译所做出的贡献。

(三)出任天津县知县　安定一方

1898年年初,经多方努力,吕增祥终于调回天津,任天津县知县。1898年2月22日吴汝纶得悉后,修一函《答吕秋樵》。

吴汝纶,1865年乙丑科进士,李鸿章的资深幕僚,与吕增祥是故旧好友,深知其才华、学品及秉性。此信大致有三层意思:一是祝贺吕自"褊小下县"迁出,"荣摄天津"。同时,提醒吕:官场所好,不过投机阿谀者。你恐怕不能适应。尽

---

① 吴汝纶.答吕秋樵 戊戌正月二十日[M]//施培毅,徐寿凯校点.吴汝纶全集(三).合肥:黄山书社,2002.
② 严孝潜.严复在天津三十年[EB/OL]. tjyan.chinavalue.net.
③ 王栻.严复集:第3册[M].北京:中华书局,1986.
④ 罗耀九,林平汉.严复年谱新编[M].厦门:鹭江出版社,2004:104.
⑤ 孙应祥.严复年谱[M].福州:福建人民出版社,2014:136.
⑥ 吕增祥善诗文,尤工八分书。参见劳祖德整理.郑孝胥日记[M].北京:中华书局,1993.

力做就是。至于得志与否，均不必在意。二是羡慕吕去冬住在严复家，与严复"日相娱嬉，有聚合之乐"。三是高评《天演论》，并对其发行提出具体的建议。吴汝纶认为，吕增祥"明习外国利害"，当处之海疆要津，但其刚正不阿的秉性，恐难以得志于官场。①

戊戌年二月初六（1898年2月26日），《申报》发布消息："天津县陈大令鸿保署事期满，上宪扎委临城县知县吕秋樵明府署理斯缺，于正月二十二日接篆视事。明府昔年曾在天津水师营务处，津郡风土人情，向所深悉。此次荣膺是任，不啻驾轻车而就熟道，析津人士均翘首而仰新猷焉。"②

吕增祥重返故地，二度出任天津县知县后，确有一番作为。时，天津治安甚差，入屋盗窃，持械抢劫，甚至杀人越货者，此起彼伏。捉拿盗贼，审判案件，平息纠纷，成为吕增祥的主要公务。③由于吕增祥办事果决、妥当，深得民心，故洋教士遇事亦致函吕增祥。比如，某甲妄称西人传教士"强迫入教"，"为教民韩恩印所知，诉诸法国刘教士，教士即函请天津县提案讯究。"吕增祥正核办间，街邻亲友，环向教士求情，请教士致函明府，免予追究。吕增祥遂出公告，"示谕：诸色人等，毋得鼓如簧之舌，以致民教有所龃龉"④。天津县地处直隶，公务之繁忙，民事之烦琐，教案之敏感，超乎以往。正如吴汝纶所言，吕增祥这回"处之海疆要津，略可展所蕴蓄"了。

（四）主持戊戌年天津县试岁考

1898年6月，朝廷降旨改革科考内容，"改八股为策论，并谕令今年岁考即行经此，毋庸俟至下届"，"当本月十六日天津县试二覆时，邑尊吕秋樵明府已即以策论命题取士矣"⑤。应了一辈子考的吕增祥，终于有机会当主考官，在县试岁考中以策论命题取士了。铁棒磨针，真不容易！

（五）重典治奸胥猾吏

晚清吏治腐败，天津县亦不能幸免。疾恶如仇的吕增祥，早就对这一切看不

---

① 吴汝纶.答吕秋樵 戊戌正月二十日[M]//施培毅，徐寿凯校点.吴汝纶全集（三）.合肥：黄山书社，2002.
② 析木星光[N]//申报，1898-02-26（2）.
③ 另缉正凶[N]//申报，1898-03-09（2）.
  购缉剧盗[N]//申报，1898-03-10（2）.
④ 云津鱼素[N]//申报，1898-06-19（2）.
⑤ 析津鱼素[N]//申报，1898-07-15（3）.

惯。1989年6月24日，天津县署前发生的一件事，令他有机会一展身手，整治胥吏，如下：

  天津县署差役，除监快捕班外，向有头快、头皂、头壮、二快、二皂、二壮等名目。五日一班，各按卯名值日，周而复始，值日期内所有控案，无论户婚田土，均归本役派伙传呼，他人不得与闻，所得陋规，亦非他人所能染指。上月初六日为头皂班承值之第一日，适有杨柳青①某土妓控告本村石某一案。石为村中富户，若辈视为鱼肉，原差因谓是案虽控告于初五日以后，而出事实在初六日之前，且难保无头皂沟通本处地保捺搁情事，因之忿争不已。旋在署前械斗，两造各有伤痕，声势汹汹，达于署内。邑尊吕秋樵大令以此风断不可长，一并传案，究惩所有两班滋事差役以及裹助斗殴之人，分别责押锁示大堂。其为首者，一曰万四，一曰王树廷，均站笼示众。站经数日，各班头役环求开释，大令不允。嗣由水会首事代求，始于十八日恩予出笼，改为管押。说者谓：奸胥猾吏，必须治以重典。邑尊此举，颇得其意，若辈或可稍为敛迹欤。②

  从戊戌年《申报》关于天津的一系列报道来看，吕增祥上任后，处理了大量的民事、刑事案件，还整顿了货币流通秩序，使乱糟糟的天津稍得平静，堪称守土有方，不负众望。③

（六）宴请伊藤博文

  据1898年9月21日《申报》记载，日本前内阁总理大臣伊藤侯爵自9月11日到津后，即定期9月14日入京。9月13日，"天津郡吕秋樵大令与大学堂总办王菀生观察，先后设宴于李氏花园及西国利顺德酒肆。大令曾参使节久驻日京，与彼都人士诗酒往还，颇相浃洽。王观察系专派迎迓之员，故各尽地主之谊"。如此至18日一点钟，"伊侯持节渡河，各官长已在河东车站预设茶座，迨伊侯率同随员人等及驻津日本领事郑君永昌、代理公使林君联翩并至，茶话片时，相率登车与送行之。津海关道诸员握手而别，仍由王观察送至京都马家堡"④。

  以上《申报》记载，坐实了1898年9月13日吕增祥以天津知县的身份，在天津

---

① 今天津市西青区下辖镇。
② 严惩劣役[N]//申报，1898-07-19（2）.
③ 津沽鲤信[N]//申报，1898-09-17（3）.
④ 日相入都[N]//申报，1898-09-21（2）.
  吕增祥能与"彼都人士诗酒往还，颇相浃洽"，足以说明吕氏通日语。

李鸿章府邸的"李氏花园"宴请日本前首相伊藤博文的史实。这是吕增祥在天津县知县任上最出彩的一件事。

伊藤博文并非等闲之辈,其与戊戌变法的关系,至今还说不清楚。其人爱好中国文学,擅长中国诗词。"伊侯由高丽至中国途中,得诗二首。其一曰:远辞韩关向燕京,为是微忠寻旧盟。不问风涛千里险,雄心直欲跨沧瀛。其二曰:志骥思十里,求朋寰宇中。虚怀忘彼我,痼疾慕英雄。万死平生志,千秋一寸功。天晴众山碧,云断夕阳红"①。

早在1891—1893年使日参赞期间,吕增祥便与伊藤博文相识相交——"大令曾参使节久驻日京,与彼都人士诗酒往还,颇相浃洽"。此番以天津东道主的身份,在大清第一重臣李鸿章的私家花园宴请伊藤博文,再现昔日使日外交官的风采,吕增祥能不如沐春风?

（七）参与缉捕康有为

1898年10月3日《申报》载:

据称康逆自奉旨严拿后,大索京津不获,旋由北洋大臣派飞鹰猎船沿途追捕并电致烟台上海两关道,照会领事,俟各轮船到埠,密往搜捕。迄未弋获。不料某日凌晨,忽由谍者报称,康逆匿迹于紫竹林下日本某署,是日五更时,由日本官商三人伴同,雇一小轮船向大沽进发……史军门力往追赶,而日人所乘之小轮船已经出口泊于日本兵船相近。军门遂亦望洋而返。嗣经慰帅派津海关道李少东观察督同天津县吕秋樵明府到大沽口上船究诘。船主以莫须有回复。而观察等又不能到船搜索,只有天空任鸟飞而已。津友所述如此,或当时尚未知康逆附重庆轮船而遁,故有此查索也。②

除参与缉捕康有为之外,吕增祥还奉旨清查、烧毁康有为的书籍板片。1898年11月16日《申报》载:

天津采访友人云:逆犯康有为所著书籍离经叛道,惑世诬民。八月十六日钦奉上谕著即烧毁以□□□□□人心等因钦此。随由直隶总督札行臬司转札天津府,饬县晓示。日前天津县吕秋樵明府示仰书肆人等知悉,如存有康有为书籍板片者即行烧毁,倘敢阳奉阴违,一经查出或被告发,定即拘案重办,绝不姑宽。刻已张贴通

---

① 日相入都[N]//申报,1898-09-21(2).
② 津友三述国事要闻[N]//申报,1898-10-03(2).

衢，俾众知悉矣。①

身为朝廷命官，吕增祥职在忠实执行上峰指示，参与缉捕康有为，布告烧毁康有为的书籍板片，只是在执行公务。

由于官场壅滞，官多缺少，故晚清的州县官任期普遍很短，通常是一年一任。吕增祥赶上了，在天津县知县的位置上才一年几个月，就被他调了。以下《申报》的三条信息，可以帮助我们看清楚吕增祥调离天津县的时间节点，以及此后的去向。

1899年4月21日《申报》"直隶计典"，公布官员考评结果，中有："临城县吕增祥胆识俱优才力相称"②语。吕增祥调离临城一年又四个月之后，才公布对吕在临城任上的考评结果，可见晚清朝廷效率之低下。

1899年6月6日《申报》"行用银元"报道中有"吕秋樵大令未经卸任之先"③字样。换言之，吕增祥已于1899年6月6日前卸天津县知县任。

1899年8月31日《申报》"津郡官场纪事"称："前天津县知县调署南宫县，吕秋樵明府自交卸天津县篆务，即请假数日。刻已奉藩宪牌示，饬赴新任。至何日起程，尚未得悉也。"④

显然，1899年4月"直隶计典"并公布结果后，吕增祥并没有被继续留任天津县，朝廷迫不及待地让他在6月前卸任。8月，吕增祥正式交卸天津县政务并接南宫知县的新任命。南宫位于临城县以东约60千米处，与临城同是"褊小下县"。好不容易才从临城县争取回天津，干不满一年半又要调回临城附近，吕增祥的愤懑与委屈，可以想见，故而没有立即起程赴任。

1899年农历十一月，吕增祥赴任南宫知县才三个月⑤，便又返回天津谋求出路了。在天津，吕见到了亲家严复，二人"相见极欢，各问新作"，吕出《月当头》一诗，如下：

眼看一十一回圆，霜雪凌兢共斗妍。

台阁中间光欲尽，山河上界影犹全。

---

① 示毁逆书[N]//申报，1898-11-16（2）.
② 莺燕纷飞[N]//申报，1899-04-21（1）.
③ 行用银圆[N]//申报，1899-06-06（2）.
④ 津郡官场纪事[N]//申报，1899-08-31（2）.
⑤ 严孝潜的《严复在天津三十年》中，严复关于吕增祥"由临城寄见省臬于天津"的笔记有误。查1899年8月，吕增祥已经获委南宫知县。1899年12月，吕增祥应是自南官返回天津。

相惊白发盈头出，为恐清晖后夜偏。

　　只识上元期不远，繁华可惜是明年。①

严复对这首诗有很高的评价，称：

　　细读此诗，直是无一字一句虚设。口中说月，意中却是语语清朝。其云一十一回圆者，清自太祖以来至于德宗十一世也，霜雪斗妍指外国也。三句谓人才消乏，四句谓疆域不完。五句谓老大帝国积弊呈现，六句谓内乱外侮将成偏安之局。结谓中国自有盛时，特非清朝而已。却句句是月，句句是月当头。起结于"十一月望"四字，也不放过，其为完密如此，即使古人为之，岂能过是。诗成逾年，拳匪乱作；更逾十年，而革命事起……②

可见，身处南宫知县位置上的吕增祥，并没有停止对时局的关注和对国运的忧思。

四、辛丑年亡于任上

（一）庚子处变

在华北教案频发、天灾频仍的情况下，1900年春季，直隶成千上万习练义和拳并号称"义和团"的农民动用私刑屠杀了大量信徒、纵火烧毁了教堂和教徒房屋。同年6月，慈禧太后允许义和团进驻北京，义和团又先于清军进攻天津租界，最终引发八国联军远征。是为庚子之变。

吕增祥处于事变的爆发地，当然不能幸免。且看他写给严复的一封信。

几道亲家：

　　天津变起，五月杪李皓斋避地保定，道紫竹林已成战场，公及昭宸两家均失陷；闻之惊悸欲绝，寻展转来七书探问，一不得答，魂魄丧乱，梦寐为之不宁。昨见合肥暨随行诸君，为言公及昭宸两家并在上海，无恙；心神始定，惟恨不即合并，共诉数月来感时恨别之怀，仍觉胸中柴次未消耳。祥自四月间南宫交替后，即将眷口移至献县，而自赴保定领委，乃以拳匪事起，留省当差。自是往来涞水、定兴、安肃、京师、保定之间，议剿议抚，日与癋官、乱民为伍，然犹力图匡救，冀轻后患。至六月下旬，保定拳匪乃谓我庇护教民，起而相仇，不得已去之临城，乘间将眷口迎往，借住北门外王韦庵旧宅。在临月余，稍安稳，窘乏外尚无他虑。八

---

① 严孝潜. 严复在天津三十年[EB/OL]. tjyan.chinavalue.net.
② 严孝潜. 严复在天津三十年[EB/OL]. tjyan.chinavalue.net.

月初，忽奉赴天津迎候合肥相节之檄。祥计借此可探公消息，闻命即行，于二十四日到津，二十六日迎谒合肥，果遂获闻佳耗，此行为不虚矣。祥本定随节入都，顷忽奉相谕，令往暂署沧州，会合梅东益查办拳匪，只率回省领委。然昨闻德哇帅有派兵分赴德州、保定之说，沧为赴德必经之路，果尔，则之官无地，将仍回临城暂住，须事定再作计议也。明日开船赴保定，途中且探且行，以后情形当续布。伯玉闻在日报馆主笔，久别恨不奋飞见之。公近状何如？亟盼有以报我。此承起居，不宣。增祥顿首 闰月七日[①]

吕增祥写给严复的这封信，传达出以下信息：

1.庚子年五月（日期凡用中文数字者，皆为农历，全文同）末，天津起变，同僚李皓斋到保定躲避，告知吕增祥：天津紫竹林已成战场，吕的亲家严复以及大女婿伍光建两家均失陷。

2.吕增祥于庚子年四月间自南宫县调往献县[②]任知县，其家属随即迁至献县。当吕独自前往保定领委时，恰逢义和团事起，遂留省当差，奔波于涞水、定兴、安肃、京师、保定之间，议剿议抚，虽"日与痴官、乱民为伍"，仍力挽狂澜。至六月下旬，保定的义和团认为吕增祥"庇护教民"，吕的安全受威胁，只能去临城县躲避，乘间将家眷接往，借住在临城县北门外王韦庵旧宅。临城虽贫僻，但稍安稳。

3.八月初，吕增祥忽然奉命赴天津迎候北上的李鸿章[③]，于二十四日到达天津，二十六日迎谒李鸿章。从李鸿章暨随员口中得知严复及伍光建两家均已逃到上海，无恙。

4.李鸿章原定让吕增祥随之入北京，但直隶的乱局迫使他转命吕增祥前往沧州[④]暂署，会合梅东益查办"拳匪"。正当吕增祥准备回省领沧州之委时，闻说八国联军统帅瓦德西将派兵分赴德州、保定。鉴于沧州乃赴德州必经之路，八国联军若过沧州，吕增祥便无法赴任。因此，吕决定仍回临城暂住。

吕信满纸征尘，字字惊心，在诉说其个人遭遇的同时，亦把庚子事变中清廷的

---

① 吕增祥.致严复函[M]//贾长华，李钢成.严复与天津.天津：百花文艺出版社，2008.
② 献县位于石家庄市以东约120千米处，东邻沧州。
③ 庚子之乱，李鸿章出任两广总督仅半年，就被慈禧太后调直隶总督，奉命北上与八国联军议和。
④ 沧州位于献县以东约30千米处。

忽剿忽抚、惊慌失措、瞎指挥，与人民的颠沛流离，以及一个五品县官衔命平乱，"日与痴官、乱民为伍"的历史现场，活脱脱地记录了下来。朝廷的愚痴与乱民的疯狂，共同把整个国家推入了灾难的深渊。用命如吕增祥的官员，再奔波劳碌，亦徒之枉然。

（二）步行往谒李鸿章

吕增祥这封信的落款时间为"闰月七日"，据信中所言之"八月"，以及各事件发生的时序判断，落款的"闰月七日"为庚子年闰八月初七，即西历1900年9月30日。历史于冥冥中有太多的巧合，与吕增祥致函严复同一天，《申报》报道了奉命北上与八国联军议和的李鸿章"钦差全权大臣行辕纪事"——

八月二十七日，秦王岛税务司德璀琳、津海关税务司杜德维、前贵州臬司陈庆滋、候补道李竟成、前天津城守营千总任裕升俱禀见。二十八日，前内阁侍读学士张翼拜会天津道方恭剑，候补道窦延馨、吴懋鼎、正任献县吕增祥俱禀见。①

当李鸿章进京后，《申报》又对李鸿章在津召见直隶各大员，处置平乱一事详加补记——

当钦命议和全权大臣李傅相在津时，天津道方勉夫观察、委署天津府胡子湄太守、前天津县吕秋樵、阮梅青二大令皆步行往谒。盖以乱离之后，车马皆无也。②

这些五品县官、四品道员，以往都是公车接送，乘舆出行的，无奈庚子变乱，社会失控，车马皆无，只能步行往谒李鸿章了。

又"某日，傅相探闻文安、固安、保定、大城诸处仍有拳匪啸聚，乃出示解散，并调梅吕等管军事剿之"③。

当年《申报》的相关报道，不但印证了吕增祥致严复函所言，而且具体记录下了庚子变乱中，直隶各大员步行往谒李鸿章的历史细节；道出了李鸿章改令吕增祥暂署沧州，与梅东益一起查办"拳匪"的原因。

历史往往需要时间去沉淀，"镜头"往往需要推远一点，个人的际遇往往需要放在历史的大背景下才能看得清楚。

---

① 钦差全权大臣行辕纪事[N]//申报，1900-09-30（9）.
② 补记相节在津事[N]//申报，1900-10-21（1）.
③ 补记相节在津事[N]//申报，1900-10-21（1）.

（三）伍光建信传吕增祥"卒于开州"

吕增祥与严复年龄相仿，庚、辛之间，也就是五十出头的光景，事业和人生均处于鼎盛期。1900年义和团运动期间，吕增祥受重用，奔波于涞水、定兴、安肃、京师、保定之间，议剿议抚，还差点儿随李鸿章入京。阴差阳错，最后，奉命署开州。晚清的开州（今濮阳市）是直隶省南端最偏远的一个散州[①]，位于冀鲁豫三省交界处，远离天津约530千米。

关于吕增祥亡故的消息，最早是由吕增祥的大女婿伍光建传出的。

1901年7月24日，李一琴收到伍光建的来信，称"吕秋樵卒于开州"[②]。于是立刻跑去告知郑孝胥。

李一琴、伍光建同为使日翻译官，伍光建更是吕增祥的大女婿。由于郑孝胥在东京使署曾从李一琴学日语，故郑、李关系比较密切。又因1901年郑、李同处汉口。故而，当李一琴收到伍光建的来信，得悉吕增祥"卒于开州"后，便第一时间赶去告知郑孝胥。

1901年8月11日《申报》在"直省官场纪事"栏公布了吕增祥的死讯："委署开州知州吕秋樵刺史在任病故。遗缺由上宪委候补知州朱刺史成衍署理。"[③]

（四）严璩脚注"卒于官"

吕增祥的二女婿严璩为其父严复编撰《瘉壄堂诗集》时，曾在严复《过吕太微》诗下作注："外舅讳增祥，滁州人，己卯（1879年）举人。以知县发直隶。历官临城、天津、南宫、献县等县，开州知州，卒于官。所至有惠政。"[④]

"卒于官"，既可以理解为亡于任上，也可以理解为因公殉职。

[①] 州是一个很古老的名称，到了东汉末年，州才正式演化为正式的地方行政机构，成为郡之上的地方第一级行政机构。明清时期，州降为二级和三级行政机构，除土州以外州分为直隶州和散州。直隶州直属于省管辖，散州和县一样同属府管辖。在清朝，知府的品级是正四品，州的行政长官知州开始都是从五品。到乾隆年间，将直隶州知州的品级升为正五品，散州的知州降为从六品。散州在地方行政区划的层次上和县是一样的，都是县级，但从主官的平级上来看，州的地位要稍微高于县。（参见明清时府和州以及直隶州和散州的区别[EB/OL]. https://baijiahao.baidu.com/s?id=1605049995303097883&wfr=spider&for=pc.）

[②] 劳祖德.郑孝胥日记[M].北京：中华书局，1993.

[③] 直省官场纪事[N]//申报，1901-08-11（2）.

[④] 王栻.严复集：第2册[M].北京：中华书局，1986：362.
该脚注为严复长子严璩编辑《瘉壄堂诗集》时所加。

（五）严复谨按："以民事殁开州"

1915年，严复为李星冶作《安徽巡按使少卿李公七十寿序》，序后"谨按"曰："复襄游于直隶总督合肥李文忠公之门，则闻畿辅有三循吏，曰：桐乡劳玉初乃宣，滁州吕君止增祥，其余一人，则长乐李公星冶是。君止，吾执友，庚、辛义和拳匪乱，以民事殁开州。"[①]

1918年3月31日，严复在给熊纯如的信中写道："复平生师友之中，其学问行谊，性情识度，令人低首下心，无间言者，此人而已。然亦有不满意者，则其为人太过，坐此致不永年，真可痛也"[②]。

从严复以上的两段文字可见，吕增祥是因"为人太过"——处事太认真，并因此而在处置"庚、辛义和拳匪乱"的过程中，"以民事殁开州"的。

联系此前吕在天津县知县任上，用重典整治县衙的奸胥猾吏，让几个衙吏站笼三天，以及在保定平乱时，因主持正义，"庇护教民"，而被义和团"起而相仇"二事来看，吕增祥很有可能是因此遇害的。

严复是受过西方现代教育的高级知识分子，措辞十分严谨，其所言之"以民事殁开州"的"民事"，是与"庚、辛义和拳匪乱"直接挂钩的。既然是以"庚、辛义和拳匪乱"之"民事殁开州"，就不是官方公布的"在任病故"（"在任病故"清廷不需要发放抚恤金），而是严璩所确言之"卒于官"——因公殉职。

---

① 王栻. 严复集：第3册[M]. 北京：中华书局，1986.
② 王栻. 严复集：第3册[M]. 北京：中华书局，1986.

附录二

吕彦直年谱

1894年（光绪二十年）
7月25日，中日甲午战争爆发，中国由此而从农业社会向工业社会转型。
7月28日，降生于天津紫竹林北洋水师营务处驻地。

1901年（光绪二十七年）　7岁
清廷开始推行庚子后新政（清末新政）。
7月，吕彦直的父亲吕增祥亡于开州知州任上。
8月，吕汶、章氏好姐率吕氏三兄弟与女儿，自开州乘船北上，返回天津。吕彦直被严复安排到北京跟随二姐与二姐夫严璩（严复的长子）生活。

1902年（光绪二十八年）　8岁
8月，严璩出任法国大使馆参赞，吕彦直随往巴黎上小学。

1905年（光绪三十一年）　11岁
3月21日，给迈达等老师书赠肖像纪念卡。随后，从孙宝琦、严复、严璩等起程返归，顺道游历欧洲多国。
5月初，抵达上海后，随孙宝琦回北京，并按严复的安排，入读北京五城中学堂。
9月2日，光绪皇帝下令"立停科举，以广学校"，在中国历史上延续了1300

多年的科举制度就此终结。吕彦直等有幸成为第一代告别科举、接受现代教育的中国学生。吕彦直无负新学制，在五城中学堂发奋读书，学习成绩特别优异，为侪辈之冠。

1909年（宣统元年）　15岁

1月，美国政府正式退还超出美商损失的那部分庚子赔款（1160万美元）作为清政府向美国派遣留学生的经费。

7月，外务部设立游美学务处和（留学）肄业馆，负责招考、选送庚款生赴美留学。

1910年（宣统二年）　16岁

12月，在五城中学堂毕业并获悉清华学堂招考的消息，遂第一时间到宣武门内的学部报名应试。

1911年（宣统三年）　17岁

2月，游美学务处和肄业馆迁入清华园，正式将肄业馆改名为清华学堂。吕彦直考取了清华学堂的高等科。

4月1日，清华学堂在清华园正式开学。

10月10日，辛亥武昌起义。

11月，清华学堂停课。

1912年　18岁

5月1日，清华学堂重新开学。

10月，按照当时北京政府教育部的通令，将"学堂"改称"学校"，"监督"改称"校长"。清华学堂因此而改名清华学校；唐国安出任第一任校长。

1913年　19岁

4月，在游美预备部的"定期甄别"中被选中，成为当年赴美留学的"清华十六子"之一。

8月，与其余15名庚款生一齐起程，自北京经天津到上海，在上海办理完签证手续后，乘海轮出洋赴美。

9月初，抵达位于纽约上州伊萨卡镇的康奈尔大学。

9月12日星期五，入学考试开始。

9月22日星期一，通过入学考试，并在康奈尔大学的西布利机械工程与机械艺术学院（简称西布利学院）办理了新生注册手续。

1914年　20岁

6月10日，在康奈尔大学留学的任鸿隽、杨杏佛、胡明复、周仁、赵元任、秉志、章元善、过探先、金邦正九位同学提议：以美国科学促进会（AAAS）及其科学杂志为模式，创办中国的《科学》杂志，以入股的方式募集资金。

8月，加入科学社。

9月23日，办理康奈尔大学西布利学院1914—1915学年的老生报到手续。

11月8日，交纳第一笔股金，成为科学社（翌年改称"中国科学社"）的第一批股东与社员。

1915年　21岁

4月，在《科学》第一卷第四期上发表译作《海底水雷》。

6月2日星期三，参加并通过大二考试。囊括了西布利学院五年制班大一、大二全部学分的吕彦直，遂向驻美监督和校方正式提出改学建筑学的申请。

9月17日星期五开始，参加大学入学考试委员会规定科目的建筑学院学分制入学考试。

9月27日星期一开学，办理康奈尔大学建筑学院四年制班新生的注册手续，其预期毕业时间为1919年。

11月，在《科学》第一卷第十一期上发表译作《爱迭生年谱》。

1916年　22岁

7月9日—8月17日，参加康奈尔大学的暑期班。

9月13日，中国科学社董事会开会，"指定周仁、廖慰慈、吕彦直三君为本社徽章图式委员"。吕彦直设计的中国科学社社徽，被随后召开的中国科学社1916年常年会用作会徽。

10月11日，办理康奈尔大学建筑学院1916—1917学年的老生报到手续。

1917年　23岁

9月5日14：06，中国科学社在美国罗德岛布朗大学召开了第二次常年会的第一次会议。

9月7日9：30，二次常年会在布朗大学的赛尔斯馆举行了第二次会议，会上讨论并通过了吕彦直设计的中国科学社社徽。

9月，《科学》第三卷第九期发表了吕彦直的炭笔画《汉张衡候风地动仪》。

9月26日，办理康奈尔大学建筑学院1917—1918学年的老生报到手续。

1918年　24岁

3月31日，增加注册"1918年第三学期"。

5月20日，通过建筑学院四年制班大三的期末考试。同日，茂旦事务所的雇主在康奈尔大学与吕彦直等中国学生商谈聘用事宜。

10月9日，办理康奈尔大学建筑学院1918—1919学年的老生报到手续。

11月11日，第一次世界大战宣告结束。

12月20日，大学毕业，获授康奈尔大学建筑学学士学位。

1915—1918年，在康奈尔大学建筑学院紧张学习之余，担任了《科学》编辑部的编辑员，为《科学》撰稿，为中国科学社设计社徽，为向国人传播科学知识，推动中国从农业社会向工业社会转型做出了自己应有的贡献。

1919年　25岁

1月7日，离开居住了五年又三个多月的康奈尔大学卡斯卡迪拉男生宿舍楼，乘车南下，到纽约麦迪逊大道331号十层的茂飞&旦纳建筑师事务所总部报到，开始其职业生涯。

1919年3月—1920年12月，承担了茂旦事务所南京金陵女子大学建筑群90%的建筑设计任务。从对中国建筑进行现代化改造入手，参与了中国从农业社会向工业社会的转型。

1920年　26岁

12月中旬，茂旦事务所发生人事变动，吕彦直被调到茂飞、麦吉尔和哈姆林事务所上海分部工作。

12月中旬，自纽约乘船，横渡大西洋，绕道法国巴黎回国。在巴黎参观了卢浮宫及一批名胜古迹。

1921年　27岁

1月，返回上海，在茂飞、麦吉尔和哈姆林事务所上海分部工作。与此同时，拒绝严复包办婚姻。

1—12月，指导"两三个中国籍绘图员"设计、绘制金女大、燕京大学建筑图纸，到南京金女大建筑工地监理施工。

1922年　28岁

3月3日，辞去茂飞、麦吉尔和哈姆林事务所上海分部的工作，转而受聘于东南建筑公司，及后成为该公司的股东。

3—7月，参与东南建筑公司承接的国立东南大学全部校舍、国立暨南学校之新校舍以及上海交通大学新屋等的建筑设计。

7月4日，上海银行公会在《申报》上刊登了《上海银行公会招投建屋图样通告》，吕彦直积极应征。

9月26日，参与的上海银行公会大楼图案，在竞标中胜出。

9月下旬，与范文照、张光圻、庄俊、巫振英诸君，集议组织建筑师学会。

10月，东南建筑公司与业主签订《上海银行公会大楼建筑师合同》。吕彦直遂担任上海银行公会大楼"负责建筑师"。

1923年　29岁

5月，香港路4号上海银行公会大楼新屋动工建筑，吕彦直出任该项目的"负责建筑师"一职。

7月7日，在上海参加中国工程学会国内第一次年会。

1924年　30岁

7月16日，在《申报》上刊登《吕彦直建筑打样家启事》，声明已退股脱离东南建筑公司。

1925年　31岁

5月15日，报名应征孙中山先生陵墓图案设计竞赛。

5—6月，数度往返沪宁，前往南京紫金山中茅山实地踏勘，为孙墓墓址写生。

6—8月，反复推敲孙墓设计方案。

9月20日，获孙中山先生陵墓图案设计竞赛首奖。

9月22日，登报宣布成立彦记建筑事务所。同日接受《申报》记者专访。

11月3日，受聘中山陵建筑师，与甲方签订《孙中山先生陵墓工程建筑师合同》。

12月5日，提交《中山陵第一部工程说明书》及第一批工作图样。

12月中旬，说服姚锡舟，削减投标价。

12月20日15：00，应邀出席孙中山葬事筹备委员会第16次会议。

12月26日15：00，应邀出席孙中山葬事筹备委员会第17次会议。

12月28日20：00，应邀出席孙中山葬事筹备委员会第18次会议。

1926年　32岁

1月8日12：10，孙中山葬事筹备委员会在中茅山南坡召开第20次会议，现场确认陵墓及祭堂地点。吕彦直在中茅山南坡175米的标高处，指挥施工人员用炸药炸出一个"二十尺"的小平台，"用六分仪测定正南方"，以确定墓及祭堂地点。

1—2月，闭门谢客，赶制图文。

3月12日，缺席孙中山陵墓奠基礼，委托彦记建筑事务所经理黄檀甫代表其在奠基礼上发言。

3—7月，参加广州中山纪念堂及纪念碑图案设计竞赛。

6月24日前，致函葬事筹备委员会上海事务所，请求允许其制造出售铜质祭堂模型。筹委会在第39次会议上议决："（此事）关系永久纪念甚大，应征求家属及广州委员意见，妥订办法。"①

7月19日，葬事筹备处函促吕彦直加速陵墓工程。

7月27日前，再次函请筹委会，允许其制造出售铜质祭堂模型。筹委会在第41次会议上议决："俟陵工告成再拟办法。"②

9月1日，在广州中山纪念堂及纪念碑图案设计竞赛中再次夺冠。

9月5日前，致函在上海的"驻粤委员"，直言"要求制造铜质祭堂模型。""驻粤委员会议"议决："不作营利品，由筹备处经理模型，以五千枚为限，价不得过一万元。"③在本次会议上，驻粤委员会议还议决：请吕彦直建筑师在南京紫金山的磨盘山，设计一座廖仲恺墓。

11月3日，与甲方在上海签订《广州中山纪念堂及纪念碑建筑师合同》，随即展开广州中山纪念堂及纪念碑总图的设计工作。

12月31日，向筹委会提交《中山陵工程简要报告》。

1927年　　33岁

1月29日，在上海四川路29号增设图房。

3月23日，葬事筹备处致函吕彦直，催促加快中山陵工程。

4月30日，完成广州中山纪念堂及纪念碑第一批23张总图的设计。

6月，应邀为持志大学设计新校园及校舍，亲绘《持志大学校园平面图》《持志大学校园效果图》。

6月27日上午，抵达中茅山视察中山陵工地；19：00在铁汤池丁宅出席筹委会第48次会议。

7月16日，寄出第一批23张堂碑工作图样。

7月17日，赴南京后直奔筹备处，向邓泽如、古应芬两委员提交拟就的广州中山纪念堂及纪念碑的招投标方案，并与之商量有关招投标事宜，得两委员背书。辞

---

① 第三十九次会议记录[M]//南京市档案馆，中山陵园管理处.中山陵档案史料选编.南京：江苏古籍出版社，1986：94.
② 第四十一次会议记录[M]//南京市档案馆，中山陵园管理处.中山陵档案史料选编.南京：江苏古籍出版社，1986：96.
③ 驻粤委员会议记录[M]//南京市档案馆，中山陵园管理处.中山陵档案史料选编.南京：江苏古籍出版社，1986：97.

别邓、古两委员后，赶往中茅山南坡，现场检查中山陵墓的施工进度，解决施工中遇到的技术难题。

7月18日，在上海拟就广州中山纪念堂、纪念碑章程。

7月19日，致函孙中山先生广州纪念堂筹备委员会，"附上纪念堂、纪念碑章程各一份。又抄录邓泽如古应芬两先生致纪念堂筹备委员会李、林、黄三先生函一份"[1]。

8月19日，第一批堂碑图纸通过甲方审查。

9月，遵照甲方要求，增加设计堂碑工作图样。

10月1日，国民政府大学院成立，下设"大学院艺术教育委员会"等一系列的专门委员会。

10月，上海建筑师学会成立（翌年更名为中国建筑师学会），吕彦直出任副会长。

10月上旬，授权黄檀甫到粤与筹委会接洽。

10月27日，在南京浮桥路2号筹备处出席筹委会第52次会议。会上讨论第一部工程围墙发生裂缝问题。中午，吕彦直提前离席，雇车前往中茅山工地。吕彦直与徐镇藩一起，仔细检查围墙的裂缝，检查围墙周边的地质状况，找出产生裂缝的原因。最后提出解决方案。

11月11日，在南京浮桥路2号筹备处出席筹委会第53次会议。会后雇车前往中茅山，查勘祭堂与墓室施工的最新进展。

11月，收到大学院院长蔡元培先生签署的聘书，受聘为"大学院艺术教育委员会委员"[2]。

11月27日，出席大学院艺术教育委员会第一次会议。

1928年　34岁

1月15日前，中山陵第三期（也是最后一期）工程的工作图样及工作说明书，全部设计、制备完毕。

1月16日，在上海武定路林宅出席筹委会第56次会议。会上核准了吕彦直设计的中山陵第三期工程的工作图样及工作说明书。同时，吕彦直受筹委会委托，与捷

---

[1] 吕彦直由沪来函抄件[A].广州市国家档案馆，档号：4-01/7/46-1.
[2] 大学院艺术教育委员会委员名录[J]//大学院公报，1928.

克雕塑家高祺接洽孙中山先生卧像（冥像）的雕塑事宜。

2月6日，孙中山先生广州纪念堂筹备委员会（业主）与香港宏益建造厂（承包人），在上海率先签订了广州中山纪念堂及纪念碑工程的第一个合同——《建筑中山纪念碑合同》。吕彦直以建筑师身份，用钢笔分别在合同（章程）的英文文本以及中山纪念碑图样（蓝图）上签下了自己的英文名字Lu, Yan Chih。

2月8日，孙中山先生广州纪念堂筹备委员会的驻沪代表，与承包人馥记营造厂、美商慎昌洋行，分别订立了《孙中山先生广州纪念堂建筑合约》与《孙中山先生广州纪念堂筹备委员会与慎昌洋行订购全部钢架及工程合约》。吕彦直同样以建筑师身份，用钢笔分别在合约（章程）的英文文本以及广州中山纪念堂的图样（蓝图）上签下了自己的英文名字Lu, Yan Chih。

3月2日，赴南京中茅山工地，视察施工现场，检查工程质量，听取施工人员的意见。16：00在浮桥路2号孙中山先生葬事筹备委员会筹备处出席筹委会第57次会议。

3月3日，在上海四川路29号彦记建筑事务所，面试驻粤监工。

4月20日—5月2日，根据筹委会的要求，设计多种华表图案。

5月初，入住上海肺病疗养院检查、治疗。

6月5日，出院回家，接筹委会主任干事夏光宇函，就南京市府拟组织设计委员会等问题，复函夏光宇。

6月6日，返回彦记建筑事务所工作。

6月10日，授权黄檀甫南下广州向筹委会报告重要事项。

7月，拟就《建设首都市区计画大纲草案》。

7月27日前，为加快陵工进度，提议加开夜工，加快工程进度。筹备处接受了其提议。

8月初，再次住进上海肺病疗养院，边治疗边工作——接受国民政府首都建设委员会的意见，修改《建设首都市区计画大纲草案》，设计、绘制《规划首都都市两区图案》《国民政府建筑设计鸟瞰图》。

8月15日，与孙中山先生广州纪念堂筹备委员会（甲方）的代表、上海慎昌洋行总行（乙方）以及上海亚洲机器公司（乙方）的代表，分别签订了广州中山纪念堂的电器、卫生器具及救火设备工程合同。

8月下旬，接受《密勒氏评论报》记者的专访。

9月1日，登上《密勒氏评论报》的"中国名人录"。

9月27日，授权裘燮钧南下解释松木桩问题。

11—12月，继续在上海肺病疗养院边治疗，边工作。

1929年　35岁

1月15日，缺席广州中山纪念堂奠基及纪念碑立石典礼。

2月28日，中山陵第一部工程以及第二部工程中的大墓道及环陵路等工程，于元宵节前全部完竣；第二部工程的其余部分，亦将在3月底之前完竣。与此同时，《规划首都都市区图案大纲草案》《规划首都都市两区图案》《国民政府建筑设计鸟瞰图》全部修改完毕。

3月1日，出院返回古拨路55号，继续边休息，边工作。护士每天上门给吕彦直司药打针。

3月10日前后，请仆人替自己把家里的书籍、图纸、获奖证书等私人文件分类整理包扎好，并一一交代与胞姐吕东宝。随后，由严璘张罗，在律师的见证下立遗嘱，"勉其同事继其建设之志"。

3月15日下午至晚上，在寓所的工作室内审核最后一批图纸。

3月17日上午（彦记建筑事务所通稿《工程师吕彦直逝世》发布为3月18日），在上海古拨路55号的寓所中溘然长逝，终年未满35岁。

附录三

孙中山先生祭堂坟墓工程说明书译文[①]

（甲）总则

一、工程范围

承造人应供给一切材料人工，依本合同条例暨图样说明而完成孙中山先生祭堂、坟墓各一座，位居南京紫金山坡。

二、概说

祭堂全部柱子、墩子、横梁、屋架均用钢骨水泥建筑。祭堂外墙用花岗石砌成，背拥以砖，内部则用磨光花岗石，柱墙面护以大理石板暨人造石。

墓之建筑在山旁，连接祭堂，有一门通之。墓之护壁与墓顶均用钢骨水泥筑成。顶呈釜形双壳式，外罩花岗石。

全部建筑工程分部如下：

—挖泥及底脚工程

—钢骨水泥工程

—凿石工程

—泥匠工程

—大理石暨镶花磁工、人造石Mosaic and Terrazzo[②]工程

—铜工

—装配玻璃工程

[①] 孙中山先生祭堂坟墓工程说明书译文[M]//孙中山先生陵墓工程报告第一册.南京：孙中山先生葬事筹备处，1927.
总理陵墓第一部工程说明书译文[M]//总理陵园管理委员会报告.南京：京华印书馆，1931.

[②] "Mosaic and Terrazzo" 马赛克和水磨石。

— 沟渠工程

三、图样与说明书

二者均为本合同附件之一部，工程进行，须悉依之，但须受工程师之指导与监督，务使得渠充分满意而后已。本文"图样"一字之意义，除指合同图样外，一切续出详细图表，为进行工程所必需而由工程师所规划者均与焉。

图样与说明书，实相辅而行，所示各节，互相解释。如在图样中有所规定而于说明书中漏列或反之，承造人务须照办，一若两处均有规定者。然图样上所注之尺寸，较例尺为准确，进行工程时，宜防错误。工程师所绘详图较简图为准，承造人更宜注意，以便遵循。设承造人未接到此项图样前，贸然进行工程致发生错误，则依工程师之意旨，从而自费纠正之，重筑之者，承造人之责，损失归之。图样与说明书均为工程师所有物，一俟工程告竣，在完工证书未发前，承造人应即退还原主。

四、合同图样

在本合同内之图样分类于后：

一、总图

二、全部工程详图

三、祭堂暨坟墓底脚图

四、祭堂暨坟墓地面图

五、祭堂前面图

六、祭堂与墓侧面图

七、祭堂与墓背面图

八、祭堂与墓剖面图（横切图）

九、祭堂切面图（纵切图）

十、钢骨水泥详图

十一、屋顶梁架详图

五、额外工程

下列三项工程，不在合同范围内，但承造人尽提货装置之义务。

— 各项铜门

— 各部铜窗

— 铜屋顶瓦暨装饰品

六、工程师方面责任

供给图样暨说明书，监督工程，检阅工料，他如约定工料，代替品之选择，付款证书之签发，图样暨说明书之解释，加账之审核暨工程进行之决定，悉工程师之责任也。

七、承造人方面责任

承造人对于承包工程须负绝对的责任，各项工料因任何原因而受损坏，应即自费修正之。或因渠及渠之雇员与小包之疏忽致发生错误，亦须负同样之责任。

八、承造人之监工员

承造人如不能亲莅工场，得委托负责监工员全权照料各事。而对于监工员之行动须负全责。监工员或工匠，如工程师认为不满意时，得随时停止其职务，然后由承造人于二日内另雇人员代之。

九、临时办事室

承造人应在工场相当地点，建筑临时办事处一所，为工程师及其代表办公之用。室内装置天窗，铺设地板。如认为必要时再添置火炉，开窗通光。图样与说明书，须常置室中，以备参考。

十、工料

工程所需材料均需上选，人工尤其精致，务获工程师充分满意为止。工程设有错误，须由承造人依工程师之意旨自费修正之。各项材料为工程师所拒用者，不得堆积场中。在廿四小时内搬出工场。设承造人不于指定时间内执行，则工程师觅人代为之，费由承造人负担。

十一、货样

工程上所需材料，承造人须先呈送货样与工程师，选定以后，购用材料，即以选定之货样为标准。

十二、工作图样

一切图样，均由工程师制定。至承造人须制工作图样，非经工程师认可后，不能擅自进行工程。设有错误发生者，承造人须负全责。图样中所定尺寸，承造人须先留意校对，然后进行工程。

十三、模型

承造人应制工程上装饰部分之模型多种，灰质木质均可，呈交工程师修改，以凭取舍。

本合同签订后，承造人应于工场适当地位，备置祭堂之灰质模型一座（大当祭堂四分之一）以备工程师研究形式。此项模型，须具祭堂之四角，出入门屋檐暨屋顶与屋翼之一部分。

十四、照片

承造人应每月（或在较短时期内）由工程师之指定，将进行工程部分，摄取八寸十寸照片二纸（背贴竹布、不须镜架），呈交工程师留存。所有每次底片上，依工程师之指示，须注明摄取日期，并编号数，俾于将来发生争执时作为证据。

十五、踏脚架及扶梯

须随时随处设置，供工程师检视各部工程之用。

十六、工程地基

承造人欲明悉地基详细情形，为便于投标及签订合用起见，应即亲至该处察看一周。设于签订合同后，因未悉地基详情，致原开标价内有所差误，日后发生工料加账之非理请求，概不承认。

十七、测量暨平地基等工程

工程师应指定地基位置水平线，帮同承造人布置屋位，设样桩与水平线，至房屋地势，亦由工程师规定之。

十八、完工

承造人应依工程师之指示，尽力进行工程，不稍迟延。自签订合同日起，十二个月内（气候阻碍在内）须全部告竣。

（乙）挖泥及底脚工程

十九、掘平地基

地基之掘泥与填平，悉遵总图样所指明之尺寸。

二十、掘底脚

掘深尺寸深度平线，悉遵图样。泥土陷落处，用石灰三合土填平之。壕道中不应积水，如必要时尤须夹以木板。阴明沟应掘深度，则由工程师指定之。

二十一、底脚

底脚壕道深度，以能坚固持力为宜。设承造人未得工程师之命令，开掘底脚深于图样指明之尺寸，则须将过分深度填平，不另取费。然奉有工程师之命令者，则掘土与三合土价，照价目单给予补偿。再如经工程师之命令，开掘深度线于图样指明之尺寸者，应于工价内照值扣去。底脚开掘工价，须包含为施行三合土工程前之抽水费、打桩费及抽水机等。

二十二、避水工程

全部底脚木桩暨坟墓护墙于填平后，透出地面一尺高度处止，与祭堂之地板及其后角房屋护墙须施行下述避水工程五次。

第一次　溶解的地沥青（松香柏油）。

第二次　用一层的OERTAIN TEED油毛毡。

第三次　用溶解的地沥青。

第四次　用二层的OERTAIN TEED 油毛毡。

第五次　用溶解的地沥青。

地板上施行上述五次避水材料后，再需一份水泥二份沙之粉刷，以资保护，然后进行三合土工程。

二十三、桩

护墙底脚，须依图样上之指明，用尖头五寸经暨十二尺长之福州木做桩。

（丙）钢骨水泥工程

二十四、钢条

均用马丁炉制建筑钢条，其最高拉力，每方英寸不得少于六万磅，让点拉力每方英寸不得少于三万二千磅。在寻常温度时弯曲成一百八十度成U字形，至其内圈直径，等于试样之厚薄，而弯处外部，不碎裂者为合格。

钢条运抵工场后，承造人须妥为存储，以免受损。至承卖商行，应由工程师认可之。

二十五、水泥

均需上等波得兰水泥，如马牌泰山牌是也，惟须经工程师之认可。工场存储水泥处，须不受湿气（如土上填木板等防御品），袋装桶装均可。惟二者均须有牌号注明者。

二十六、沙

均用洁净黄沙，不含一切无机及有机杂物、碱性及酸性物者为合格。须能筛过3/16方寸眼筛子之细度，于购定前承造人须将沙样交工程师检阅，以凭取舍。

二十七、石子

坚硬之碎花岗石或卵石，由工程师认可者，均可购用。惟须洗清，而无沙泥等不洁物混入者为合格。其细度以能经过3/4方寸眼筛而不能漏过3/16方寸眼筛子者为标准。粗于此者另行堆置，由工程师之指定，得搀用于其他相当工程。购货时，承造人须先将货样呈送工程师检定之。

二十八、混合土比例

全部钢骨水泥工程，须以一份水泥二份黄沙四份碎石子组成。

二十九、泥灰

三合土表面粉刷之泥灰，应以一份水泥一份黄沙混合之颜色划一者为合格。

三十、钢条工程

截折钢条，最宜留意，务使修短合度，担拉力部分之钢条，不可用锻接。但有不可免接者，其接处两端相搭部分之长度，至少须等于钢条直径之二十四倍，接处以钢丝扎紧，担拉力钢条之两端，须弯成钩形，或以其他方法，使其固着，弯钩须成U字形，其内半径，不可小于钢条直径之二倍。其他弯处，半径至少须大于钢条直径之五倍。其直径在四分之三英寸以上之钢条，两端钩形，须烧热后弯之。

钢骨须用铁丝捆扎，使成强有力之架，而进行三合土时，不致歪斜。扎成后经工程师之检验合格者，乃进行三合土工程，否则不许。

三十一、三合土工程

三合土混合，人力机器均可，用机器则装置和泥机一部，用人力则须依下列方法行之。

先将水泥黄沙数量合正，置于木板或三合土地板上，干拌二次，后再将碎石子加入，再拌二次，然后用洒水器加入适当水量，再行捣和二次，使获澈［彻］底的混合，则可取用矣。

三合土混合后，即行即用，然于灌入钢骨之时，每层不得过四英寸，倒灌后，尤须尽力捣实以获充分之密度，而使其拉力增大，各种杂物，如木屑、木片等，尤宜留意除去之，不可混入。倒灌三合土，须赓续进行，使于节头处，不致虚空。如必须分段倒灌时，其接连处，宜粗糙倒灌其表面，并于未倒新土时，将秽渍洗去，随时洒水。

气候暖热时，未凝坚三合土外面，须覆以遮蔽物，以避日光，并于已成之三合土工程，上八日内日洒水二次。气候寒冷在冰点以下时，各项三合土工程即便停止进行，并设法将未凝坚者，妥为保存，以免结冻，如遇大雨时，亦须筹同样之防御。

三十二、木壳

各部所用木材，均需上选，其质尤宜干湿不变，无木节裂纹及无其他劣点者为合格。

三十三、避水工程

祭堂大小柱子底部至升出地板一尺之高度为止，均须施以避水工程，其法即于每立方码三合土上用Truscon避水胶七磅。

（丁）凿石工程

三十四、凿石

均用香港花岗石（另行说明者不在内），无裂缝、平直不变色及无其他缺点者为合格。凿成后，须妥为安置，大小须适合，石之底部至石背须平直，可与他石相接，脊直面平，两石相接处宽度为3/16英寸（参看图样），过此宽度非经工程师同意者概不可用。

人工务须精致，一切修补处暨损坏或不完全处均须重行建筑。

石料不论已砌未砌，如工程师认为不满意者，须即日易以较优石料。当进行工程时因故受损之石，亦须移去，易以新石，其费由承造人负担。平均石之厚度，以七寸半为限，雕花面除外。

三十五、石工图样

承造人须先备石时详图二纸，呈交工程师采择，认可后即行动工。

三十六、表面工作

承造人于未进行工程时，应将各种材料表面工作色样，送交工程师检定之。

三十七、模型

石工雕刻与装饰处，承造人应备灰质模型多种，由工程师检定后，方能进行工程。

三十八、破面

一切石工、无论已经建筑或尚未砌成，其面上设有伤痕及种种填补碎块等处，则由工程师命令承造人将坏料折去，另行建筑，于必要处，尤宜护以木板。

三十九、钩、夹板、夹钳钉等

依工程师之意旨，每块石料均须用铁钩，使与砖墙或三合土工程结连，其长石在三尺以上者，须用铁钩二只以上，若用一只之处，须以铁夹与邻石钩紧，关于此点，承造人须购备铁锚夹板暨夹钉等应用材料，作夹石之用。

钩用热铁制成，一英寸阔，1/8英寸厚，十二英寸长，攒入砖墙二寸，入石内一寸。

夹钳亦须热铁制成，一英寸阔，1/8英寸厚，四英寸长，插入石内一寸，二者均须涂以热柏油后再行夹钉。

四十、砌石

砌花岗石时，应用一份水泥二份黄沙之泥灰，妥为拥护之。

四十一、花岗花平台及踏步

祭堂平台暨踏步，均用苏州花岗石，照香港石之砌法筑成之。

四十二、前部柱子

前部用全合柱及半合柱各两根，均系单根，不用拼节呈凸圆形（参照图样）。

四十三、内部柱子

祭堂内部用独立柱八根，3/4啮合柱四根，柱外护以上等青岛花岗石（样石在工程师处），磨光尤须精细，平均厚度四英寸。

四十四、花岗石铺工踏步暨石墩

祭堂内须铺苏州花岗石，厚为四英寸（参照总图样），梯阶及两旁栏杆，亦用同样材料砌成，大小由工程师定之，栏杆顶上之石墩二座，亦以苏州花岗石筑成。

四十五、护墙面部

祭堂三侧护墙之面部，铺苏州花岗石，厚为四英寸。

四十六、保护工程

承造人对于以上各项石工，须予以充分实质的保护，而卜工程师之满意，如备用防御夹板等种种，均为保护之切要方法也。未完工前，承造人对于此种保护工程，须负全责。

四十七、洗刷工程

各部结头处，须括深3/4英寸，并依工程师之指示，施行无色之泥灰粉刷，完工时应将各种石工，用酸质物洗刷清洁，撤去剩遗水泥，暨其他污物。

四十八、墓用有孔石

墓顶石之一小部分，均须钻眼，内装平圆玻璃，以资吸收光线入墓（参照图样），此种工程承造人应依工程师之指导而进行。

（戊）泥匠工程

四十九、砖工

祭堂墙背面，照规定深度，定用公认上选的机器砖砌成，全部墙壁均须整齐垂直而无歪斜，并用钩钉妥为钉紧，砌时每十砖高须量其平线之正否。

全部砌砖，均需泥灰拥护砌紧，使其横直强固。气候在华氏表四十五度以上时，所砌砖墙须浸以相当水量，在四十五度以下者毋须洒水。

每墙之较邻近一墙先砌者，每过六次砖层，即须度其平直叠紧，或每隔三尺，用涂柏油之熟铁丁字钩钉紧之。

五十、人造石

内部墙壁之表面应护以分块的人工石，使其外表平滑，尺寸与比例则由工程师定之，但承造人须将石样多种，呈交工程师，以资核夺。

五十一、装饰用人造石

祭堂担板梁暨其他部分之托架（参阅图样），均用上述之人造石，惟另加颜料，由工程师选定之。

（己）云石镶花磁工暨水泥人造石工程

五十二、材料与人工

本合同所指各项工程应用材料，均需质地优越，建设人工，尤其宜精致无疵。设或工程之全部或一部分有不完善处，或为工程师不满意者，即须拆除，并依工程师之旨意，由承造人自费重新建设之。本节工程所用云石，质地务须优越，色样尤宜划一，石之有裂缝及其他劣点者，一概拒用。

石之有补缝或涂腊者，无论铺就与否，概须除去。铺置云石，其外面须平直划一，务获工程师之满意，接连处须设法以铜钩夹钉及吊钩等夹钉，紧贴于墙或钢铁工程之上，于铺置后须填无色之灰泥及石膏粉，使螺丝钉及其他云石接连器等隐而不见。云石铺置连接宜紧（另行说明者不在内），其与云石接连之钢铁，须涂白铅及油类以防发锈。

五十三、云石

须质密而坚，对于颜色、纹痕、强固三者均须注意，总以工程师认可之货样为标准，铺置时尤宜护以白色之泥灰。

五十四、云石壁板

祭堂墙壁铺石高度，悉依图样，用斑白色意大利云石，以工程师处之货样为准。石片厚为7/8英寸，大小花色，悉依图样，其在装饰处，应需雕刻部分，并照详细图样。

五十五、云石地板

全部地板门槛，暨内部踏步，均需上选白斑纹的白色意大利石，厚为1/4英寸，大小依照图样。

五十六、云石栏杆

墓内栏杆，依工程师之指导，铺以纯白北京或意大利石，并依照详细图样加以雕刻。

五十七、石椁用底座

石椁托盘底座，用特选意大利Carrata白色纹云石，依照详细圆样，加以雕刻。

五十八、天花板镶花磁工

祭堂中部及端部镶板暨墓内四周及中部之圆顶天花板，均用镶花磁筑之，式样皆由工程师指定，货样亦在渠处。此种材料颜色繁多，均百分之十为金色，并指定由上海四川路九十六号中国瓷业公司供给。材料运抵工场后，承造人即应着手铺设。

五十九、梁用镶磁

祭堂中梁上装饰部分，须用简单色样的镶磁，其法与前节天花板镶工无异。

六十、水泥人造石

墓内釜形天花板下部，及四间角室内天花板，均敷设水泥人造石三层。人造石系混合云石碎片、白水泥暨沙三种而成，混合比例不拘，由工程师认为满意者为是，敷设前，承造人须将样子多种，呈交工程师选定。

（庚）铜工

六十一、屋顶铜瓦

屋顶铜瓦及屋脊装饰用铜料不在本合同范围以内，但承造人依工程师之指导，须尽提货装置之义务。

六十二、铜假椽

屋顶檐下之假椽，不在本合同范围以下，但承造人须负装置之责。

六十三、铜门铜窗

不在本合同范围者，承造人只尽装置之责。

六十四、铜通风格

由承造人自购，其式样悉照图样装置于祭堂及墓内，用泥灰护之，以工程师之满意为是。

六十五、泻漏工程

在铜瓦与屋顶下部边墙之接缝处，装置黄铜皮檐水，由承造人供给。

其在祭堂及坟墓石工垂直接缝露顶之处，均用马口铁檐水，由承造人依工程师之指导而装置之。

六十六、车光玻璃

祭堂内铜门铜窗须装二分厚磨光玻璃，由承造人供给装置。

六十七、朦光玻璃

墓内天花板通光处装以朦光玻璃，或用Florentine 或用Cathedral，由工程师择定，承造人供给之。

六十八、铅丝玻璃

墓中内外天花板通光处均用之，由承造人供给而装置之。

六十九、石内平圆玻璃

此项材料，由墓主供给，但依工程师之指导，由承造人用溶铅装置石孔中。

七十、反光镜

用磨光玻璃镜装置于墓内天花板通光镜处（参照图样），供给与装置，均有承造人任之。

（辛）引水工程

七十一、面部水沟及流水筒

祭堂旁边及底下护墙（参阅图样），须备十二寸半圆形明沟，用花岗石筑成适当三合土底脚一至一百之倾斜度，明沟照图示，接头处须装阴井，外覆三合土盖。

七十二、地下阴沟

地下阴沟，均用瓦或水泥筑成，装置于三合土底脚上，使引水不稍间断，大小由工程师指定之，转弯处，须用各种弯管连接，拥以水泥。

七十三、沟渠检视房

在引水工程相当地位（参阅图样），承造人应依照图样尺寸，砌成三合土检视房，内部粉之泥灰，再覆以盖，盖用铁架三合土做成，上装提圈。

本说明书系承包合同之一部，有关系各方应签字以下。

主要参考文献

专著

THE NORTH-CHINA DESK HONG LIST[M]. 上海：1920—1939.

孙中山先生陵墓图案[M]. 上海：民智书局，1925.

孙中山先生陵墓工程报告第一册[M]. 南京：孙中山先生葬事筹备处，1927.

总理陵园管理委员会报告[M]. 南京：京华印书馆，1931.

清华同学录[M]. 北京：国立清华大学校长办公处，1937.

孙中山年谱（上）[M]//中华民国史资料丛稿：增刊第1辑. 北京：中华书局，1976.

冯自由. 革命逸史[M]. 北京：中华书局，1981.

孙中山全集：第2卷[M]. 北京：中华书局，1982.

南京市档案馆，中山陵园管理处. 中山陵档案史料选编[M]. 南京：江苏古籍出版社，1986.

王栻. 严复集：第3册[M]. 北京：中华书局，1986.

Cody, Jeffrey William, Ph. D.：HENRY K. MURPHY, AN AMERICAN ARCHITECT IN CHINA, 1914—1935 [M]. Cornell University, 1989.

孙宝瑄. 忘山庐日记[M]. 上海：上海古籍出版社，1989.

劳祖德. 郑孝胥日记[M]. 北京：中华书局，1993.

汪坦，张复合. 第五次中国近代建筑史研究讨论会论文集[M]. 北京：中国建筑工业出版社，1998.

郑时龄. 上海近代建筑风格[M]. 上海：上海教育出版社，1999.

赵新那，黄培云. 赵元任年谱[M]. 北京：商务印书馆，2001.

梁思成. 梁思成全集：第6卷[M]. 北京：中国建筑工业出版社，2001.

维特鲁威.建筑十书[M].高履泰，译.北京：知识产权出版社，2001.

吴汝纶.吴汝纶全集（三）[M].施培毅，徐寿凯，校点.合肥：黄山书社，2002.

孙应祥.严复年谱[M].福州：福建人民出版社，2003.

皮后锋.严复大传[M].福州：福建人民出版社，2003.

杨秉德.中国近代中西建筑文化交融史[M].武汉：湖北教育出版社，2003.

罗耀九，林平汉.严复年谱新编[M].厦门：鹭江出版社，2004

贾长华，李钢成.严复与天津[M].天津：百花文艺出版社，2008.

梁漱溟.梁漱溟自述：我是怎样一个人[M].北京：当代中国出版社，2012.

郑孝胥.海藏楼诗集[M].黄珅，杨晓波，校点.上海：上海古籍出版社，2013.

谭其骧.中国历史地图集[M].北京：中国地图出版社，2014.

孙应祥.严复年谱[M].福州：福建人民出版社，2014.

汪征鲁，方宝川，马勇.严复全集[M].福州：福建教育出版社，2014.

黄元炤.中国近代建筑师系列：范文照[M].北京：中国建筑工业出版社，2015.

林丽成，章立言，张剑.中国科学社档案资料整理与研究·发展历程史料[M].上海：上海科学技术出版社，2015.

《中山陵档案》编委会.中山陵档案·陵墓建筑[M].南京：南京出版社，2016.

赵元任.赵元任早年自传[M].长沙：岳麓书社，2017.

清华大学校史研究室.清华大学史料选编[M].北京：清华大学出版社，2018.

郭伟杰.筑业中国[M].卢伟，冷天，译.北京：文化发展出版社，2021.

期刊

科学[J]. 1915—1929.

交通部上海工业专门学校学生杂志[J]. 1916.

教育公报[J]. 1918.

工程[J]. 1925—1932.

良友[J]. 1925—1929.

图画时报[J]. 1926.

广东东路公路年报[J]. 1926—1927.

广州市市政公报[J]. 1926—1931.

上海特别市市政府市政公报[J]. 1927.

法律评论（北京）[J]. 1928.

大学院公报[J]. 1928.

持志年刊[J]. 1928.

图画京报[J]. 1929.

行政院公报[J]. 1929.

内政公报[J]. 1929.

中国工程学会会员通讯录[J]. 1929.

首都建设[J]. 1929.

上海市政府公报[J]. 1931—1933.

实业公报[J]. 1931—1934.

建筑月刊[J]. 1932.

商标公报[J]. 1933.

上海各大学联合会会刊[J]. 1933.

中国建筑[J]. 1933—1936.

工程周刊[J]. 1935.

道路月刊[J]. 1936.

南洋友声[J]. 1937.

西南公路[J]. 1941.

英文中国月报[J]. 1945.

北洋周刊[J]. 1947.

台湾工程界[J]. 1947.

动力工程[J]. 1948.

电世界[J]. 1948.

黄新宪. 退还庚子赔款与清末留美学生的派遣[J]//教育科学，1987.

许为民. 杨杏佛年谱[J]//中国科技史料：第12卷，1991.

郭伟杰. 谱写一首和谐的乐章——外国传教士和"中国风格"的建筑，1911—1949年[J]//中国学术，2003，1.

兰台世界[J]. 2006—2013.

世界建筑导报[J]. 2012—2018.

东南亚研究[J]. 2014.

文史纵横[J]. 2016.

都会遗踪[J]. 2019.

薛颖. 美国布扎教育对中国第一代建筑师的影响——以康奈尔大学吕彦直、杨锡宗为例[J]//南方建筑，2020，1.

报纸

申报[N]. 1879—1936.

大公报[N]. 1911.

上海民国日报[N]. 1925—1931.

广州民国日报[N]. 1925—1931.

现象报[N]. 1928.

时事新报[N]. 1930.

东方日报[N]. 1944.

THE NORTH-CHINA DAILY NEWS[N]. 1925—1931.

THE NORTH-CHINA HERALD[N]. 1925—1931.

THE CHINA WEEKLY REVIEW[N]. 1928—1929.

Who's who of American returned students.

Who's who in China(volume IV).

档案

清游美学务处档案史料[A]. 中国第一历史档案馆.

广州中山纪念堂及纪念碑档案[A]. 广州市国家档案馆.

彦记建筑事务所档案[A]. 南京市档案馆.

OFFICIAL PUBLICATIONS OF CORNELL UNIVERSITY ,THE REGISTER OF CORNELL UNIVERSITY[A]. PUBLISHED BY CORNELL UNIVERSITY ITHACA, NEW YORK. 1912—1920.

族谱

豫章福州罗氏族谱（新梅公宗系）[M]. 福州：中华罗氏通谱编纂委员会，1998.

东平吕氏家谱[M]. 山东东平县彭集镇吕家庙村吕氏族长吕传寅先生藏.

史志

上海通志编委会. 上海通志[M]. 上海：上海人民出版社，2005.

光绪滁州志：第6卷[M]. 合肥：黄山书社，2007.

杨燝，陈兆麟，祁德昌. 康熙清丰县志·光绪开州志[M]. 上海：上海书店出版社，2013.

高士英，荣相鼎，唐晟，杨沂，杜均平，张振声，余文凤. 宣统濮州志·嘉庆范县志·嘉庆范县志·光绪范县志续编·民国续修范县志[M]. 上海：上海书店出版社，2013.

文史资料

严家理. 严复先生及其家庭[M]//中国人民政治协商会议福建省委员会文史资料编辑室. 福建文史资料第5辑. 福州：福建人民出版社，1981.

南京市政协文史资料委员会. 中山陵园史录[M]. 南京：南京出版社，1989.

严孝潜. 严复在天津三十年[EB/OL]. tjyan.chinavalue.net.

图纸

金陵女子大学建筑群设计蓝图[A]. 耶鲁大学神学院图书馆藏.

广州中山纪念堂及纪念碑图纸[A]. 广州市国家档案馆藏.

后 记

吕彦直的研究自《广州中山纪念堂钩沉》一书开始。在若干年前的一次民国建筑活化现场会上，有建筑师向同人介绍："这位是吕彦直研究所的卢洁峰……"我立即感谢他的美意，申明：我仅仅是一个独立研究者；不存在一个"吕彦直研究所"。对方将信将疑，称："如此重大的研究项目，不可能由你一个人承担"，"你必定有一个团队"。

遗憾的是，我没有团队。这是一项填补空白的研究，我必须发掘吕彦直及其父辈的求学及从业等第一手资料；必须旁及严复、近代外交官、庚款留学生、近代建筑史及建筑师群体，乃至上海、南京、福州等地方志、族谱诸领域的研究。幸而能有限利用互联网，有限检索，并得到南京大学建筑与城市规划学院冷天副教授、福建省敦睦姓氏谱牒研究院院长罗训森先生，以及食砚无田、陆晖等几位文史研究者的帮助；得到广州市国家档案馆、南京市档案馆、广东省立中山图书馆特藏部的帮助。

研究的过程就是寻找的过程。近20多年来，我一直在寻找吕彦直，寻找未知——到紫竹林北洋水师营务处家属驻地（今天津市和平区合江路以东的区域内）去寻找；到清华园原留美预备部高等科的教室、到五城中学堂旧址（今北京师范大学附属中学东、西校区）去寻找；到康奈尔大学西布利学院、建筑学院以及卡斯卡迪拉男生宿舍楼378房，纽约麦迪逊大道331号十层原茂飞&旦纳建筑师事务所的总部去寻找；到南京金陵女子大学（今南京市鼓楼区宁海路122号南京师范大学随园校区），到上海仁记路25号（今上海市滇池路97-103号）、上海四川路29号（今上海市四川中路110号普益大楼）三楼原彦记建筑事务所去寻找；到上海北站、南京西站、南京中山陵、广州中山纪念堂及纪念碑去寻找！

南京出版社向以编辑出版南京地方档案史料著称，深具学术底蕴。当卢海鸣社长获悉我有吕彦直研究成果后，即着人与我联系，予我出版的机会；"第一读者"程瑶编辑的专业编审与严格校核，更帮助我剔除了原稿中的一些硬伤，使全书的表述更加严谨，逻辑更加严密。所有这一切，在当下都是非常稀缺而难得的。

  书稿付梓在即，词不达意，谨向所有曾经帮助过我的谋面与从未谋面的师长、朋友、网友鞠躬致谢！

2024年4月